EL EJERCICIO DE LA FUNCIÓN JUDICIAL INTERNACIONAL

ANTÔNIO AUGUSTO CANÇADO TRINDADE

EL EJERCICIO DE LA FUNCIÓN JUDICIAL INTERNACIONAL:

MEMORIAS DE LA CORTE INTERAMERICANA DE DERECHOS HUMANOS

5ª Edición Ampliada

Del Rey editora

Belo Horizonte, Brasil

2018

Impresso no Brasil | Printed in Brazil

EDITORA DEL REY LTDA
www.livrariadelrey.com.br

Editor: Arnaldo Oliveira

Editor Adjunto: Ricardo A. Malheiros Fiuza

Editora Assistente: Waneska Diniz

Diagramação: Alfstudio

Revisão: RESPONSABILIDADE DO AUTOR

Capa: Alfstudio

Editora / MG
Rua dos Goitacases, 71 – Loja 24A – Centro
Belo Horizonte-MG – CEP 30190-909
Comercial:
Tel.: (31) 3293 8233
vendas@editoradelrey.com.br
Editorial:
editorial@editoradelrey.com.br

T833e Cançado Trindade, Antônio Augusto

El ejercicio de la función judicial internacional: memorias de la Corte Interamericana de Derechos Humanos. / Antônio Augusto Cançado Trindade. 5a. ed. Belo Horizonte: Del Rey, 2018.

xxii + 442 p.

ISBN: 978-85-384-0513-9

1. Corte Interamericana de Direitos Humanos. 2. Direitos humanos (direito internacional público). 3. Direito constitucional. 4. Função jurisdicional. 5. Jurisdição internacional. 6. Direito processual constitucional. 7. Direito processual internacional. 8. Hermenêutica. 9. Tribunal internacional. I. Título.

CDU: 342:341.1/.8

Nilcéia Lage de Medeiros
Bibliotecária
CRB6: 1545

Sumário

Parte II
CUESTIONES DE DERECHO SUSTANTIVO

Parte III
CUESTIONES DE DERECHO PROCESAL

Parte IV
CUESTIONES DE HERMENÉUTICA JURÍDICA

Glosario

ACNUR: Alto-Comisionado de Naciones Unidas para los Refugiados;

CADH: Convención Americana sobre Derechos Humanos;

CAJP: Comisión de Asuntos Jurídicos y Políticos de la OEA;

CDH: [antigua] Comisión de Derechos Humanos de Naciones Unidas;

CDI: Comisión de Derecho Internacional de Naciones Unidas;

CEJIL: Centro por la Justicia y el Derecho Internacional;

CICR: Comité Internacional de la Cruz Roja;

CIJ: Corte Internacional de Justicia;

ComIADH: Comisión Interamericana de Derechos Humanos;

CPA: Corte Permanente de Arbitraje;

CtADHP: Corte Africana de Derechos Humanos y de los Pueblos;

CtEDH: Corte Europea de Derechos Humanos;

CtIADH: Corte Interamericana de Derechos Humanos;

DIDH: Derecho Internacional de los Derechos Humanos;

DIH: Derecho Internacional Humanitario;

DIR: Derecho Internacional de los Refugiados;

IIDH: Instituto Interamericano de Derechos Humanos;

OEA: Organización de los Estados Americanos;

ONGs: Organizaciones No-Gubernamentales;

ONU: Organización de las Naciones Unidas;

PNUD: Programa de Naciones Unidas para el Desarrollo;

TPI: Tribunal Penal Internacional;

UNESCO: Organización de Naciones Unidas para la Educación, Ciencia y Cultura.

PREFACIO A LA 5ª. EDICIÓN

1. La 4ª. edición de la presente obra se agotó prontamente, en poco menos de ocho meses. Desde mi Prefacio a la edición anterior hasta la fecha, al escribir este nuevo Prefacio a la 5ª. edición, he continuado a constatar el prolongado y creciente interés despertado, en los círculos jusinternacionalistas en distintas latitudes, por mi contribución a la notable construcción jurisprudencial e institucional de la Corte Interamericana de Derechos Humanos (CtIADH) durante mi época como su magistrado. En la medida en que pasa el tiempo, se consolida y expande este reconocimiento, y se valora crecientemente dicha construcción, lo que para mí es motivo de grata satisfacción.

2. En distintas ocasiones, entre abril de 2016 y septiembre de 2017, he podido presentar el contenido del presente libro, en particular la jurisprudencia de la CtIADH de mi época, y relacionarla con la de otros tribunales internacionales, ahora en mi capacidad de Juez de la Corte Internacional de Justicia (CIJ). Así lo he hecho en conferencias que he ministrado, en 2016, en el Instituto Max Planck de Derecho Público Comparado y Derecho Internacional en Heidelberg, Alemania (los días 25 y 26.04.2016), en la Universidad Autónoma de Madrid (UAM, el 20.05.2016), en la Universidad de Macerata, Itália (el 26.09.2016), y en la sede de la Organización de Naciones Unidas en Nueva York (el 25.10.2016, en evento patrocinado por la Organización Jurídico-Consultiva Asiático-Africana - AALCO).

3. En seguida también lo he hecho en aulas magnas que he proferido, en 2017, en la Universidad de San Sebastián, España (el 28.03.2017), y en la Academia de Derecho Internacional de La Haya (el 11.07.2017), y en nueva conferencia que he ministrado hace pocos días en la Universidad Nalsar de Hyderabad, Índia (el 07.09.2017). A estas se suman las conferencias que vengo ministrando, todos los años, en la Academia de Derechos Humanos y Derecho Internacional

Humanitario (en Washington D.C., en junio), en el Instituto Internacional de Derechos Humanos - Fundación René Cassin (en Estrasburgo, en julio), y en el Curso de Derecho Internacional del Comité Jurídico Interamericano de la Organización de los Estados Americanos - OEA (en Rio de Janeiro, en agosto).

4. El presente tomo, de la 5ª. edición de *El Ejercicio de la Función Judicial Internacional - Memorias de la Corte Interamericana de Derechos Humanos*, encuéntrase acrecido de un nuevo capítulo, que he logrado preparar, aquí en La Haya, en los pocos días disponibles, en el curso de este último semestre: trátase del nuevo capítulo XXIV, sobre "Vulnerabilidad de las Víctimas y Necesidades Especiales de Protección". Este nuevo capítulo se suma, así, a partir de esta 5ª. edición, a los demás capítulos que figuraban en la edición anterior de la presente obra de mis memorias de la CtIADH.

5. La colección en lengua inglesa de mis Votos (en la selectiva Serie "*Jueces*" de la Editora Nijhoff) tiene ahora un nuevo volúmen, totalizando tres tomos[1], - al igual que la colección en lengua española[2]. Y, en el momento en que escribimos el presente Prefácio, encuéntrase en processo de producción una nueva colección de mis Votos, de esta vez en lengua francesa, a ser lanzada en Paris hasta el final de este año de 2017. En numerosos países, en distintos continentes, mis Votos Individuales son hoy atentamente estudiados, por marcar una época de notable construcción jurisprudencial en defensa de los derechos de la persona humana.

6. La jurisprudencia de la CtIADH examinada en la presente obra ha efectivamente contribuído en mucho a la evolución del Derecho Internacional de los Derechos Humanos contemporáneo. Por eso hay que preservarla, cultivarla y evitar retrocesos, sobre todo

---

1 *Judge A.A. Cançado Trindade - The Construction of a Humanized International Law - A Collection of Individual Opinions (1991-2013)*, tomo I (Inter-American Court of Human Rights), Leiden, Brill/Nijhoff, 2014, pp. 9-852; tomo II (International Court of Justice), Leiden, Brill/Nijhoff, 2014, pp. 853-1876; tomo III (International Court of Justice), Leiden, Brill/Nijhoff, 2017, pp. 9-764.

2 A.A. Cançado Trindade, *Esencia y Transcendencia del Derecho Internacional de los Derechos Humanos (Votos en la Corte Interamericana de Derechos Humanos, 1991-2008)*, tomos I-III, 2ª. ed. rev., México D.F., Ed. Cámara de Diputados, 2015, tomo I, pp. 3-687; tomo II, pp. 3-439; tomo III, pp. 3-421.

en un momento de crisis de valores como el de la actualidad. Al advertir contra la parálisis y los retrocesos, permítome aqui destacar algunos puntos, para demostrar la apremiante necesidad de retomar la construcción jurisprudencial de salvaguardia de los derechos humanos.

7. En cuanto al derecho de petición individual (la admisibilidad de peticiones, el derecho de acceso a la justicia), pilar básico de la protección internacional de la persona humana, el criterio básico en este contexto es el de la *eficacia* de los recursos internos, sin la cual no hay recursos que agotar. Hay una flexibilización cada vez mayor de este requisito en el presente domínio de protección. En este último, los recursos internos eficaces son elemento integrante del propio sistema de protección internacional de los derechos humanos, desplazado el énfasis del proceso de agotamiento de recursos al elemento de *reparación* (*redress*) propiamente dicho. En el marco de este *derecho de protección*, el derecho internacional y el derecho interno encuéntrase en constante interacción[3].

8. Pasemos a otro punto, atinente al derecho de aceso a la justicia *lato sensu*[4]. El *cumplimiento* de una Sentencia debe ser completo o total, tal como concebido en mi época en la CtIADH; no hay como considerar cumplimiento "parcial", como hoy en día. O hay cumplimiento (total), o hay incumplimiento de una Sentencia. Y, en caso de incumplimiento, cabe a la CtIADH aplicar el artículo 65 de la Convención Americana sobre Derechos Humanos (CADH) y llevar la situación al conocimiento de la Asamblea General y del Consejo Permanente de la OEA, - tal como lo hice en dos ocasiones (en 2000

---

3 A.A. Cançado Trindade, *Reflexiones sobre la Interacción entre el Derecho Internacional y el Derecho Interno en la Protección de los Derechos Humanos*, Guatemala, Ed. Del Procurador de los Derechos Humanos de Guatemala (vol. 3-95), 1995, pp. 3-41; A.A. Cançado Trindade, "La Interacción entre el Derecho Internacional y el Derecho Interno en la Protección de los Derechos Humanos", *in El Juez y la Defensa de la Democracia - Un Enfoque a Partir de los Derechos Humanos* (ed. L. González Volio), San José de Costa Rica, IIDH/CEE, 1993, pp. 233-270.

4 A.A. Cançado Trindade, *El Derecho de Acceso a la Justicia en Su Amplia Dimensión*, 2ª. ed., Santiago de Chile, Ed. Librotecnia, 2012, pp. 79-574; A.A. Cançado Trindade, *The Access of Individuals to International Justice*, Oxford, Oxford University Press, 2011, pp. 1-236.

y en 2003) como Presidente de la CtIADH[5]. El cumplimiento integral (y no "parcial") de las Sentencias (y medidas provisionales) de la CtIADH sólo puede ser adecuadamente abordado a partir de una posición principista, y no "pragmática"[6].

9. Hay otros puntos que requieren de la CtIADH mayor atención en la actualidad. Por ejemplo, hay que dar continuación a las notables construcción jurisprudencial y expansión de las medidas provisionales de protección, logradas en mi época de magistrado en la CtIADH, evitando divisar obstáculos probatorios indebidos. Las medidas provisionales de protección, además de aumentar considerablemente el número de personas protegidas, dan testimonio de la importancia de la dimensión preventiva de la protección internacional de los derechos humanos[7].

10. Hay, además, que retomar la atención especial a los crímenes de Estado y la responsabilidad internacional agravada, así como a la ampliación del contenido material del *jus cogens*, que recibieron tanto cuidado y consideración en mi época de magistrado en la CtIADH. El desarrollo jurisprudencial que entonces logramos al respecto debía ser continuado en la actualidad, sobre todo frente a persistentes violaciones graves de los derechos humanos y sus consecuencias jurídicas[8].

11. En fin, una vez más, no podría concluir este Prefacio sin dejar constancia de mis agradecimentos al Director Presidente

---

[5] Cf. relato *in* capítulo IV del presente libro.

[6] Cf. capítulos IV y V del presente libro.

[7] Cf. capítulos XXII y V del presente libro; y, para un estudio reciente, cf. A.A. Cançado Trindade, *O Regime Jurídico Autônomo das Medidas Provisórias de Proteção*, La Haya/Fortaleza, IBDH/IIDH, 2017, pp. 13-348.

[8] Cf. capítulos VII y VIII del presente libro; y, para un estudio al respecto, cf. A.A. Cançado Trindade, "*Jus Cogens*: The Determination and the Gradual Expansion of Its Material Content in Contemporary International Case-Law", *in XXXV Curso de Derecho Internacional Organizado por el Comité Jurídico Interamericano - 2008*, Washington D.C., Secretaría General de la OEA, 2009, pp. 3-29; A.A. Cançado Trindade, "La Ampliación del Contenido Material del *Jus Cogens*", *in XXXIV Curso de Derecho Internacional Organizado por el Comité Jurídico Interamericano - 2007*, Washington D.C., Secretaría General de la OEA, 2008, pp. 1-15.

de la Editora Del Rey, Dr. Arnaldo Oliveira, y a su equipo, por su presteza en la producción de esta 5ª. edición de la presente obra, no obstante la distancia geográfica entre La Haya y Belo Horizonte. Con ésto, se reedita una vez más la presente obra, en versión ampliada, para contribuir a que los juristas de las nuevas generaciones sigan dedicándose a nuestra temática con espíritu constructivo, a la luz de los principios generales del derecho y de las lecciones extraídas de la experiencia, precisamente para no permitir retrocesos y seguir avanzando en el fortalecimento de la protección de los derechos de la persona humana en todas circunstancias.

La Haya, 17 de septiembre de 2017.

Antônio Augusto CANÇADO TRINDADE

PREFACIO A LA 4ª. EDICIÓN

1. En el período que se extiende de la 3ª. a la 4ª. edición de la presente obra, he tenido la satisfacción de constatar el interés generado, en los círculos académicos internacionales, por mi concepción del ejercicio de la función judicial internacional y mi contribución a la construcción jurisprudencial en materia de protección internacional de los derechos de la persona humana. He podido presentar mi presente libro, y centrar en la jurisprudencia de la CtIADH (en mi época como su magistrado) las aulas magnas que proferí en la Universidad Cergy-Pontoise (en las cercanías de Paris, el 26.09.2013), en la Queen´s University de Belfast, Irlanda del Norte (el 02.10.2014, específicamente sobre la cuestión de las reparaciones), en la Universidad de Coimbra (el 24.10.2014), y en la Universidad de Murcia (con ocasión de la celebración de su centenario, el 13.10.2015).

2. En diversas otras ocasiones, abordé la jurisprudencia de mi época como Juez de la CtIADH conjuntamente con la jurisprudencia de otros tribunales internacionales (tema de la Parte V del presente tomo de memorias). Me han solicitado hacerlo, y lo he hecho, desde una perspectiva más amplia, ahora en mi capacidad de Juez de la CIJ. De todos modos, me sentí a gusto de hacerlo, como en años anteriores, pues los tribunales internacionales de derechos humanos, que actúan en el plano regional, operan en el marco de la universalidad de los derechos humanos.

3. Entre mis aportes en este sentido, en el período en aprecio, permítome referirme a mi conferencia en la sede de la Corte Europea de Derechos Humanos en Estrasburgo (el 05.06.2015)[1], a la cual

---

1 Además de las conferencias que ministré en las Sesiones Anuales de Estudios de julio de 2014 y de 2015 del Instituto Internacional de Derechos Humanos (Fundación René Cassin) en Estrasburgo, y de los Cursos de Derecho Internacional

se suman las aulas magnas que ministré en la Universidad Federal de la Integración Latino-Americana en Foz de Iguazu (UNILA, el 22.08.2013), en la Universidad Panteion de Atenas (el 01.07.2014), en la secular Universidad de Vilnius, Lituania (el 04.09.2015), y en la Universidad Libre de Bruselas así como en la Universidad de Gand (los días 03 y 06.11.2015, respectivamente, en el marco de la "Cátedra Henri Rolin" del presente año).

4. Para mi satisfacción, a medida que pasa el tiempo, el interés de los círculos académicos, en distintas latitudes, en la referida construcción jurisprudencial - de la CtIADH (de mi época) en relación con la de otros tribunales internacionales - parece aumentar, y no disminuir. Es lo que he podido constatar, además de los actos académicos a que vengo de referirme, con el lanzamiento de esta 4ª. edición del presente libro de memorias de la CtIADH, así como el lanzamiento paralelo, en México, de la 2ª. edición de la colección de mis Votos Individuales en la CtIADH, en tres tomos[2], una década después de haber concluído mi mandato como Juez de la CtIADH.

5. Efectivamente, no podría haber satisfacción mayor que ésta, la de lograr resistir a la erosión del tiempo, en defensa de una causa noble. Además de las nuevas ediciones de estas publicaciones, el Consejo Editorial de la Nijhoff, una de las más distinguidas Editoras en derecho internacional de toda Europa, me concedió el honor de incluirme en su renomada serie "The Judges" (el sexto Juez a figurar en ella, desde la creación de la CIJ en 1945 hasta el presente), lo que la llevó a editar la colección, en dos tomos, de mis Votos Individuales tanto en la CtIADH (tomo I) como en la CIJ hasta fines de 2013 (tomo II)[3].

---

de agosto de 2014 y de 2015 del Comité Jurídico Interamericano de la OEA, en Rio de Janeiro.

2 A.A. Cançado Trindade, *Esencia y Transcendencia del Derecho Internacional de los Derechos Humanos (Votos en la Corte Interamericana de Derechos Humanos, 1991-2008)*, tomos I-III, 2ª. ed. rev., México D.F., Ed. Cámara de Diputados, 2015, tomo I, pp. 3-687; tomo II, pp. 3-439; tomo III, pp. 3-421.

3 *Judge A.A. Cançado Trindade - The Construction of a Humanized International Law - A Collection of Individual Opinions (1991-2013)*, tomo I (Inter-American Court of Human Rights), Leiden, Brill/Nijhoff, 2014, pp. 9-852; tomo II (International Court of Justice), Leiden, Brill/

6. En la ocasión del acto de lanzamiento de esta obra al inicio de 2015, tuve ocasión de señalar que la referida colección, intitulada *La Construcción de un Derecho Internacional Humanizado*, no sólo revela, a través de los Votos Individuales, el tratamiento de cuestiones de derecho material y procesal en los casos adjudicados en dos jurisdicciones internacionales distintas (CtIADH y CIJ), sino además contribuye a una comprensión tanto del razonamiento conducente a las decisiones judiciales, como de la propia concepción del Juez del ejercicio de la función judicial internacional[4].

7. A esta colección se suman publicaciones recientes de mis propias reflexiones[5], y de mi testimonio personal[6], sobre el legado de los tribunales internacionales contemporáneos hasta la fecha. La satisfacción, a que vengo de referirme, se da también en razón de mi constatación, en la bibliografía jurídica especializada, del reconocimiento creciente de mi contribución personal a la construcción jurisprudencial, en el plano internacional, centrada en consideraciones básicas de humanidad y en valores comunes superiores, en el marco de la universalidad de los derechos humanos[7].

Nijhoff, 2014, pp. 853-1876.

4 Cf. Actas de la referida ceremonia, reproducidas *in*: 14 *Revista do Instituto Brasileiro de Direitos Humanos* (2014) pp. 391-396, esp. p. 395.

5 A.A. Cançado Trindade, *A Humanização do Direito Internacional*, 2ª. ed., Belo Horizonte/Brasil, Edit. Del Rey, 2015, pp. 3-789; A.A. Cançado Trindade, *La Humanización del Derecho Internacional Contemporáneo*, México, Edit. Porrúa, 2014, pp. 1-324; A.A. Cançado Trindade, *Os Tribunais Internacionais e a Realização da Justiça*, Rio de Janeiro, Ed. Renovar, 2015, pp. 1-507; A.A. Cançado Trindade, *Los Tribunales Internacionales Contemporáneos y la Humanización del Derecho Internacional*, Buenos Aires, Ed. Ad-Hoc, 2013, pp. 7-185.

6 Cf. *Conversación con Antônio Augusto Cançado Trindade - Reflexiones sobre la Justicia Internacional* (em forma de entrevista con Emilia Bea), Valencia, Tirant lo Blanch, 2013, pp. 15-111.

7 Cf., en este sentido, v.g., C. Husson-Rochcongar, *Droit international des droits de l'homme et valeurs - Le recours aux valeurs dans la jurisprudence des organes spécialisés*, Bruselas, Bruylant, 2012, pp. 309-310, 451-452, 577-580, 744-745 y 771-772. - Recientemente, en su Sentencia del 27.05.2014 en el caso *Margus versus Croacia*, la propia Corte Europea de Derechos Humanos (*Grand*

8. El presente tomo, de la 4ª. edición de *El Ejercicio de la Función Judicial Internacional - Memorias de la Corte Interamericana de Derechos Humanos,* encuéntrase acrecido de dos nuevos capítulos, que he podido preparar, aquí en La Haya, en los pocos días disponibles, en el curso de este año de 2015: trátase del nuevo capítulo XX, sobre "Las Desapariciones Forzadas de Personas y la Ampliación de la Noción de Víctima", y del nuevo capítulo XXIII, sobre "Interacciones entre el Derecho Internacional y el Derecho Interno en Materia de Protección de los Derechos Humanos". Se suman, así, a partir de esta 4ª. edición, a los demás capítulos constantes de la edición anterior al presente tomo de memorias.

9. No podría concluir este breve Prefacio a la 4ª. edición sin dejar constancia de mis agradecimientos a la Editora Del Rey, en la persona de su Director Presidente, Dr. Arnaldo Oliveira, por la eficiencia demonstrada en el proceso de su producción editorial, a pesar de la distancia geográfica entre La Haya y Belo Horizonte. Con ésto, se reedita en buena hora la presente obra, en versión ampliada, en beneficio de los juristas, de sucesivas generaciones, dedicados a esta temática, que a todos nos congrega.

La Haya, 05 de diciembre de 2015.

Antônio Augusto CANÇADO TRINDADE

Chamber), se refirió expresamente a la *jurisprudence constante* de la CtIADH, a partir del *leading case* de *Barrios Altos versus Perú,* Sentencia del 14.03.2001, y de mi Voto Concurrente (párrs. 60 y 138) a élla anexado. - Para mis propias reflexiones sobre las consideraciones básicas de humanidad, a permear todo el *corpus juris* del derecho internacional contemporáneo, cf. A.A. Cançado Trindade, *International Law for Humankind - Towards a New Jus Gentium*, 2ª. ed. rev., Leiden/The Hague, Nijhoff/The Hague Academy of International Law, 2013, pp. 393-528.

PREFACIO A LA 3ª. EDICIÓN

1. No podría haber mayor satisfacción que la de constatar el interés sostenido, en distintos centros jurídicos y académicos, en el presente tomo de memorias de la Corte Interamericana de Derechos Humanos: al igual que lo ocurrido con la edición anterior, la segunda edición se agotó en poco más de seis meses, desde su lanzamiento al inicio de febrero de 2013. Tuve ocasión de referirme a la segunda edición de la presente obra, y de presentarla, en el curso de siete eventos académicos en distintos países, realizados de inicio de febrero de 2013 a inicio de agosto de 2013, durante los breves intervalos que tuve de las sesiones de audiencias públicas y de deliberaciones de la Corte Internacional de Justicia en La Haya.

2. Participaron de estos eventos, numerosos académicos, jueces y abogados, diplomáticos, profesores y estudiantes, y representantes de entidades de la sociedad civil, de distintos países. Los cuatro primeros eventos fueron las conferencias magnas que ministré, respectivamente, en el Instituto de Relaciones Internacionales de la Universidad de Brasilia (IREL/UnB, el 01.02.2013); en la Facultad de Derecho de la Universidad Autónoma de Madrid (el 08.03.2013); en el Postgrado de Tribunales Internacionales de la Universidad Católica de Lovaina, Bélgica (el 14.03.2013); y en el II Congreso de Derechos Humanos del *Instituto Brasileiro de Direitos Humanos* en Fortaleza (el 06.05.2013).

3. Los tres eventos siguientes fueron las conferencias que proferí en la Academia de Derecho Internacional de La Haya, en su Seminario de Conmemoración del Centenario del Palacio de la Paz en La Haya (el 15.07.2013); en la Sesión Anual de Estudios de 2013 del Instituto Internacional de Derechos Humanos (Fundación René Cassin) en Estrasburgo, Francia (el 19.07.2013); y en la ceremonia organizada por la *Ordem dos Advogados do Brasil* (OAB)/Sección de Minas Gerais, en Belo Horizonte (el 08.08.2013).

4. Al final de estos siete eventos académicos, tomé conocimiento de que la segunda edición de la presente obra estaba agotada. Me siento muy recompensado por los esfuerzos en salvar las presentes memorias, contenidas en el presente tomo, y las lecciones de ellas extraídas, para las generaciones presentes y futuras de estudiosos de la materia, así como para los usuarios presentes y futuros del sistema interamericano (y también de otros sistemas de protección) de derechos humanos.

5. Al fin y al cabo, el período cubierto por las presentes memorias se reviste de notable importancia para la historia de la protección internacional de los derechos humanos en nuestra región, en el marco de la universalidad de los derechos humanos: ha sido una época de extraordinaria construcción jurisprudencial e institucional, como es hoy internacionalmente reconocido. Basta señalar, v.g., que la propia Corte Europea de Derechos Humanos ha recién editado un *Informe*, de gran utilidad, titulado *Report on References to the Inter-American Court of Human Rights in the Case-Law of the European Court of Human Rights*, mostrando su apertura a la jurisprudencia de su Corte homóloga en América Latina, resultante del diálogo que iniciamos y sostuvimos en mi época de Presidente de la Corte Interamericana. Este *Informe* de la Corte Europea revela un total de 25 casos hasta la fecha, en los cuales se hacen *cross-references* en alguna parte de las respectivas Sentencias (en cuanto a los hechos, o en cuanto al derecho)[1].

6. Esta es tan sólo una de las indicaciones que bien revelan la proyección que ha pasado a tener la construcción jurisprudencial e institucional de la Corte Interamericana de Derechos Humanos, a partir del período en que tuve el privilegio de prestar servicios, en su seno, a la causa de la protección internacional de los derechos de la persona humana. Es importante tener presente este legado, y preservarlo, inclusive para enfrentar los nuevos desafíos y problemas planteados ante la Corte Interamericana. Hay que tener siempre presentes, – como me permito señalar en libros recientes, – la *centralidad* de la persona hu-

[1] European Court of Human Rights (ECtHR), *Research Report - References to the Inter-American Court of Human Rights in the Case-Law of the European Court of Human Rights*, Strasbourg, 2012, pp. 1-20.

mana en los mecanismos de protección del sistema interamericano[2], así como la capital importancia del *derecho de acceso a la justicia lato sensu*, - abarcando inclusive las reparaciones a las víctimas, con la fiel ejecución de las Sentencias de la Corte Interamericana[3].

7. Dado el tiempo bastante exiguo de lanzamiento de la edición anterior de la presente obra, esta 3ª. edición, dada prontamente a público para atender a nuevas demandas, ha podido contener tan sólo la breve ampliación de este Prefacio. Sin embargo, en relación con otros aspectos, he estado profundizando aún más, en La Haya, el estudio de mi periodo en la Corte Interamericana, inclusive con base en nuevos datos disponibles, contenidos en los archivos históricos que me han sido gentilmente enviados por el equipo de la Biblioteca *Columbus* de la sede de la Organización de los Estados Americanos (OEA) en Washington D.C., en inicio de junio de 2013.

8. Estos datos – que sigo todavía examinando en los raros momentos disponibles en La Haya – se refieren a las relaciones de la Corte Interamericana con los órganos principales de la OEA, con ocasión de los *Relatorios Anuales* de la Corte Interamericana que tuve el honor de presentar a la Asamblea General y al Consejo Permanente (y su Comisión de Asuntos Jurídicos y Políticos) de la Organización, y los fructuosos debates que se siguieron con las Delegaciones de los Estados miembros presentes.

9. Los mencionados datos también se refieren a las relaciones de la Corte Interamericana con otros organismos internacionales. El examen de estos datos quedará, dada la presión despiadada del tiempo, para una reedición posterior de la presente obra. No podría concluir

---

2 A.A. Cançado Trindade, *Évolution du Droit international au droit des gens - L'accès des particuliers à la justice internationale: le regard d'un juge*, Paris, Pédone, 2008, pp. 1-187; A.A. Cançado Trindade, *The Access of Individuals to International Justice*, Oxford, Oxford University Press, 2011, pp. 1-236; A.A. Cançado Trindade, *Le Droit international pour la personne humaine*, Paris, Pédone, 2012, pp. 45-368.

3 A.A. Cançado Trindade, *El Derecho de Acceso a la Justicia en Su Amplia Dimensión*, 2a. ed., Santiago de Chile, Edit. Librotecnia, 2012, pp. 79-574; A.A. Cançado Trindade, *Los Tribunales Internacionales Contemporáneos y la Humanización del Derecho Internacional*, Buenos Aires, Edit. Ad-Hoc, 2013, pp. 15-185.

este *Prefacio a la 3ª. Edición* sin ponderar que, a pesar de todos los logros de una época de memorable construcción, marcada por una cierta mística en la labor colegial, todavía resta un largo camino que recorrer, en el desarrollo progresivo de la jurisprudencia de protección de la Corte Interamericana de Derechos Humanos.

10. Lo señalo al mismo tiempo en que dejo constancia de la preocupación con que hoy acompaño, – en los breves momentos disponibles, – desde lejos en La Haya, los peligrosos e inaceptables intentos de desconstrucción del sistema interamericano de derechos humanos que hoy se perfilan en el horizonte. La Corte Interamericana no puede dejar de defenderse de los ataques indebidos que viene sufriendo últimamente, tal como lo hizo en la época en que tuve el honor de presidirla. No puede callarse, inhibirse o sucumbir frente a los excesos del voluntarismo estatal; tiene que reaccionar, al más alto nivel de la OEA.

11. La Corte Interamericana tiene que preservar su legado. Tiene el deber de mantener la integridad de su jurisdicción, e inclusive aplicar la sanción prevista en el artículo 65 de la Convención Americana sobre Derechos Humanos, en casos (que no son pocos) de manifiesto incumplimiento (total o parcial) de sus Sentencias. Debe hacerlo, en beneficio de los seres humanos por ella protegidos, para quienes ella representa la última esperanza en la justicia humana. Es difícil el camino de la realización de la justicia internacional, lo que requiere de todos nosotros aún más dedicación y compromiso.

Belo Horizonte/Brasil, 10 de agosto de 2013.

Antônio Augusto CANÇADO TRINDADE

PREFACIO A LA 2ª. EDICIÓN

1. Con grata satisfacción he constatado el amplio interés generado por el presente tomo de memorias, cuya primera edición se agotó en poco más de seis meses, desde su lanzamiento en mayo de 2011. Esto sugiere que el lenguaje de los derechos humanos, reflejado, *inter alia*, en la jurisprudencia de la Corte Interamericana de Derechos Humanos, ha alcanzado las bases de las sociedades nacionales en América Latina, y, en su seno, ciertamente de los círculos jurídico-académicos que en ellas laboran. Tuve el gusto de estar presente en cinco eventos en los cuales la presente obra fue presentada, a saber: dos jornadas internacionales, el XXXVIII Curso de Derecho Internacional Organizado por el Comité Jurídico Interamericano de la OEA, realizado en Rio de Janeiro, en agosto de 2011, y el Programa Exterior (para América Latina) de la Academia de Derecho Internacional de La Haya, que tuvo lugar en Santiago de Chile, en octubre/noviembre de 2011; y tres actos académicos, realizados en Brasília (Universidad de Brasília – UnB, mayo de 2011), en Belo Horizonte (Facultad de Derecho Milton Campos, también mayo de 2011), y La Plata en Argentina (Universidad Nacional de La Plata, agosto de 2011).

2. En estas cinco ocasiones tuve la satisfacción de verificar que no fueron en vano mis esfuerzos para salvar las presentes memorias, contenidas en este tomo, antes que se desvaneciesen con el olvido resultante de la erosión del implacable pasar del tiempo. Al fin y al cabo, la fructuosa y constructiva labor de la Corte Interamericana de Derechos Humanos en el período aquí examinado es hoy parte de la historia de la evolución del Derecho Internacional de los Derechos Humanos en nuestro continente. Y las lecciones que me permití extraer de esta gratificante labor pueden quizás ser de utilidad para los usuarios presentes y futuros del sistema interamericano de derechos humanos (y también de otros sistemas de protección), así como para las generaciones presentes y futuras de estudiosos de la materia.

3. Dado el tiempo exiguo de lanzamiento de la edición anterior, esta 2ª. edición revisada contiene no más que una ampliación: el nuevo Capítulo XXIV (que no figuraba en la 1ª. edición), dedicado al tema de la fertilización jurisprudencial entre la Corte Interamericana y otros tribunales internacionales, verificada en los casos resueltos por la Corte Interamericana en el período en aprecio. Los datos aquí revisados revelan la proyección que ha tenido la construcción jurisprudencial de la Corte Interamericana en el período en que tuve el privilegio de prestar servicios, en su seno, a la causa de la protección internacional de los derechos de la persona humana. No podría concluir estas breves palabras sin agregar que, a pesar de todos los logros de una época de memorable construcción, marcada por una cierta mística en la labor colegial, todavía resta un largo camino que recorrer. Surgen nuevas necesidades de protección del ser humano, y nuevos desafíos, y la labor de un tribunal internacional de derechos humanos, de perfeccionamiento de sus mecanismos de protección y desarrollo de su jurisprudencia, simplemente no tiene fin. Esto torna aún más fascinante la dedicación a esta noble causa.

La Haya, 18 de marzo de 2012.

Antônio Augusto CANÇADO TRINDADE

INTRODUCCIÓN

En la conferencia inaugural que tuve el honor de proferir en Buenos Aires, en las *Jornadas de Derecho Internacional* organizadas por la Secretaría General de la Organización de los Estados Americanos (OEA), el día 14 de noviembre de 2006, presenté lo que titulé como mis "*Fragmentos de Primeras Memorias de la Corte Interamericana de Derechos Humanos*". Transcurrido poco más de un año, presenté el día 12 de diciembre de 2007, en la conferencia de clausura del Seminario internacional sobre derechos económicos, sociales y culturales, organizado por el Alto-Comisionado de las Naciones Unidas para los Derechos Humanos (ACNUDH), en la sede de la CEPAL en Santiago de Chile, con la presencia de la Presidenta de la República Michelle Bachelet, – lo me permití titular como mis "*Fragmentos Ampliados de Memorias de la Corte Interamericana de Derechos Humanos*".

Por supuesto, no conformaban dichos fragmentos, todavía, la versión final de mis memorias de la Corte Interamericana de Derechos Humanos (CtIADH), sino más bien la gradual acumulación, hasta entonces, de mis reminiscencias de mi densa y profícua experiencia del ejercicio de la función judicial internacional, como Juez Titular de la CtIADH (1995-2006), y como su Presidente por media década (1999-2004). He tenido el honor de actuar como Presidente de la CtIADH en los momentos seguramente más dramáticos de toda la historia todavía no-escrita del Tribunal hasta la fecha, que algún día quizás serán conocidos de un público más amplio, e inclusive de las generaciones presentes y futuras de Jueces de la CtIADH y estudiosos del Derecho Internacional de los Derechos Humanos. En el presente tomo de memorias – concentradas más bien en *experiencias* que en personas, me propongo compartir mis recuerdos y reflexiones, esta vez con los lectores y usuarios presentes y futuros de los mecanismos de protección internacional de los derechos humanos en general, y del sistema interamericano de derechos humanos en particular.

Al rescatar estes fragmentos ampliados de memorias, buscaré hacerlo de forma a dejar constancia del ejercicio de la función judicial internacional en su plenitud, evitando atenerme a tan sólo uno u otro de sus aspectos, y más bien relacionándolos todos en su conjunto, a saber, sus dimensiones institucional, reglamentaria o procesal, doctrinal y jurisprudencial. Me permitiré evocar momentos de importantes realizaciones, así como identificar, a partir de mi larga experiencia, los desafíos más difíciles a la labor de la CtIADH.

Quizás mis reminiscencias, ordenadas de forma a proporcionar una visión la más integral posible del ejercicio de la función judicial en la protección internacional de la persona humana, puedan servir de ilustración a los estudiosos del Derecho Internacional de los Derechos Humanos de las nuevas generaciones. Para mi, su rescate y sistematización no sólo emanan de un sentimiento de deber, sino más bien atienden a una necesidad personal, siempre sentida por las personas sensibles, a lo largo de los siglos, – la de intentar salvar lo que para uno es precioso de la tormentosa erosión del tiempo.

La Haya,
12 de agosto de 2010.

A.A.C.T.

Parte I

CUESTIONES DE JURISDICCIÓN

La primera parte de mis memorias de la Corte Interamericana de Derechos Humanos está dedicada al examen de cuestiones de jurisdicción, de la mayor importancia y trascendencia, tratadas por la Corte durante mis años de labor en su seno. En determinadas ocasiones, del tratamiento de dichas cuestiones dependía el propio futuro del Tribunal. Los cinco capítulos que siguen abordan dichas cuestiones de jurisdicción, – las decisiones tomadas por la Corte y mis reflexiones personales al respecto, – a saber: a) la integridad de las bases de jurisdicción de la Corte Interamericana de Derechos Humanos; b) de la cláusula facultativa de la jurisdicción obligatoria hacia el automatismo de la jurisdicción internacional obligatoria; c) el reconocimiento de la responsabilidad internacional por parte de los Estados demandados ante la Corte Interamericana; d) el cumplimiento de sentencias de la Corte: posición principista, y no "pragmática"; y e) el cumplimiento de las medidas provisionales de protección ordenadas por la Corte.

Capítulo I

LA INTEGRIDAD DE LAS BASES DE JURISDICCIÓN DE LA CORTE INTERAMERICANA DE DERECHOS HUMANOS

Quisiera empezar mis reflexiones sobre las cuestiones de jurisdicción, con atención dirigida a un tema de capital importancia para un tribunal internacional de derechos humanos como la Corte Interamericana (CtIADH). En efecto, íntimamente ligada a la cuestión central del acceso directo de la persona humana a la jurisdicción internacional, encuéntrase la cuestión correspondiente de la preservación de la integridad de las bases de jurisdicción del tribunal internacional en cuestión, la CtIADH. Sobre este segundo punto, permítome aquí recordar un momento de los más dramáticos de la historia de la CtIADH, todavía desconocido del público en general. Lo hago una vez que los hechos ya pertenecen a la historia no-escrita (hasta el presente) de la CtIADH, y la crisis que ésta vivió ya se encuentra enteramente superada. Poco después de haber sido elegido Presidente de la Corte, y haber prontamente asumido la Presidencia de la misma (el 16.09.1999), tuve que enfrentar el mayor ataque por ésta ya sufrido – de parte del régimen Fujimori – en toda su historia.

A fines de septiembre de 1999, lanzó dicho régimen una campaña de desinformación sobre Sentencias de la Corte, sobretodo la Sentencia de fondo en el caso *Castillo Petruzzi y Otros*. Por razones de órden político interno, el ex-Presidente Fujimori, después del caso *Castillo Petruzzi*, pretendió "retirar" el instrumento de aceptación de la jurisdicción obligatoria de la Corte con "efectos inmediatos". Cuando asumí la Presidencia de la CtIADH, el 16.09.1999, heredé este problema. Nuestra reacción fue firme; el 24.09.1999, – el día más dramático de toda la historia de la CtIADH, – emitimos nuestras dos Sentencias sobre competencia en los casos del *Tribunal Constitucional* y de *Ivcher Bronstein*, relativos al Perú, declarando *inadmisible* la pretendida "retirada" del Estado demandado, con "efectos inmediatos", de la competencia de la Corte en materia contenciosa.

La CtIADH dejó claro que su competencia no podría estar condicionada por actos distintos de sus propias actuaciones, y que, en el presente dominio de protección, las consideraciones superiores de *ordre public* internacional, sumadas a la especificidad de los tratados de derechos humanos, y al carácter esencialmente objetivo de las obligaciones que consagran, ciertamente priman sobre restricciones indebidamente interpuestas y adicionales a las manifestaciones originales del consentimiento estatal, y sobre la tradicional y enteramente anacrónica concepción voluntarista del ordenamiento jurídico internacional.

Los Jueces de la Corte recibimos amenazas de que podríamos ser destituidos en la próxima Asamblea General de la OEA, y el régimen Fujimori envió, en seguida, misiones de "información" a cada una de las Cancillerías latinoamericanas para criticar la CtIADH, sobretodo la firme defensa que ésta formuló de su propia competencia en las mencionadas Sentencias del 24.09.1999 en los casos de *Ivcher Bronstein* y del *Tribunal Constitucional*. Me quedé muy reconocido a todos mis colegas los Jueces de la Corte por haber acogido las ideas que durante años venía defendiendo en mis escritos sobre la *compétence de la compétence* de un tribunal internacional, y sobre los límites de un acto unilateral del Estado efectuado en el marco del derecho de los tratados.

La CtIADH tenía también sus países amigos, y, en aquella misma semana, ante el recrudecimiento de las amenazas del régimen fujimorista a la Corte, el Embajador de uno de los países amigos de la Corte ofreció su residencia para un encuentro con el entonces Embajador del Perú en San José de Costa Rica. Me hice acompañar del entonces Secretario de la Corte, hoy Juez Manuel Ventura Robles, testigo privilegiado del diálogo tenso y firme que ocurrió. Señalé al mencionado Embajador que informara a su Gobierno que la Corte se mantendría firme, y que, si intentase destituir a sus Jueces (además de la campaña ya lanzada de difamación por la prensa), la Corte reaccionaría firmemente en la Asamblea General.

Poco después, el día 27.10.1999, llegué a Washington, y del aeropuerto seguí apresurada y directamente a la Secretaría General de la OEA. Había solicitado una cita, fuera de la agenda, con el entonces

Secretario General de la OEA, y seguí directo del aeropuerto para la sede de la OEA. La cita ocurrió, en aquel día, de las 14:30h a las 15:10h (pues él tenía que salir de viaje). De inicio le señalé que urgía que el sistema interamericano de protección reaccionara frente a los ataques del Gobierno peruano de entonces a la Corte. Reclamé del Secretario General de la OEA de su declaración ambigua sobre el "problema" del Estado peruano con la CtIADH (y el pretendido "retiro" de ésta), le relaté la campaña de desinformación que movía contra el contenido de sus Sentencias, y le señalé que yo tenía el deber de defender la posición de la Corte (después de más de 30 años de mi vida dedicados al estudio del Derecho Internacional de los Derechos Humanos), y que para ésto tenía el respaldo de todos mis colegas los Jueces de la Corte; al fin y al cabo, estaba en riesgo el futuro de la Corte como institución.

Solicité, pues, providencias también del Consejo Permanente de la OEA. El Secretario General me escuchó atentamente, y, al final, me comentó que era escéptico de que el "problema" se resolviera de inmediato, dado el cuadro electoral en el país y la búsqueda de la reelección por Fujimori. Me recomendó que preparase una estrategia para la presentación del *Informe* de la Corte en la próxima Asamblea General de la OEA (aplicando el artículo 65, dado el incumplimiento de las Sentencias por el Estado peruano), pero que él, personalmente, no quería crear un antagonismo con el Estado peruano, pero tampoco iría criticar la Corte. En suma, dejó claro que la Corte tendría que actuar sola.

Le contesté que iríamos hacerlo, pero que esperábamos alguna providencia más de él como depositario de la CADH. De todos modos, le agradecí por la cita fuera de agenda, y por la franqueza de nuestra conversación. Sólo entonces, seguí con el equipaje de viaje para el Hotel State Plaza. Afortunadamente, en aquellos días, ya había celebrado, en nombre de la Corte, acuerdos de cooperación con el CICR y con el ACNUR, que fueron nuestros aliados incondicionales, al igual que la Corte Europea de Derechos Humanos, que emitió comunicados de solidaridad con la Corte Interamericana, y nos visitó tres veces (delegaciones de sus Jueces, inclusive el Presidente L. Wildhaber, mis colegas en el *Institut de Droit International*). También la Comisión Africana de Derechos Humanos y de los Pueblos nos visitó. Recibimos asimismo el respaldo de muchas ONGs de derechos humanos, a empezar por las peruanas, así como de la comunidad académica internacional. La Corte se insertó, como nunca antes y nunca después, en el *mapa mundi* del Derecho Internacional de los Derechos Humanos, como protagonista mayor.

En la Asamblea General de la OEA del año 2000, realizada en Windsor, Canadá, relaté, en aplicación del artículo 65 de la Convención Americana, a las Delegaciones de los Estados Partes en esta última, el incumplimiento de las Sentencias de la Corte por parte del Estado en cuestión. Enseguida, fui reelegido, con dos de mis colegas, para nuevo mandato como Juez de la Corte, por aclamación. La caída del régimen Fujimori ocurrió poco después. Pero en el momento en que este era todavía prestigiado por los Gobiernos de otros Estados de la región, hasta sus últimos momentos, las violaciones sistemáticas de los derechos humanos que perpetraba ya eran ampliamente conocidas de todo el pueblo peruano[1].

La documentación subsiguiente, relativa a la posterior "normalización" de las relaciones entre la Corte Interamericana y el Estado peruano (febrero de 2001 en adelante)[2], encuéntrase reproducida en

---

1 Solamente en el año de 1992, de la promulgación de las leyes contra el terrorismo, v.g., hubo 4200 víctimas de violaciones de los derechos humanos, más que en los 15 años de la dictadura de Pinochet en Chile; esta historia será, algún día en el futuro, mejor conocida en sus detalles. – Para mis testimonios históricos, desde la perspectiva de la Corte, publicados en el Perú, cf. A.A. Cançado Trindade, "Entrevista: El Perú y la Corte Interamericana de Derechos Humanos – Una Evaluación Histórica (I)", *in*: *Ideele – Revista del Instituto de Defensa Legal* – Lima/Perú, n. 138, junio de 2001, pp. 108-113; A.A. Cançado Trindade, "Entrevista: El Perú y la Corte Interamericana de Derechos Humanos (II)", *in*: *Ideele – Revista del Instituto de Defensa Legal* – Lima/Perú, n. 139, julio de 2001, pp. 85-88.

2 El 12.09.2001, fuí recibido en Lima por el Presidente A. Toledo, el ex-Presidente V. Paniágua, diversos miembros del Congreso Nacional, magistrados del Tribunal Constitucional, y numerosas organizaciones no-gubernamentales de derechos humanos, que me manifestaron su reconocimiento a la Corte por la firme posición que asumió en la lucha contra la represión. En un homenaje para mí inolvidable, la Universidad Nacional Mayor de San Marcos – Universidad Decana de las Américas – me hizo su Profesor Honorario (con sus Profesores recordando en la ceremonia trechos de algunos de mis escritos), en un acto académico realizado en su Rectorado y todavía cercado de medidas de seguridad, – que reconozco como uno de los momentos más gratificantes de todos mis años como Juez del Tribunal interamericano, además de un momento de luz en la historia de la Corte.

una publicación de la Corte de 2001[3] (reeditada en 2003). Una de la lecciones que extraigo de este histórico episodio es en el sentido de que el Derecho Internacional es efectivamente una realidad, como también lo son hoy los Derechos Humanos. La Corte, bajo mi Presidencia, preservó la integridad del mecanismo de protección de la Convención Americana. Demostró, por su actuación en los supracitados casos concretos, que es posible, y necesario, hacer con que las normas del Derecho Internacional, en su aplicación, sean un instrumental no de mera reglamentación, sino más bien de protección y de emancipación de la persona humana.

La posición de firmeza que sostuvo la Corte bajo mi Presidencia, en defensa de la integridad del mecanismo convencional de protección, es hoy internacionalmente reconocida. Tengo la seguridad de que, si no hubiéramos emitido las Sentencias sobre competencia del 24.09.1999 en los casos de *Ivcher Bronstein* y del *Tribunal Constitucional*, – en los cuales incluso ya se habían realizado actos procesales cuando el Estado demandado intentó "retirarse" de la competencia de la Corte, – y si no hubiéramos aplicado al Estado en cuestión la sanción del artículo 65 de la Convención Americana, la CtIADH hoy ya no existiría, o hubiera perdido enteramente su credibilidad. Dichas Sentencias hoy forman parte de la historia de la evolución del Derecho Internacional de los Derechos Humanos en América Latina y en el mundo.

La posición que sostuve en 1999-2000, y que seguí sosteniendo hasta el final de mi período como Juez Titular de la Corte a la cual tanto quiero, *es una posición principista y no "pragmática"*. Me parece simplemente patético que, distintamente de la gran mayoría de los jusinternacionalistas de nuestro continente (atentos a la evolución de la materia en aprecio), todavía haya, hasta hoy, cuatro jusinternacionalistas latinoamericanos que siguen buscando criticar las referidas Sentencias de competencia de la Corte, desconociendo la totalidad de los propios hechos de los casos, apegados a un formalismo jurídico enteramente infundado, a una visión estatocéntrica de un mundo que hace mucho

---

3 Cf. A.A. Cançado Trindade (relator), *Informe: Bases para un Proyecto de Protocolo a la Convención Americana sobre Derechos Humanos, para Fortalecer Su Mecanismo de Protección*, tomo II, 1a. ed., San José de Costa Rica, Corte Interamericana de Derechos Humanos, 2001, Anexo 14, pp. 529-538.

ya dejó de existir, y aparentemente indiferentes a los miles y miles de víctimas y muertos del régimen fujimorista. Por toda esta experiencia vivida y sufrida hasta hoy, es que, una vez más, rechazo su visión retrógrada e desprovista de valores, y no acepto "frenos" y retrocesos en la jurisprudencia de la Corte en el presente y en el futuro.

Capítulo II

DE LA CLÁUSULA FACULTATIVA DE LA JURISDICCIÓN OBLIGATORIA HACIA EL AUTOMATISMO DE LA JURISDICCIÓN INTERNACIONAL OBLIGATORIA

En la Sentencia sobre competencia (del 24.09.1999) en el célebre caso del *Tribunal Constitucional*, relativo al Perú, la CtIADH, bajo mi Presidencia, avanzó una concepción de la cláusula facultativa de la jurisdicción obligatoria de la CtIADH (artículo 62 de la CADH) teniendo presente la necesidad de realización del objeto y propósito de la Convención Americana sobre Derechos Humanos (párr. 45). Recordando el carácter "normativo" (*law-making*) de la CADH, la Corte sostuvo que

> "Hay que descartar cualquier analogía entre, por un lado, la práctica estatal permisiva desarrollada bajo el artículo 36(2) del Estatuto de la Corte Internacional de Justicia, y, por otro lado, la aceptación de la cláusula facultativa de la jurisdicción obligatoria de esta Corte, teniendo presentes el carácter especial, así como el objeto y propósito de la Convención Americana" (párr. 46).

En seguida, la CtIADH advirtió que la solución de casos contenciosos confiada a tribunales internacionales de derechos humanos "no admite analogías con la solución pacífica de controversias internacionales en el contencioso puramente interestatal (confiada a un tribunal como la Corte Internacional de Justicia); por tratarse, como es ampliamente reconocido, de contextos fundamentalmente distintos, los Estados no pueden pretender contar, en el primero de dichos contextos, con la misma discrecionalidad con que han contado tradicionalmente en el segundo" (párr. 47).

De conformidad con su propio razonamiento (párrs. 49-55), la CtIADH declaró "inadmisible" el pretendido "retiro", con "efectos inmediatos", por el Estado demandado, de la declaración de reconocimiento de su competencia contenciosa, y continuó con el conocimiento y la tramitación, hasta la solución, del referido caso. La CtIADH ponderó asímismo que los Estados Partes en la CADH deben "garantizar el cumplimiento de las disposiciones convencionales y sus efectos propios (*effet utile*) en el plano de sus respectivos derechos internos" (párr. 36). Y la Corte agregó significativamente:

> "Este principio se aplica no sólo en relación con las normas sustantivas de los tratados de derechos humanos (es decir, las que contienen disposiciones sobre los derechos protegidos), sino también en relación con las normas procesales, tal como la referente a la cláusula de aceptación de la competencia contenciosa del Tribunal. Tal cláusula, esencial a la eficacia del mecanismo de protección internacional, debe ser interpretada y aplicada de modo que la garantía que establece sea verdaderamente práctica y eficaz, teniendo presentes el carácter especial de los tratados de derechos humanos (...) y su implementación colectiva" (párr. 36).

Mediante su histórica decisión al respecto, la CtIADH demonstró que hay distintos modos de interpretar la cláusula facultativa de la jurisdicción obligatoria, sin que sea una inevitabilidad la capitulación al voluntarismo estatal. Fue la posición que sostuve con firmeza en el seno del Tribunal, como relator tanto del presente caso del *Tribunal Constitucional*, así como de la otra e idéntica Sentencia sobre competencia (también del 24.09.1999) en el caso *Ivcher Bronstein versus Perú*, con el integral respaldo de la totalidad de mis pares. En ambos los casos se logró la solución judicial, y en última instancia la realización de la justicia, gracias a esta interpretación cogente de la cláusula facultativa de la jurisdicción obligatoria, en la cual la última palabra al respecto provino del Tribunal y no de la parte demandada.

Subyacente a esta concepción anti-voluntarista de la CtIADH encuéntrase el reconocimiento, por esta última, del primado del *jus necessarium* sobre el *jus voluntarium*[1]. Yo iría aún más adelante: es ésta la concepción que guarda más fidelidad con el propio origen histórico y el propósito original o inicial de la cláusula facultativa de la

---

[1] Cf., en este sentido, A.A. Cançado Trindade, «The Voluntarist Conception of International Law: A Re-Assessment», 59 *Revue de droit international de sciences diplomatiques et politiques* (Sottile) – Genève (1981) pp. 201-240.

jurisdicción obligatoria. En efecto, trascurridos dos años desde las Sentencias sobre competencia (de septiembre de 1999) en los casos del *Tribunal Constitucional*, y de *Ivcher Bronstein*, referentes al Perú, tuve la ocasión de debruzarme sobre la materia, detalladamente, en mis extensos Votos Razonados en los casos *Hilaire*, *Benjamin* y *Constantine*, atinentes a Trinidad y Tobago (Sentencias sobre excepciones preliminares, del 01.09.2001).

En estos casos, el Estado demandado interpuso como excepción preliminar la misma "reserva", o más bien restricción, que formulara al depositar su instrumento de aceptación de la competencia contenciosa de la CtIADH, cuyo efecto era el de subordinar enteramente la aplicación de la CADH al derecho interno de Trinidad y Tobago y según lo dispongan sus tribunales nacionales. No sorprendentemente, la CtIADH rechazó tal pretensión, por manifiestamente incompatible con el objeto y fín de la CADH. En la misma línea de razonamiento en los casos del *Tribunal Constitucional* y de *Ivcher Bronstein* (*supra*), advirtió ella, también en los casos *Hilaire*, *Benjamin* y *Constantine*, que su competencia no podía estar condicionada por hechos distintos a sus propias actuaciones, e insistió en su *compétence de la compétence*, por ser maestra de su jurisdicción.

Al desestimar en su totalidad la excepción preliminar interpuesta por el Estado, la Corte ponderó que un Estado Parte en la CADH sólo podía desvincularse de sus obligaciones convencionales observando las disposiciones de la propia Convención; a su vez, – agregó, – a ella misma, como tribunal internacional de derechos humanos, le incumbía darle a la declaración del Estado de aceptación de su competencia contenciosa, como un todo, una interpretación de acuerdo con los cánones y la práctica del Derecho Internacional en general, y del Derecho Internacional de los Derechos Humanos en particular, y que proporcionara el mayor grado de protección de los seres humanos bajo su tutela. La Corte misma admitió que no podía abdicar de esta prerrogativa, que era además un deber que le imponía la CADH, para ejercer sus funciones según su artículo 62(3).

En mis extensos Votos Razonados en esta memorable decisión de la CtIADH (Sentencias del 01.09.2001) en los referidos casos *Hilaire*, *Benjamin* y *Constantine*, recapitulé el histórico legislativo de la cláusula facultativa de la jurisdicción obligatoria (artículo 36(2) del

Estatuto de la Corte de La Haya) y su propósito original de atraer la aceptación de todos los Estados y establecer la jurisdicción internacional resguardando la igualdad jurídica de los Estados; busqué, en seguida, demostrar como la práctica estatal de añadir posteriormente restricciones (no previstas en el Estatuto) a la aceptación de dicha cláusula desvirtuó el ideal inicialmente profesado[2]. Sostuve que el principio *ut res magis valeat quam pereat* (correspondiente al *effet utile*), ampliamente respaldado por la jurisprudencia, se aplica a las normas no sólo sustantivas, sino también procesales, de los tratados de derechos humanos, en particular las atinentes al derecho de petición individual y a la aceptación de la competencia contenciosa del tribunal internacional de derechos humanos, esenciales a la eficacia del sistema de protección internacional como un todo.

Sería inadmisible, – agregué, – subordinar la operación de dicho sistema a restricciones no expresamente autorizadas por la CADH, interpuestas por los Estados Partes en sus instrumentos de aceptación de la cláusula facultativa de la jurisdicción obligatoria de la CtIADH (artículo 62 de la CADH). La formulación de dicha cláusula es, a mi juicio (y tal como la propia CtIADH lo sostuvo en los mencionados casos *Hilaire*, *Benjamin* y *Constantine*), *taxativa*, *numerus clausus*, sólo admitiendo cuatro modalidades de efectuar su aceptación (artículo 62(2)), a saber: a) incondicionalmente; b) bajo condición de reciprocidad; c) por un plazo determinado; y d) para casos específicos.

En fin, al sostener, *de lege ferenda*, la apremiante necesidad del *automatismo* de la jurisdicción internacional obligatoria, concluí mis supracitados Votos Razonados con la siguiente reflexión:

> "En mi entendimiento, no se puede sostener, en esta materia, que lo que no está prohibido, está permitido. Esta postura equivaldría a la actitud tradicional – y superada – del *laisser-faire, laisser-passer*, es propia de un ordenamiento jurídico internacional fragmentado por el subjetivismo estatal voluntarista, que en la historia del Derecho ha favorecido ineluctablemente los más poderosos. *Ubi societas, ibi*

[2] Para un estudio al respecto, cf. A.A. Cançado Trindade, "The Relevance of International Adjudication Revisited: Reflections on the Need and Quest for International Compulsory Jurisdiction", *in Towards World Constitutionalism – Issues in the Legal Ordering of the World Community* (eds. R.St.J. Macdonald y D.M. Johnston), Leiden, Nijhoff, 2005, pp. 515-542.

jus... En este inicio del siglo XXI, en un ordenamiento jurídico internacional en que se busca afirmar valores comunes superiores, en medio a consideraciones de *ordre public* internacional, como en el dominio del Derecho Internacional de los Derechos Humanos, es precisamente la lógica inversa la que debe imponerse: *lo que no está permitido, está prohibido*.

Si estamos realmente dispuestos a extraer las lecciones de la evolución del Derecho Internacional en el mundo convulsionado a lo largo del siglo XX, si pretendemos tener presentes los esfuerzos de las generaciones pasadas por construir un mundo más ecuánime y justo, si creemos que las mismas normas, principios y criterios deben aplicarse a todos los Estados (jurídicamente iguales a pesar de las disparidades fácticas), y si nos disponemos realmente a impulsar los ideales de los verdaderos jusinternacionalistas que nos precedieron, – no podemos convalidar una práctica internacional que se ha curvado ante el voluntarismo estatal, que ha traicionado el espíritu y propósito de la cláusula facultativa de la jurisdicción obligatoria, – a punto de desnaturalizarla por completo, – y que ha conllevado a la perpetuación de un mundo fragmentado en unidades estatales que se estiman árbitros finales del alcance de las obligaciones internacionales contraídas, al mismo tiempo en que no parecen verdaderamente creer en lo que han aceptado: la justicia internacional.

No toda práctica se consustancia en costumbre de modo a conformar el derecho internacional general, por cuanto una determinada práctica puede no estar conforme al Derecho (*ex injuria jus non oritur*). Así, no es función del jurista simplemente tomar nota de la práctica de los Estados, sino más bien decir cual es el Derecho. Desde la obra clásica de H. Grotius en el siglo XVII, hay toda una corriente del pensamiento jusinternacionalista que concibe el derecho internacional como un ordenamiento jurídico dotado de valor propio o intrínseco (y por lo tanto superior a un derecho simplemente "voluntario"), – como bien lo recuerda H.Accioly[3], – por cuanto deriva su autoridad de ciertos principios de sana razón (*est dictatum rectae rationis*). (...)

Urge que los Estados se convenzan que el ordenamiento jurídico internacional es, más que voluntario, *necesario*. En el ámbito del derecho internacional general, en mi entender, ha llegado el tiempo de avanzar decididamente en el perfeccionamiento de la solución judicial de controversias internacionales. En los últimos 80 años,

3 H. Accioly, *Tratado de Derecho Internacional Público*, tomo I, Rio de Janeiro, Imprensa Nacional, 1945, p. 5.

los avances en este campo podrían haber sido mucho mayores si la práctica estatal no hubiera traicionado el propósito que inspiró la creación del mecanismo la cláusula facultativa de la jurisdicción obligatoria (de la CPJI y la CIJ), cual sea, la sumisión de los intereses políticos al Derecho mediante el desarrollo en la realización de la justicia a nivel internacional.

Ha llegado el tiempo de superar en definitiva la lamentable falta de automatismo de la jurisdicción internacional. Con las distorsiones de su práctica en la materia, los Estados se ven hoy ante un dilema que debería ya estar superado hace mucho: o retornan a la concepción voluntarista del derecho internacional, abandonando de una vez la esperanza en la preeminencia del Derecho sobre los intereses políticos[4], o retoman y realizan con determinación el ideal de construcción de una comunidad internacional más cohesionada e institucionalizada a la luz del Derecho y en la búsqueda de la Justicia, moviendo resueltamente del *jus dispositivum* al *jus cogens*[5].

---

4 En realidad, no se ha avanzado más en la solución judicial de controversias internacionales precisamente porque los Estados se han mostrado refractarios a ella, dispensando mayor atención a los factores políticos; Ch. de Visscher, *Aspects récents du droit procédural de la Cour Internationale de Justice*, Paris, Pédone, 1966, p. 204; y cf. también L. Delbez, *Les principes généraux du contentieux international*, Paris, LGDJ, 1962, pp. 68, 74 y 76-77. – Posteriormente, un ex-Presidente de la CIJ criticó como insatisfactorio el mal uso hecho por los Estados del mecanismo de la cláusula facultativa (de la jurisdicción obligatoria de la CIJ) del Estatuto de la Corte; en sus palabras, los Estados pueden considerar que "hay alguna ventaja política en permanecer fuera de un sistema que permite a los Estados adherir más o menos en sus propios términos en un momento oportuno". R.Y. Jennings, "The International Court of Justice after Fifty Years", 89 *American Journal of International Law* (1995) p. 495. Cf. también las críticas de otro ex-Presidente de la CIJ: E. Jiménez de Aréchaga, "International Law in the Past Third of a Century", 159 *Recueil des Cours de l'Académie de Droit International de La Haye* (1978) pp. 154-155; y cf. también las críticas *in*: H.W. Briggs, "Reservations to the Acceptance of Compulsory Jurisdiction of the International Court of Justice", 93 *Recueil des Cours de l'Académie de Droit International de La Haye* (1958) p. 273. Y cf. también: P. Guggenheim, *Traité de Droit international public*, vol. I, Genève, Georg, 1967, p. 279; y, en general, J. Sicault, «Du caractère obligatoire des engagements unilatéraux en Droit international public», 83 *Revue générale de Droit international public* (1979) pp. 633-688. – Esta práctica estatal desvirtuada no puede, en definitiva, servir de modelo a la operación de los órganos judiciales creados por tratados de derechos humanos.

5 Y teniendo siempre presente que la protección de los derechos fundamentales nos sitúa precisamente en el dominio del *jus cogens*. Al respecto, en una intervención en los debates del 12.03.1986 de la Conferencia de Viena sobre Derecho de los Tratados entre Estados y Organizaciones Internacionales o entre Organizaciones Internacio-

> Ha llegado el tiempo de considerar, en particular, en un futuro Protocolo de enmiendas a la parte procesal de la Convención Americana sobre Derechos Humanos, con miras a fortalecer su mecanismo de protección, la posibilidad de una enmienda al artículo 62 de la Convención Americana, para tornar dicha cláusula también mandatoria, de conformidad con su carácter de cláusula pétrea, estableciendo así el *automatismo*[6] de la jurisdicción de la Corte Interamericana de Derechos Humanos[7]. Urge que el antiguo ideal de la jurisdicción internacional obligatoria permanente[8] se realice también en el continente americano, en el presente dominio de protección, con los necesarios ajustes para hacer frente a su realidad de los derechos humanos y atender a las necesidades crecientes de protección eficaz del ser humano" (párrs. 24-26 y 37-39).

Las anteriormente mencionadas decisiones de la CtIADH en los casos del *Tribunal Constitucional* y de *Ivcher Bronstein* (1999), y de *Hilaire*, *Benjamin* y *Constantine* (2001), establecieron su posición

---

nales, me permití advertir para la manifiesta incompatibilidad con el concepto de *jus cogens* de la concepción voluntarista del derecho internacional, la cual no es capaz siquiera de explicar la formación de reglas del derecho internacional general; cf. U.N., *United Nations Conference on the Law of Treaties between States and International Organizations or between International Organizations (Vienna, 1986) – Official Records*, volume I, N.Y., U.N., 1995, pp. 187-188 (intervención de A.A. Cançado Trindade).

6 El cual ya es una realidad, en cuanto a la Corte Europea de Derechos Humanos, a partir de la entrada en vigor, el 01.11.1998, del Protocolo n. 11 a la Convención Europea de Derechos Humanos. Otro ejemplo de jurisdicción obligatoria es el de la Corte de Justicia de las Comunidades Europeas; cf. H. Steiger, "Plaidoyer pour une juridiction internationale obligatoire", *Theory of International Law at the Threshold of the 21st Century – Essays in Honour of K. Skubiszewski* (ed. J. Makarczyk), The Hague, Kluwer, 1996, pp. 821-822 y 832.

7 Con la necesaria enmienda, – mediante un Protocolo, – en este sentido, del artículo 62 de la Convención Americana, poniendo fin a las restricciones en él previstas y expresamente descartando la posibilidad de cualesquiera otras restricciones, y poniendo igualmente fin a la reciprocidad y al carácter facultativo de la aceptación de la competencia contenciosa de la Corte, la cual se tornaría obligatoria para todos los Estados Partes.

8 En monografía publicada en 1924, cuatro años después de la adopción del Estatuto de la antigua CPJI, Nicolas Politis, al recordar la evolución histórica de la justicia privada a la justicia pública, advogó igualmente por la evolución, en el plano internacional, de la justicia facultativa a la justicia obligatoria; cf. N. Politis, *La justice internationale*, Paris, Libr. Hachette, 1924, pp. 7-255, esp. pp. 193-194 y 249-250.

claramente anti-voluntarista, y avanzaron una lectura enteramente distinta de la cláusula facultativa de la jurisdicción obligatoria, de modo a preservar la integridad del mecanismo de protección de la CADH como un todo. Dichas decisiones fueron todas tomadas por la Corte, por unanimidad, dentro del período de mi Presidencia de la misma. La CtIADH pasó a contar, al final de mi Presidencia en 2004, con una base sólida para mantener una *jurisprudencia constante* al respecto, en beneficio de todas las personas protegidas bajo la CADH.

Sin embargo, en el período subsiguiente, dió un paso atrás: en su Sentencia (sobre excepciones preliminares, del 23.11.2004), en el caso de las *Hermanas Serrano Cruz versus El Salvador*, la CtIADH cedió al voluntarismo estatal, al aceptar una restricción interpuesta por el Estado demandado, – no prevista en el artículo 62 de la CADH, – que tuvo por efecto, como advertí en mi Voto Disidente, dejar "desprotegidas a las personas que se consideran víctimas de violaciones continuadas de derechos humanos de particular gravedad, ocurrentes en el conflicto armado salvadoreño, y resultantes de la práctica documentada de la desaparición forzada de niños y niñas y de la sustración de su identidad y nombre durante dicho conflicto armado" (párr. 16).

En mi firme disidencia, insistí en mi tesis en el sentido de que la cláusula facultativa de la jurisdicción obligatoria no admite limitaciones otras que las expresamente previstas en el tratado en cuestión (la CADH), y la jurisdicción de la CtIADH, dada su capital importancia, no podría estar a la merced de limitaciones no previstas en el tratado, e invocadas por los Estados Partes por razones o vicisitudes de orden interno (párr. 10). La referida Sentencia de la CtIADH en el caso de las *Hermanas Serrano Cruz*, a mi juicio, – como lo señalé en mi Voto Disidente,

> "tampoco está conforme a su propia jurisprudencia reciente al respecto, siendo, pues, a mi modo de ver, regresiva. En el presente caso, la voluntad del Estado desafortunadamente prevaleció sobre los imperativos de protección de los derechos humanos. Ha llegado el momento de que los Estados Partes en la Convención Americana se eximan de formular limitaciones de esta naturaleza, y modifiquen o retiren las que por ventura hayan formulado en el pasado, con el fin de compatibilizarlas con el alcance preciso del artículo 62 de la Convención.
>
> (...) La presente Sentencia de la Corte (...) constituye (...) un lamentable retroceso. Disiento, pues, firmemente, de lo que me parece una inaceptable capitulación a un voluntarismo estatal que ya

no se sostiene en nuestros días, además de militar en contra del actual proceso de jurisdiccionalización del propio derecho internacional, ilustrado por los recientes avances en el antiguo ideal de la realización de la justicia también en el plano internacional" (párrs. 17 y 24).

En fin, al concluir esta parte de mi disidencia en el caso de las *Hermanas Serrano Cruz*, recordé que el Proyecto de Protocolo a la CADH, que preparé como *rapporteur* de la CtIADH y presenté a la OEA en 2001, propone *inter alia* una enmienda al artículo 62 de la CADH, con el fin de tornar la jurisdicción de la CtIADH en materia contenciosa automáticamente obligatoria al momento de la ratificación de la CADH (párr. 38). De esa manera se perfeccionaría y fortalecería en definitivo el mecanismo de protección bajo la CADH, poniendo fin a las incertidumbres generadas por la mala comprensión de la cláusula facultativa de la jurisdicción obligatoria. Mientras tanto, cabe preservar y ser fiel a los avances, anteriormente mencionados, logrados por la CtIADH sobre la materia en sus Sentencias en los casos del *Tribunal Constitucional*, de *Ivcher Bronstein*, de *Hilaire*, *Benjamin* y *Constantine* (*supra*).

Capítulo III

RECONOCIMIENTO DE RESPONSABILIDAD INTERNACIONAL POR PARTE DE LOS ESTADOS DEMANDADOS ANTE LA CORTE INTERAMERICANA

A continuación, no podría dejar de trazar una breve línea de reflexiones sobre el despertar de la conciencia humana para los imperativos de protección de la persona humana y de reparación de los agravios contra esta perpetrados. Quisiera referirme, en particular, a la tríada *responsabilidad/perdón/justicia* como manifestación de la conciencia jurídica universal, – esta última como fuente *material* de todo el Derecho[1], – en relación con la experiencia tan marcante, en el seno de la CtIADH, de sucesivos actos de reconocimiento de responsabilidad internacional por parte de los Estados demandados. Me referiré, de inicio, al primer elemento de la referida tríada, el de la *responsabilidad.*

Todavía me acuerdo del primer caso de reconocimiento de responsabilidad internacional del Estado en audiencia pública ante la Corte Interamericana, en el caso *Aloeboetoe y Otros versus Suriname* (fondo, 1991), así como de las reuniones informales que lo precedieron, de las cuales participé, realizadas en el Hotel Aurola, en el centro de la ciudad de San José de Costa Rica. Ya se pasaron 20 años, el caso ya fue archivado por la CtIADH después que Suriname, – país económicamente pequeño pero de respectable cultura, dió un bello ejemplo a los países grandes mediante el cabal cumplimiento de la Sentencia. Ya se pasaron 20 años desde aquel reconocimiento pionero y pleno, que fue, en aquel entonces, un evento ejemplarizante, con amplia repercusión en los círculos jusinternacionalistas latinoamericanos y caribeños.

---

1 Cf. A.A. Cançado Trindade, "International Law for Humankind: Towards a New *Jus Gentium* – General Course on Public International Law – Part I", 316 *Recueil des Cours de l'Académie de Droit International de la Haye* (2005), cap. VI, pp. 177-202.

Al inicio de 2006, de un total de 84 casos contenciosos tramitados ante la Corte Interamericana, se habían resuelto 68, y, de este total, ya eran 20 los casos de allanamiento bajo la Convención Americana, – de los cuales 15 casos de aceptación total de responsabilidad[2] y 5 de aceptación parcial de responsabilidad[3]. Además, de los casos todavía en trámite ante la Corte, en 5 otros de ellos hubo aceptación parcial de responsabilidad[4]. Esto significa que, en el inicio del año 2006, los Estados Partes en la Convención Americana y sometidos a la jurisdicción de la Corte Interamericana lograron alcanzar una impresionante cifra de 29,76% de casos contenciosos ante la Corte en que hubo reconocimiento de responsabilidad internacional, de los cuales 85% correspondían a aceptación total de responsabilidad y 11,90% a aceptación parcial de responsabilidad.

Este porcentage no encuentra paralelo en la práctica de ningún otro tribunal internacional contemporáneo. No me consta que estos dados encontren precedente en otros sistemas de protección internacional de los derechos humanos. Aquí, una vez más, los países latinoamericanos han dado muestras inequívocas y marcantes de su rica cultura jurídica, que no queda a deber nada a la europea y aún menos a la norteamericana. Todo lo contrario, constituyen hoy un ejemplo para otros países, en el presente dominio del Derecho Internacional, en beneficio de las personas protegidas. En varias de sus Sentencias en aquellos casos, la Corte Interamericana ha valorado positivamente dichas aceptaciones de responsabilidad internacional.

---

2 CtIADH, casos *Aloeboetoe y Otros versus Suriname, Barrios Altos versus Perú, Benavides Cevallos versus Ecuador, Blanco Romero versus Venezuela, Bulacio versus Argentina, Caracazo versus Venezuela, Carpio Nicolle y Otros versus Guatemala, El Amparo versus Venezuela, Garrido y Baigorria versus Argentina, Gutiérrez Soler versus Colombia, Huilca Tecse versus Perú, Masacre de Plan de Sánchez versus Guatemala, Molina Theissen versus Guatemala, Myrna Mack Chang versus Guatemala*, y *Trujillo Oroza versus Bolivia.*

3 CtIADH, casos *Blake versus Guatemala, García Asto y Ramírez Rojas versus Perú, Gómez Palomino versus Perú, Maritza Urrutia versus Guatemala*, y *Masacre de Mapiripán versus Colombia.*

4 CtIADH, casos *Baldeón García versus Perú, Goiburú y Otros versus Paraguay, Ituango versus Colombia, Servellón García versus Honduras*, y *Vargas Areco versus Paraguay.*

Me siento verdaderamente privilegiado en haber podido participar en la adjudicación de *todos* estos casos de reconocimiento de responsabilidad hasta el final de mi mandato como Juez Titular de la CtIADH, – desde el primero de ellos, la Sentencia del 04.12.1991 en el caso *Aloeboetoe versus Suriname*, – y acompañar así de muy cerca ese proceso alentador de concientización por parte de los Estados Partes en la Convención Americana de sus deberes de protección hacia todos los individuos que se encuentren bajo sus respectivas jurisdicciones. Este ha sido uno de los aspectos más gratificantes de mi labor de más de una década como magistrado de la Corte Interamericana, que identifico como manifestaciones de la propia conciencia humana, que, en última instancia, es la que hace avanzar el Derecho.

Además, se han multiplicado, significativamente, – y con esto paso al segundo elemento de la mencionada tríada (*supra*), – los casos en que los Estados de nuestra región han pedido perdón a las víctimas, sea después de las respectivas Sentencias de la Corte, sea incluso antes de ellas, como, por ejemplo, lo hizo Colombia, de modo ejemplar, en el caso *Gutiérrez Soler*. Me acuerdo del emblemático gesto de pedido de perdón a las víctimas, de parte de los agentes del Estado demandado, en la curso de la audiencia pública del 10.03.2005 en el caso *Gutiérrez Soler versus Colombia* (2005) ante la CtIADH, con la sala de audiencias colmada de gente. Con todos los graves problemas que tiene[5], Colombia lo hizo, dando muestras de una postura constructiva hasta el presente.

---

5 Particularmente el de la violencia crónica, arraigado en su historia reciente; cf. G. Guzmán Campos, O. Fals Borda y E. Umaña Luna, *La Violencia en Colombia – Estudio de un Proceso Social*, 8a. ed., tomo I, Bogotá, Ed. Punta de Lanza, 1977, pp. 252, 294-297 y 416-418. Sobre los desplazamientos internos forzados, cf., v.g., ACNUR, *Balance de la Política Pública de Prevención, Protección y Atención al Desplazamiento Interno Forzado en Colombia* (2002-2004), Bogotá, ACNUR, 2004, pp. 15-361; y cf. M. Gómez Giraldo, *Desterrados – las Cicatrices de la Guerra en Colombia*, Bogotá, Intermedio, 2001, pp. 47-63 y 125-137. Sobre el proceso de desmovilización, cf., *inter alia*, J.A. Cárdenas Sarrias, *Los Parias de la Guerra – Análisis del Proceso de Desmovilización Individual*, Bogotá, Ed. Aurora, 2005, pp. 9-270; N. Springer, *Desactivar la Guerra – Alternativas Audaces para Consolidar la Paz*, Bogotá, Aguilar, 2005, pp. 21-355.

Tal como fue señalado por la Corte Interamericana en la Sentencia de la CtIADH (del 12.09.2005) en el caso *Gutiérrez Soler*, en la audiencia pública del 10.03.2005, los integrantes de la delegación del Estado demandado reiteraron su reconocimiento de responsabilidad internacional en el *cas d'espèce*[6], *y pidieron perdón en nombre del Estado a la víctima y sus familiares*, a modo de contribuir, como fue expresado por la representación del Estado, a la "dignificación" de éstos últimos[7]. Con gestos de esta naturaleza, los países de nuestra región han, así, dado expresión al despertar de su conciencia, y han dado una muestra del renovado vigor de la respectable cultura jurídica latinoamericana y caribeña[8].

Como apreciar tales pedidos de perdón en el marco del Derecho Internacional de los Derechos Humanos? Se enmarcan ellos, a mi modo de ver, ineluctablemente, a lo que me permito denominar la trilogía indisociable de *responsabilidad/perdón/justicia*, como manifestaciones de la conciencia jurídica universal, fuente *material* última del Derecho Internacional así como de todo el Derecho. En mi Voto Razonado en el caso *Gutiérrez Soler versus Colombia* (2005), me permití señalar (párrs. 19-28) la relevancia de la concientización, en nuestros días, de la importancia de la búsqueda del perdón por la perpetración de las graves violaciones de los derechos humanos. En una obra reciente, P. Ricoeur señala oportunamente que "c'est dans notre capacité à maîtriser le cours du temps que paraît pouvoir être puisé le courage de demander pardon"[9]; y evoca la reflexión de K. Jaspers, para quien "l'instance compétente, c'est la conscience individuelle"[10]. En efecto, si miramos con atención al mundo que nos circunda, en él encontraremos manifestaciones de la conciencia humana universal en reconocimiento inequívoco de la relevancia de la búsqueda del perdón, en distintos continentes.

---

6 Formulado anteriormente en su escrito del 09 de marzo de 2005.

7 Párrafos 104 y 59, y cf. párr. 92(a) de la referida Sentencia.

8 Como buen ejemplo a otros países, como los de América del Norte, que hasta el presente ni siquiera ratificaron la Convención Americana sobre Derechos Humanos.

9 P. Ricoeur, *La mémoire, l'histoire, l'oubli*, Paris, Éd. du Seuil, 2000, p. 630.

10 Cf. *ibid.*, p. 616.

Paso ahora al tercer elemento de la supracitada tríada (*supra*), de particular importancia: el de la justicia. El perdón, también de especial relevancia como otra de las manifestaciones de la conciencia humana, sin embargo no puede ser apreciado de modo aislado: encuéntrase ineluctablemente vinculado a la responsabilidad – a la cual ya me referí, – así como a la justicia, tercer dato de la tríada que me propongo aquí desarrollar. Así como en pasar del tiempo es, de cierto modo, una *medicina doloris*, el perdón es un acto de redención y de liberación (de la punición de la vida interior), de parte tanto de las víctimas como de sus victimarios arrependidos, es un intento de superación de la miseria de la condición humana[11].

El perdón es pedido por los victimarios arrependidos, pero puede ser aceptado o no por las víctimas. Estas esperan tener sus sufrimientos reivindicados, de conformidad con las lesiones sufridas; para algunas, el pedido de perdón puede ser considerado como un acto satisfactorio de justicia. Pero, para otras, víctimas de violaciones particularmente graves, el perdón debe ser acompañado de otros actos de justicia que reivindiquen y reconozcan debidamente sus sufrimientos, y pongan fin a la impunidad.

Como me permití recordar en una conferencia magna que ministré en la Universidad del Rosario en Bogotá, en la noche del 26.01.2006,

> "En un libro magistral, – de aquéllos que ya no se escriben más en nuestra nueva era de la informática, – titulado *Le problème du mal – l'histoire* (1948), su lúcido autor, R.P. Sertillanges, observó con acierto que el pensamiento positivista, insensible a los valores, se tornó simplemente *inconsciente del problema del mal*[12]. El despertar de la conciencia jurídica universal viene, a mi modo de ver, a sepultar en definitiva la indiferencia de la miopía del positivismo jurídico, – siempre connivente con el poder, y sumiso al mismo, inclusive cuando es ejercido en grave violación de los derechos básicos inherentes a la persona humana.

---

11 V. Jankélévitch, *Forgiveness*, Chicago, University of Chicago Press, 2005, pp. 10, 39, 41 y 144.

12 R.P. Sertillanges, *Le problème du mal – l'histoire*, Paris, Aubier, 1948, p. 292, y, para la importancia de los valores, cf. pp. 395-397.

> Todo el capítulo de las reparaciones de violaciones de los derechos humanos requiere un mayor desarrollo conceptual y jurisprudencial, a partir del reconocimiento de la estrecha relación entre los derechos a la verdad, a la reparación y a la justicia. Tal desarrollo se impone particularmente ante violaciones graves y sistemáticas de los derechos humanos, que requieren reparaciones de cuño disuasivo, precisamente para garantizar la no-repetición de las graves violaciones de los derechos humanos.
>
> La jurisprudencia de la Corte Interamericana en materia de reparaciones es particularmente rica, y, en los últimos años, ésto ha sido objeto de reconocimiento internacional por parte de la doctrina especializada. Sin embargo, aún resta un largo camino que recorrer. Por ejemplo, todo este capítulo fue erigido, en otras areas del Derecho, a partir de la óptica de reparación de *daños*, – con base en una analogía inadecuada con soluciones propias del Derecho Civil, – y no de reparación del *sufrimiento* humano"[13].

Jamás me olvidaré de los significativos reconocimientos[14] de responsabilidad efectuados ante la CtIADH, ni tampoco de los pedidos de perdón, de parte de los responsables de las violaciones de derechos humanos en cuestión, presentados directamente a las víctimas. Dichas manifestaciones de arrepentimiento se enmarcan en el fenómeno contemporáneo de las *apologias*, que han crecido cada vez más, sobre todo a partir de mediados de la década de los noventa, en los planos tanto regional como universal, y a niveles inter- e intra-estatal, en distintos continentes[15]. Son manifestaciones que emanan, en última

---

13 A.A. Cançado Trindade, "Responsabilidad, Perdón y Justicia como Manifestaciones de la Conciencia Jurídica Universal", 8 *Revista de Estudios Socio-Jurídicos* – Universidad del Rosario/Bogotá (2006) n. 1, pp. 15-36. Cf. texto de mi conferencia también reproducido *in*: Anexo II, *infra*.

14 No todos los efectuados ante la CtIADH, por supuesto, – dado que también hubo los que fueron motivados por estrategias del contencioso, – sino más bien algunos de ellos, efectuados con sinceridad y remordimiento.

15 Para un estudio general, cf. [Varios Autores,] *The Age of Apology – Facing Up to the Past* (eds. M. Gibney *et alii*), Philadelphia, UNU/University of Pennsylvania Press, 2008, pp. 1-320; y, para un estudio de caso (en nuestro continente), cf., v.g., *inter alia*, P. Aylwin Azocar, "La Comisión de la Verdad y Reconciliación de Chile", in *Estudios Básicos de Derechos Humanos* – II (eds. A.A. Cançado Trindade y L. González Volio), San José de Costa Rica, IIDH, 1995, pp. 115-116, y cf. p. 113.

instancia, de la conciencia humana, y que implican en reconocimiento del sufrimiento de las víctimas. Dicho reconocimiento, cuando proviene de un tribunal international de derechos humanos, se sitúa en el plano de la realización de la justicia, y constituye una forma adicional de reparación a las víctimas.

Capítulo IV

EL CUMPLIMIENTO DE LAS SENTENCIAS DE LA CORTE: POSICIÓN PRINCIPISTA, Y NO "PRAGMÁTICA"

A lo largo de mi Presidencia de la Corte Interamericana de Derechos Humanos (CtIADH), en los sucesivos *Informes* que presenté a los órganos principales de la Organización de los Estados Americanos (OEA), insistí en la necesidad de establecer un mecanismo *permanente* para la supervisión de la ejecución o cumplimiento de las sentencias de la CtIADH, y presenté propuestas concretas en este sentido. Lo hice precisamente para llenar una laguna persistente en el mecanismo de protección de la Convención Americana (precisamente, en relación con su artículo 65), sobre todo en comparación con el mecanismo homólogo de la Convención Europea de Derechos Humanos (dotado de un Comité de Ministros, inexistente en el sistema interamericano). En este propósito, en mi *Informe* del 17.03.2000, presentado a la Comisión de Asuntos Jurídicos y Políticos (CAJP) del Consejo Permanente de la OEA, por ejemplo, me permití advertir que "el incumplimiento de una Sentencia de la Corte hace con que el Estado en cuestión incurra en una violación adicional de la Convención"[1]. Las Delegaciones de los Estados miembros de la OEA me escucharon, con atención y cortesía, en todas las ocasiones, pero, al final, nada de concreto hicieron[2]. Todo ésto se encuentra debidamente registrado en la documentación clasificada de la OEA.

---

1 A.A. Cançado Trindade, *Informe: Bases para un Proyecto de Protocolo a la Convención Americana sobre Derechos Humanos, para Fortalecer Su Mecanismo de Protección*, vol. II, 2a. ed., San José de Costa Rica, Corte Interamericana de Derechos Humanos, 2003, p. 125.

2 Cf., al respecto, mi entrevista, *cit. in*: C. Martín Beristain, *Diálogos sobre la Reparación – Experiencias en el Sistema Interamericano de Derechos Humanos*, tomo I, San José de Costa Rica, IIDH, 2008, p. 608.

Como la laguna persistió en el sistema interamericano de derechos humanos, surgió la situación de la actitud de un Estado demandado (que inclusive denunció la CADH) de no proveer a la CtIADH con información alguna respecto del cumplimiento de las Sentencias sobre los casos a él atinentes (casos *Hilaire, Benjamin y Constantine versus Trinidad y Tobago*, 2001-2002). Esta omisión del Estado demandado ocurrió a pesar de haber el Presidente de la CtIADH comunicado su incumplimiento de las Sentencias a la Asamblea General (me acuerdo perfectamente del momento en que lo hice, en la Asamblea realizada en 2003 en Santiago de Chile, tal como lo había hecho, tres años antes, en relación con los *casos peruanos*, en la Asamblea General de 2000 de Windsor en Canadá), por última vez en su *Informe Anual* de 2003, de conformidad con el artículo 65 de la CADH.

En el seno de la CtIADH, insistí reiteradas veces en la absoluta necesidad de que los incumplimientos de Sentencias – parciales o totales – por los Estados demandados *sean efectivamente discutidos por los órganos competentes de la OEA*, para tomar las debidas providencias y preservar la integridad del mecanismo de protección de la CADH. La supervisión de la ejecución de las Sentencias de la CtIADH no podría continuar a hacerse tan sólo una vez por año, y de forma rapidísima, por la propia Asamblea General de la OEA. A ese propósito, me acuerdo que, cuando ingresé, en enero de 1995, como Juez Titular en la CtIADH[3], la Asamblea General de la OEA duraba una semana completa, y ahí se discutían con detalles todos los informes presentados, inclusive los de la CtIADH y ComIADH. No era como hoy día (en plena era frívola del "*fast food*"), en que las Asambleas son meteóricas (dos o tres días), y todos los participantes son contagiados por la prisa, la mayor enemiga de la perfección.

En mi época como Presidente de la Corte (media-década, 1999-2004), insistí, pues, en la creación, en el seno de la Comisión de Asuntos Jurídicos y Políticos (CAJP) de la OEA, de una Comisión nuclear, compuesta por representantes de los Estados Partes en la CADH, pre-

3 Antes de mi primera elección, en la Asamblea General de Belém do Pará, con la mayor votación, para Juez Titular de la Corte Interamericana en 1994, ya había servido por tres años (1991-1994) como Juez *ad hoc* de la Corte para los casos surinameses (*Aloeboetoe y Otros*, y *Gangaram Panday*). Ya conocía, pues, los métodos de trabajo del Tribunal.

cisamente para encargarse de la supervisión, en una base *permanente*, dentro de la OEA, de la ejecución de las Sentencias de la CtIADH, para asegurar dicha ejecución, y, de este modo, la realización de la justicia[4]. En los succesivos *Informes* que presenté en nombre del Tribunal a los órganos competentes de la OEA, me permití señalar a los Estados Partes en la CADH la apremiante necesidad del provimiento de mecanismos – tanto de derecho interno como de derecho internacional – tendientes a asegurar la fiel y cabal ejecución de las Sentencias de la CtIADH en el ámbito de su derecho interno.

En este propósito, en mi *Informe* del 17.03.2000, presentado a la CAJP del Consejo Permanente de la OEA, por ejemplo, advertí que "el incumplimiento de una Sentencia de la CtIADH hace con que el Estado en cuestión incurra en una violación adicional de la Convención"[5]. Esta última dispone expresamente que la parte de las Sentencias de la CtIADH, atinente a indemnizaciones, puede ser ejecutada en el país respectivo por el proceso interno vigente para la ejecución de Sentencias contra el Estado (artículo 68(2)); acrecenta la Convención que los Estados Partes se comprometen a cumplir la decisión de la CtIADH en todo caso contencioso en que sean partes (artículo 68(1) de la CADH). Ocurre que, en el plano del *derecho interno*, hasta la fecha, solamente dos Estados Partes en la CADH han efetivamente adoptado mecanismos *permanentes* para la ejecución de las Sentencias internacionales[6].

En los demás Estados, las Sentencias de la CtIADH vienen siendo ejecutadas mediante criterios empíricos, o aún incluso casuísticos, en la ausencia de un mecanismo permanente de derecho interno para este fin. O sea, la gran mayoría de los Estados Partes en la CADH todavía no ha tomado cualquier providencia, legislativa o de otra natureza, en

---

4 Cf. A.A. Cançado Trindade, *Informe: Bases para un Proyecto de Protocolo a la Convención Americana sobre Derechos Humanos...*, *op. cit. supra* n. (1), pp. 47-49, 111, 125, 234-235, 664, 793-795 y 918-921, esp. pp. 793-794.

5 *Ibid.*, p. 125.

6 Son éstos, respectivamente, el Perú, que atribuye al órgano judicial supremo del ordenamiento interno (la Corte Suprema de Justicia) la facultad de disponer sobre la ejecución y el cumplimiento de las decisiones de órganos de protección internacional a cuya jurisdición se haya sometido el Perú (modelo judicial); y Colombia, que opta por la atribución a un Comité de Ministros de la misma función (modelo ejecutivo).

el referido propósito. Siendo así, en mi *Tratado de Direito Internacional dos Direitos Humanos*, me permití alertar:

> "É de se esperar que todos os Estados Partes busquem equipar-se para assegurar a fiel execução das Sentenças da Corte Interamericana. (...) As vítimas de violações de direitos humanos, em cujo favor tenha a Corte Interamericana declarado um direito – quanto ao mérito do caso, ou reparações *lato sensu*, – ainda não têm inteira e legalmente assegurada a execução das sentenças respectivas no âmbito do direito interno dos Estados demandados. Cumpre remediar prontamente esta situação"[7].

Y aunque haya un determinado Estado Parte en la CADH adoptado un procedimiento interno en el propósito señalado, no se puede de ahí inferir que la ejecución de las Sentencias de la CtIADH esté *ipso jure* asegurada, en el ámbito de su ordenamiento jurídico interno. Las medidas de derecho interno deben ser complementadas por las de *derecho internacional*, particularmente por la creación de un mecanismo permanente de supervisión internacional de la ejecución de las Sentencias de la CtIADH, como sostuve a lo largo de todo el periodo de mi Presidencia de este Tribunal internacional (1999-2004).

Así, en mi extenso *Informe* del 05.04.2001, en el cual presenté a la CAJP del Consejo Permanente de la OEA el documento que preparé, como *rapporteur* de la Corte, conteniendo las "*Bases para un Proyecto de Protocolo a la Convención Americana sobre Derechos Humanos, para Fortalecer Su Mecanismo de Protección*", propuse la creación de un mecanismo de supervisión internacional, en el ámbito de la OEA (en la forma de un Grupo de Trabajo de la CAJP), de las Sentencias de la CtIADH, para operar en base *permanente*, para superar una laguna del sistema interamericano de protección de los derechos humanos (que, distintamente del sistema europeo homólogo, no cuenta con un Comité de Ministros para este fin)[8]. Recordé, en la ocasión, que tal supervisión es una tarea que recae sobre el conjunto de los Estados Partes en la Convención, en el ejercicio de la *garantía*

---

7 Cf. A.A. Cançado Trindade, *Tratado de Direito Internacional dos Direitos Humanos*, tomo II, Porto Alegre, S.A. Fabris Ed., 1999, p. 184.

8 A.A. Cançado Trindade, *Informe: Bases para un Proyecto de Protocolo...*, *op. cit. supra* n. (1), pp. 369.

colectiva que les cabe, para dar la debida aplicación al principio básico *pacta sunt servanda*[9].

Posteriormente, en mi *Informe* del 19.04.2002, a la CAJP del Consejo Permanente de la OEA, insistí en mi propuesta (que llevé a la consideración del propio Consejo Permanente y de la Asamblea General de la OEA en 2001), en el propósito de suplir la laguna en el sistema interamericano de derechos humanos, y así fortalecer el mecanismo de protección de la CADH[10]. Una vez más fue el asunto llevado al conocimiento del Consejo Permanente de la OEA en 2002, y también en 2003. Ante el imobilismo de la OEA al respecto, elevé el tono de mi *Informe* del 16.10.2002 al Consejo Permanente de la OEA, sobre "*El Derecho de Acceso a la Justicia Internacional y las Condiciones para Su Realización en el Sistema Interamericano de Protección de los Derechos Humanos*"; en esta ocasión, nuevamente ponderé, con paciencia y vehemencia, que

> "En efecto, los Estados Partes asumen, cada uno individualmente, el deber de cumplir las sentencias y decisiones de la Corte, como lo establece el artículo 68 de la Convención Americana en aplicación del principio *pacta sunt servanda*, y por tratarse, además, de una obligación de su propio derecho interno. Los Estados Partes en la Convención igualmente asumen, en conjunto, la obligación de velar por la integridad de la Convención Americana, como garantes de la misma. La supervisión de la fiel ejecución de las sentencias de la Corte es una tarea que recae sobre el conjunto de los Estados Partes en la Convención.
>
> Al crear obligaciones para los Estados Partes *vis-à-vis* todos los seres humanos bajo sus respectivas jurisdicciones, la Convención Americana requiere el ejercicio de la *garantía colectiva* para la plena realización de su objeto y fin. Como lo señalé el pasado 19.04.2002 en mis dos presentaciones ante la CAJP de la OEA, la Corte Interamericana está convencida de que, mediante el ejercicio permanente de dicha garantía colectiva, se contribuirá efectivamente al fortalecimiento del mecanismo de protección de la Convención Americana sobre Derechos Humanos en este inicio del siglo XXI.
>
> El fiel cumplimiento o ejecución de sus sentencias es una preocupación legítima de todos los tribunales internacionales. (...) Al

---

9 *Ibid.*, p. 378.

10 Cf. *ibid.*, pp. 794-795.

respecto, la Corte Interamericana tiene actualmente una especial preocupación en cuanto a un aspecto del cumplimiento de sus sentencias. Los Estados, por lo general, cumplen con las reparaciones que se refieren a indemnizaciones de carácter pecuniario, pero no sucede necesariamente lo mismo con las reparaciones de carácter no pecuniario, en especial las que se refieren a la investigación efectiva de los hechos que originaron las violaciones, y la identificación y sanción de los responsables, – imprescindibles para poner fin a la impunidad (con sus consecuencias negativas para el tejido social como un todo).

Actualmente, dada la carencia institucional del sistema interamericano de protección en esta area específica, la Corte Interamericana viene ejerciendo *motu propio* la supervisión de la ejecución de sus sentencias, dedicándole un o dos días de cada período de sesiones. Pero la supervisión – en el ejercicio de la *garantía colectiva* – de la fiel ejecución de las sentencias y decisiones de la Corte es una tarea que recae sobre el conjunto de los Estados Partes en la Convención. (...)

Además, – tal como lo propuse en mis *Informes* anteriores a los órganos competentes de la OEA, – se encargaría a un Grupo de Trabajo permanente de la CAJP, integrado por Representantes de los Estados Partes en la Convención Americana, la tarea de supervisar con base permanente el estado de cumplimiento, por los Estados demandados, de las sentencias y decisiones de la Corte Interamericana, dicho Grupo de Trabajo presentaría sus propios informes a la CAJP, y esta, a su vez, relataría al Consejo Permanente de la OEA, para preparar su informe para la deliberación de la Asamblea General de la OEA al respecto. (...)

Esta necesaria iniciativa, a nivel internacional, debe tener por complemento ineluctable, a nivel de derecho interno, la serie de providencias que debería tomar cada Estado Parte en la Convención Americana sobre Derechos Humanos para asegurar, en una base permanente, la fiel ejecución de las sentencias de la Corte Interamericana, mediante la creación de un procedimiento de derecho interno con tal fín. Los desarrollos, en pro del *pacta sunt servanda*, deben aquí efectuarse *pari passu*, en los planos tanto internacional como nacional"[11].

Mi propuesta, tan clara, necesaria y viable (entre otras que presenté, como la de creación en la OEA de un fondo de asistencia judicial

[11] *Ibid.*, pp. 919-921.

gratuita para peticionarios carentes de medios materiales para defenderse), todavía (en fines de 2007) no se ha materializado, todavía no ha visto la luz del día; permanece aún presumiblemente "en estudio" en el ámbito de la OEA, – debidamente invocada en sucesivas resoluciones de la OEA hasta fines de 2007, – pero ninguna iniciativa concreta ha sido hasta ahora tomada al respecto en este particular, que sigue requiriendo, de ese modo, una solución. Mientras tanto, el sistema interamericano de protección continuará padeciendo de la laguna señalada, y la CtIADH sobrecargada de trabajo, carente de recursos materiales adecuados, y avocando para sí, *motu propio*, la tarea adicional de supervisión de la ejecución de su Sentencias en el plano del derecho interno de los Estados demandados. Por lo menos, tengo la conciencia tranquilla de haber hecho todo lo que estaba a mi alcance, – lo posible y lo que parecía imposible, – para suplir esta laguna.

La supervisión, asumida *motu propio* por la CtIADH, de supervisión de la ejecución de su Sentencias, es lo que ha ocurrido en sucesivos casos en los últimos años. Como ilustración pertinente, permítome volver a evocar el tormentoso caso de *Baena Ricardo y Outros (270 Trabajadores) versus Panamá*. En su memorable Sentencia sobre Competencia (del 28.11.2003) para supervisar el cumplimiento de su anterior Sentencia (sobre fondo y reparaciones, del 02.02.2001) en aquel caso, la CtIADH determinó que

> "(...) La jurisdicción comprende la facultad de administrar justicia; no se limita a declarar el derecho, sino que también comprende la supervisión del cumplimiento de lo juzgado. (...) La supervisión del cumplimiento de las Sentencias es uno de los elementos que componen la jurisdicción. (...) El cumplimiento de las reparaciones ordenadas por el Tribunal en sus decisiones es la materialización de la justicia para el caso concreto y, por ende, de la jurisdicción (...).
>
> La efectividad de las Sentencias depende de su ejecución. El proceso debe tender a la materialización de la protección del derecho reconocido en el pronunciamiento judicial mediante la aplicación idónea de dicho pronunciamiento.
>
> El cumplimiento de las Sentencias está fuertemente ligado al derecho de acceso a la justicia, el cual se encuentra consagrado en los artículos 8 (garantías judiciales) y 25 (protección judicial) de la Convención Americana" (párrs. 72-74).

Y agregó lúcidamente la CtIADH, en la misma línea de pensamiento:

> "A la luz de lo anterior, este Tribunal estima que, para satisfacer el derecho de acceso a la justicia, no es suficiente con que en el respectivo proceso o recurso se emita una decisión definitiva, en la cual se declaren derechos y obligaciones o se proporcione la protección a las personas. Además, es preciso que existan mecanismos eficaces para ejecutar las decisiones o sentencias, de manera que se protejan efectivamente los derechos declarados. La ejecución de tales decisiones y sentencias debe ser considerada como parte integrante del derecho de acceso a la justicia, entendido éste en sentido amplio, que abarque también el cumplimiento pleno de la decisión respectiva. Lo contrario supone la negación mismo de este derecho.
>
> (...) Si el Estado responsable no ejecuta en el ámbito interno las medidas de reparación dispuestas por la Corte, estaría negando el derecho de acceso a la justicia internacional" (párrs. 82-83).

En seguida, en la misma Sentencia memorable sobre Competencia en el caso *Baena Ricardo y Outros (270 Trabalhadores) versus Panamá* (28.11.2003), la CtIADH, para mi gran satisfacción, tornó suya la ponderación que yo había desarrollado en mi Voto Concurrente en su Opinión Consultiva n. 18 (del 17.09.2003), sobre la *Condición Jurídica y Derechos de los Migrantes Indocumentados*, – inclusive citando expresamente mi Voto (n. 70)[12], – en el sentido de que la facultad de la CtIADH de supervisión de ejecución de sus Sentencias fundamentábase en su "práctica constante y uniforme" (teniendo presentes los artículos 33, 62(1) y (3), y 65 de la CADH, y 30 del Estatuto) y en la "resultante *opinio juris communis* de los Estados Partes en la Convención" (teniendo presentes sus diversas resoluciones sobre cumplimiento de Sentencias por ellos observadas). Y la CtIADH agregó, retomando mi propia doctrina sobre la *conciencia jurídica universal*

12 Para el texto completo de mi referido Voto, cf. A.A. Cançado Trindade, *Derecho Internacional de los Derechos Humanos – Esencia y Trascendencia (Votos en la Corte Interamericana de Derechos Humanos, 1991-2006)*, México, Edit. Porrúa/ Univ. Iberoamericana, 2007, pp. 52-87.

como fuente *material* última del derecho internacional y de todo el Derecho[13] (cf. *infra*):

> "La *opinio juris communis* significa la manifestación de la conciencia jurídica universal[14] a través de la observancia, por la generalidad de los miembros de la comunidad internacional, de una determinada práctica como obligatoria. La referida *opinio juris communis* se ha manifestado en que dichos Estados han mostrado una actitud generalizada y reiterada de aceptación de la función supervisora de la Corte, lo cual se ha visto clara y ampliamente demostrado con la presentación por parte de éstos de los informes que la Corte les ha solicitado, así como con la observancia de lo resuelto por el Tribunal al impartirles instrucciones o dilucidar aspectos sobre los cuales existía controversia entre las partes, relativos al cumplimiento de las reparaciones" (párr. 102)[15].

En efecto, – prosiguió la Corte, – la sanción prevista en el artículo 65 de la CADH presupone el libre ejercicio por la CtIADH de su facultad inherente de supervisión de la ejecución de sus Sentencias en el ámbito del derecho interno de los Estados demandados (párrs. 90, 113 y 115). Tal ejercicio corresponde a su práctica constante, de 1989 hasta fines de 2003 (párrs. 103-104 y 107). En el caso concreto *Baena Ricardo y Otros (270 Trabajadores) versus Panamá*, recordó la CtIADH que el Estado demandado no había cuestionado su competencia de supervisión anteriormente, y ya en su Sentencia del 02.02.2001 había la Corte señalado que supervisaría su cumplimiento (párr. 121).

13 Cf., sobre esta cuestión trascendental: A.A. Cançado Trindade, "International Law for Humankind: Towards a New *Jus Gentium* -General Course on Public International Law" – Part I, 316 *Recueil des Cours de l'Académie de Droit International de la Haye* (2005) pp. 177-202; A.A. Cançado Trindade, *A Humanização do Direito Internacional*, Belo Horizonte/Brasil, Edit. Del Rey, 2006, pp. 3-106 y 394-409.

14 Cf. CtIADH, *Condición Jurídica y Derechos de los Migrantes Indocumentados*, Opinión Consultiva n. 18 (del 17.09.2003), Voto Concurrente del Juez A.A. Cançado Trindade, párr. 81.

15 Agregó la Corte que su función de supervisión ha sido aceptada tanto por los Estados, como por la Comisión Interamericana de Derechos Humanos, como por las víctimas o sus representantes legales, cuyos comportamientos han sido "complementares" en tal aceptación; de ese modo, la Corte ha podido ejercer normal y consistentemente su función de supervisión del cumplimiento de sus propias Sentencias (párr. 103).

Y remató, al respecto, estar "fuera de duda" que la propia conducta del Estado demostraba que éste había reconocido la competencia de la CtIADH para supervisar "el cumplimiento de sus decisiones", y que el Estado había se comportado así, a largo de "todo el procedimiento de supervisión" (párr. 127). Después de resumir sus conclusiones sobre la cuestión en examen (párrs. 128-137), la CtIADH reafirmó con firmeza que disponía de competencia para "continuar supervisando" el "cumplimiento integral" de la Sentencia del 02.02.2001 en el *cas d'espèce* (párrs. 138-139). Descartó, así, categóricamente, por consiguiente, el desafío del Estado obligado, que nunca más volvió a ser formulado ante la CtIADH. Y el Estado panameño siguió dando cumplimiento a la referida Sentencia.

En los casos de manifiesto incumplimiento de las Sentencias de la CtIADH, no obstante las providencias que tomé de aplicación por la CtIADH del artículo 65 de la CADH en 2000 y 2003, desde entonces no más se ha aplicado dicho artículo 65 de la CADH (cf. *supra*), lo que ha imposibilitado en los últimos años el ejercicio de la *garantía colectiva* (subyacente a la CADH), y lo que, a mi modo de ver, está afectando últimamente el sistema interamericano de protección como un todo. Ésto revela que no hay progreso linear en el quehacer de un tribunal internacional (o de cualquier otra institución de derecho público interno o de derecho internacional). Si el incumplimiento (total o parcial) de las Sentencias de la CtIADH no es discutido y considerado en el ámbito de los órganos competentes de la OEA, – como está ocurriendo en el presente, – ésto genera una impresión equivocada de que hay un grado satisfactorio de cumplimiento de Sentencias de la CtIADH por parte de los Estados demandados. Lamentablemente, en la actualidad no lo hay, – en perjuicio de las víctimas.

En los cuatro últimos años (2004-2008) de labor en el seno de la CtIADH, he insistido, en vano, en la necesidad de seguir dando aplicación a la sanción prevista en el artículo 65 de la CADH[16]. El nuevo

16 Llegué a proponer, juntamente con el Juez M. Ventura-Robles, que se incluyera, en los *Informes Anuales* de la Corte, una lista de Estados inadimplentes, de modo que éstos informaran a la Corte de las medidas tomadas para lograr el pleno cumplimiento de las Sentencias de la Corte, con miras al cierre de los casos. Ésto serviría, asimismo, de alerta a los demás Estados Partes en la Convención, como *garantes* de la misma, para el grado real de cumplimiento de las Sentencias de la Corte.

punto de vista mayoritario, formado (en fines de 2004) en el seno de la CtIADH, que acaté como posición de la mayoría pero que ciertamente no comparto, – ha sido en el sentido de ser "pragmáticos", de evitar enfrentamientos "indeseables" con los Estados demandados, y de "estimular" estos últimos a ir dando cumplimiento, gradualmente, a las Sentencias de la CtIADH. De ahí la práctica corriente de adopción, por parte de la CtIADH, de sucesivas resoluciones de supervisión de cumplimiento de Sentencias de la CtIADH, tomando nota de una u otra providencia de los Estados en cuestión, y "cerrando" el caso parcialmente en cuanto a dichas providencias, y evitando de ese modo discusiones al respecto en el seno de la OEA.

Ésto efectivamente da una impresión equivocada de eficacia del "sistema" de protección, por cuanto los casos no pueden ser definitivamente cerrados porque el grado de cumplimiento parcial es muy alto, como también lo es el grado de incumplimiento parcial. Y todo ésto, en detrimento de las víctimas. Los casos ya decididos por la CtIADH siguen, así, indefinidamente, por tiempo indeterminado, en la lista de casos que aguardan el cierre definitivo. No comparto de modo alguno esta forma "pragmática" de eludir el problema, en aras de preservar "buenas relaciones" con los Estados. La CtIADH es un tribunal internacional, no un órgano de conciliación, que intenta "persuadir" o "estimular" los Estados a cumplir integralmente sus fallos. Si hay un punto en que persiste un altísimo grado de incumplimiento parcial de Sentencias, este reside precisamente en la investigación de los hechos, el enjuiciamiento y la sanción de los responsables por las violaciones de los derechos humanos.

Me siento enteramente libre para insistir en la aplicación del artículo 65 de la CADH, pues a lo largo de mis 12 años como Juez Titular de la CtIADH, he siempre asumido una posición principista y no "pragmática" al respecto. El sistema de protección existe para la salvaguardia de las víctimas, y esta consideración debe primar sobre cualesquiera otras. Las últimas veces en que la Corte aplicó la sanción del artículo 65 de la CADH fue, como ya señalado, durante mi Presidencia de la CtIADH, en las Asambleas Generales de la OEA de Windsor, Canadá (2000), y de Santiago de Chile (2003).

Con el aval de mis colegas los Jueces de la Corte, y como Presidente de la misma, informé debidamente a la Asamblea General de la OEA en junio de 2000 de los incumplimientos de Sentencia por parte del Estado peruano bajo el régimen Fujimori. Tenía el entonces Canciller del Estado demandado a pocos metros de distancia, mientras yo informaba a la Asamblea. No se efectuaran las amenazas de destitución de los Jueces de la CtIADH por parte de dicho régimen, todo lo contrario: pocos minutos después, fui reelegido, con dos otros colegas, Juez de la Corte, por aclamación, para un segundo mandato. Además, fue enviada una misión a Lima, compuesta por el *Premier* canadiense y el entonces Secretario General de la OEA, la cual marcó un paso importante para el subsiguiente cumplimiento de Sentencias por parte del Estado en cuestión, y su reinserción en los procedimientos contenciosos ante la Corte (una vez que tornó sin efectos su pretendido "retiro" de la competencia contenciosa de la Corte).

Así, en consecuencia de la aplicación que efectué en nombre de la CtIADH del artículo 65 de la CADH, se ejerció la garantía colectiva, en la debida aplicación de la normativa de la Convención, en beneficio de las víctimas. En la Asamblea General de 2003, una vez más, apliqué el artículo 65 de la CADH, después de haber consultado a todos mis colegas los Jueces de la CtIADH. Trinidad y Tobago ya no contestaba las solicitudes de información de la Corte en relación con el caso *Hilaire, Benjamin y Constantine* (había denunciado la Convención, el 26.05.1998). A pesar de la denuncia de la Convención, el Estado demandado no más ejecutó los condenados a muerte en el *cas d'espèce*, e incluso conmutó algunas de la penas para prisión perpetua. Una vez más, la aplicación del artículo 65 de la CADH generó efectos positivos, en beneficio de las víctimas.

En resumen sobre este punto jurisdiccional de la mayor importancia, las normas de la CADH existen para ser aplicadas, aunque esto genere problemas con uno u otro Estado Parte. Al ratificar la CADH, los Estados Partes asumieron obligaciones que tienen que cumplir (*pacta sunt servanda*), las cuales son obligaciones de *ordre public* internacional. A mi juicio, no hay espacio, en el presente dominio de protección, para consideraciones de cuño "pragmático". Se impone un enfoque principista en la hermenéutica y aplicación de la CADH, abarcando inclusive la sanción de su artículo 65, siempre que se reúnan las condiciones para la misma. La CADH no es *soft law* (como sugieren algunos publicistas apegados a una visión formalista anacrónica y inaceptable en nuestros días), todo lo contrario: consagra inclusive prohibiciones que pertenecen al dominio del derecho imperativo, del *jus cogens* internacional.

La posición principista, también en materia de ejecución de sentencias, es no sólo deseable, sino, además, posible y necesaria. En definitiva, se impone *per se*. Una ilustración en este sentido se encuentra en el cumplimiento cabal y ejemplar por parte de Chile de la Sentencia de la CtIADH del 05.02.2001 en el caso de la *"Última Tentación de Cristo"* (*Olmedo Bustos y Otros versus Chile*), en la cual la CtIADH ordenó el fin de la censura cinematográfica previa en el Estado demandado, lo que requería la reforma de una disposición constitucional[17]. El Estado pasó a informar periódicamente a la CtIADH sobre providencias tomadas para el cumplimiento de la Sentencia[18]. En su informe del 07.04.2003), comunicó enfin a la CtIADH que la película "*La Última Tentación de Cristo*" pasara a ser exibida, a partir del día 11.03.2003, en la sala del Cine Arte Alameda en Santiago[19].

El día 09.06.2003, con ocasión de la realización en Santiago de Chile de la histórica sesión externa da CtIADH, que coincidió con la realización de la Asamblea General de la OEA en la capital chilena, el Presidente de la República, Dr. Ricardo Lagos, al recibirme en audiencia en el Palacio de La Moneda, me externó y a toda la Corte el firme compromiso de su país con sus obligaciones convencionales en el sistema interamericano de protección de los derechos humanos, ilustrado por el cabal cumplimiento de la Sentencia de la Corte en el caso de la *"Última Tentación de Cristo"*. En escritos enviados a la CtIADH, tanto los individuos demandantes (el 21.10.2003) como la ComIADH (el 27.10.2003) comunicaron a la Corte que se encontraban satisfechos y que consideraban que el Estado chileno había dado efectivo cumplimiento a la Sentencia del 05.02.2001 de la CtIADH (*supra*). Siendo así, en resolución del 28.11.2003, la CtIADH declaró que el Estado de Chile dio pleno cumplimiento a su Sentencia del

17 A saber, el artículo 19(12) de la Constitución de Chile de 1980.

18 Informes gubernamentales de 07.08.2001, 14.11.2001, 20.08.2002, y 19.03.2003.

19 Para todo público mayor de 18 anos.

05.02.2001, dando así por terminado el caso de la película "*La Última Tentación de Cristo*", con el archivo del expediente respectivo.

La referida Sentencia de la CtIADH se reviste, así, de real significación histórica, en más de un sentido: constituye un valioso e inédito precedente, no sólo por haber sido el primero pronunciamiento de la CtIADH en materia contenciosa sobre el derecho a la liberdad de pensamiento y de expresión, pero igualmente por el cumplimiento, pleno y ejemplar, que fue dado por el Estado chileno, el cual modificó la propia Constitución para dar fiel cumplimiento a la Sentencia de un tribunal internacional de derechos humanos. Dada la trascendencia de la materia, dejo registro del cierre histórico de este caso, que la Providencia permitió ocurriese durante el periodo de mi Presidencia de la Corte Interamericana.

No fue éste un episodio aislado. En retrospectiva, debo además destacar otro episodio, de trascendencia histórica equivalente, que, una vez más, quiso la Providencia ocurriesse durante mi Presidencia de la CtIADH: me refiero al extraordinario cierre del caso del *Tribunal Constitucional versus Perú*, también con el debido cumplimiento, por el Estado demandado, de la Sentencia (fondo y reparaciones, del 31.01.2001), con profundas implicaciones para el examen de las relaciones entre el derecho internacional y el derecho interno en el presente dominio de protección de los derechos de la persona humana.

En aquella Sentencia, la CtIADH condenara, como violatoria de la Convención Americana, la destitución de tres magistrados del Tribunal Constitucional peruano[20], como sanción resultante de juicio político por parte del Poder Legislativo, en razón de la emisión de resolución aclaratoria en respuesta a un recurso interpuesto por el Colegio de Abogados de Lima que cuestionaba la posibilidad de reelección del entonces Presidente de la República, Alberto Fujimori[21]. La CtIADH, en su Sentencia del 31.01.2001, al determinar la violación del derecho a un recurso efectivo y de las garantías judiciales y del debido proceso

20 A saber, magistrados Manuel Aguirre Roca, Guillermo Rey Terry e Delia Revoredo Marsano.

21 En Sentencia anterior (del 24.09.1999) en el mismo caso, la CtIADH afirmó su competencia para adjudicarlo, y declaró *inadmisible* la pretensión del Estado demandado de "retirarse" de su competencia contenciosa con "efecto inmediato" (cf. *supra*).

legal bajo la Convención Americana, y la *restitutio in integrum* de los tres magistrados (efectivamente restablecidos en sus cargos), ponderó que la independencia de cualquier juez en un Estado de Derecho, y en especial del juez constitucional en razón de la naturaleza de los asuntos sometidos a su conocimiento, presupone que esté plenamente protegido y garantido contra "presiones externas" (par. 75).

La resolución de destitución de los tres magistrados fue anulada aún antes de la referida Sentencia del 31.01.2001 de la Corte Interamericana. En efecto, el día 17.09.2000, antes de la celebración de la audiencia pública ante la Corte el 22.11.2000 en el caso del *Tribunal Constitucional*, el propio Congreso peruano anuló las resoluciones de destitución y reinstaló a los tres magistrados en sus puestos en el Tribunal Constitucional. Una vez reinstalados los tres magistrados en sus puestos, en dos ocasiones tuve el gusto de haber sido recibido por el Tribunal Constitucional peruano en pleno en Lima, una vez ya instalado el Gobierno de Transición Democrática en el país. Y el Tribunal Constitucional peruano vino inclusive a ser presidido por uno de los tres magistrados destituídos y en el reinstalados.

En dos visitas oficiales al Perú (los días 12.09.2001 y 18.11.2003), en que fui recibido en Lima tanto por el Presidente da República Alejandro Toledo como por los magistrados del Tribunal Constitucional, entre otras autoridades (también del Poder Legislativo), así como por representantes de entidades de la sociedad civil, me fué comentado que los desmandos del caso del *Tribunal Constitucional* eran considerados por muchos como el inicio de la caída del régimen fujimorista. En ambas ocasiones los magistrados del Tribunal Constitucional me transmitieron las expresiones de gratitud a la CtIADH. El episodio revela la importancia innegable de la jurisdicción internacional.

Casi tres años después de la Sentencia del 31.01.2001 de la CtIADH en el caso del *Tribunal Constitucional*, envié a este último, el día 04.12.2003, una carta, como Presidente de la CtIADH, en la cual *inter alia* expresé que

> "podemos apreciar esta Sentencia de la Corte Interamericana en perspectiva histórica, como un marco no sólo en la evolución institucional del Perú sino también del propio sistema interamericano de protección de los derechos humanos. A mi juicio, la referida Sentencia de la Corte Interamericana constituye un precedente judicial

> inédito también en escala mundial. Ha tenido repercusiones no sólo en nuestra región sino también en otros continentes. Ha marcado un punto de partida de un notable y alentador acercamiento entre el Poder Judicial a niveles nacional e internacional, que sirve hoy de ejemplo para otros países.
>
> Hace algunas semanas, la noche del 18.11.2003, tuve la ocasión de reunirme con Ustedes, los distinguidos Magistrados del Tribunal Constitucional del Perú, en Lima, para recordar juntos este marco en la historia de las relaciones entre las jurisdicciones nacional e internacional, que seguirá siendo estudiada por las generaciones presentes y futuras de constitucionalistas e internacionalistas, tanto latinoamericanos como de otras regiones. No podría dejar de enviarles el presente mensaje de fraternidad, con que me hago espiritualmente presente en las conmemoraciones del final del año judicial, y particularmente en la ceremonia histórica del día 17.12.2003, en Lima, Perú"[22].

En memorable ceremonia realizada en la sede del Tribunal Constitucional peruano el 17.12.2003, la histórica Sentencia de la CtIADH del 31.01.2001 fue debidamente recordada y conmemorada. Trátase, en realidad, de un precedente judicial inédito también en escala mundial, con repercusiones no sólo en nuestra región sino igualmente en otros continentes (como registrado em periódicos jurídicos especializados). Tal precedente marcó el punto de partida para un acercamiento notable y alentador entre el Poder Judicial a niveles nacional e internacional, reflejado inclusive en la actual convergencia de sus respectivas jurisprudencias, que sirve hoy de ejemplo y modelo para otros países.

Al concluir mi largo período como Juez Titular de la CtIADH, ponderé, en una entrevista que concedí en San José de Costa Rica, que

> "La normativa de protección de la Convención Americana sobre Derechos Humanos debe ser directamente aplicable, es directamente aplicable, y los Estados Partes deben dar fiel ejecución a las Sentencias de la Corte Interamericana. No se trata de homologación de sentencias extranjeras, pues la Corte Interamericana es un

---

22 Texto de la carta reproducida *in*: OEA, *Informe Anual de la Corte Interamericana de Derechos Humanos – 2003*, San José de Costa Rica, Corte Interamericana de Derechos Humanos, 2004, Anexo LVII, pp. 1459-1460, y cf. pp. 1457-1458.

> tribunal internacional y no un tribunal extranjero. Sus sentencias no son `sentencias extranjeras´, y sí sentencias internacionales, que los Estados demandados tienen que acatar y cumplir directamente, sin necesidad de homologación (...)"[23].

Al contrario de lo que muchos todavía suponen en tantos países, las jurisdicciones nacional e internacional no son concurrentes o conflictivas, pero sí complementarias, en constante interacción en la protección de los derechos de la persona humana. En el caso del *Tribunal Constitucional*, la jurisdicción internacional efectivamente intervino en defensa de la nacional, contribuyendo decisivamente a la restauración del Estado de Derecho, además de salvaguardar los derechos de los victimados. En la historia de las relaciones entre las jurisdicciones nacional e internacional, es este un precedente que continuará ciertamente a ser estudiado por las generaciones presentes y futuras de jusinternacionalistas y constitucionalistas, tanto latinoamericanos como de otras regiones del mundo.

Los dos episodios históricos que aquí recuerdo, del cierre en los casos de la *"Última Tentación de Cristo"* y del *Tribunal Constitucional*, atinentes a Chile y al Perú, respectivamente, revelan que, en el presente dominio de protección, el primado del derecho internacional sobre el derecho interno pasa a constituir, más que una construcción académica, una realidad del Derecho en nuestros días, movido este último por la conciencia humana. Revelan, además, que, en la materia de cumplimiento de Sentencias de la CtIADH, como de la aplicación de la Convención Americana en general, no hay lugar para "pragmatismos": hay que asumir y mantener una posición indudablemente principista.

23 *Cit. in*: C. Martín Beristain, *Diálogos sobre la Reparación...*, tomo I, *op. cit. supra* n.(22), p. 615.

Capítulo V

EL CUMPLIMIENTO DE LAS MEDIDAS PROVISIONALES DE PROTECCIÓN ORDENADAS POR LA CORTE

Cabe acrecentar que la función de supervisión internacional del cumplimiento de sus decisiones ha sido ejercida por la CtIADH no solamente en cuanto a sus Sentencias en casos contenciosos, sino también en relación con sus Medidas Provisionales de Protección. Sin que sea mi propósito profundizarme aquí en este punto en particular, quisiera abordarlo tan sólo para los fines del presente tomo de memorias de mi propio ejercicio de la función judicial en el seno de la CtIADH, destacando la relevancia del cumplimiento, por los Estados en cuestión, de las referidas Medidas de Protección. Estas últimas adquieren, en el dominio del Derecho Internacional de los Derechos Humanos, a mi juicio, – y tal como lo he señalado en mis escritos al respecto, – un carácter, más que *cautelar*, verdaderamente *tutelar*[1]. *Revelan, además, la importancia de la dimensión preventiva* de la protección de los derechos de la persona humana.

En el marco de la emisión por la Corte de dichas Medidas de Protección, encuéntranse en riesgo derechos verdaderamente fundamentales. De mis reminiscencias personales del proficuo labor de la CtIADH al respecto, permítome extraer un par de ejemplos reveladores de la importancia del cumplimiento de estas Medidas. Me acuerdo, v.g., de los

[1] Cf., v.g., A.A. Cançado Trindade, «Les mesures provisoires de protection dans la jurisprudence de la Cour Interaméricaine des Droits de l'Homme», *in Mesures conservatoires et droits fondamentaux* (eds. G. Cohen-Jonathan y J.-F. Flauss), Bruxelles, Bruylant/Nemesis, 2005, pp. 145-163; A.A. Cançado Trindade, «The Evolution of Provisional Measures of Protection under the Case-Law of the Inter-American Court of Human Rights (1987-2002)», 24 *Human Rights Law Journal* – Strasbourg/Kehl (2003), n. 5-8, pp. 162-168.

momentos dramáticos en que adoptamos las Medidas Provisionales de Protección en el caso *James y Otros versus Trinidad y Tobago* (Resoluciones del 16.08.2000 y 24.11.2000), atinente a las garantías del debido proceso legal, en que ordenamos la suspensión de la ejecución de las sentencias de los tribunales nacionales (de pena de muerte); teníamos conciencia de que trabajábamos contra el reloj, y no podríamos retardar nuestra decisión, pues estaba amenazado, además del derecho a las garantías judiciales, el propio derecho fundamental a la vida. Nuestra acción eficaz, acatada por el Estado, llevó a que las vidas de los condenados a la muerte en Trinidad y Tobago fueran salvadas, y las sentencias condenatorias de los tribunales nacionales fueran conmutadas.

En otra ocasión, en el caso de los *Haitianos y Dominicanos de Orígen Haitiano versus República Dominicana* (Resolución del 18.08.2000), adoptamos Medidas Provisionales de Protección tanto para proteger la vida e integridad personal de algunos individuos, evitar la deportación o expulsión de otros, así como para asegurar la reunificación familiar en beneficio de otros. El derecho de libertad de locomoción fue así amparado, por una Resolución de la CtIADH que representa, a mi modo de ver, un verdadero embrión de un *habeas corpus* internacional. En otra oportunidad, mediante nuestras Medidas Provisionales de Protección en el también dramático caso de la *Comunidad de Paz de San José de Apartadó versus Colombia* (Resolución del 24.11.2000), protegemos todos los miembros de la referida Comunidad de Paz contra eventuales desplazamientos forzados internos (frente al agravamiento del conflicto armado interno en aquel país). Y ejemplos del género se multiplican.

Permítome, además, resaltar que, como las Medidas Provisionales de Protección de la CtIADH son dotadas de base *convencional* (artículo 63(2) de la CADH), su incumplimiento acarrearía, pues, un *breach of treaty* adicional por parte del Estado responsable. Siendo así, he desarrollado, a partir de mis Votos Concurrentes en el caso de *Eloísa Barrios y Otros versus Venezuela* (Resoluciones de 29.06.2005 y 22.09.2005), entre otros, la tesis que denominé de "responsabilidad estatal autónoma" por incumplimiento de Medidas Provisionales de Protección (sumada a la responsabilidad original del Estado por la alegada violación de los derechos sustantivos consagrados en la Convención Americana)[2].

2 Para el texto completo de mis mencionados Votos Concurrentes en el caso *Eloísa Barrios e Outros versus Venezuela*, cf. A.A. Cançado Trindade, *Derecho Interna-*

En este sentido, en mi Voto Concurrente en el supracitado caso de *Eloísa Barrios* (Resolución del 29.06.2005), ponderé que

> "(...)Sin perjuicio del fondo de los respectivos casos, *la noción de víctima emerge también en el nuevo contexto de las Medidas Provisionales de Protección*. No hay cómo eludir este punto, que me genera inquietud y preocupación. Por otro lado, se afirma, también en el presente contexto de prevención de daños irreparables a la persona humana, la centralidad de esta última[3], aunque victimada.
>
> Las Medidas Provisionales de Protección acarrean obligaciones para los Estados en cuestión, que se distinguen de las obligaciones que emanan de las respectivas Sentencias en cuanto al fondo de los casos respectivos. Por ejemplo, en el presente caso de *Eloisa Barrios y Otros*, las obligaciones establecidas en los puntos resolutivos ns. 9 y 10 de la presente Resolución de la Corte (deber de investigación de los hechos e identificación y sanción de los responsables) son deberes que incumben al Estado precisamente en consecuencia del incumplimiento de las Medidas Provisionales de Protección ordenadas por la Corte.
>
> Y antes de dicho incumplimiento, habían – y hay – obligaciones emanadas de las Medidas Provisionales de Protección *per se*. Son éllas enteramente distintas de obligaciones que eventualmente se desprendan de una Sentencia de fondo (y, en su caso, reparaciones) sobre el *cas d'espèce*. Ésto significa que las Medidas Provisionales de Protección constituyen un instituto jurídico dotado de *autonomía* propia, tienen efectivamente un *régimen jurídico* propio, lo que, a su vez, revela la alta relevancia de la dimensión *preventiva* de la protección internacional de los derechos humanos.
>
> Tanto es así que, bajo la Convención Americana (artículo 63(2)), la responsabilidad internacional de un Estado puede configurarse por el incumplimiento de Medidas Provisionales de Protección ordenadas por la Corte, sin que el caso respectivo se encuentre, en cuanto al fondo, en conocimiento de la Corte (sino más bien de la Comisión Interamericana de Derechos Humanos). Ésto refuerza mi tésis, que me permito avanzar en este Voto Concurrente, en

---

cional de los Derechos Humanos – Esencia y Trascendencia (Votos en la Corte Interamericana de Derechos Humanos, 1991-2006), México, Edit. Porrúa/Univ. Iberoamericana, 2007, pp. 952-958.

3 Cf. A.A. Cançado Trindade, *El Acceso Directo del Individuo a los Tribunales Internacionales de Derechos Humanos*, Bilbao, Universidad de Deusto, 2001, pp. 9-104.

el sentido de que las Medidas Provisionales de Protección, dotadas que son de autonomía, tienen un régimen jurídico propio, y su incumplimiento genera la responsabilidad del Estado, tiene consecuencias jurídicas, además de destacar la posición central de la víctima (de dicho incumplimiento), sin perjuicio del examen y resolución del caso concreto en cuanto al fondo.

(...)Esto se impone con aún mayor vigor en situaciones – como la del presente caso de *Eloisa Barrios y Otros* – de repetición de actos de hostigamiento y agresión reveladores de un patrón creciente de amenazas y violencia[4]. Ésto se impone con todo vigor en el mundo deshumanizado y vacío de valores en que vivimos.

(...)El Derecho Internacional de los Derechos Humanos ha transformado la propia *concepción* de dichas medidas[5] – de cautelares en tutelares, – revelando el proceso histórico corriente de *humanización* del Derecho Internacional Público[6] también en este dominio específico, pero trátase de un proceso que se encuentra todavía en curso.

Hay que proseguir decididamente en esta dirección. Como próximo paso a ser dado, urge, en nuestros días, que se desarrolle su *régimen jurídico*, y, en el marco de éste último, las *consecuencias jurídicas* del incumplimiento o violación de las Medidas Provisionales de Protección, dotadas de autonomía propia. En mi entender, las *víctimas* ocupan, tanto en el presente contexto de prevención, como en la resolución del fondo (y eventuales reparaciones) de los casos contenciosos, una posición verdaderamente central, como sujetos del Derecho Internacional de los Derechos Humanos y del Derecho Internacional Público contemporáneo, dotados de capacidad jurídico-procesal internacional" (párrs. 5-11).

En dos capítulos posteriores, procederé a examinar otros aspectos de las Medidas Provisionales de Protección ordenadas por la CtIADH: en el capítulo XIV, me concentraré en lo que me permito denominar las "dimensiones horizontal y vertical" de las obligaciones *erga*

---

4 Cf. el *considerandum* 12 de la presente Resolución de la Corte.

5 A.A. Cançado Trindade, "Prólogo del Presidente de la Corte Interamericana de Derechos Humanos", *in Compendio de Medidas Provisionales* (Junio 2001-Julio 2003), vol. 4, Serie E, San José de Costa Rica, Corte Interamericana de Derechos Humanos, 2003, pp. V-XXII.

6 Cf. A.A. Cançado Trindade, "La Humanización del Derecho Internacional y los Límites de la Razón de Estado", 40 *Revista da Faculdade de Direito da Universidade Federal de Minas Gerais* – Belo Horizonte/Brasil (2001) pp. 11-23.

omnes de protección (ilustradas por tales Medidas, y otras decisiones de la CtIADH); y, en el capítulo XXI, procederé a un examen más amplio de la dimensión preventiva de dichas Medidas Provisionales, destacando su carácter vinculante y su notable expansión en los últimos años (cf. *infra*).

En esta primera parte del presente tomo de mis memorias de la CtIADH, me permito subrayar la importancia del cumplimiento de tales Medidas para la salvaguardia de los derechos de personas en situación de vulnerabilidad y casi indefensión, como, v.g., las privadas de libertad en condiciones infra-humanas, en centros de detención o reclusión, como ilustrado por los casos de la *Cárcel de Urso Branco versus Brasil* (Resolución del 07.07.2004), de las *Penitenciarias de Mendoza versus Argentina* (Resoluciones de 18.06.2005 y 30.03.2006), de la *Penitenciaria de Araraquara versus Brasil* (Resolución del 30.09.2006), y del *"Complexo do Tatuapé" de la FEBEM versus Brasil* (Resoluciones de 17 y 29.11.2005).

Otro problema, planteado en mis últimos años como Juez Titular de la Corte Interamericana, atañe a la coexistencia entre las Medidas Provisionales de la Corte (dotadas de base convencional), y las medidas cautelares de la Comisión, consagradas tan sólo en su Reglamento. A esta cuestión dediqué mis reflexiones en mi Voto Concurrente en el caso del *"Complexo do Tatuapé" de la FEBEM versus Brasil* (Resolución del 17.11.2005), y en mis Votos Razonados en los casos de *Mery Naranjo y Otros versus Colombia* (Resolución del 22.09.2006), de *García Prieto y Otros versus El Salvador* (Resolución del 26.09.2006), y de los *Integrantes del Equipo de Estudios Comunitarios y Acción Psicosocial – ECAP* (caso de la *Masacre de Plan de Sánchez versus Guatemala*) (Resolución del 29.11.2006), – con atención a las necesidades de protección de los beneficiarios de las medidas, que deben primar sobre cuestiones adjetivas de una pretendida "delimitación de competencias" entre los dos órganos, Corte y Comisión. Mis consideraciones siguen aguardando, hasta la fecha (mediados de 2010), una solución al problema de dicha coexistencia, con atención especial al imperativo de pronto cumplimiento de las Medidas de Protección ordenadas por la Corte (a la luz, en última instancia, del principio *pacta sunt servanda*).

Por otro lado, es altamente significativo que también haya habido casos en que los propios beneficiarios de las Medidas Provisionales de Protección, o sus representantes legales, han cuidado de velar por el cumplimiento de dichas Medidas. Esto ocurrió por primera vez durante mi Presidencia de la Corte, cuando acudieron directamente a la misma, en los casos *Loayza Tamayo versus Perú* (escritos de 30.11.2000 y 13.12.2000) y del *Tribunal Constitucional versus Perú* (solicitud del 03.04.2000): estando ambos casos ante la CtIADH (el primero en la etapa de supervisión de cumplimiento de la Sentencia), dicté *ex officio*, como Presidente de la Corte, medidas urgentes en beneficio de las víctimas (Resoluciones de 13.12.2000 y 07.04.2000, respectivamente), ratificadas en seguida por la Corte en pleno (Resoluciones de 03.02.2001 y 14.08.2000, respectivamente). Fue este el inicio de una práctica alentadora[7] del acceso directo de las víctimas a la Corte Interamericana, inclusive para asegurar el cumplimiento de las Medidas Provisionales de Protección ordenadas por ésta, en su beneficio[8].

7 Cf. también capítulo XXI, *infra*.

8 Cf., al respecto, A.A. Cançado Trindade, *El Derecho Internacional de los Derechos Humanos en el Siglo XXI*, 2ª. ed., Santiago de Chile, Editorial Jurídica de Chile, 2006, pp. 518-520.

Parte II

CUESTIONES DE DERECHO SUSTANTIVO

En esta segunda parte de mis memorias de la Corte Interamericana de Derechos Humanos, paso a otra línea de reflexiones, que se dirigen a cuestiones de derecho sustantivo, de cuño también conceptual y doctrinal. Siendo así, en los siete capítulos que siguen, abordaré, en secuencia, las siguientes cuestiones: a) bases de la responsabilidad internacional del Estado; b) crímenes de Estado, responsabilidad internacional agravada, y reparaciones ejemplarizantes o "daños punitivos"; c) la ampliación del contenido material del *jus cogens*; d) el contenido material y el amplio alcance del derecho a la vida; e) derecho a la vida y derecho a la identidad cultural; f) la protección internacional de los migrantes; g) Estado de Derecho: el derecho al juez natural y el repudio a los tribunales de excepción.

Capítulo VI

BASES DE LA RESPONSABILIDAD INTERNACIONAL DEL ESTADO

En cuanto a las bases de la responsabilidad internacional del Estado por violaciones de los derechos humanos, existe la responsabilidad internacional *objetiva* del Estado (mi Voto Razonado en el caso de la "*Última Tentación de Cristo*" *versus Chile*), sin excluir, en otras circunstancias, la responsabilidad internacional del Estado por *falta* o *culpa* ante *circunstancias agravantes* (mis Votos Razonados en el reciente ciclo de *casos de masacres*). Continúan, pues, a co-existir, una y otra, en la teoría y práctica del derecho de la responsabilidad internacional del Estado, configurándose una u otra en razón de las circunstancias factuales de cada caso concreto. La Sentencia del 05.02.2001 de la CtIADH, en el caso de la "*Última Tentación de Cristo*", determinando el fin de la censura cinematográfica previa (basada en disposición constitucional), es hoy el *locus classicus* en la jurisprudencia de la Corte sobre la responsabilidad internacional objetiva, en relación con el derecho a la libertad de pensamiento y de expresión.

En su Sentencia, al recordar las dimensiones individual y social – de igual importancia – de este derecho, señaló la CtIADH que "la expresión y difusión del pensamiento y de las informaciones son indivisibles", de tal modo que una restricción a las posibilidades de difusión representa directamente una limitación al derecho de libertad de expresión (párrs. 64-65), cuyo respeto es esencial a la extensión de las ideas e informaciones entre las personas (párr. 66). Así entendida, la libertad de expresión debe ser respetada en una sociedad democrática para que sea esta "suficientemente informada" (párrs. 67-68). Al establecer una violación del artículo 13 de la CADH, sostuvo la CtIADH la responsabilidad internacional objetiva del Estado demandado, por cualquier acto o omisión de parte de cualquier de sus poderes u órganos, independientemente de su jerarquía (párrs. 72-73)[1].

En extenso Voto Concurrente, me permití examinar la temática de los fundamentos de la responsabilidad internacional del Estado, en respaldo a la tese de la responsabilidad internacional objetiva del Estado (párrs. 1-40). Recordé que dicha tesis es la que provee la base conceptual del deber de prevención (párr. 5), y que abarca todas las obligaciones convencionales del Estado, – ejecutivas, legislativas y judiciales. Y concluí, *inter alia*, que

> "– *primero*, la responsabilidad internacional de un Estado Parte en un tratado de derechos humanos surge al momento de la ocurrencia de un hecho – acto u omisión – ilícito internacional (*tempus commisi delicti*), imputable a dicho Estado, en violación del tratado en cuestión;
>
> – *segundo*, cualquier acto u omisión del Estado, por parte de cualquier de los Poderes – Ejecutivo, Legislativo o Judicial – o agentes del Estado, independientemente de su jerarquía, en violación de un tratado de derechos humanos, genera la responsabilidad internacional del Estado Parte en cuestión;
>
> – *tercero*, la distribución de competencias entre los poderes y órganos estatales, y el principio de la separación de poderes, aunque sean de la mayor relevancia en el ámbito del derecho constitucional, no condicionan la determinación de la responsabilidad internacional de un Estado Parte en un tratado de derechos humanos;
>
> – *cuarto*, cualquier norma de derecho interno, independientemente de su rango (constitucional o infraconstitucional), puede, por su propia existencia y aplicabilidad, *per se* comprometer la responsabilidad de un Estado Parte en un tratado de derechos humanos;
>
> – *quinto*, la vigencia de una norma de derecho interno, que *per se* crea una situación legal que afecta los derechos protegidos por un tratado de derechos humanos, constituye, en el contexto de un caso concreto, una violación *continuada* de dicho tratado (...)" (párr. 40).

[1] La CtIADH determinó *inter alia* que el Estado demandado debería, en un plazo razonable, modificar su ordenamiento jurídico interno de modo a poner fin a la censura prévia y permitir la exhibición pública de la película "*La Última Tentación de Cristo*" (punto resolutivo n. 4).

Posteriormente, llegaron a conocimiento de la CtIADH otros casos, atinentes a violaciones de derechos fundamentales, como el derecho a la vida y el derecho a la integridad personal. En algunos de ellos, los propios Estados demandados reconocieron, total o parcialmente, su responsabilidad internacional por los hechos lesivos. En algunos casos (v.g., el impresionante caso de *Myrna Mack Chang versus Guatemala*, Sentencia del 18.09.2003) quedó fehacientemente demostrada la *intención* del Estado de causar el daño. En los últimos años, la cuestión asumió una dimensión dramática en el *ciclo de los casos de masacres*, llevado al conocimiento de la Corte.

Como los hechos parecen ser más ricos que las normas, pronto me di cuenta de que, no obstante los avances innegables de la tesis de la responsabilidad internacional *objetiva* del Estado, todavía había lugar, en casos desvendando circunstancias particularmente *agravantes*, para la tesis de la responsabilidad internacional del Estado por *falta* o *culpa*. Tiene esta última incidencia, en mi entendimiento, en casos de violaciones particularmente *graves* de derechos humanos, o violaciones que ocurren dentro de un patrón *sistemático* de violaciones perpetradas o toleradas por el Estado, o de masacres (que, finalmente, llegan al conocimiento de un tribunal internacional de derechos humanos).

Es lo que he señalado en varios Votos que presenté a la CtIADH en Sentencias sobre casos de esta naturaleza. En uno de ellos, relativo a la violencia sistemática contra adolescentes y jóvenes socialmente marginados (la "criminalización de la pobreza"), el caso de *Servellón y Otros versus Honduras* (Sentencia del 21.09.2006), advertí, en mi Voto Razonado, que, aunque en el *cas d'espèce* la Corte se basara en la responsabilidad internacional objetiva del Estado (párr. 8), ésto ya no ocurría en todos los casos por ella decididos, y ponderé:

> "(...) En el mundo extremamente violento en que vivimos, hay, al contrario, que buscar protección *contra* el Estado, – contra el mito del Estado[2], – contra sus acciones y omisiones, y ante su manifiesta incapacidad – en casi todas las partes del mundo contemporáneo – de extender un mínimo de protección a su población, y en particular a los segmentos más vulnerables de ésta. (...)

2 Para evocar la expresión utilizada en un estudio clásico de Ernst Cassirer.

En mi (...) *Curso General* [de Derecho Internacional Público] de 2005 en la Academia de Derecho Internacional de La Haya, me permití observar que, a la par de dicho fundamento de la responsabilidad internacional, también hay casos de violaciones de derechos humanos en que la *culpa* (falta), e inclusive el *dolus* (cuando se comprueba la intencionalidad), se configuran, de ahí adviniendo la responsabilidad internacional *agravada*[3]. Cabe recordar, como ejemplos en este último sentido, los casos de *Myrna Mack Chang versus Guatemala* (Sentencia del 25.11.2003), de la *Masacre de Plan de Sánchez versus Guatemala* (Sentencia del 29.04.2004), de los *19 Comerciantes versus Colombia* (Sentencia del 05.07.2004), de la *Masacre de Mapiripán versus Colombia* (Sentencia del 15.09.2005), de la masacre de la *Comunidad Moiwana versus Suriname* (Sentencia del 15.06.2005), de la *Masacre de Ituango versus Colombia* (Sentencia del 01.07.2006), – en los cuales la *intención* del Estado de perpetrar *graves* violaciones de los derechos humanos, o su manifiesta negligencia en evitarlas, quedaron fehacientemente demostradas.

En éstos casos, las violaciones graves fueron perpetradas en nombre del Estado, como persona jurídica de Derecho Internacional, y, además, en la misma línea de sus actos criminales se encubrieron los hechos, de todo ésto derivando su responsabilidad internacional *agravada*. En suma, y en conclusión sobre el presente punto en examen, en la actual teoría general de la responsabilidad internacional del Estado, sigue subsistiendo la coexistencia de la responsabilidad internacional objetiva (o absoluta) y la responsabilidad internacional del Estado con base en la *culpa*, e inclusive en el *dolus* (agravada)" (párrs 7 y 9-10).

---

3 A.A. Cançado Trindade, "International Law for Humankind: Towards a New *Jus Gentium* – General Course on Public International Law – Part I", 316 *Recueil des Cours de l'Académie de Droit International de la Haye* (2005) cap. XV, pp. 412-439.

Capítulo VII

CRÍMENES DE ESTADO, RESPONSABILIDAD INTERNACIONAL AGRAVADA, Y REPARACIONES EJEMPLARIZANTES O "DAÑOS PUNITIVOS"

Mi larga experiencia de Juez Titular de un tribunal internacional de derechos humanos, como la Corte Interamericana de Derechos Humanos (CtIADH), me ha llevado a la convicción, ante la constatación de la perpetración de atrocidades o de violaciones particularmente graves de los derechos humanos, de la existencia de verdaderos *crímenes de Estado*. Los hechos hablan por sí mismos, y algunos casos (v.g., el de *Myrna Mack Chang versus Guatemala*, Sentencia del 25.11.2003, entre otros) han contado con el expreso reconocimiento de responsabilidad internacional por parte del Estado demandado ante un tribunal internacional como la CtIADH. En el caso de *Myrna Mack Chang*, por ejemplo, dicho reconocimiento, además de formulado por el Estado demandado en la audiencia pública del 20.02.2003 ante la CtIADH, fue, aún más, aclarado en un documento que me entregó personalmente el Canciller de Guatemala, el día 03.03.2003, en la sede de la Corte en San José de Costa Rica.

En esta fecha recibí, como Presidente de la CtIADH, el Ministro de Relaciones Exteriores de Guatemala, Sr. Edgar Gutiérrez, quién me hizo entrega de un documento escrito aclaratorio y confirmatorio de la inequívoca aceptación, "sin condición alguna", de la responsabilidad internacional del Estado demandado. Este histórico episodio encuéntrase narrado en los párrafos 94 hasta 96, de la Sentencia del 25.11.2003 de la CtIADH en el referido caso de *Myrna Mack Chang*. El reconocimiento estatal de responsabilidad internacional fue formulado con la debida aceptación de todas sus consecuencias jurídicas, lo que demuestra una posición de madurez por parte del Estado.

Mi propia experiencia me ha enseñado, sin margen a dudas, que el crímen de Estado sí, existe; no deja él de existir simplemente porque la Comisión de Derecho Internacional (CDI) de Naciones Unidas entiende que no puede él existir (quizás preocupada en tener sus textos aprobados por por las Delegaciones gubernamentales en la VI Comisión de la Asamblea General de Naciones Unidas). Mi posición, en este particular, es claramente discrepante de la posición evasiva de la CDI, que ha eludido el problema – en lugar de enfrentarlo – antes de concluir sus Artículos sobre la Responsabilidad Internacional de los Estados y adoptarlos en 2001[1].

Como no podría dejar de hacerlo, dejé constancia de mi convicción de la ocurrencia de verdaderos crímenes de Estado, – ante su planificación (al más alto nivel), premeditación, intencionalidad, y perpetración, por agentes del Estado. Lo hice en algunos de mis Votos Razonados en Sentencias de la CtIADH, v.g., en los casos de *Myrna Mack Chang versus Guatemala* (del 25.11.2003), de la *Masacre de Plan de Sánchez versus Guatemala* (fondo, del 29.04.2004, y reparaciones, del 19.11.2004), de las *Masacres de Ituango versus Colombia* (del 01.07.2006), de la *Prisión de Castro Castro versus Perú* (del 25.11.2006), de *La Cantuta versus Perú* (del 29.11.2006), – así como en mi *Curso General de Derecho Internacional Público* de 2005, que ministré en la Academia de Derecho Internacional de La Haya[2].

Es esto lo que ha efectivamente pasado en los últimos años: la CtIADH se ha pronunciado sobre casos que efectivamente configuran, en mi percepción, verdaderos *crímenes de Estado*, planificados al más alto nivel del poder público y ejecutados en medio a políticas genuinamente estatales de exterminio de seres humanos. Se pueden citar, en este sentido, e.g., las Sentencias de la Corte en los casos de las masacres de *Barrios Altos* (del 14.03.2001)[3], del *Caracazo* relativo

---

1 Dichos Artículos ya se encuentran listos para una rigurosa revisión por la CDI, hoy día, a mediados de 2010, – pero todavía no se sabe si ésta ocurrirá.

2 A.A. Cançado Trindade, "International Law for Humankind: Towards a New *Jus Gentium* – General Course on Public International Law – Part I", 316 *Recueil des Cours de l'Académie de Droit International de la Haye* (2005) pp. 420-439; y cf. también A.A. Cançado Trindade, "Complementarity between State Responsibility and Individual Responsibility for Grave Violations of Human Rights: The Crime of State Revisited", *in International Responsibility Today – Essays in Memory of O. Schachter* (ed. M. Ragazzi), Leiden, M. Nijhoff, 2005, pp. 253-269.

3 El caso de la masacre de *Barrios Altos*, en el cual las víctimas eran miembros de sindicatos, es hoy día considerado, en la bibliografía jurídica especializada en escala

a Venezuela (reparaciones, del 29.08.2002)], de *Plan de Sánchez* (del 29.04.2004), de los *19 Comerciantes* (del 05.07.2004), de *Mapiripán* (del 17.09.2005), de la *Comunidad Moiwana* (del 15.06.2005), de *Pueblo Bello* (del 31.01.2006), de *Ituango* (del 01.07.2006), de *Montero Aranguren y Otros* (*Retén de Catia*, del 05.07.2006), de la *Prisión de Castro Castro* (del 25.11.2006), y de *La Cantuta* (del 29.11.2006)[4], – así como los casos de asesinatos planificados al más alto nivel del poder estatal y por orden de este último ejecutados (tales como el supracitado caso de *Myrna Mack Chang*, Sentencia del 25.11.2003). Además, en dos Sentencias recientes, de trascendencia histórica, la CtIADH reiteró su aserción de la responsabilidad internacional *agravada* del Estado, a saber, las Sentencias relativas al régimen Pinochet en Chile (del 27.09.2006, en el caso *Almonacid Arellano*) y al régimen Stroessner en Paraguay (del 22.09.2006, en el caso *Goiburú y Otros*)[5].

Las lecciones que se pueden extraer de estos dos casos históricos[6] son claras. En el plano conceptual, continúan a coexistir la respon-

mundial, como el *leading case* de la superación del obstáculo de las "leyes de auto-amnistía"; cf. capítulos VIII y XXIII, *infra*.

4 En este último caso, el de *La Cantuta*, relativo a Perú, las víctimas – un profesor y un grupo de estudiantes – fueron raptadas del *campus* de la Universidad de La Cantuta, Lima, por fuerzas de seguridad del Estado demandado, después de la media-noche, en las primeras horas de la madrugada del 18.07.1992, y "desaparecieron", algunas de las cuales pronta y sumariamente ejecutadas; en seguida, los hechos no fueron debidamente investigados.

5 En las Sentencias de ambos casos, desarrollé, en mis extensos Votos Razonados, mis reflexiones personales sobre los *crímenes de Estado*, tomando en cuenta sobre todo los horrores de la sinistra *Operación Condor*; cf. A.A. Cançado Trindade, *Évolution du Droit international au droit des gens – L'accès des particuliers à la justice internationale: le regard d'un juge*, Paris, Pédone, 2008, pp. 121-184. – En el caso de *Goiburú y Otros versus Paraguay* (2006), ocurrido en un contexto de detenciones ilícitas y prolongadas (a mediados de los años setenta) de las víctimas por agentes del Estado, las víctimas permanecieron *incommunicado*, fueron torturadas y asesinadas, y sus restos mortales fueron ocultados, – en consecuencia de su oposición al régimen dictatorial del Presidente A. Stroessner. La CtIADH determinó las graves violaciones de derechos humanos que habían ocurrido, en el contexto de la así-llamada "Operación Cóndor", en la cual agentes de seguridad de los Estados del Cono Sur de América del Sur "cooperaron" *inter se* para exterminar opositores políticos de los regímenes represivos de aquella época.

6 Que han victimado más de 30 mil latinoamericanos, en su gran mayoría, jóvenes inocentes que fueron raptados, torturados y que "desaparecieron", muchos de los

sabilidad internacional *objetiva* del Estado, y su responsabilidad internacional *agravada* por la *intencionalidad* (*mens rea*). En el plano operativo, tórnase evidente que no se puede combatir el terror con los mismos medios de terror, sino más bien, en lugar de este último, necesariamente dentro del Derecho (para ésto existiendo diversas Convenciones internacionales). No se puede admitir violaciones de la prohibición absoluta de la tortura, ni tampoco restricciones indebidas a recursos que protegen derechos fundamentales.

El hecho de que las víctimas (y sus parientes) de la *Operación Cóndor* hayan alcanzado, tres décadas después de la perpetración de sus horrores, un tribunal internacional tal como la Corte Interamericana de Derechos Humanos (casos *Goiburú* y *Almonacid*), – la cual reafirmó y amplió el contenido material del *jus cogens* internacional[7], – se debe al despertar de la *conciencia jurídica universal* (como fuente material última de todo el Derecho)[8], de modo que los crímenes de Estado no más ocurran en el futuro. Durante los procedimientos de los casos contenciosos respectivos ante la CtIADH, casi todos estos casos de masacres contaron, significativamente, con el reconocimiento de la responsabilidad internacional de parte de los propios Estados demandados por la ocurrencia de los crímenes, a fin de determinar los actos ilícitos del pasado de modo a evitar su repetición. Este fenómeno, de gran relevancia histórica, no encuentra paralelos en otros tribunales internacionales contemporáneos.

Se puede destacar, en particular, dos cuestiones jurídicas merecedoras de atención especial en dichos casos de massacres, a saber: primera, *la determinación de la responsabilidad internacional agravada del Estado* (circunstancias agravantes de los ilícitos perpetrados); y segunda, *la determinación de la condición de víctima* en tales casos. Como demostrado en el caso de la *Masacre de Plan de Sánchez*, los crímenes cometidos en el curso de la ejecución, por medio de operaciones militares, de la política estatal de la "*tierra arrasa-*

---

cuales lanzados vivos de aviones al mar, porque "no había más espacio" para sus restos mortales en cementerios clandestinos.

7 Cf. capítulo VIII, *infra*.

8 A.A. Cançado Trindade, "International Law for Humankind: Towards a New *Jus Gentium* – General Course on Public International Law – Part I", 316 *Recueil des Cours de l'Académie de Droit International de la Haye* (2005), cap. VI, pp. 177-202.

da", incluyendo la propia masacre de Plan de Sánchez (perpetrada el 18.07.1982), tenían por fin destruir, total o parcialmente, los miembros de las comunidades indígenas mayas.

En su mencionada Sentencia del 29.04.2004, la CtIADH determinó que tales violaciones "afectaron gravemente los miembros del pueblo *maya-achí* en su identidad y valores", y, en la medida en que ocurrieron en un "estándar de masacres", tuvieron "un impacto agravado" en la determinación de la responsabilidad internacional del Estado[9]. En tales casos de masacres, perpetrados por agentes estatales como parte de una política estatal, llevados al conocimiento de la CtIADH, en mis Votos Razonados insistí en mi entendimiento de que los hechos en ellos revelados tornaban imposible negar la existencia de verdaderos *crímenes de Estado*, acarreando todas sus consecuencias jurídicas.

En el caso de la *Masacre de Mapiripán*, relativo a Colombia, ocurrido entre 15 y 20 de julio de 1997, cien miembros de las fuerzas paramilitares (*Autodefensas Unidas de Colombia*), contando con "la colaboración y aquiescencia" de agentes del Estado, detuvieron ilícitamente, y torturaron y mataron por lo menos 49 civiles en la aldea de Mapiripán, y luego destruyeron sus cuerpos y lanzaron sus restos mortales en el río Guaviare. El caso de las *Masacres de Ituango* (Sentencia del 01.07.2006) se inserta en el mismo estándar de violencia

---

[9] Párr. 51 de la Sentencia. La Corte ordenó reparaciones en su Sentencia subsiguiente en el caso, del 19.11.2004. A su vez, anteriormente, la Comisión guatemalteca para el Esclarecimiento Histórico, en su segundo informe *Guatemala – Memoria del Silencio*, había establecido la ocurrencia de 626 masacres cometidos por fuerzas del Estado durante el conflicto armado, principalmente el Ejército, apoyado por estructuras paramilitares; 95% de ellos habían sido perpetrados entre 1978 y 1984 (con violencia intensificada en 1981-1983), y en este período 90% habían sido ejecutadas en areas habitadas predominantemente por el pueblo maya. Los actos de violencia extrema, en la evaluación de aquella Comisión, revelaron las características de "actos de genocidio", – específicamente contra miembros de los pueblos *maya-ixil, maya-achi, maya--k'iche'*, *maya-chuj* y *maya-q'anjob'al*, en cuatro regiones del país; Comisión para el Esclarecimiento Histórico, *Guatemala – Memoria del Silencio*, tomo III, Guatemala, CEH, 1999, pp. 316-318, 358, 375-376, 393, 416 and 417-423. – En el entender de la Comisión de la Verdad guatemalteca, las violaciones graves y masivas de derechos humanos comprometieron tanto la responsabilidad individual de los "autores intelectuales o materiales" de los "actos de genocidio" como la "responsibilidad del Estado", dado que la mayor parte de aquellos actos eran el producto de un polítical estatal "pre--establecida por un comando superior" a sus "autores materiales"; *ibid.*, p. 422.

crónica en Colombia[10], envolviendo directamente agentes del Estado (juntamente con los paramilitares, contra la guerrilla) en los asesinatos de las víctimas. Y, en el caso de la masacre de la *Comunidad Moiwana*, atinente al Suriname, el 29.11.1986 las fuerzas armadas atacaron los miembros de la Comunidad, asesinaron muchos de ellos y los sobrevivientes fueron forzadamente desplazados de sus tierras tradicionales (de la Comunidad Maroon Ndjuka, en la aldea de Moiwana), incapaces de reconstruir su *modus vivendi* comunal.

En los esfuerzos para realizar la *justicia restaurativa*, se debe necesariamente tomar en cuenta los efectos profundamente traumáticos de las masacres, no sólo y obviamente en las víctimas o en sus parientes, sino también en su propio *milieu* social, en la propia población afectada por las masacres como un todo. De todos modos, en los complejos casos de crímenes de Estado, las reparaciones ordenadas por la CtIADH han asumido distintas formas. En sus Sentencias (de, respectivamente, 15.09.2005 y 15.06.2005) en ambos casos de la *Masacre de Mapiripán* y de la masacre de la *Comunidad Moiwana*, por ejemplo, la CtIADH ordenó una serie de medidas de reparación (comprendiendo indemnizaciones así como reparaciones no-pecuniarias de distintos tipos), incluyendo medidas de estímulo al retorno voluntario de las personas desplazadas a sus tierras y comunidades originales, en Colombia y Suriname, respectivamente.

En su Interpretación de Sentencia (del 02.08.2008) en el caso de la *Prisión de Castro Castro versus Perú*, la CtIADH abordó, *inter alia*, en cuanto a las reparaciones, las medidas de garantía de no-repetición de los actos ilícitos causadores de graves violaciones de derechos humanos (párrs. 44-52). En mi extenso Voto Razonado (párrs. 1-158), examiné, *inter alia*, la misma cuestión, juntamente con el derecho de acceso directo a la justicia (nacional e internacional) como el derecho a la *realización* propiamente dicha de la justicia, y como un impera-

---

10 En el caso de las *Masacres de Ituango*, los hechos ocurrieron en junio de 1996 y a partir de octobre de 1997: las hostilidades en la aldea de Ituango (Departamento de Antioquia) fueron perpetradas por grupos paramilitares de las "*Autodefensas Unidas de Colombia*", los cuales, contando con la "omissión, aquiescencia y colaboración" de parte de las fuerzas de seguridad del Estado, asesinaron personas indefensas, las privaron de sus bienes, y generaron terror y desplazamiento forzado.

tivo del *jus cogens*[11]. En mi entendimiento, la doctrina jurídica internacional contemporánea ganará mucha credibilidad el día en que cese de evitar el tema, y proceda a determinar las consecuencias jurídicas de la perpetración de crímenes de Estado. Para este fin, puede hoy día contar con la jurisprudencia aquí examinada, de la CtIADH, sobre los crímenes de Estado; es alentador que, al menos, víctimas de estos graves crímenes y sus familiares hayan, en nuestros días, en fin logrado vindicar su causa ante la justicia internacional.

El reciente *ciclo de casos de masacres* llevado al conocimiento de la CtIADH no sólo contiene muchas enseñanzas, sino, asimismo, ha generado dificultades, tales como, de inicio, para la propia *determinación de las víctimas* (para efectos de reparaciones). Esto no es sorprendente, por cuanto el fenómeno de las masacres desafía cualquier intento de plena comprensión: desprovisto de cualquier sentido o propósito, es profundamente perturbador, parece un producto de la crueldad o locura humana. Además, no se presta a intentos de "teoría general": cada masacre – exterminio de combatientes, entre mujeres y hombres, niños y ancianos, en general en situación de completa indefensión, – es perpetrado en un determinado contexto histórico, político y cultural distinto[12].

Por otro lado, los autores intelectuales y materiales de masacres han intentado caracterizar las víctimas, aunque inocentes e indefensas, como "enemigos" que deben ser eliminados o exterminados, – buscan, en resumen, deshumanizarlas (aunque por medio de usos indebidos y desorientadores del lenguaje, sobretodo de neologismos y

---

11 Para estudios recientes sobre estes puntos, cf. A.A. Cançado Trindade, *Évolution du Droit international au droit des gens – L'accès des particuliers à la justice internationale: le regard d'un juge*, Paris, Pédone, 2008, pp. 1-188; A.A. Cançado Trindade, *El Derecho de Acceso a la Justicia en Su Amplia Dimensión*, Santiago de Chile, CECOH/Librotecnia, 2008, pp. 61-407.

12 J. Sémelin, "Analysing Massacres and Genocide: Contribution of the Social Sciences", *in*: [Varios Autores,] *Violence and Its Causes: A Stocktaking*, Paris, UNESCO, 2005, pp. 63-65, y cf. pp. 62 y 67. Aunque dichos masacres empiezen a atraer atención en la bibliografía jurídica de derechos humanos, permanecen insuficientemente examinados hasta el presente, y los problemas jurídicos enfrentados por tribunales internacionales de derechos humanos en adjudicar tales casos permanecen en gran parte desconocidos del público en general hasta la fecha.

eufemismos indebidos) antes de masacrarlas[13]. Intentan, de ese modo, "protegerse" de su propio sentimiento de culpa por sus actos de extrema crueldad. El elemento de *intencionalidad* parece estar siempre presente, a mi modo de ver como una circunstancia agravante, – también para los efectos de reparaciones.

Los criterios adoptados por la CtIADH, en los últimos años, para superar la dificultad enfrentada en la determinación de la condición de víctima en dichos casos de masacres, han revelado su clara comprensión – como sería de esperarse – de que la Convención Americana, – al igual que todos los demás tratados de derechos humanos, – es esencialmente *orientada hacia las víctimas*. Es un hecho que el reciente ciclo de casos de masacres, llevado al conocimiento de la CtIADH, ha generado un nuevo desarrollo jurisprudencial precisamente en cuanto a la *determinación de la condición de víctima*.

El caso del *Caracazo*, atinente a Venezuela, se refería a disturbios callejeros ocurridos en la ciudad de Caracas en febrero-marzo de 1989, que, en consecuencia del uso indiscriminado y desproporcional de la fuerza por el Estado, causó la muerte de no menos que 276 personas. Sin embargo, el problema de la identificación de las víctimas se planteó desde el inicio de la presentación del caso – una verdadera masacre – a la CtIADH por la ComIADH. En la reclamación sometida a la Corte, se refirió a la ocultación de las pruebas (tumbas clandestinas); la ComIADH consiguió identificar no más que 44 víctimas de los disturbios del *Caracazo*. La Corte, a su vez, en su Sentencia

13 Para relatos personales dramáticos, cf. Primo Levi, *The Drowned and the Saved*, N.Y., Vintage, 1989 [reprint], pp. 11-203; J. Améry, *At the Mind's Limits*, Bloomington, Indiana Univ. Press, 1980, pp. 1-101. Y cf. también B.A. Valentino, *Final Solutions: Mass Killing and Genocide in the Twentieth Century*, Ithaca/London, Cornell Univ. Press, 2004, pp. 17, 49, 55, 57, 71 y 235; Y. Ternon, *Guerres et génocides au XXe. siècle*, Paris, O. Jacob, 2007, pp. 14-15, 81-83, 138, 191, 279 y 376; G. Bensoussan, *Europe – Une passion génocidaire*, Paris, Éd. Mille et Une Nuits, 2006, pp. 53, 134, 220 y 228-229; J.A. Berry y C.P. Berry (eds.), *Genocide in Rwanda – A Collective Memory*, Washington D.C., Harvard University Press, 1999, pp. 3-4, 28-29 y 87; B. Bruneteau, *Le siècle des génocides*, Paris, A. Colin, 2004, pp. 41, 43, 222 and 229; E. Staub, *The Roots of Evil – The Origins of Genocide and Other Group Violence*, Cambridge, University Press, 2005 [16th printing], pp. 29, 103, 121, 142 y 227; R.J. Bernstein, *El Mal Radical – Una Indagación Filosófica*, Buenos Aires, Lilmod, 2005, pp. 110-111, 145 y 290-291.

del 29.08.2002 sobre reparaciones, al determinar los beneficiarios de estas últimas, procedió a destacar distintas "categorías de víctimas".

Las 44 víctimas en el caso del *Caracazo* fueron así clasificadas por la Sentencia de la CtIADH: 35 víctimas de ejecuciones extra-judiciales, comprometiendo la responsabilidad directa del Estado; 2 personas desaparecidas forzadamente por agentes del Estado; 3 víctimas de violaciones del derecho a la integridad personal; y 4 víctimas de violación de la protección y garantías judiciales, en el contexto de los hechos del caso (párr. 67)[14]. La complejidad del caso del *Caracazo* ilustra las dificultades enfrentadas por la CtIADH en un caso de una masacre con gran número de víctimas, y un prolongado lapso de tiempo entre la ocurrencia de los hechos y la decisión de la Corte (párr. 72).

En otro caso de masacre (el de *Montero Aranguren y Otros (Centro de Detención de Catia) versus Venezuela*, Sentencia del 05.07.2006)[15], la CtIADH enfrentó aún otra dificultad adicional, a saber, la de la coexistencia de dos versiones de los hechos (párr. 60.16-17). De todos modos, la Corte procedió a la determinación de las víctimas y de sus familiares, revelando su preocupación en no dejar de fuera del ámbito de sus Sentencias (para el propósito de las reparaciones) ninguna de las víctimas de las masacres perpetradas, aún después de un largo lapso de tiempo. Con este propósito, la CtIADH consideró, en tales casos, como supuestas víctimas, además de las personas *identificadas* por la ComIADH en la petición sometida a la Corte, *aquellos que pueden ser identificados posteriormente*, dado que las dificultades encontradas en su individualización llevaban a presumir que todavía habían víctimas pendientes de determinación (Sentencias de la Corte en los casos de las *Masacres de Plan de Sánchez*, *Mapiripán* y *Ituango*)[16]. Para superar tales dificultades, la Corte consideró como supues-

[14] La Corte agregó que los parientes de las 44 víctimas también eran beneficiarios de las reparaciones de la violación de los artículos 8 y 25 de la CADH (protección y garantías judiciales) (párrs. 67-73); también fueron considerados como «víctimas directas» (de violación de los artículos 8 y 25) en su propio derecho (párr. 74).

[15] El caso se refería a la muerte de aproximadamente 63 detenidos por los guardias del Centro de Detención de Catia, que ocurrió entre 27 y 29 de noviembre de 1992, además de 28 personas desaparecidas y 52 personas lesionadas (párr. 60.18).

[16] CtIADH, Sentencias en los casos de la *Masacre de Plan de Sánchez* (2004), párr. 48; de la *Masacre de Mapiripán* (2005), párrs. 183 y 305; de las *Masacres de Ituango* (2006), párr. 92.

tas víctimas algunas cuyos nombres derivaban de documentos[17] otros que la petición presentada por la Comisión Interamericana[18].

La Corte, además, ordenó al Estado demandado *individualizar e identificar* las víctimas y sus familiares para el propósito de las reparaciones[19]. La CtIADH ha tomado estas medidas, a la luz del derecho aplicable (la Convención Americana y sus Reglamentos), tomando en cuenta las complejidades de cada caso, y asegurando que el derecho de defensa de las partes haya sido respetado (en el momento procesal correspondiente), y que las supuestas víctimas identificadas posteriormente guarden relación con los hechos descritos en la petición y las pruebas producidas ante la Corte (Sentencias de la Corte en los casos de *Goiburú y Otros*, y de las *Masacres de Ituango*)[20].

El reciente ciclo de *casos de masacres* ha llevado la Corte claramente a reconocer la existencia de circunstancias particularmente *agravantes*, – conformando en mi entender verdaderos crímenes de Estado, aunque la doctrina quiera admitirlo o no. Ha habido casos en que los propios Estados demandados han reconocido su responsabilidad internacional por las atrocidades cometidas, políticas criminales seguidas y actos cri-

---

17 Incorporados en los *dossiers* de los casos.

18 CtIADH, Sentencia en el caso de las *Masacres de Ituango* (2006), párr. 94. – La Corte, en más de una ocasión, requirió de la Comisión la corrección de errores de modo a proveer listas de supuestas víctimas *identificadas subsiguientemente* a la presentación de la petición; cf. CtIADH, Sentencias en los casos de *Aloeboetoe y Otros* (Reparaciones, 1991), párrs. 39, 64, 66 y 69; de *El Amparo* (Reparaciones, 1996), párrs. 39 y 42; de *Caballero Delgado y Santana* (Reparaciones, 1997), párrs. 13 y 38; del "*Instituto de Rehabilitación of Menores*" (2004), párrs. 107 y 111.

19 CtIADH, Sentencia en el caso de la *Masacre de Mapiripán* (2005), párrs. 305-306; y cf. Sentencia en el caso de los "*Niños de la Calle*" (*Villagrán Morales y Otros*, Reparaciones, 2001), párr. 17.

20 CtIADH, Sentencias en los casos de *Goiburú y Otros* ("Operación Cóndor", 2006), párr. 33; y de las *Masacres de Ituango* (2006), párr. 95. De ese modo, la Corte ha tomado la iniciativa de corregir, por medio de su propia análisis y evaluación de las pruebas producidas por las partes, eventuales lapsos o errores en la identificación de las supuestas víctimas en la petición presentada por la Comisión, aún cuando las propias partes hayan admitido que algunas personas "por error no fueron incluídas en las listas de supuestas víctimas" (CtIADH, Sentencia en el caso de *Acevedo Jaramillo y Otros* [2006], párr. 227; y cf. caso de *Aloeboetoe y Otros* [Reparaciones, 1991], párr. 66), originalmente presentada ante la Corte. En el ejercicio de su deber de protección, la Corte decidió proceder de ese modo, en casos revelando una pluralidad de supuestas víctimas, sobre todo en el reciente ciclo de *casos de masacres*.

minales perpetrados. La doctrina jurídica contemporánea todavía intenta contornar o evitar el tema, pero, con el despertar de la conciencia humana, y la revelación contemporánea de atrocidades que en el pasado no alcanzaban la justicia internacional, tórnase cada vez más difícil, para los petrificados por la soberanía estatal, negar la existencia y la ocurrencia repetidas de crímenes de Estado.

Crímenes de Estado han ocurrido en una abominable práctica sostenida de exterminio de seres humanos, prolongada en el tiempo. Nadie puede negar que fue ésto precisamente lo que ocurrió en casos como, por ejemplo, los de la *Masacre de Plan de Sánchez* (una entre 626 masacres, que fueron perpetradas principalmente entre 1978 y 1984, como comprobado por la Comisión de la Verdad guatemalteca) y de *Goiburú y Otros versus Paraguay* (una entre numerosas otras atrocidades cometidas por la así-llamada "Operación Cóndor" en el Cono Sur de América del Sur hace más de tres décadas). Ella victimizó numerosas personas indefensas, y negó la investigación de los hechos y el acceso a la justicia de numerosos otros seres humanos. Los familiares de las víctimas en fin encontraron, – después de muchos años, – justicia ante la CtIADH.

Los crímenes de Estado configuran prontamente, a mi juicio, la responsabilidad internacional *agravada* del Estado en cuestión (aunque muchos internacionalistas, inmovilizados ante el espectro de la soberanía estatal, se sientan atemorizados por el calificativo). En algunos de mis Votos Razonados en Sentencias de la CtIADH, he efectivamente afirmado la configuración de la responsabilidad internacional *agravada* del Estado perpetrador de atrocidades (v.g., en los casos de *Myrna Mack Chang versus Guatemala*, del 25.11.2003; de la *Masacre de Plan de Sánchez versus Guatemala*, fondo, del 29.04.2004, y reparaciones, del 19.11.2004; de la *Masacre de Mapiripán versus Colombia*, del 15.09.2005; de *Gómez Palomino versus Perú*, del 22.11.2005; de *Goiburú y Otros versus Paraguay*, del 22.09.2006; de *La Cantuta versus Perú*, del 29.11.2006). Las circunstancias agravantes de determinados hechos lesivos son ineludibles. Además, tienen consecuencias jurídicas para las reparaciones debidas a las víctimas o sus familiares (cf. *infra*).

No podría concluir este capítulo sin referirme a la coexistencia entre la responsabilidad internacional *agravada* del Estado y la responsabilidad penal internacional del individuo, en casos como los que aquí he examinado. Tuve la ocasión de sostener la *complementariedad* de la responsabilidad internacional del Estado y la responsabilidad penal internacional de los individuos en cuestión, en el caso, e.g., de la *Masacre de Mapiripán versus Colombia* (Sentencia del 15.09.2005), y, anteriormente, en mis Votos en el caso de la *Masacre de Plan de Sánchez versus Guatemala* (Sentencias de fondo y reparaciones, de 29.04.2004 y 19.11.2004, respectivamente).

Son, efectivamente, responsabilidades concomitantes, que no se excluyen. El desarrollo adecuado de esta cuestión constituye un gran desafío para la doctrina jurídica contemporánea. En algunos de mis Votos subrayé precisamente la complementariedad entre estas responsabilidades, en el marco de las aproximaciones o convergencias entre el Derecho Internacional de los Derechos Humanos y el Derecho Penal Internacional de nuestros días. El *ciclo de los casos peruanos* (de la época del régimen fujimorista), adjudicados por la CtIADH, provee pertinente ilustración de estas aproximaciones o convergencias.

En efecto, en aquellos casos, la CtIADH determinó, reiteradamente, la responsabilidad internacional del Estado. Sólo *posteriormente* se dió, en el mismo Perú, el juicio de A. Fujimori, como ex-Presidente de la República, que resultó en sus condenaciones, por la Sala Penal Especial del Perú (Sentencias de 11.12.2007, 07.04.2009 y 30.09.2009, confirmadas el 03.01.2010). Estas condenaciones del más alto mandatario, a nivel de derecho interno, citaron las anteriores condenaciones por la CtIADH del régimen fujimorista, – comprometiendo la responsabilidad internacional del Estado, – v.g., en los casos de las masacres de *Barrios Altos* (Sentencias de fondo, del 14.03.2001; de interpretación, del 03.09.2001; y de reparaciones, del 30.11.2001), y de *La Cantuta* (Sentencia de fondo y reparaciones, del 29.11.2006).

Una vez establecida la responsabilidad internacional del Estado por violaciones graves de los derechos humanos, se procedió, a nivel del derecho interno peruano, a la determinación de la responsabilidad penal del entonces Presidente de la República por las masacres de *Barrios Altos* y *La Cantuta*. Así, en estos casos de importancia y trascendencia históricas (que seguramente continuarán a ser estudiados por las nuevas generaciones), la *jurisdicción internacional precedió a la nacional*.

En efecto, en el presente dominio de protección de la persona humana, hay otra convergencia, entre las jurisdicciones internacional y nacional, – tal como he venido sosteniendo, a lo largo de los años, en mis escritos y Votos). Las aproximaciones y convergencias, en el plano internacional propiamente dicho, se verifican no sólo entre el Derecho Internacional de los Derechos Humanos y o Derecho Penal Internacional, sino también entre el Derecho Internacional de los Derechos Humanos y el Derecho Internacional Humanitario y el Derecho Internacional de los Refugiados[21], – convergencias éstas a efectuarse en los planos normativo, hermenéutico y operativo.

Al contrario de lo que muchos todavía suponen en tantos países, las jurisdicciones nacional e internacional, en este inicio del siglo XXI, no son concurrentes o conflictivas, sin más bien complementarias, en constante interacción en la protección de los derechos de la persona humana y en la lucha contra la impunidad de los violadores de tales derechos. En el supracitado *ciclo de los casos peruanos*, en el caso paradigmático del *Tribunal Constitucional* (2001), la jurisdicción internacional efectivamente intervino en defensa de la nacional, contribuyendo decisivamente a la restauración del Estado de Derecho, además de haber salvaguardado los derechos de los victimados. Y en los casos de *Barrios Altos* y *La Cantuta*, la jurisdicción internacional llegó a preceder la nacional! En la historia de las relaciones – e interacciones – entre las jurisdicciones nacional e internacional, estos son precedentes que continuarán ciertamente a ser estudiados por las ge-

---

21 Cf., v.g., A.A. Cançado Trindade, *Évolution du Droit international au droit des gens – L'accès des particuliers à la justice internationale: le regard d'un juge*, Paris, Pédone, 2008, pp. 1-187; A.A. Cançado Trindade, *Derecho Internacional de los Derechos Humanos, Derecho Internacional de los Refugiados y Derecho Internacional Humanitario – Aproximaciones y Convergencias*, Genebra, CICV, [2000], pp. 1-66; A.A. Cançado Trindade, "Derecho Internacional de los Derechos Humanos, Derecho Internacional de los Refugiados y Derecho Internacional Humanitario: Aproximaciones y Convergencias", *in 10 Años de la Declaración de Cartagena sobre Refugiados – Memoria del Coloquio Internacional* (San José de Costa Rica, dezembro de 1994), San José, IIDH/ACNUR/Gob. Costa Rica, 1995, pp. 77-168; A.A. Cançado Trindade, "Aproximaciones o Convergencias entre el Derecho Internacional Humanitario y la Protección Internacional de los Derechos Humanos", *in Seminario Interamericano sobre la Protección de la Persona en Situaciones de Emergencia – Memoria* (Santa Cruz de la Sierra, Bolivia, junio de 1995), San José de Costa Rica, CICR/ACNUR/Gov. Suíça, 1996, pp. 25-28 y 195-197; entre otros estudios.

neraciones presentes y futuras de jusinternacionalistas y constitucionalistas, tanto latinoamericanos como de otras regiones del mundo.

En fin, permítome tan sólo agregar que la responsabilidad internacional *agravada* acarrea consecuencias para los efectos de las reparaciones debidas a las víctimas o a sus familiares. En efecto, particularmente en tales casos, caben, a mi juicio, las reparaciones "ejemplarizantes", además de otras. He atribuído siempre, a este tipo de reparaciones, también caracterizadas como "daños punitivos" (pero con un sentido distinto del atribuído a la expresión en determinados ordenamientos jurídicos internos), una importancia especial, como reconocimiento judicial del sufrimiento de las víctimas y en honor a su memoria, como satisfacción a sus familiares, y como medida que busque asegurar la no-repetición de los hechos lesivos de los derechos humanos.

En una entrevista que concedí en San José de Costa Rica, al final de mis años como Juez Titular de la CtIADH, ponderé sobre la materia que

> "Los tipos de violación de los derechos humanos se han diversificado. En violaciones graves que han victimado a miembros de colectividades, no siempre la más importante es la reparación económica en sí, y otras formas de reparación que benefician a la colectividad van adquiriendo más importancia. Por ejemplo, en el caso de la *Masacre de Plan de Sánchez*, la reconstrucción de las casas, de las carreteras, destruídas. En el caso de la *Masacre de Mapiripán*, y en el caso de la masacre de la *Comunidad Moiwana*, la obligación del Estado de garantizar la seguridad para que vuelvan los pobladores sobrevivientes o sus familiares a sus tierras ancestrales"[22].

No es mi propósito profundizarme aquí en esta materia, sino tan sólo referirme a mis Votos al respecto, en Sentencias de la CtIADH, en los cuales sostengo la determinación de "daños punitivos", y desarrollo la fundamentación de mi posición sobre la cuestión (v.g., en los casos de *Myrna Mack Chang versus Guatemala*, del 25.11.2003; de *Blanco Romero y Otros versus Venezuela*, del 28.11.2005; y de *Goiburú y Otros versus Paraguay*, del 22.09.2006). Distintamente de la práctica de algunos tribunales nacionales, las reparaciones ejempla-

22 *Cit. in*: C. Martín Beristain, *Diálogos sobre la Reparación – Experiencias en el Sistema Interamericano de Derechos Humanos*, tomo 2, San José de Costa Rica, IIDH, 2008, p. 500.

rizantes o "daños punitivos", en el marco del Derecho Internacional de los Derechos Humanos, no tienen que asumir necesariamente la forma de reparaciones pecuniarias.

La CtIADH así lo ha entendido, desde los primordios de su construcción jurisprudencial, en la cual participé activamente. Recuérdese, por ejemplo, que, en el caso (de ejecución sumaria y extralegal) de *Aloeboetoe y Otros versus Suriname* (reparaciones, Sentencia del 10.09.1993), la Corte ordenó, como reparaciones no-pecuniarias, *inter alia*: a) el establecimiento de dos fideicomisos y la creación de una fundación (en beneficio de los hijos de las víctimas asesinadas); y b) la reapertura de una escuela pública en la localidad de Gujaba, y la puesta en operación del dispensario existente en el mismo lugar[23].

Posteriormente, en otro caso célebre, el de los "*Niños de la Calle*" (*Villagrán Morales y Otros versus Guatemala*, reparaciones, Sentencia del 26.05.2001), la CtIADH ordenó al Estado demandado, *inter alia*, designar una escuela pública con un nombre alusivo a los cinco jóvenes asesinados, y colocar en dicha escuela una placa con sus nombres[24]. Nuevamente, en el caso de la *Masacre de Plan de Sánchez*, referente también a Guatemala (reparaciones, Sentencia del 19.11.2004), la Corte ordenó al Estado demandado reparaciones ejemplarizantes, como, *inter alia*, las de: a) realizar, en la misma aldea de Plan de Sánchez, un "acto público de reconocimiento de responsabilidad" por parte del Estado, y "en desagravio de las víctimas" de los hechos lesivos del presente caso, con la presencia y participación de los líderes de las comunidades afectadas; b) "honrar públicamente la memoria de las personas ejecutadas" en la masacre de Plan de Sánchez (perpetrada por agentes del Estado el 18.07.1982); c) prestar servicios de tratamiento de salud (inclusive psicológico y psiquiátrico) a las víctimas; d) "proveer de vivienda adecuada" a las víctimas sobrevivientes que residan en la aldea de Plan de Sánchez "y que así lo requieran"; y e) desarrollar el estudio y la difusión de la cultura *maya-achí* en las comunidades afectadas[25].

---

23 Puntos resolutivos 2-5 de la referida Sentencia.

24 Punto resolutivo 7 de la referida Sentencia.

25 Puntos resolutivos 2-3 y 7-9 de la referida Sentencia.

Ochos meses después de esta Sentencia, el Estado demandado realizó el acto público de reconocimiento de responsabilidad, en desagravio de las víctimas, tal como ordenado por la CtIADH. Dicho acto público se realizó en la mencionada aldea, el 18 de julio de 2005; durante el mismo, el Estado de Guatemala, por medio del entonces Vice-Presidente de la República (Sr. Eduardo Stein), pidió perdón a las víctimas de la masacre de Plan de Sánchez[26]. Durante dicho "acto de reparación", fue realizada una reconstitución, en forma de un psicodrama, de lo que hubiera sido la masacre de Plan de Sánchez de 1982.

Los representantes de las víctimas tuvieron la fineza de enviarme, como un recuerdo, y a título personal, un video del psicodrama representado (el cual guardo en mis archivos personales), durante la ceremonia de dicho acto público en la aldea de Plan de Sánchez, ubicada en la cordillera central del país. Actuaron en dicho psicodrama los integrantes de la nueva generación de los habitantes de Plan de Sánchez, o sea, los hijos o descendientes de los sobrevivientes de las víctimas de la masacre de 1982. Al asistir a este video, – esforzándome por contener mi emoción, – me quedé impresionado con el valor y coraje de los jóvenes, y la belleza del simbolismo de la ceremonia. Al final del inolvidable psicodrama, – reproduciendo la frialdad de la crueldad humana con el fin de extraer de ella lecciones para asegurar una mejor suerte para las generaciones futuras, – una vez más tuve la fortuna de constatar que la protección internacional de los derechos humanos es hoy día una realidad innegable e irreversible, la cual ha alcanzado y se ha arraigado en las bases de la sociedad nacional de numerosos países.

---

[26] Dicha masacre de Plan de Sánchez, del 18.07.1992, fue perpetrada durante el régimen represivo de E. Ríos Montt; la matanza de 268 indígenas (miembros de la etnia *maya-achí*), – quienes se habían negado a integrar la patrullas de paramilitares (de "autodefensa civil", utilizadas por el ejército para represión de campesinos), – fue denunciada por sobrevivientes una década después, en 1992.

Capítulo VIII

LA AMPLIACIÓN DEL CONTENIDO MATERIAL DEL *JUS COGENS*

La emergencia de normas imperativas o perentorias del Derecho Internacional es apliamente reconocida en nuestros días[1]. En efecto, durante mis 12 años de labor como Juez Titular de la CtIADH, ésta última[2] ha sido el tribunal internacional contemporáneo que más ha contribuído para la evolución conceptual del *jus cogens*, en el fiel ejercicio de sus funciones de protección de la persona humana, inclusive en situaciones de la más completa adversidad o vulnerabilidad. Durante toda mi actuación en la CtIADH, me he dedicado con toda convicción para lograr la gradual ampliación del contenido material del *jus cogens*.

La primera etapa de esta notable evolución jurisprudencial consistió en la afirmación de la prohibición absoluta, del *jus cogens*, de la tortura, en toda y cualquier circunstancia, seguida de la misma pro-

---

1 En mi *Curso General de Derecho Internacional Público*, ministrado en la Academia de Derecho Internacional de La Haya en 2005, caracterizé la construcción doctrinal y jurisprudencial del *jus cogens* internacional como propia de un nuevo *jus gentium*, el Derecho Internacional para la Humanidad. Sostuve, además, que, en este entendimiento, y por definición, el *jus cogens* international va más allá que el derecho de los tratados, extendiéndose al derecho de la responsabilidad internacional del Estado, y a todo el *corpus juris* del Derecho Internacional contemporáneo, y abarcando, en última instancia, a todo acto jurídico. Al abarcar todo el Derecho Internacional, se proyecta también sobre el derecho interno, invalidando cualquier medida o acto incompatible con él. El *jus cogens* tiene incidencia directa en los propios fundamentos de un Derecho International universal, y es un pilar básico del nuevo *jus gentium*; A.A. Cançado Trindade, "International Law for Humankind: Towards a New *Jus Gentium* – General Course on Public International Law – Part I", 316 *Recueil des Cours de l'Académie de Droit International de la Haye* (2005), cap. XII, pp. 336-346.

2 Seguida del Tribunal Penal Internacional *ad hoc* para la Ex-Yugoslavia.

hibición de tratos crueles, inhumanos o degradantes. Así, en su Sentencia del 18.08.2000, en el caso *Cantoral Benavides versus Perú*, la CtIADH significativamente sostuvo que

> "(...) Ciertos actos que fueron calificados en el pasado como tratos inhumanos o degradantes, no como torturas, podrían ser calificados en el futuro de una manera diferente, es decir, como torturas, dado que a las crecientes exigencias de protección de los derechos y de las libertades fundamentales, debe corresponder una mayor firmeza al enfrentar las infracciones a los valores básicos de las sociedades democráticas (...)" (párr. 99).

En el mismo sentido, en la Sentencia del 08.07.2004, en el caso de los *Hermanos Gómez Paquiyauri versus Perú*, la CtIADH senãló que

> "la tortura está estrictamente prohibida por el Derecho Internacional de los Derechos Humanos. La prohibición de la tortura es absoluta e inderrogable, aún en las circunstancias más difíciles, tales como guerra, amenaza de guerra, `lucha contra el terrorismo' y cualesquiera otros delictos, estado de sitio o de emergencia, comoción o conflicto interno, suspensión de garantías constitucionales, inestabilidad política interna u otras emergencias o calamidades públicas".

Y constató claramente la CtIADH que "se ha conformado un régimen jurídico internacional de prohibición absoluta de todas las formas de tortura, tanto física como psicológica, régimen que pertenece hoy día al dominio del *jus cogens* internacional" (párrs. 111-112).

Años antes de estos significativos *obiter dicta* de la CtIDH, había yo, en el seno de ésta, advertido para la necesidad del desarrollo jurisprudencial de las prohibiciones del *jus cogens*, en mis Votos Razonados en el caso *Blake versus Guatemala* (excepciones preliminares, Sentencia del 02.07.1996[3]; fondo, Sentencia del 24.01.1998[4]; y reparaciones, Sentencia del 22.01.1999[5]). En la misma línea de pensamiento, posteriormente al caso *Cantoral Benavides*, reiteré mi posición al respecto en mi Voto Concurrente en la Sentencia (del 14.03.2001) en el caso *Barrios Altos versus Perú*[6], así como en mi Voto Razonado

---

[3] Párrs. 11 y 14 del Voto.

[4] Párrs. 15, 17, 23, 25 y 28 del Voto.

[5] Párrs. 31, 40 y 45 del Voto.

[6] Párrs. 10-11 y 25 del Voto.

en la Sentencia (del 01.09.2001) en el caso *Hilaire versus Trinidad y Tobago*[7]; en mi Voto Concurrente en la Sentencia (del 27.11.2003) en el caso *Maritza Urrutia versus Guatemala*[8]; en mi Voto Razonado en la Sentencia (del 08.07.2004) en el caso de los *Hermanos Gómez Paquiyauri versus Perú* (del 08.07.2004)[9]; y en mi Voto Disidente en el caso de las *Hermanas Serrano Cruz versus El Salvador* (Sentencia sobre excepciones preliminares del 23.11.2004)[10].

En su Sentencia del 07.09.2004, en el caso *Tibi versus Ecuador*, la CtIADH volvió a afirmar que

> "Existe un régimen jurídico internacional de prohibición absoluta de todas las formas de tortura, tanto física como psicológica, régimen que pertenece hoy día al dominio del *jus cogens*. La prohibición de la tortura es completa e inderogable, aún en las circunstancias más difíciles (...)" (párr. 143)[11].

La CtIADH reiteró este *obiter dictum* en su Sentencia del 06.04.2006 en el caso *Baldeón García versus Perú* (párr. 121). Un año antes, la Sentencia de la CtIADH (del 11.03.2005) en el caso de *Caesar versus Trinidad y Tobago*, en la misma línea de razonamiento de su construcción

---

7 Párr. 38 del Voto.

8 Párrs. 6, 8-9 y 12 del Voto.

9 Párrs. 1, 37, 39, 42 y 44 del Voto.

10 Párrs. 2, 32, y 39-41 del Voto.

11 En mi Voto Razonado en este mismo caso *Tibi*, destaqué la importancia del carácter absoluto de dicha prohibición, y examiné la evolución de ésta en la jurisprudencia internacional contemporánea (párrs. 26 y 30-32 del Voto). – Conforman hoy día el régimen internacional contra la tortura las Convenciones de Naciones Unidas (de 1984, y su Protocolo de 2002) e Interamericana (1985) y Europea (1987) sobre la materia, además del Relator Especial sobre la Tortura (desde 1985) de la antigua Comisión de Derechos Humanos (CDH) de Naciones Unidas, y del Grupo de Trabajo sobre Detención Arbitraria (desde 1991) de la misma CDH (atento a la prevención de la tortura). Las tres Convenciones coexistentes supracitadas de combate a la tortura son básicamente complementarias. A su vez, la Corte Europea de Derechos Humanos afirmó, en el caso *Soering versus Reino Unido* (Sentencia del 07.07.1989), que la prohibición absoluta de la tortura (inclusive en tiempos de guerra y otras emergencias nacionales) da expresión a uno de los "valores fundamentales de las sociedades democráticas" contemporáneas (párr. 88). Y el Tribunal Penal Internacional *ad hoc* para la Ex-Yugoslavia sostuvo categóricamente, en el caso *A. Furundzija* (Sentencia del 10.12.1998), que la prohibición absoluta de la tortura tiene el carácter de una norma del *jus cogens* (párrs. 137-139, 144 y 160).

jurisprudencial del *jus cogens*, dió acertadamente un otro paso adelante, al sostener la prohibición absoluta, propia del dominio del *jus cogens*, de la tortura *así como de otros tratos crueles, inhumanos y degradantes*. La prohibición absoluta tanto de la tortura, así como de dichos tratos, en todas y cualesquiera circunstancias, como una prohibición del *jus cogens*, conforma hoy día *jurisprudence constante* de la CtIADH.

Pero la CtIADH no se detuvo en dicha prohibición. Fue más allá, al ampliar el contenido material del *jus cogens* en su histórica Opinión Consultiva n. 18 (del 17.09.2003), sobre la *Condición Jurídica y Derechos de los Migrantes Indocumentados*, de modo a abarcar el principio básico de la igualdad y la no-discriminación (párrs. 97-101 y 110-111). Sostuvo la CtIADH que los Estados tienen el deber de respetar y asegurar el respeto de los derechos humanos a la luz del principio general y básico de la igualdad y no-discriminación, y que cualquier tratamiento discriminatorio en relación con la protección y el ejercicio de tales derechos (inclusive los laborales) genera la responsabilidad internacional de los Estados. En el entender de la Corte, el referido principio fundamental ingresó en el dominio del *jus cogens*, no pudiendo los Estados discriminar, o tolerar situaciones discriminatorias, en detrimento de los migrantes, y debiendo garantizar el debido proceso legal a cualquier persona, independientemente de su status migratorio. Los Estados no pueden subordinar o condicionar la observancia del principio de la igualdad ante la ley y la no-discriminación a los objetivos de sus políticas migratorias, entre otras.

Sobre este otro gran avance jurisprudencial paralelo emití un extenso Voto Concurrente (párrs. 1-89), en el cual respaldé la posición de la Corte, reconociendo que este principio básico permea todo el ordenamiento jurídico, y llamando atención para su importancia, y la de todos los principios generales del derecho, de los cuales emanan las normas y reglas, y sin los cuales, en última instancia, no hay "ordenamiento jurídico" alguno (párrs. 44-46 y 65). En suma, tales principios conforman, en mi entender, el *substratum* del propio orden jurídico (párrs. 52-58). Los puntos que abordé, – inclusive la evolución del *jus cogens* y de las obligaciones *erga omnes* de protección, – lo hice en el ámbito de la concepción de la *civitas maxima gentium* y de la universalidad del género humano. En un trecho de mi referido Voto Concurrente, me permití ponderar que

"Todo sistema jurídico tiene principios fundamentales, que inspiran, informan y conforman sus normas. Son los principios (derivados etimológicamente del latín *principium*) que, evocando las causas primeras, fuentes o orígenes de las normas y reglas, confieren cohesión, coherencia y legitimidad a las normas jurídicas y al sistema jurídico como un todo. Son los principios generales del derecho (*prima principia*) que confieren al ordenamiento jurídico (tanto nacional como internacional) su ineluctable dimensión axiológica; son ellos que revelan los valores que inspiran todo el ordenamiento jurídico y que, en última instancia, proveen sus propios fundamentos. Es así como concibo la presencia y la posición de los principios en cualquier ordenamiento jurídico, y su rol en el universo conceptual del Derecho.

De los *prima principia* emanan las normas y reglas, que en ellos encuentran su sentido. Los principios encuéntranse así presentes en los orígenes del propio Derecho. Los principios nos muestran los fines legítimos que buscar: el bien común (de todos los seres humanos, y no de una colectividad abstracta), la realización de la justicia (en los planos tanto nacional como internacional), el necesario primado del derecho sobre la fuerza, la preservación de la paz. Al contrario de los que intentan – a mi juicio en vano – minimizarlos, entiendo que, si no hay principios, tampoco hay verdaderamente un sistema jurídico.

Sin los principios, el 'orden jurídico' simplemente no se realiza, y deja de existir como tal. (...) Así como, en el ámbito del Derecho Internacional de los Refugiados, se reconoció el principio básico del *non-refoulement* como siendo del *jus cogens*, en el dominio del Derecho Internacional de los Derechos Humanos se reconoció igualmente el carácter de *jus cogens* del principio fundamental de la igualdad y la no-discriminación (...). La ilegalidad objetiva no se limita a los actos y prácticas anteriormente mencionados. Como el *jus cogens* no es una categoría cerrada (...), entiendo que nadie tampoco osaría negar que el trabajo esclavo, y la denegación persistente de las más elementares garantías del debido proceso legal igualmente afrentan la conciencia jurídica universal, y efectivamente colisionan con las normas perentorias del *jus cogens*. Esto es particularmente significativo para la salvaguardia de los derechos de los trabajadores migrantes indocumentados. Toda esta evolución doctrinal apunta en la dirección de la consagración de las obligaciones *erga omnes* de protección (...). Sin la consolidación de dichas obligaciones poco se avanzará en la lucha contra las violaciones de los derechos humanos" (párrs. 44, 46 y 72).

La Opinión Consultiva n. 18 de la CtIADH ha tenido un impacto considerable en el continente americano, debiendo su influencia extenderse a otras latitudes, por su contenido y dadas la actualidad y la relevancia de la materia. Tanto la Opinión Consultiva n. 18 (*supra*), como la Opinión Consultiva n. 16 sobre el *Derecho a la Información sobre Asistencia Consular en el Marco de las Garantías del Debido Proceso Legal* (del 01.10.1999), propugnan por la misma interpretación dinámica o evolutiva del Derecho Internacional de los Derechos Humanos. En la Opinión Consultiva n. 16, pionera e inspiradora de la jurisprudencia internacional *in statu nascendi* sobre la materia, la CtIADH interpretó las normas protectoras de la Convención Americana sobre Derechos Humanos (CADH) de modo a extenderlas a nuevas situaciones, como la atinente a la observancia del derecho a la información sobre la asistencia consular.

La misma visión fue por ella adoptada en su subsiguiente y avanzada Opinión Consultiva n. 18, sobre los derechos de los migrantes indocumentados, eregida sobre los conceptos evolutivos del *jus cogens* y de las obligaciones *erga omnes* de protección. La trascendencia histórica de ambas Opiniones Consultivas de la CtIADH ha sido reconocida en los círculos jurídicos de todo el continente. Efectivamente abren ellas camino para la construcción de un nuevo *jus gentium* en este inicio del siglo XXI: un Derecho Internacional ya no más estatocéntrico, sino más bien atento al atendimiento de las necesidades y aspiraciones de la humanidad como un todo.

Desde que la CtIADH endosó el entendimiento de que también el principio fundamental de la igualdad y la no-discriminación ingresó en el dominio del *jus cogens* (*supra*), en sucesivos casos contenciosos pasé a insistir en la necesidad de ampliar aún más el contenido material del *jus cogens*, de modo a abarcar del mismo modo el derecho de acceso a la justicia[12], y atender a las necesidades apremiantes de protección de

[12] Cf., en este sentido, mis Votos Razonados en las Sentencias de la Corte en los casos de la *Masacre de Plan de Sánchez versus Guatemala* (fondo, del 29.04.2004), párrs. 22, 29-33 y 35 del Voto; y (reparaciones, del 19.11.2004), párrs. 4-7 y 20-27 del Voto; de los *Hermanos Gómez Paquiyauri versus Perú* (del 08.07.2004), párrs. 37-44 del Voto; de *Tibi versus Ecuador* (del 07.09.2004), párrs. 30-32 del Voto; de *Caesar versus Trinidad y Tobago* (del 11.03.2005), párrs. 85-92 del Voto; de *Yatama versus Nicarágua* (del 23.06.2005), párrs. 6-9 del Voto; de *Acosta Calderón versus Ecuador* (del 14.06.2005), párrs. 4 y 7 del Voto; de las *Masacres of*

la persona humana. Lo hice, *inter alia*, en mi Voto Razonado (dedicado al derecho de acceso a la justicia *lato sensu*) en la Sentencia de la Corte (del 31.01.2006) en el caso de la *Masacre de Pueblo Bello versus Colombia*, llamando la atención para la importancia fundamental precisamente del derecho de acceso a la justicia, y ponderando que

> "La indisociabilidad que sostengo entre los artículos 25 y 8 de la Convención Americana (...) conlleva a caracterizar como siendo del dominio del *jus cogens* el acceso a la justicia entendido como la *plena realización* de la misma, o sea, como siendo del dominio del *jus cogens* la intangibilidad de todas las garantías judiciales en el sentido de los artículos 25 y 8 tomados *conjuntamente*. No puede haber duda de que las garantías fundamentales, comunes al Derecho Internacional de los Derechos Humanos y al Derecho Internacional Humanitario[13], tienen una vocación universal al aplicarse en todas y cualesquiera circunstancias, conforman un derecho imperativo (perteneciendo al *jus cogens*), y acarrean obligaciones *erga omnes* de protección" (párr. 64).

Poco después, en mi Voto Razonado en el caso *López Álvarez versus Honduras* (2006) me permití insistir en mi entendimiento en el sentido de que el *derecho al Derecho* (el acceso a la justicia *lato sensu*) es un imperativo del *jus cogens* (párrs. 52-55). Asimismo, en mi Voto Razonado en la Sentencia de la CtIADH en el caso *Baldeón García versus Perú* (fondo y reparaciones, del 06.04.2006), al recordar sus precedentes de la construcción jurisprudencial de las prohibiciones del *jus cogens* (cf. *supra*), discrepé del razonamiento de la mayoría de la CtIADH que consideró que las obligaciones estatales de prevención, investigación y sanción de los responsables serían simples obligaciones "de medio, no de resultados". Distintamente de la mayoría de la Corte, ponderé en aquel Voto Razonado que

> "En mi entendimiento, el *acceso a la justicia* también integra el dominio del *jus cogens* internacional. (...)

Ituango versus Colombia (del 01.07.2006), párr. 47 del Voto; de *Baldeón García versus Peru* (del 06.04.2006), párrs. 9-10 del Voto; de *López Álvarez versus Honduras* (del 01.02.2006), párrs. 53-55 del Voto; de *Ximenes Lopes versus Brasil* (del 04.07.2006), párrs. 38-47 del Voto.

13 E.g., artículo 75 del Protocolo I (de 1977) a las Convenciones de Ginebra (de 1949) sobre Derecho Internacional Humanitario.

> (...) Estamos ante un derecho imperativo, y, por consiguiente, las obligaciones estatales de prevención, investigación y sanción de los responsables, no son simples obligaciones 'de medio, no de resultados', como afirma la Corte en el párrafo 93 de la presente Sentencia. Me permito discrepar de este razonamiento de la mayoría de la Corte.
>
> Tal como lo señalé en mi Voto Razonado (párr. 23) en la reciente Sentencia de la Corte, adoptada el 29.03.2006 en la ciudad de Brasilia, en el caso de la *Comunidad Indígena Sawhoyamaxa versus Paraguay*:
>
> > '(...) Las obligaciones del Estado son de diligencia y resultado, no sólo de mera conducta (como la adopción de medidas legislativas insuficientes e insatisfactorias). En efecto, el examen de la distinción entre obligaciones de conduta y de resultado[14] ha tendido a efectuarse en un plano puramente teórico, presuponiendo variaciones en la conducta del Estado, e inclusive una sucesión de actos por parte de este último[15], – y sin tomar suficiente y debidamente en cuenta una situación en que súbitamente ocurre un daño irreparable a la persona humana (v.g., la privación del derecho a la vida por la falta de la debida diligencia del Estado)'.
>
> Trátase, en definitivo, de *obligaciones de resultado y no de comportamiento*, pues, de lo contrario, no estaríamos ante un derecho imperativo, y esto conllevaría además a la impunidad" (párrs. 5-7 y 9-12).

Más recientemente, insistí en este mismo punto en mi extenso Voto Disidente (párrs. 1-60) en el caso de los *Trabajadores Cesados del Congreso versus Perú* (Interpretación de Sentencia, del 30.11.2007). Pero fue en el caso de *Goiburú y Otros versus Paraguay* (Sentencia del 22.09.2006), relativo a la siniestra "Operación Cóndor" de los llamados "servicios de inteligencia" de los países del Cono Sur de América del Sur (en la época de las dictaduras de tres décadas atrás), que la CtIADH en fin endosó la tesis que yo venía sosteniendo en su seno en cuanto a la expansión del contenido material del *jus cogens*, de modo a a abarcar

---

14 A la luz sobre todo de la labor de la Comisión de Derecho Internacional (CDI) de Naciones Unidas sobre la Responsabilidad Internacional de los Estados.

15 Cf. A. Marchesi, *Obblighi di Condotta e Obblighi di Risultato – Contributo allo Studio degli Obblighi Internazionali*, Milano, Giuffrè, 2003, pp. 50-55 y 128-135.

el derecho de acceso a la justicia en los planos nacional e internacional. En mis Votos Razonados en el caso de *Goiburú y Otros*[16], así como en los casos subsiguientes de *Almonacid Arellano versus Chile* (Sentencia del 26.09.2006, párrs. 58-60 del Voto), y de *La Cantuta versus Perú* (Sentencia del 29.11.2006, párrs. 49-62 del Voto), enfatizé la considerable importancia de tal expansión del contenido material del *jus cogens*.

Sobre dicha expansión, sostuve, en mi Voto Razonado en el caso de *La Cantuta versus Peru* (Sentencia del 29.11.2006), que

> "En casos como el presente, en que el aparato del poder estatal fue indebidamente utilizado para cometer crímenes de Estado (en una chocante distorsión de los fines del Estado), constituyendo violaciones inadmisibles del *jus cogens*, y para después encubrir dichos crímenes y mantener sus agentes, perpetradores de los mismos, en la impunidad, y los familiares de las víctimas (también victimados) en la más completa desolación y desesperación, – en casos como los de *La Cantuta* y de *Barrios Altos*, en que los crímenes contra los derechos humanos fueron perpetrados en el marco de una comprobada práctica criminal del Estado, – las pacientes reconstitución y determinación de los hechos por esta Corte constituyen, ellas propias, una de las formas de prover satisfacción – como forma de reparación – debida a los familiares sobrevivientes de las víctimas (quienes también son víctimas), y de rendir honor a la memoria de las víctimas fallecidas.
>
> El *jus cogens* resiste a los crímenes de Estado, e impone sanciones a los mismos, en razón del pronto comprometimiento de la responsabilidad internacional *agravada* del Estado. Como consecuencia de dichos crímenes, las reparaciones debidas asumen la forma de distintas obligaciones de hacer, incluyendo la investigación, enjuiciamiento y sanción de los responsables por los crímenes de Estado que perpetraron (por acción u omisión). El Derecho no deja de existir por la violación de sus normas, como pretenden insinuar los 'realistas' degenerados por su ineludible y patética idolatría al poder establecido. Todo lo contrario, el derecho imperativo (*jus cogens*) reacciona inmediatamente a dichas violaciones, e impone sanciones.
>
> Durante años, en el seno de esta Corte, he insistido en la necesidad del reconocimiento y de la identificación del *jus cogens*, y he elaborado, en numerosos Votos (en el ejercicio de las funciones tanto contenciosa como consultiva del Tribunal), la construcción doctri-

[16] Párrs. 62-68 del Voto, texto *in ibid.*, pp. 801-804.

nal de la amplicación del contenido material del *jus cogens* y de las correspondientes obligaciones *erga omnes* de protección, en sus dimensiones tanto horizontal (*vis-à-vis* la comunidad internacional como un todo) así como vertical (abarcando las relaciones del individuo tanto con el poder público como con entidades no-estatales u otros individuos). Con ésto, ha evolucionado y expandido la propia noción de 'víctima' bajo la Convención Americana, se han ampliado tanto los parámetros de la protección debida a los justiciables, así como el círculo de personas protegidas" (párrs. 58-60).

La gradual expansión del contenido material del *jus cogens* ha ocurrido *pari passu* con la reciente condemnación judicial de violaciones graves de derechos humanos y de masacres, que conforman, en mi entender, verdaderos crímenes de Estado[17]. En mi Voto Razonado en el caso de *Almonacid y Otros versus Chile*[18], busqué demostrar la falta de validez jurídica de las llamadas auto-amnistías[19], incompatibles con la CADH, al generar la obstrucción y denegación de justicia, y la consecuente impunidad de los responsables por las atrocidades. Insistí en la necesidad de la ampliación del contenido material de las prohibiciones del *jus cogens* (de modo a asegurar el acceso a la justicia en los planos tanto nacional como internacional), y situé, en fin, la conceptualización de los crímenes contra la humanidad en la confluencia entre el Derecho Internacional de los Derechos Humanos y el Derecho Penal Internacional.

La significación de esta nueva expansión del contenido material del *jus cogens*, por la CtIADH en su Sentencia del 22.09.2006, en el caso de *Goiburú y Otros*, de modo a abarcar el derecho de acceso a la justicia, y la importancia y las implicaciones de este notable avance jurisprudencial, son enfatizados en mi Voto Razonado (párrs. 62-68) en aquel caso, en el cual, además, abordé la criminalización de las

17 Cf., al respecto, A.A. Cançado Trindade, "Complementarity between State Responsibility and Individual Responsibility for Grave Violations of Human Rights: The Crime of State Revisited", *in International Responsibility Today – Essays in Memory of O. Schachter* (ed. M. Ragazzi), Leiden, M. Nijhoff, 2005, pp. 253-269.

18 Cuyas audiencias públicas se realizaron en la sesión externa de la CtIADH de Brasília, el 29.03.2006.

19 A ejemplo del criticado Decreto-Ley n. 2191, del 18.04.1978, del régimen Pinochet.

violaciones graves de los derechos humanos; el crímen de Estado en el contexto del terrorismo de Estado (la ya mencionada "Operación Cóndor", y el encubrimiento por el Estado de las atrocidades perpetratadas); la responsabilidad internacional del Estado agravada por el crímen de Estado[20]; y nuevos elementos de la necesaria complementariedad entre el Derecho Internacional de los Derechos Humanos y el Derecho Penal Internacional contemporáneo.

[20] Cf., sobre este punto, A.A. Cançado Trindade, "Complementarity between State Responsibility and Individual Responsibility...", *op. cit. supra* n. (18), pp. 253-269.

Capítulo IX

EL CONTENIDO MATERIAL Y EL AMPLIO ALCANCE DEL DERECHO A LA VIDA

La Corte Interamericana de Derechos Humanos (CtIADH) ha sostenido una concepción del derecho fundamental a la vida que abarca las condiciones de una vida digna (artículo 4(1) de la CADH). Al respecto, en un célebre *obiter dictum* en el caso *Villagrán Morales y Otros versus Guatemala* (caso de los *"Niños de la Calle"*, Sentencia sobre el fondo, del 19.11.1999), la Corte, al establecer una violación del derecho a la vida bajo el artículo 4 de la CADH, en detrimento de los cinco adolescentes asesinados a quemaropa, ponderó significativamente que

> "El derecho a la vida es un derecho humano fundamental, cuyo goce es un prerrequisito para el disfrute de todos los demás derechos humanos. De no ser respetado, todos los derechos carecen de sentido. En razón del carácter fundamental del derecho a la vida, no son admisibles enfoques restrictivos del mismo. En esencia, el derecho fundamental a la vida comprende, no sólo el derecho de todo ser humano de no ser privado de la vida arbitrariamente, sino también el derecho a que no se le impida el acceso a las condiciones que le garanticen una existencia digna. Los Estados tienen la obligación de garantizar la creación de las condiciones que se requieran para que no se produzcan violaciones de ese derecho básico y, en particular, el deber de impedir que sus agentes atenten contra él" (párr. 144).

En el seno de la CtIADH, defendí esta posición, adoptada en la Sentencia del 19.11.1999, con firmeza, una vez que, en dicho caso de *Villagrán Morales y Otros*, el asesinato de los "niños de la calle" por agentes policiales del Estado se hizo acompañar de la *circunstancia agravante* de que la vida de las víctimas tan jóvenes ya carecía de cualquier sentido, por cuanto ya se encontraban privadas de crear y desarrollar un proyecto de vida y aún de buscar un sentido para su propia existencia. El Estado tenía la obligación de haber evitado tanto el homicidio de los cinco adolescentes, como las circunstancias – de exclusión o marginación social – que condujeron al mismo. Al respecto, se ponderó, en un Voto Concurrente Conjunto en la Sentencia del 19.11.1999, que

> "El deber del Estado de tomar medidas positivas *se acentúa* precisamente en relación con la protección de la vida de personas vulnerables e indefensas, en situación de riesgo, como son los niños en la calle. La privación arbitraria de la vida no se limita, pues, al ilícito del homicidio; se extiende igualmente a la privación del derecho de vivir con dignidad. (...)
>
> Una persona que en su infancia vive, como en tantos países de América Latina, en la humillación de la miseria, sin la menor condición siquiera de crear su proyecto de vida, experimenta un estado de padecimiento equivalente a una muerte espiritual; la muerte física que a ésta sigue, en tales circunstancias, es la culminación de la destrucción total del ser humano"[1].

Posteriormente, en el caso de las *Hermanas Serrano Cruz versus El Salvador* (Sentencia de la CtIADH del 01.03.2005), volvió a evidenciarse que el derecho fundamental a la vida asume una más alta dimensión al tomarse en consideración el derecho a la identidad cultural; este último no puede ser disociado de la propia personalidad jurídica del individuo como sujeto del derecho internacional. El derecho a la identidad otra vez se desprendió claramente de las circunstancias del caso de la *Comunidad Indígena Yakye Axa versus Paraguay* (Sentencia del 17.06.2005), revelando aspectos tan variados como el patrimonio cultural, histórico, religioso, ideológico, político, profesional, social y familiar de una persona.

Así, en este caso de la *Comunidad Indígena Yakye Axa*, al lesionarse la identidad cultural de la referida Comunidad también se lesionó la identidad personal de cada uno de los miembros que la integran[2].

---

1 CtIADH, caso de los "*Niños de la Calle*" (*Villagrán Morales y Otros versus Guatemala*, Sentencia del 19.11.1999), Voto Concurrente Conjunto de los Jueces A.A. Cançado Trindade y A. Abreu Burelli, párrs. 4 y 9.

2 En este caso, quedó patente que la identidad cultural, con sus raíces históricas, encontrábase vinculada a la tierra ancestral, y el desplazamiento forzado de esta última, de los

El caso de la *Comunidad Indígena Yakye Axa*, sumado al caso de la *Comunidad Indígena Sawhoyamaxa versus Paraguay* (Sentencia del 29.03.2006), han efectivamente demostrado que la identidad cultural es un componente o agregado del propio derecho a la vida *lato sensu*, y que, si se afecta la identidad cultural, se afecta inevitablemente el propio derecho a la vida de los miembros de la referida comunidad indígena.

A partir del *leading case* de los *"Niños de la Calle"* (caso *Villagrán Morales y Otros versus Guatemala*, 1999 – *supra*), la CtIADH viene reiterando, en su *jurisprudence constante* (v.g., casos *Bulacio versus Argentina*, 2003; *Myrna Mack Chang versus Guatemala*, 2003; *Instituto de Reeducación del Menor versus Paraguay*, 2004; *Huilca Tecse versus Perú*, 2005), que el derecho a la vida (cuyo pleno goce es un prerrequisito para el disfrute de los demás derechos) tiene un carácter fundamental y requiere de los Estados medidas positivas para asegurar las condiciones de una vida digna. En el caso de los *Hermanos Gómez Paquiyauri versus Perú* (2004), la CtIADH advirtió que el deber de los Estados de respetar el derecho a la vida "presenta modalidades especiales en el caso de los menores de edad", dadas su vulnerabilidad y la protección especial que estos requieren para "prevenir situaciones que pudieran conducir, por acción u omisión", a la violación de aquel derecho básico (párr. 124).

Y, en los casos de *Juan Humberto Sánchez versus Honduras* (2003, párr. 110) y de los *19 Comerciantes versus Colombia* (2004, párr. 153), la Corte advirtió expresamente que

> "El derecho a la vida juega un papel fundamental en la Convención Americana por ser el corolario esencial para la realización de los demás derechos. Al no ser respetado el derecho a la vida, todos los derechos carecen de sentido. Los Estados tienen la obligación de garantizar la creación de las condiciones que se requieran para que no se produzcan violaciones de ese derecho inalienable (...)".

E insistió la CtIADH en el deber estatal de tomar *medidas positivas* para proteger y preservar el derecho a la vida.

---

miembros de la mencionada Comunidad, afectaba sériamente su *identidad cultural*, y, en última instancia, el propio derecho a la vida de sus miembros.

Siete años después de la primera Sentencia de la CtIADH en el histórico y paradigmático caso de los "*Niños de la Calle*" (*Villagrán Morales y Otros versus Guatemala*, fondo, 1999, y reparaciones, 2001), – que equiparó el derecho a la vida como el derecho a vivir con dignidad, situándolo en su más amplia dimensión económica, social y cultural, en una clara demostración de la indivisibilidad de los derechos humanos, – la temática de la violencia contra jóvenes marginados volvió a ocupar posición central en la Sentencia de la Corte, del 21.09.2006, en el caso *Servellón García y Otros versus Honduras*. En mi Voto Razonado en esta última Sentencia, advertí que

> "El cuadro que se desprende de los hechos del presente caso es, a mi modo de ver, el de una clara descomposición del tejido social, de un medio social indiferente a la suerte de sus miembros marginados, y partidario de políticas represivas, – como hoy día se constata en la virtual totalidad de América Latina y en casi todo el mundo, sobre todo en relación con los jóvenes (que viven en un presente fugaz, sin futuro) y los migrantes indocumentados" (párr. 17).

En el caso *Servellón y Otros*, como en el anterior caso de los "*Niños de la Calle*", el propio derecho fundamental a la vida, violado en ambos los casos, reveló una vez más su ineludible dimensión económica, social y cultural. Y demostró la artificialidad de la dicotomía anacrónica y superada entre derechos civiles y políticos, y derechos económicos, sociales y culturales (cf. *infra*).

En efecto, en casos de violación del derecho a la vida (y otros derechos fundamentales), la determinación de los hechos se reviste de fundamental importancia para los victimados y sus familiares. En los últimos años, la CtIADH ha advertido para la importancia del derecho a la verdad, en sus dimensiones tanto individual[3] (como medio de

[3] La dimensión individual ha sido señalada por la Corte desde sus Sentencias en los casos *Castillo Páez versus Perú* (del 03.11.1997, párr. 90), *Bámaca Velásquez versus Guatemala* (del 25.11.2000, fondo, párr. 201), *Barrios Altos* referente al Perú (del 14.03.2001, párrs. 47-48), *Paniagua Morales y Otros versus Guatemala* (del 25.05.2001, reparaciones, párr. 200), *Villagrán Morales y Otros ("Niños de la Calle") versus Guatemala* (del 26.05.2001, reparaciones, párr. 100), *Cantoral Benavides versus Perú* (del 03.12.2001, reparaciones, párr. 69), *Bulacio versus Argentina* (del 18.09.2003, párr. 114), *Molina Theissen versus Guatemala* (del 03.07.2004, repara-

reparación para la víctima y sus familiares) como social (que atañe a todo el tejido social). A partir de la Sentencia sobre reparaciones (del 22.02.2002) en el memorable caso *Bámaca Velásquez versus Guatemala*, – célebre caso de tanta densidad cultural, – la Corte pasó a señalar también la dimensión social (a la par de la individual) del derecho a la verdad, al ponderar que

> "La sociedad tiene el derecho a conocer la verdad en cuanto a tales crímenes con el propósito de que tenga la capacidad de prevenirlos en el futuro" (párr. 77).

Desde entonces la CtIADH ha reiterado dicha dimensión social en sucesivas Sentencias[4]. El derecho a la verdad se vincula al deber ineludible del Estado de realizar una investigación seria y efectiva de los hechos que generaron las violaciones de los derechos humanos e identificar, juzgar y sancionar a los responsables, para evitar la indefensión de las víctimas y de sus familiares, y garantizar la no-repetición crónica de las violaciones de sus derechos.

En cuanto a las reparaciones, quisiera aqui rescatar algunas de las reflexiones que me permití desarrollar en mi Voto Razonado en el caso de los "*Niños de la Calle*" (*Villagrán Morales y Otros versus Guatemala*, reparaciones, 2001). Al destacar la relevancia de la *satisfacción*, como forma de reparación no-pecuniaria a los familiares inmediatos de las víctimas asesinadas (párr. 27), agregué:

> "Cuál es el precio de una vida humana? Cuál es el precio de la integridad de la persona humana? Cuál es el precio de la libertad de conciencia, o de la protección de la honra y de la dignidad? Cuál es el precio

ciones, párrs. 80-81), y *Hermanos Gómez Paquiyauri versus Perú* (del 08.07.2004, párrs. 229-230).

4 En los casos *Trujillo Oroza versus Bolivia* (del 27.02.2002, reparaciones, párr. 114), *Myrna Mack Chang versus Guatemala* (del 25.11.2003, párr. 274), *19 Comerciantes versus Colombia* (del 05.07.2004, párr. 259), *Masacre de Plan de Sánchez* relativo a Guatemala (del 19.11.2004, reparaciones, párr. 98), *Carpio Nicolle y Otros versus Guatemala* (del 22.11.2004, párr. 128), *Hermanas Serrano Cruz versus El Salvador* (del 01.03.2005, párrs. 62 y 169), *Huilca Tecse versus Perú* (del 03.03.2005, párr. 107), *Comunidad Moiwana versus Suriname* (del 15.06.2005, párr. 204), *Gutiérrez Soler versus Colombia* (del 12.09.2005, párr. 96), *Masacre de Mapiripán* referente a Colombia (del 15.09.2005, párr. 298), y *Blanco Romero y Otros versus Venezuela* (del 28.11.2005, párr. 93).

del dolor o sufrimiento humano? Si se pagan las indemnizaciones, el `problema' estaría `resuelto'? Lo cierto es que todos los derechos protegidos bajo la Convención Americana sobre Derechos Humanos tienen un valor autónomo y un contenido jurídico propio, y además, encuéntranse todos relacionados *inter se*, indivisibles que son. (...)

(...) La vida y la integridad de cada ser humano efectivamente no tienen precio. Tampoco tienen precio la libertad de conciencia, la protección de la honra y de la dignidad de la persona humana. Y tampoco tiene el precio el dolor o sufrimiento humano. El mal perpetrado en las personas de las víctimas (directas e indirectas) no es removido por las reparaciones: *las víctimas siguen siendo víctimas, antes y después de las reparaciones*, – por lo que se impone mayor importancia a ser atribuída a las medidas en pro de su *rehabilitación*.

En cuanto, particularmente, a los familiares inmediatos de víctimas directas de violaciones de derechos humanos, temo que sólo a través del intenso sufrimiento *asumido* (que me parece tener un efecto sobre todo *autodidáctico*) podrán, como víctimas indirectas, frente a la pérdida de un ser querido, agravada por la extrema violencia, reconstruir su *vida interior*, – la cual es el único lugar seguro donde cada uno puede refugiarse de las injusticias y los insultos de ese mundo. Pero el mal cometido no desaparece por el otorgamiento de reparaciones, y sigue afectando a los familiares inmediatos de la persona torturada y asesinada en sus relaciones entre sí, y con otras personas, y con el mundo exterior. Las víctimas directas han sufrido un daño irreparable, al haber sido privadas de su vida arbitrariamente (en los términos del artículo 4(1) de la Convención Americana sobre Derechos Humanos).

Pero también las víctimas indirectas (padres, hijos, cónyuges, y, en determinadas circunstancias, hermanos) han sufrido una pérdida irreparable, pues sus vidas nunca más serán las mismas. (...) La realización de la justicia contribuye al menos a estructurar su psiquismo, redespertar su fe y esperanza, y ordenar las relaciones humanas con sus próximos. Todo verdadero jurista tiene, así, el deber ineluctable de dar su contribución a la realización de la justicia, desde la perspectiva de la integralidad de la personalidad de las víctimas.

Mi conclusión es en el sentido de que, en circunstancias como las del presente caso de los *Niños de la Calle*, no hay, *stricto sensu*, reparación verdadera o plena posible, en el sentido literal del término (del latín *reparatio*, derivado de *reparare*, `preparar o disponer de nuevo'), lo que revela los límites del Derecho (a ejemplo de los límites de otras ramas del conocimiento humano). (...)

La imposibilidad de una plena reparación – la *restitutio in integrum* – se verifica, en mi entendimiento, no sólo en cuanto a las víctimas directas y al derecho fundamental a la vida, como comúnmente se supone, sino también en cuanto a las víctimas indirectas (sobrevivientes) y a otros derechos (como el de no ser sometido a tortura, ni a tratos crueles, inhumanos o degradantes). Jurídicamente, sobre todo en circunstancias como las del presente caso de los *Niños de la Calle*, las reparaciones – de las *consecuencias* de la medida o situación lesiva de los derechos humanos protegidos (en los términos del artículo 63(1) de la Convención Americana), – en lugar de verdaderamente *reparar*, más bien *alivían* el sufrimiento humano de los familiares sobrevivientes, buscando rehabilitarlos para la vida, – y *por eso* tórnanse absolutamente necesarias.

Es éste, en mi entender, el verdadero sentido, con las inevitables limitaciones de su real alcance, de que se reviste el concepto jurídico de *reparaciones*, en el marco del Derecho Internacional de los Derechos Humanos. El mal cometido, como ya señalé, no desaparece: es tan sólo combatido, y mitigado. Las reparaciones otorgadas tornan la vida de los familiares sobrevivientes quizás soportable, por el hecho de que, en el caso concreto, el silencio y la indiferencia y el olvido no han logrado sobreponerse a las atrocidades, y de que el mal perpetrado no ha prevalecido sobre la perenne búsqueda de la justicia (propia del espíritu). En otras palabras, las reparaciones otorgadas significan que, en el caso concreto, la *conciencia humana* ha prevalecido sobre el impulso de destrucción. En *este sentido*, las reparaciones, aunque no plenas, se revisten de innegable importancia en la labor de la salvaguardia de los derechos inherentes al ser humano" (párrs. 36-43).

Capítulo X

DERECHO A LA VIDA Y DERECHO A LA IDENTIDAD CULTURAL

Recientemente, en el caso de las *Hermanas Serrano Cruz versus El Salvador* (Sentencia de la CtIADH del 01.03.2005), volvió a evidenciarse que el derecho fundamental a la vida asume una amplia dimensión al tomarse en consideración el derecho a la identidad cultural; este último no puede ser disociado de la propia personalidad jurídica del individuo como sujeto del Derecho Internacional. Otros ejemplos pueden ser citados, afectando a miembros de colectividades humanas enteras, como, v.g., los casos de las *Comunidades Indígenas Yakye Axa* (2005-2006) y *Sawhoyamaxa* (2006), atinentes al Paraguay. Privados de sus tierras tradicionales y desplazados forzadamente a sobrevivir en la vera de un carretera, los miembros de dichas Comunidades (algunos murieron en una situación de pobreza extrema) sobreviven en medio a la más dramática marginación o exclusión social.

En mi Voto Razonado en el caso de la *Comunidad Indígena Sawhoyamaxa*, destaqué la amplia dimensión del derecho a la vida, a abarcar en el *cas d'espèce* la propia identidad cultural (párrs. 2-7 y 28-34). El desplazamiento forzado interno se muestra claramente como un grave problema de derechos humanos (párrs. 14-19). Me permití agregar que

> "Transcurridos siete años desde la Sentencia de fondo de esta Corte en el caso paradigmático de los '*Niños de la Calle*' (*Villagrán Morales y Otros versus Guatemala*, Sentencia del 19.11.1999)[1], los abandonados y olvidados del mundo vuelven a alcanzar un tribunal internacional de derechos humanos en búsqueda de justicia, en los casos de los miembros de las *Comunidades Yakye Axa* (Sentencia del 17.06.2005) y *Sawhoyamaxa* (la presente Sentencia. En

[1] Y cf. también la Sentencia sobre reparaciones del mismo caso, del 26.05.2001.

el *cas d'espèce*, los forzadamente desplazados de sus hogares y tierras ancestrales, y socialmente marginados y excluídos, ha efectivamente alcanzado una jurisdicción internacional, ante la cual han en fin encontrado justicia" (párr. 37).

Ponderé, además, en el mismo Voto Razonado, que

> "No podría dejar de rendir, en este Voto Razonado un reconocimiento al sufrimiento de las víctimas silenciosas del presente caso de la *Comunidad Sawhoyamaxa*, – así como del anterior caso congénere de la *Comunidad Yakye Axa*, – y evocar, en particular, la memoria de los inocentes que perdieron su vida en la vera de una carretera, y al dolor de sus familiares que sobreviven, en la vera de la misma carretera, en la miseria impuesta a ellos por la codicia y avaricia humanas. Como advertí en mi Voto Razonado en la Sentencia sobre reparaciones en el caso de los '*Niños de la Calle*' (*Villagrán Morales y Otros versus Guatemala*, Sentencia del 26.05.2001), la tríada formada por la *victimización*, el *sufrimiento humano* y la *rehabilitación de las víctimas*, no ha sido suficientemente tratada por la jurisprudencia y la doctrina jurídica internacionales contemporáneas, y urge que lo sea, necesariamente a partir de la integralidad de la personalidad de las víctimas (párrs. 2-3 y 23 del Voto), tomando en cuenta inclusive su identidad cultural.

En el mismo Voto Razonado en el caso de los "*Niños de la Calle*" (reparaciones), me permití advertir asimismo que

> "(...) Aunque los responsables por el orden establecido no se den cuenta, el sufrimiento de los excluídos se proyecta ineluctablemente sobre todo el cuerpo social. La suprema injusticia del estado de pobreza infligido a los desafortunados contamina a todo el medio social (...). El sufrimiento humano tiene una dimensión tanto personal como social. Así, el daño causado a cada ser humano, por más humilde que sea, afecta a la propia comunidad como un todo. Como el presente caso lo revela, las víctimas se multiplican en las personas de los familiares inmediatos sobrevivientes, quienes, además, son forzados a convivir con el suplicio del silencio, de la indiferencia y del olvido de los demás" (párr. 22).
>
> Gracias a la existencia de la jurisdicción internacional de los derechos humanos, el silencio de los inocentes, en el presente caso, ha, sin embargo, ecoado en el plano internacional. El presente caso

de la *Comunidad Sawhoyamaxa* demuestra que su personalidad y capacidad jurídicas internacionales se afirmaron y ejercieron de modo incuestionable. Ésto es particularmente significativo por las circunstancias del caso, tratándose de miembros de una comunidad indígena" (párrs. 57-59).

El derecho a la identidad otra vez se desprendió claramente de las circunstancias del caso de la *Comunidad Indígena Yakye Axa versus Paraguay* (Sentencia del 17.06.2005), revelando aspectos tan variados como el patrimonio cultural, histórico, religioso, ideológico, político, profesional, social y familiar de una persona. Así, en el caso de la *Comunidad Indígena Yakye Axa*, al lesionarse la identidad cultural de la referida Comunidad también se lesionó la identidad personal de cada uno de los miembros que la integran.

Capítulo XI

LA PROTECCIÓN INTERNACIONAL DE LOS MIGRANTES

La protección de los migrantes también ha marcado presencia en la jurisprudencia de la Corte en materia consultiva. La gran adversidad sufrida por los migrantes fue debidamente señalada, y enfatizada, en el curso de todos los procedimientos consultivos ante la CtIADH conducente a la adopción de sus históricas Opiniones Consultivas n. 16, del 01.10.1999, sobre el *Derecho a la Información sobre la Asistencia Consular en el Ámbito de las Garantías del Debido Proceso Legal*, y n. 18, del 17.09.2003, sobre la *Condición Jurídica y los Derechos de los Migrantes Indocumentados*, respectivamente, – que considero las dos más importantes Opiniones Consultivas de toda la historia de la CtIADH. Ambas son verdaderamente pioneras en la jurisprudencia internacional contemporánea, y representan la reacción del Derecho a situaciones de violaciones de derechos humanos en amplia escala, de personas que se encuentran muchas veces en total indefensión. Es apropiado, pues, recordar muy brevemente, la contribución de estas dos Opiniones Consultivas para la salvaguardia de los derechos humanos de migrantes indocumentados.

Las dos Opiniones Consultivas de la CtIADH, que contaron, en los respectivos procedimientos consultivos, con considerable participación pública (Estados intervenientes, organizaciones no-gubernamentales, entidades académicas e individuos), han tenido, no sorprendentemente, la más amplia difusión. Ambas resultaron de consultas formuladas por México, generaron notable mobilización en las memorables audiencias públicas ante la Corte, y han tenido gran impacto en numerosos países, inclusive por el número considerable de personas por ambas amparadas.

En la Opinión Consultiva n. 16, la CtIADH vinculó el derecho a la información sobre la asistencia consular (consagrado en el artículo 36 de la Convención de Viena sobre Relaciones Consulares de 1963) a las garantías del debido proceso legal bajo el artículo 8 de la Convención Americana sobre Derechos Humanos. La CtIADH agregó que aquel derecho subjetivo se ha cristalizado a lo largo de los años, siendo titular de él todo ser humano privado de su libertad en otro país. En virtud de aquel derecho, toda persona debe ser *inmediatamente* informada por el Estado receptor de que puede contar con la asistencia del cónsul del país de origen, antes de prestar cualquier declaración (autoincriminándose) ante la autoridad policial local[1].

En otras palabras, encuéntranse hoy indisolublemente ligados el derecho a la información sobre asistencia consular y las garantías del debido proceso legal[2]. Mediante esta Opinión Consultiva, la Corte dió una considerable contribución a la propia evolución del Derecho en este particular, para se poner fin a los abusos policiales y a las discriminaciones (inclusive *de jure*) contra extrangeros pobres e iletrados, victimados por la marginación o exclusión sociales. A la referida Opinión Consultiva me permití agregar un largo Voto Concurrente, de respaldo a las consideraciones de la CtIADH. La importancia histórica de la Opinión Consultiva n. 16 ha sido ampliamente reconocida, sobre todo en relación con los que no tienen cómo defenderse, los más débiles y vulnerables, y que, precisamente por ésto, más necesitan de la protección del Derecho. Su influencia ha sido considerable, habiéndose incorporado a ediciones actualizadas de los *Guías de Práctica Consular* de las Cancillerías de diversos países del continente americano, y a nuevas prácticas de protección (más que asistencia) consular por éstos inauguradas[3].

El 17 de septiembre de 2003 la CtIADH emitió su Opinión Consultiva n. 18, sobre la *Condición Jurídica y los Derechos de los Migrantes In-*

---

1 En lo que concierne a los detenidos extrangeros condemnados a la muerte, advirtió la Corte que, en caso de imposición y ejecución de la pena de muerte, sin la observancia previa del derecho a la información sobre la asistencia consular, esta inobservancia afecta las garantías del debido proceso legal, y *a fortiori* viola el propio derecho a no ser privado de la vida *arbitrariamente* (en los términos del artículo 4 de la Convención Americana y del artículo 6 del Pacto de Derechos Civiles y Políticos de Naciones Unidas).

2 Y, en casos de pena de muerte, el propio derecho a la vida.

3 Cf. A.A. Cançado Trindade, "The Humanization of Consular Law: The Impact of Advisory Opinion n. 16 (1999) of the Inter-American Court of Human Rights on International Case-Law and Practice", 4 *Chinese Journal of International Law* (2007) pp. 1-16.

documentados, en la cual sostuvo que los Estados deben respetar y asegurar el respeto de los derechos humanos a la luz del principio general y básico de la igualdad y no-discriminación, y que cualquier tratamiento discriminatorio en relación con la protección y el ejercicio de los derechos humanos genera la responsabilidad internacional de los Estados. En el entendimiento de la CtIADH, el principio fundamental de igualdad y no-discriminación ha ingresado en el dominio del *jus cogens*.

La Corte agregó que los Estados no pueden discriminar o tolerar situaciones discriminatorias en detrimento de los migrantes, y deben asegurar el debido proceso legal a cualquier persona, independientemente de su estatuto migratorio. Este último no puede ser una justificativa para privar a una persona del goce y ejercicio de sus derechos humanos, inclusive sus derechos laborales. Los trabajadores migrantes indocumentados tienen los mismos derechos laborales que otros trabajadores del Estado de empleo, y este último debe asegurar el respeto por estos derechos en la práctica.

Los Estados no pueden subordinar o condicionar la observancia del principio de igualdad ante la ley y no-discriminación a los objetivos de sus políticas migratorias o otras. En mi extenso Voto Concurrente en esta Opinión Consultiva n. 18, como Presidente de la Corte, abordé los nueve puntos siguientes: a) la *civitas maxima gentium* y la universalidad del género humano; b) las disparidades del mundo contemporáneo y la vulnerabilidad de los migrantes; c) la reacción de la conciencia jurídica universal; d) la construcción del derecho individual subjetivo del asilo; e) la posición y el papel de los principios generales del Derecho; f) los principios fundamentales como *substratum* del propio ordenamiento jurídico; g) el principio de la igualdad y no-discriminación en el Derecho Internacional de los Derechos Humanos; h) la emergencia, el contenido material y el ámbito del *jus cogens*; y i) la emergencia y el alcance de las obligaciones *erga omnes* de protección (sus dimensiones horizontal y vertical). La Opinión Consultiva n. 18, sobre la *Condición Jurídica y los Derechos de los Migrantes Indocumentados*, ya ha tenido, por todas sus implicaciones, un impacto considerable en el continente americano, y su influencia ya se extiende a otras latitudes[4], dada la importancia de la materia en aprecio.

---

[4] Cf. A. A. Cançado Trindade, "Le déracinement et la protection des migrants dans le droit international des droits de l'homme", 19 *Revue trimestrielle des droits de l'homme* – Bruxelles (2008) n. 74, pp. 289-328.

Capítulo XII

ESTADO DE DERECHO: EL DERECHO AL JUEZ NATURAL Y EL REPUDIO A LOS TRIBUNALES DE EXCEPCIÓN

La Corte Interamericana de Derechos Humanos (CtIADH) dio inicio a su construcción jurisprudencial sobre el derecho al juez natural y su rechazo de los tribunales de excepción como incompatibles con la CADH en su Sentencia del 17.09.1997 en el caso *Loayza Tamayo versus Perú*. La CtIADH determinó que los tribunales castrenses actuaron *ultra vires*, usurparon jurisdicción, e invadieron facultades de los organismos judiciales ordinarios, que eran los únicos habilitados para ordenar detención y decretar prisión preventiva; la CtIADH entendió que la víctima (Sra. M.E. Loayza Tamayo) fue enjuiciada y condenada por un procedimiento excepcional, que restringió sensiblemente los derechos fundamentales que integran el debido proceso legal (párrs. 61-62).

En la misma Sentencia en cuanto al fondo en el caso *Loayza Tamayo* (del 17.09.1997), un Voto Concurrente Conjunto sostuvo, en forma contundente, que

> "tribunales militares especiales, compuestos por militares nombrados por el Poder Ejecutivo y subordinados a los cánones de la disciplina militar, asumiendo una función que compete específicamente al Poder Judicial, dotados de jurisdicción para juzgar no sólo a militares sino también a civiles, que emiten sentencias – como en el presente caso – desprovistas de motivación, no alcanzan los estándares de las garantías de independencia e imparcialidad requeridos por el artículo 8(1) de la Convención Americana, como elemento esencial del debido proceso legal"[1].

---

1 CtIADH, caso *Loayza Tamayo versus Perú* (fondo), Sentencia del 17.09.1997, Voto Concurrente Conjunto de los Jueces A.A. Cançado Trindade y O. Jackman, párr. 2.

Además, en la referida Sentencia del 17.09.1997, la CtIADH declaró, por primera vez, que determinadas disposiciones de derecho interno (los decretos-leyes peruanos que tipificaban los delitos de "terrorismo" y de "traición a la patria" eran incompatibles con el artículo 8(4) de la CADH, pues violaban el principio del *non bis in idem* consagrado en esta disposición. Significativamente, algunos días después de esta Sentencia de la Corte, el Estado demandado cumplió debidamente con la determinación de la Corte de libertar la prisionera (Sra. María Elena Loayza Tamayo), y además, anunció su decisión de poner fín a los llamados tribunales de "jueces sin rostro" en el Perú[2].

El referido caso se transformó, así, en una *cause célèbre* en la historia de la protección internacional de los derechos humanos en el continente americano, en lo referente al derecho al juez natural y al repudio a los tribunales de excepción. Quedó determinado, desde entonces, que se imponía la intangibilidad de las garantías judiciales, y que la justicia militar no podía juzgar civiles en circunstancia alguna; además, la práctica de "jueces sin rostro", violatoria de la CADH, fue extinguida y abandonada.

Posteriormente, en la misma línea de razonamiento, en el caso *Castillo Petruzzi y Otros versus Perú* (Sentencia del 30.05.1999), la CtIADH sostuvo el principio básico acerca de la independencia de la judicatura según el cual toda persona tiene derecho a ser juzgada por "tribunales de justicia ordinarios con arreglo a procedimientos legalmente establecidos" (párr. 129). Siendo así, "la jurisdicción militar no es la naturalmente aplicable a civiles que carecen de funciones militares", y

> "Cuando la justicia militar asume competencia sobre un asunto que debe conocer la justicia ordinaria, se ve afectado el derecho al juez natural y, *a fortiori*, el debido proceso, el cual, a su vez, encuéntrase íntimamente ligado al propio derecho de acceso a la justicia" (párr. 128).

La Corte concluyó, en el *cas d'espèce*, que los procesos seguidos ante el fuero militar por delitos de "traición a la patria" violaron las

2 A.A. Cançado Trindade, "The Inter-American System of Protection of Human Rights (1948-2009): Evolution, Present State and Perspectives", *in Dossier documentaire / Documentary File – XL Session d'enseignement* (2009), vol. II, Strasbourg, IIDH, 2009, p. 99.

garantías del juez natural, de independencia e imparcialidad, establecidas por el artículo 8(1) de la CADH, como elementos esenciales del debido proceso legal (párrs. 132 y 161).

La CtIADH reiteró su posición en sucesivas Sentencias, en el período 2000-2006[3]. En resúmen, tal como senãló en el caso *Cantoral Benavides* (Sentencia del 18.08.2000), la aplicación de la justicia penal militar a civiles "infringe las disposiciones relativas al juez competente, independiente e imparcial", del artículo 8(1) de la CADH (párr. 138, y cf. párr. 139).

En su Sentencia del 16.08.2000 en el caso *Durand y Ugarte*, la CtIADH sostuvo un otro principio básico en la materia, según el cual

> "En un Estado democrático de Derecho la jurisdicción penal militar ha de tener un alcance restrictivo y excepcional y estar encaminada a la protección de intereses jurídicos especiales, vinculados con las funciones que la ley asigna a las fuerzas militares. Así, debe estar excluído del ámbito de la jurisdicción militar el juzgamiento de civiles y sólo debe juzgar a militares por la comisión de delitos o faltas que por su propia naturaleza atenten contra bienes jurídicos propios del orden militar" (párr. 117).

La Corte reiteró su posición al respecto, en sus Sentencias subsiguientes, en los casos de la *Masacre de Mapiripán versus Colombia* (del 15.09.2005, párr. 202), y de la *Masacre de Pueblo Bello versus Colombia* (del 31.01.2006, párr. 189). En mi Voto Razonado en el caso de la *Masacre de Mapiripán*, me permití advertir, contra las medidas de excepción, que

> "No se combate el terror con el terror, sino en el marco del Derecho. Los que acuden al uso de la fuerza bruta se brutalizan ellos mismos, creando una espiral de violencia generalizada que termina por victimar los inocentes (...).

[3] Cf., en este sentido, sus Sentencias en los casos *Durand y Ugarte versus Perú* (del 16.08.2000, párr. 125), *Cantoral Benavides versus Perú* (del 18.08.2000, párrs. 112 y 114), *Las Palmeras versus Colombia* (del 06.12.2001, párr. 52), *19 Comerciantes versus Colombia* (del 05.07.2004, párrs. 165-167 y 173), *Lori Berenson versus Perú* (del 25.11.2004, párrs. 142 y 146, y 203-204), *Palamara Iribarne versus Chile* (del 22.11.2005, párrs. 124 y 143), *Almonacid Arellano y Otros versus Chile* (del 26.09.2006, párr. 131), *La Cantuta versus Perú* (del 29.11.2006, párr. 142).

> La fuerza bruta genera la fuerza bruta, y, al final, qué tenemos? La nada, la devastación general, la descomposición del tejido social, las venganzas, las torturas y ejecuciones sumarias y otras violaciones graves del Derecho Internacional Humanitario y del Derecho Internacional de los Derechos Humanos, la transformación de los seres humanos en meros instrumentos de la confrontación y destrucción, – abriendo heridas que requerirán generaciones para cicatrizar. (...)
>
> El hecho de que casos de masacres empiezan en la actualidad a ser sometidos al conocimiento no sólo de tribunales penales internacionales, sino también de tribunales internacionales de derechos humanos, para la determinación de las responsabilidades respectivas, sugiere, por otro lado, un despertar de la conciencia humana, de la conciencia jurídica universal, para la necesidad de la búsqueda de soluciones dentro del marco del Derecho. (...)" (párrs. 46-47 y 52).

Y agregué, en mi Voto Razonado en la Sentencia en el caso *Goiburú y Otros versus Paraguay* (del 22.09.2006), que, en nuestros tiempos, "aún frente a los más crueles crímenes de Estado, el Derecho reacciona, (...) la conciencia jurídica universal ha despertado para reconocer judicialmente el sufrimiento humano y buscar su reparación mediante la garantía del primado de la Justicia en las relaciones humanas" (párr. 68). En fin, en mi Voto Razonado en la Sentencia en el caso de la *Masacre de Pueblo Bello versus Colombia* (del 31.01.2006), expresé mi entendimiento en el sentido de que el derecho de acceso a la justicia no admite medidas de excepción que conlleven a abusos y arbitrariedades, por cuanto dicho derecho, *lato sensu*, abarca el referido acceso a la justicia mediante un recurso efectivo y rápido ante un tribunal competente, independiente e imparcial, con todas las garantías del debido proceso, hasta el cumplimiento fiel y final de la sentencia (párr. 63).

Podemos aquí visualizar, – me permití acrecentar, – "un verdadero *derecho al Derecho*, o sea, el derecho a un ordenamiento jurídico – a niveles tanto nacional como internacional – que efectivamente salvaguarde los derechos fundamentales de la persona humana" (párr. 62, y cf. párr. 28). Sosteniendo "la contínua expansión del contenido material del *jus cogens*" (párr. 65), subrayé que

> "No puede haber duda de que las garantías fundamentales, comunes al Derecho Internacional de los Derechos Humanos y al De-

recho Internacional Humanitario, tienen una vocación universal al aplicarse en todas y cualesquiera circunstancias, conforman un derecho imperativo (perteneciendo al *jus cogens*), y acarrean obligaciones *erga omnes* de protección" (párr. 64).

La CtIADH, a su vez, en el caso *Palamara Iribarne versus Chile* (Sentencia del 22.11.2005), cuidó de precisar además que un Estado democrático debe excluir del ámbito de la jurisdicción militar el juzgamiento de civiles, y debe reservarse estrictamente a "militares en servicio activo" (párr. 139). Asimismo, el derecho de acceso a la justicia debe asegurar a estas personas, que recaen bajo la jurisdicción militar, el derecho a "obtener un control jurisdiccional que permita determinar si los actos de las autoridades militares han sido adoptados al amparo de los derechos y garantías mínimas previstos en la Convención Americana, así como los establecidos en su propia legislación" (párr. 188).

Parte III

CUESTIONES DE DERECHO PROCESAL

Durante mis dos períodos como Presidente de la Corte Interamericana de Derechos Humanos (1999-2002 y 2002-2004), asumió posición central la cuestión de la posición del individuo ante la CtIADH, como sujeto del Derecho Internacional de los Derechos Humanos. Tuve la ocasión de plantear, en nombre de la Corte, reiteradas veces, ante alta instancias de la Organización de los Estados Americanos (OEA), – como su Asamblea General y su Consejo Permanente (y la Comisión de Asuntos Jurídicos y Políticos), – la tesis que sostuve y sostengo (y al estudio de la cual he dedicado muchos años de mi vida), según la cual la persona humana, como verdadero sujeto del Derecho Internacional, debe tener acceso directo a los tribunales internacionales contemporáneos de derechos humanos, como la CtIADH. En la presente parte III, dedicada a cuestiones de derecho procesal, esta cuestión es objeto de mis reminiscencias, también como una cuestión de doctrina y jurisprudencia. En seguida, paso a examinar otra cuestión de gran atualidad, que me permito denominar de las dimensiones horizontal y vertical de las obligaciones *erga omnes* de protección. En fin, abordo la importancia del procedimiento oral y la necesidad de realización de audiencias públicas.

Capítulo XIII

EL ACCESO DIRECTO DE LA PERSONA HUMANA A LA JUSTICIA INTERNACIONAL

Quisiera, de inicio, evocar, en este tomo de mis memorias de la CtIADH, algunas reminiscencias sobre una cuestión de importancia capital, que he cultivado en mis escritos a lo largo de las tres últimas décadas, y a la cual he dedicado la mayor parte de mi tiempo como Juez y Presidente de la CtIADH: la del *acceso directo de la persona humana a la justicia internacional*[1]. Considero las disposiciones relevantes al respecto, del cuarto Reglamento de la CtIADH (del 24.11.2000, que entró en vigor el 01.06.2001) el más relevante avance de la operación del mecanismo de protección de la Convención Americana sobre Derechos Humanos de 1969 desde su entrada en vigor en 1978.

Dicho Reglamento resultó de providencias, y de un mandato de la Asamblea General de la OEA confiado a la CtIADH, que examino en detalles en otros estudios, no siendo mi propósito en esta ocasión aquí reiterarlos, sino

1 En efecto, he sostenido, expresa y consistentemente, mi firme defensa del derecho de acceso directo del individuo a la jurisdicción internacional, no sólo en mis libros y escritos, sino también en numerosos de mis Votos en el seno de la Corte (v.g., en la década de 1996 a 2007, casos *Castillo Páez* y *Loayza Tamayo versus Perú* [Excepciones Preliminares], *Castillo Petruzzi y Otros versus Perú* [Excepciones Preliminares], *Blake versus Guatemala*, *Bámaca Velásquez versus Guatemala*, *"Niños de la Calle" (Villagrán Morales y Otros) versus Guatemala*, *Cinco Pensionistas versus Perú*, *Hermanos Gómez Paquiyauri versus Perú*, *Instituto de Rehabilitación del Menor versus Paraguay*, *Yátama versus Nicarágua*, *Ximenes Lopes versus Brasil*, *Masacre de Pueblo Bello versus Colombia*, *López Álvarez versus Honduras*, *Comunidad Indígena Sawhoyamaxa versus Paraguay*, *Baldeón García versus Perú*, *Masacres de Ituango versus Colombia*, *Goiburú y Otros versus Paraguay*, *Trabajadores Cesados del Congreso versus Perú* [Fondo y Reparaciones, e Interpretación de Sentencia], *Mery Naranjo y Otros versus Colombia*, *García Prieto y Otros versus El Salvador*, *Penitenciaria de Araraquara versus Brasil*, y Opinión Consultiva n. 17 sobre la *Condición Jurídica y Derechos del Niño*).

a ellos tan sólo referirme[2]. La verdad es que la iniciativa básica de las históricas reformas reglamentarias de la Corte[3] *provino de la propia Corte*, la cual, entre otras providencias, acordó realizar un gran Seminario en el mes de noviembre de 1999, además de cuatro Reuniones de Expertos de alto nivel, provenientes de distintos continentes.

En cumplimiento del encargo que me fue confiado por mis colegas los Jueces de la Corte, elaboré las *Bases para un Proyecto de Protocolo a la Convención Americana sobre Derechos Humanos, para Fortalecer Su Mecanismo de Protección*[4] (que presenté a la Asamblea General de la OEA en 2001 y sigue en estudios en la OEA hasta más recientemente, fines de 2008 – cf. *infra*), y desarrollé, como Juez *rapporteur*, a partir de entonces, una serie de actividades y estudios, que incluyeron la coordinación del Seminario sobre "*El Sistema Interamericano de Protección de los Derechos Humanos en el Umbral del Siglo XXI*" (de noviembre de 1999)[5], y la presidencia de las mencionadas cuatro Reuniones de Expertos convocadas por la Corte (cf. *infra*).

---

2 A.A. Cançado Trindade, "El Nuevo Reglamento de la Corte Interamericana de Derechos Humanos (2000) y Su Proyección Hacia el Futuro: La Emancipación del Ser Humano como Sujeto del Derecho Internacional", *in XXVIII Curso de Derecho Internacional Organizado por el Comité Jurídico Interamericano* – OEA (2001) pp. 33-92; A.A. Cançado Trindade, "Vers la consolidation de la capacité juridique internationale des pétitionnaires dans le système interaméricain des droits de la personne", 14 *Revue québécoise de droit international* (2001) n. 2, pp. 207-239.

3 Y también de la Comisión Interamericana de Derechos Humanos (ComIADH).

4 Cf. A.A. Cançado Trindade, *Informe: Bases para un Proyecto de Protocolo a la Convención Americana sobre Derechos Humanos, para Fortalecer Su Mecanismo de Protección*, tomo II, 2a. ed., San José de Costa Rica, Corte Interamericana de Derechos Humanos, 2003, pp. 3-64.

5 El referido Seminario internacional tuvo lugar en San José de Costa Rica, los días 23-24 de noviembre de 1999. Durante el mismo se desarrollaron importantes puntos de reflexión (v.g., sobre su *función contenciosa*, la valoración de las pruebas, la solución amistosa de casos, y las medidas de reparación), que llevaron a diversas conclusiones Hubo acuerdo en que la Corte debe supervisar el cumplimiento de sus decisiones por parte de los Estados, siendo sus sentencias definitivas e inapelables. Además, se resaltó la necesidad apremiante de la adopción de las medidas nacionales indispensables de implementación de la Convención Americana, de modo a asegurar la aplicabilidad directa de sus normas en el derecho interno de los Estados Partes, así como la fiel ejecución de las sentencias de la Corte Interamericana. Se reconoció, además, la necesidad de la participación de las presuntas víctimas o sus familiares, o sus representantes legales, en los procedimientos bajo la Convención Americana. En fin, en el examen del tema de las otras vertientes de protección internacional de

En todas estas memorables actividades, cuyas actas fueron debidamente publicadas, en dos tomos, como parte de las conmemoraciones del vigésimo aniversario de la Corte, conté con el inestimable respaldo de los Jueces y la dedicación del Area Legal de la Secretaria del Tribunal. Logramos crear una inolvidable mística de trabajo[6]. Un tema central del supracitado Seminario de 1999 fue precisamente el del acceso de los individuos a la justicia en el plano internacional. Pareció haberse formado consenso en relación con el otorgamiento de la más amplia participación de los individuos peticionarios en todas las etapas del procedimiento ante la Corte Interamericana en materia contenciosa[7].

Como Juez relator de la CtIADH, señalé en la ocasión que existe una verdadera línea de evolución que ha rescatado la posición de los individuos como *verdaderos sujetos del Derecho Internacional de los Derechos Humanos*, así como del Derecho Internacional Público, dotados de plena capacidad jurídica para actuar (*legitimatio ad causam*) en el plano internacional. Al respecto, observé que al reconocimiento de derechos debe corresponder la capacidad procesal

---

la persona humana, se resaltaron las relaciones y convergencias entre el Derecho Internacional de los Derechos Humanos, el Derecho Internacional Humanitario, y el Derecho Internacional de los Refugiados. También se observó que la universalización efectiva de los derechos humanos depende hoy, en gran parte, de la capacidad de los países de dar un vuelco moral que permita cambiar las estructuras que mantienen a tantas personas en una situación de marginalidad extrema y crónica, amenazando la vigencia de la totalidad de los derechos humanos. Cf. Corte Interamericana de Derechos Humanos (CtIADH), *El Sistema Interamericano de Protección de los Derechos Humanos en el Umbral del Siglo XXI – Memoria del Seminario* (Noviembre de 1999), tomo I, 1a. ed., San José de Costa Rica, CtIADH, 2001, pp. 3-750.

6 En la ocasión, después de consultar mis colegas los Jueces de la Corte, firmé en nombre del Tribunal dos importantes Convenios de cooperación, con el Comité Internacional de la Cruz Roja (CICR) y con el Alto-Comisionado de Naciones Unidas para los Refugiados (ACNUR), que han rendido tantos frutos hasta hoy (fines de 2008), sobre todo en la capacitación de los dedicados abogados de la Corte, en particular en lo relativo a las convergencias entre el Derecho Internacional de los Derechos Humanos, el Derecho Internacional Humanitario y el Derecho Internacional de los Refugiados.

7 También se observó que la Comisión Interamericana de Derechos Humanos (CIDH) debería retener sus facultades, como guardián de la Convención, y seguir ejerciendo sus funciones no-contenciosas que ha ejercido hasta la fecha con eficacia, sobre todo en relación con las observaciones *in loco*.

de vindicarlos, debiendo el individuo peticionario estar dotado de *locus standi in judicio* en todas las etapas del procedimiento ante el Tribunal, seguido del *jus standi*[8], – por cuanto es de la propia esencia de la protección internacional el contradictorio entre las presuntas víctimas o sus familiares, o sus representantes legales, y los Estados demandados[9].

Paralelamente a la realización del Seminario supracitado, la CtIADH convocó a reconocidos expertos en derechos humanos y derecho internacional, así como a actores del sistema interamericano de protección, para debatir puntos centrales del mismo. Se realizaron cuatro Reuniones de Expertos, por mí presididas como Juez relator de la CtIADH, en la sede del Tribunal en San José de Costa Rica, los días 20.09.1999, 24.11.1999, 05-06.02.2000, y 08-09.02.2000, respectivamente. La primera Reunión fue dedicada a los temas de la supervisión de la ejecución de las sentencias de la CtIADH, y de la jurisdicción internacional (multiplicación de tribunales internacionales especializados). La segunda Reunión se concentró nuevamente en la supervisión de la ejecución de las sentencias de la Corte Interamericana, así como en la producción de la prueba (por la Comisión y la Corte). En la tercera Reunión prevalecieron los temas de la especificidad de los roles de la

---

8 Cf. A.A. Cançado Trindade, *El Acceso Directo del Individuo a los Tribunales Internacionales de Derechos Humanos*, Bilbao, Universidad de Deusto, 2001, pp. 9-104.

9 Entre las principales conclusiones extraídas de las discusiones llevadas a cabo durante la realización del referido Seminario, se pueden recordar las siguientes: a) la necesidad de optimizar los recursos económicos y de contar con recursos adicionales; b) la agilización de los procedimientos sin perjuicio de la seguridad jurídica, evitando los retardos y duplicaciones en el actual mecanismo de protección de nuestro sistema de protección; c) la adopción de medidas nacionales indispensables de implementación de la Convención Americana, de modo a asegurar la aplicabilidad directa de sus normas en el derecho interno de los Estados Partes; d) la participación directa de los individuos en todo el procedimiento ante la Corte Interamericana, como parte del acceso a la justicia a nivel internacional y su complementariedad con el acceso a la justicia a nivel nacional; y e) la necesidad de lograr la universalidad del sistema, es decir, la ratificación de la Convención, o adhesión a la misma, por todos los Estados miembros de la OEA, así como la aceptación integral de la competencia contenciosa de la Corte por todos los Estados Partes en la Convención, acompañada de la previsión del *automatismo* de la jurisdicción obligatoria de la Corte, para todos los Estados Partes, sin restricciones.

Comisión (ComIADH) y de los individuos demandantes, de las excepciones preliminares ante la Corte, y de las pruebas.

Y en la cuarta Reunión se volvió a discutir, sobre todo, los temas de los roles distintos de la ComIADH y de los individuos demandantes en el procedimiento ante la Corte, y del cumplimiento de las sentencias de la CtIADH. Al final de esta última Reunión, se adoptaron seis recomendaciones: la primera, en pro de una participación más efectiva de los individuos ante la CtIADH; la segunda, sobre la especificidad del papel de la ComIADH; la tercera, sobre la racionalización de la valoración de la prueba; la cuarta, sobre la agilización del procedimiento sobre excepciones preliminares; la quinta, sobre el cumplimiento (y supervisión) de las sentencias de la CtIADH, y la observancia de las recomendaciones de la ComIADH; y la sexta, sobre recursos adicionales para el fortalecimiento del sistema interamericano de protección[10].

Pero hay un aspecto, al cual atribuyo la mayor importancia, de estas cuatro Reuniones de Expertos, que quisiera aquí destacar por primera vez. Además del altísimo grado académico de que se revistieron, con expertos con gran conocimiento y experiencia acumulada en la materia, provenientes de distintos continentes,

---

[10] El texto de estas recomendaciones encuéntrase reproducido *in*: *Informe: Bases para un Proyecto de Protocolo a la Convención Americana sobre Derechos Humanos, para Fortalecer Su Mecanismo de Protección*, *op. cit. supra* n. (4), Anexo 4, pp. 97-99. – En adición a estas cuatro Reuniones de Expertos y al Seminario anteriormente mencionados, otra iniciativa, tomada, a su vez, por la Reunión de los Ministros de Relaciones Exteriores de los Estados Miembros de la OEA, celebrada en San José de Costa Rica, el 22.11.1999, consistió en la creación del Grupo de Trabajo *Ad Hoc* sobre los Derechos Humanos de los Representantes de los Cancilleres de los países del hemisferio. Este Grupo de Trabajo se reunió en la misma ciudad en la que fue creado, durante los días 10 y 11.02.2000, en la sede del Ministerio de Relaciones Exteriores y Culto de Costa Rica. De los debates de la Reunión de Cancilleres también participé, como su invitado especial y Presidente de la Corte Interamericana. En dicha Reunión del mencionado del Grupo *Ad Hoc*, hice una presentación, como Juez relator de la Corte, sobre el desarrollo institucional y la labor y jurisprudencia del Tribunal. La referida Reunión del Grupo *Ad Hoc* terminó por identificar como puntos prioritarios, para el fortalecimiento del sistema interamericano de protección, los siguientes: a) su financiamiento; b) la universalidad de composición del mismo; c) promoción de los derechos humanos y medidas nacionales de implementación; d) cumplimiento de decisiones de los órganos del referido sistema de protección; e) aspectos procesales en las actividades de la Corte y la ComIADH; f) continuidad y seguimiento de los trabajos.

había un entusiasmo por la labor que realizábamos, como si presintiéramos que generarían resultados de trascendencia histórica, – como de hecho ocurrió.

Nos motivaba un sentido de misión, y no un afán de mera productividad. No había prisa (como vino a existir a partir de fines de 2004, lamentablemente), pasábamos horas y horas intercambiando ideas y experiencias, sin la menor prisa. El tiempo no nos presionaba, estaba a nuestro lado, era nuestro aliado. Después del cierre de las dos primeras Reuniones de Expertos, casi a la media-noche, seguíamos dialogando informalmente hasta altas horas de la madrugada[11]. La CtIADH, en aquel entonces, estaba siendo duramente hostigada por el régimen Fujimori, y nuestra labor estaba marcada por lazos de unión y solidaridad, y por una mística que me da gusto recordar hasta hoy.

Poco tiempo después, en mi presentación del *Informe Anual* de labores de la Corte a la Asamblea General de la OEA, realizada en Windsor, Canadá (2000)[12], me permití formular, *inter alia*, las siguientes ponderaciones:

> – "La Corte está conciente de los retos actuales y futuros que hay que enfrentar. (...) En primer lugar, se impone (...) la ratificación de la Convención Americana y de sus dos Protocolos en vigor, o

---

11 Pudimos contar, entre tantos distinguidos expertos, con un participante de la propia Conferencia Especializada Interamericana de Derechos Humanos de 1969 (de la cual resultó la adopción, en aquel año, de la Convención Americana sobre Derechos Humanos), Dr. Christian Tattenbach, además de otros grandes aliados de la labor de la Corte de entonces, como el Representante del ACNUR, Dr. Jaime Ruiz de Santiago, y el Representante del CICR, Dr. Christophe Swinarski. El Consejo de Europa se hizo representar por el Dr. Andrew Drzemczewski, la UNESCO por el Dr. Janusz Symonides, los centros académicos europeos por el Prof. Jorge Cardona Llorens, entre tantos otros. Las actas de las referidas cuatro Reuniones de Expertos encuéntranse reproducidas *in*: *Informe: Bases para un Proyecto de Protocolo a la Convención Americana sobre Derechos Humanos, para Fortalecer Su Mecanismo de Protección*, *op. cit. supra* n. (4), Anexos 1-4, pp. 67-99.

12 Cf. texto reproducido *in*: OEA, *Informe Anual de la Corte Interamericana de Derechos Humanos – 2000*, Anexo LI, pp. 785-790.

la adhesión a los mismos, por todos los Estados de la región. La segunda providencia reside en la adopción de las medidas nacionales indispensables de implementación de la Convención Americana, de modo a asegurar la aplicabilidad directa de las normas de la Convención en el derecho interno de los Estados Partes y el fiel cumplimiento de las decisiones de la Corte.

El tercer punto consiste en la aceptación integral de la competencia contenciosa de la Corte Interamericana por todos los Estados Partes en la Convención, acompañada de la previsión del *automatismo* de la jurisdicción obligatoria de la Corte para todos los Estados Partes, sin restricciones. Las cláusulas relativas a la jurisdicción obligatoria de la Corte y al derecho de petición individual, necesariamente conjugadas, constituyen verdaderas *cláusulas pétreas* de la protección internacional de los derechos humanos: son ellas las que hacen viable el acceso de los individuos a la justicia en el plano internacional, lo que representa una verdadera revolución jurídica, tal vez el más importante legado que estamos llevando al siglo XXI.

Esto me conduce al cuarto punto, que es el imperativo del acceso directo de los individuos a la jurisdicción de la Corte Interamericana, el cual requiere, en un primer momento, que se asegure la más amplia participación de los individuos (*locus standi*) en todas las etapas del procedimiento ante la Corte, con la preservación de las funciones no contenciosas de la Comisión Interamericana. Tal participación puede ser asegurada mediante modificaciones que comenzamos a introducir en septiembre de 1996 en el Reglamento de la Corte, seguidas de la cristalización del derecho de acceso directo (*jus standi*) de los individuos a la jurisdicción de la Corte Interamericana (o sea, a la justicia en el plano internacional) mediante la adopción de un Protocolo Adicional a la Convención Americana sobre Derechos Humanos con este propósito. (...) La vía jurisdiccional representa la forma más evolucionada y perfeccionada de la protección de los derechos humanos"[13].

---

13 Y agregué, en seguida, ante la Asamblea General de la OEA:
– "Por último, me parece necesario tener siempre presente el amplio alcance de las obligaciones convencionales de protección bajo los tratados de derechos humanos, las cuales vinculan a todos los Poderes (Ejecutivo, Legislativo, Judicial) del Estado. Al crear obligaciones para los Estados Partes *vis-à-vis* todos los seres humanos bajo sus respectivas jurisdicciones, dichos tratados requieren el ejercicio de la *garantía colectiva* para la plena realización de su objeto y fin. (...)

El día 05.04.2001, presenté formalmente a la CAJP del Consejo Permanente de la OEA mi *Informe* conteniendo lo que denominé las "*Bases para un Proyecto de Protocolo a la Convención Americana sobre Derechos Humanos, para Fortalecer su Mecanismo de Protección*", – un Protocolo de Enmiendas (y no Facultativo), – fruto de una intensa y prolongada reflexión personal sobre los medios de fortalecer el mecanismo de protección de la Convención Americana sobre Derechos Humanos[14]. El documento fue elevado a la consideración de la Asamblea General de la OEA (de junio de 2001, en San José de Costa Rica), ante la cual, en mi discurso del 04.06.2001, destaqué la importancia de haber el nuevo Reglamento de la Corte otorgado el *locus standi in judicio* a las presuntas víctimas, sus familiares o sus representantes legales, en *todas* las etapas del proceso ante la CtIADH, como verdaderos sujetos del Derecho Internacional de los Derechos Humanos:

> "Esta histórica reforma introducida en el Reglamento de la Corte sitúa a los distintos actores en perspectiva correcta; contribuye a una mejor instrucción del proceso; asegura el principio del contradictorio, esencial en la búsqueda de la verdad y la prevalencia de la justicia bajo la Convención Americana; reconoce ser de la esencia del contencioso internacional de los derechos humanos la contraposición directa entre los individuos demandantes y los Es-

---

Dicho fortalecimiento habrá que erigirse, en resumen, en cuatro pilares básicos: la garantía del acceso directo de los individuos a la jurisdicción de la Corte Interamericana de Derechos Humanos y la intangibilidad de tal jurisdicción (*cláusulas pétreas* de la protección internacional de los derechos humanos), sumadas al fiel cumplimiento por los Estados de todas las decisiones de la Corte y el ejercicio de la garantía colectiva por los Estados Partes de las obligaciones consagradas en la Convención Americana. Esta es una tarea de todos, de los órganos convencionales de supervisión de la Convención así como de los Estados Partes, para que logremos contribuir a la construcción de un mundo mejor para nuestros descendientes; las generaciones futuras nos darán su juicio sobre nuestra labor de protección". *Ibid.*, pp. 789-790.

14 Cf. OEA, *Informe y Propuestas del Presidente y Relator de la Corte Interamericana de Derechos Humanos, Juez Antônio A. Cançado Trindade, a la Comisión de Asuntos Jurídicos y Políticos del Consejo Permanente de la Organización de los Estados Americanos en el Marco del Diálogo sobre el Sistema Interamericano de Protección de los Derechos Humanos: Bases para un Proyecto de Protocolo a la Convención Americana sobre Derechos Humanos, para Fortalecer su Mecanismo de Protección* (05 de abril de 2001), OEA documento OEA/Ser.G/CP/CAJP-1781/01, de 10.04.2001, pp. 01-37 (también disponible en portugués, inglés y francés).

> tados demandados; reconoce el derecho de libre expresión de las propias presuntas víctimas, el cual es un imperativo de equidad y transparencia del proceso; y, *last but not least*, garantiza la igualdad procesal de las partes (*equality of arms/égalité des armes*) en todo el procedimiento ante la Corte"[15].

Y agregué, ante la misma Asamblea General de la OEA, las siguientes ponderaciones acerca del fortalecimiento de la capacidad procesal internacional de los individuos bajo la CADH:

> "El fortalecimiento de la capacidad procesal de los individuos en los procedimientos bajo la Convención Americana sobre Derechos Humanos se está logrando gradualmente de distintas formas, en el ejercicio de las funciones tanto contenciosa como consultiva de la Corte Interamericana de Derechos Humanos, a la par de las medidas provisionales de protección. En cuanto a los *casos contenciosos*, los desarrollos en este sentido pueden ser apreciados a través de un estudio, (...) tanto de la evolución del propio *Reglamento* de la Corte Interamericana, como también de la *interpretación* de determinadas disposiciones de la Convención Americana sobre Derechos Humanos así como del Estatuto de la Corte. (...)
>
> En lo que concierne a las disposiciones convencionales relevantes, podría destacar las siguientes: a) los artículos 44 y 48(1)(f) de la Convención Americana se prestan claramente a la interpretación en favor de los individuos peticionarios como parte demandante; b) el artículo 63(1) de la Convención se refiere a 'parte lesionada', la cual sólo puede significar los individuos (y jamás la ComIADH); c) el artículo 57 de la Convención señala que la ComIADH 'comparecerá en todos los casos ante la Corte', pero no especifica en qué condición, y no dice que la ComIADH es parte; d) el propio artículo 61 de la Convención, al determinar que sólo los Estados Partes y la ComIADH pueden someter un caso a la decisión de la Corte, no habla de 'partes'[16]; e) el artículo 28 del Estatuto de la Corte señala que la ComIADH 'será tenida como parte ante la Corte' (o sea, parte en un sentido puramente procesal), pero no determina que efectivamente 'es parte'.

---

15 *In*: OEA, *Informe Anual de la Corte Interamericana de Derechos Humanos – 2001*, tomo II, San José de Costa Rica, CtIADH, 2002, pp. 1250-1251.

16 En el futuro, cuando esté consagrado – como espero – el *jus standi* de los individuos ante la Corte, este artículo de la Convención habrá sido enmendado.

En cuanto a las *Medidas Provisionales de Protección* (bajo el artículo 63(2) de la Convención), desarrollos recientes han fortalecido la posición de los individuos en búsqueda de protección: en dos ocasiones, en el curso del año 2000, en relación con dos casos pendientes ante la Corte [casos del *Tribunal Constitucional* y de *Loayza Tamayo versus Perú*], por primera vez en la historia del Tribunal, por solicitud directa de las víctimas, el Presidente de la Corte adoptó medidas urgentes *ex officio*, las cuales fueron ratificadas por la Corte en pleno al adoptar las correspondientes Medidas Provisionales de Protección. Estos dos episodios recientes, que no pueden pasar desapercibidos, demuestran no sólo la viabilidad, sino también la importancia, del *acceso directo* del individuo, sin intermediarios, a la Corte Interamericana de Derechos Humanos, aún más en una situación de extrema gravedad y urgencia.

En cuanto a las *Opiniones Consultivas*, no hay que pasar desapercibida la participación, en el procedimiento ante la Corte, de individuos, sea como personas físicas o como representantes de organizaciones no-gubernamentales (ONGs). Si bien en la mayoría de los procedimientos consultivos hasta la fecha no se contó con dicha participación, en algunos de ellos los individuos marcaron presencia [Opiniones Consultivas ns. 5 y 16, seguidas de la n. 18]. (...) Fue la Opinión Consultiva n. 16, de transcendental importancia en perspectiva histórica, la que contó con un procedimiento consultivo extraordinariamente rico (...)[17]. Estos datos, poco conocidos, también revelan el acceso del ser humano a la jurisdicción internacional en el sistema interamericano de protección, en el marco de los procedimientos consultivos bajo la Convención Americana; demuestran, además, el carácter de *ordre public* de dichos procedimientos"[18].

En fin, en el mismo discurso del 04.06.2001 ante la Asamblea General de la OEA, observé que

[17] En el cual, a la par de los 8 Estados intervenientes, hicieron uso de la palabra en las audiencias públicas 7 individuos representantes de 4 ONGs (nacionales e internacionales) de derechos humanos, 2 individuos de una ONG actuante en pro de la abolición de la pena de muerte, 2 representantes de una entidad (nacional) de abogados, 4 profesores universitarios en calidad individual, y 3 individuos en representación de un condenado a la pena de muerte.

[18] *In*: OEA, *Informe Anual de la Corte Interamericana de Derechos Humanos – 2001*, tomo II, San José de Costa Rica, CtIADH, 2002, pp. 1251-1252.

"El nuevo Reglamento de la Corte reconoce al individuo demandante, por primera vez en la historia de la Corte y del sistema interamericano de protección, como sujeto del Derecho Internacional de los Derechos Humanos con plena capacidad jurídico-procesal internacional. Erige al ser humano, de modo inequívoco, como verdadera parte demandante en todas las etapas de los procedimientos contenciosos bajo la Convención Americana sobre Derechos Humanos. Las implicaciones de este cambio, jurídicamente revolucionario, son considerables, no sólo en los planos conceptual, procesal, y – por que no decirlo? – también filosófico, sino inclusive en el plano material: la Corte necesitará considerables recursos humanos y materiales adicionales para hacer frente a esta nueva conquista.

Este gran salto cualitativo, dado por el nuevo Reglamento de la Corte Interamericana, representa, pues, un paso de los más significativos en la evolución del sistema regional de protección, en el sentido de su *jurisdiccionalización*. Ocurre, además, en un momento histórico en que gana cada vez mayor espacio el ideal de la realización de la justicia a nivel internacional. El proceso de perfeccionamiento y fortalecimiento del sistema interamericano de protección de los derechos humanos es dinámico, y no estático, y de carácter permanente. Debe ser llevado a cabo de forma continuada, pues las instituciones que resisten a la evolución de los tiempos tienden a estancarse.

Las instituciones (incluidas las de promoción y protección de los derechos humanos), – además de expresarse, en última instancia, por las personas físicas que actúan en su nombre, – operan *en el tiempo*, y tienen, pues, que renovarse, para atender a la nueva dimensión de las necesidades de protección del ser humano. Siendo así, el nuevo Reglamento de la Corte (sumado al de la Comisión) es parte de un *proceso* de perfeccionamiento y fortalecimiento del sistema de protección. El próximo paso de esta evolución debe, en mi entender, como vengo sosteniendo hace mucho tiempo, consistir en un *Protocolo de Reformas a la Convención Americana sobre Derechos Humanos*, precedido por amplias consultas a los Estados Partes, a las entidades de la sociedad civil y a los beneficiarios del sistema en general.

El futuro Protocolo, fruto necesariamente de consensos, debe inicialmente *incorporar los avances reglamentarios* recientemente logrados (tanto por la Corte como por la ComIADH). Hay que tener siempre presente que un Reglamento puede a cualquier momento sufrir alteraciones (inclusive retrógradas); ya un Protocolo, una vez que entre en vigor, constituye la vía más segura de obtener compromisos reales por parte de los Estados, sin posibilidad de retrocesos, en cuanto a un mecanismo más eficaz de protección de los derechos humanos.

Las [reformas] más urgentes, además de asegurar la plena participación de las presuntas víctimas (*locus standi*) en todos los procedimientos – debidamente racionalizados – bajo la Convención Americana son, en mi entender, *de lege ferenda*, las que propuse, (...) [en las] `*Bases para un Proyecto de Protocolo a la Convención Americana sobre Derechos Humanos, para Fortalecer su Mecanismo de Protección*', a saber, las propuestas de enmiendas a los artículos 50(2), 51(1), 59, 62, 65, 68, 75 y 77 de la Convención Americana, y las correspondientes modificaciones en el Estatuto de la Corte.

Además de los cambios anteriormente propuestos, quizás en un futuro más distante (que espero no sea demasiado distante), se deba dar otro paso adelante, en el sentido de la evolución del *locus standi in judicio* al *jus standi* de los individuos ante la Corte, – tal como vengo sosteniendo hace mucho tiempo. Esto requeriría una enmienda también del artículo 61(1) de la Convención, de modo a reconocer también a las presuntas víctimas, además de a los Estados y a la ComIADH, el derecho de someter un caso directamente al conocimiento y a la decisión de la Corte [artículo 61]"[19].

Y concluí mi intervención en la Asamblea General de la OEA de 2001 en los siguientes términos:

"Me permito concluir esta intervención ante la Asamblea General de la OEA enfatizando la importancia de la *jurisdiccionalización* de los procedimientos bajo la Convención Americana, por constituir la vía judicial la forma más perfeccionada de protección de

19 *Ibid.*, pp. 1252-1253.

los derechos de la persona humana. El *locus standi* de los individuos peticionarios en todas las etapas del procedimiento ante la Corte encuéntrase hoy asegurado por el nuevo Reglamento del Tribunal, ya en vigor. Este avance procesal amerita, más que una base reglamentaria, una base *convencional*, de modo a asegurar el real compromiso de todos los Estados Partes en la Convención Americana con el reconocimiento inequívoco de la personalidad jurídica y plena capacidad procesal de los individuos como sujetos del Derecho Internacional de los Derechos Humanos.

El día en que logremos evolucionar del *locus standi* al *jus standi* de los individuos ante la Corte, tendremos alcanzado el punto culminante de una larga evolución del Derecho hacia la emancipación del ser humano, como titular de derechos inalienables que le son inherentes como tal, y que emanan directamente del Derecho Internacional. El desarrollo, a partir de la plena participación de los individuos demandantes en todo el procedimiento (*locus standi*) ante la Corte, hacia el derecho de acceso directo de los individuos al Tribunal (*jus standi*), es, a mi juicio, una consecuencia lógica de la evolución, en perspectiva histórica, del propio mecanismo de protección bajo la Convención Americana. El día en que alcanzemos este grado de evolución, estará realizado el ideal de la plena igualdad jurídica, ante la Corte Interamericana, entre el individuo como verdadera parte demandante, y el Estado como parte demandada. Todo verdadero jusinternacionalista en nuestro hemisferio tiene el deber ineludible de dar su contribución a esta evolución. (...)

La búsqueda de la plena salvaguardia y prevalencia de los derechos inherentes al ser humano, en todas y cualesquiera circunstancias, corresponde al nuevo *ethos* de la actualidad, en una clara manifestación, en nuestra parte del mundo, de la *conciencia jurídica universal*, en este inicio del siglo XXI. El despertar de esta conciencia, – fuente material de todo el Derecho, – conlleva al reconocimiento inequívoco de que ningún Estado puede considerarse por encima del Derecho, cuyas normas tienen por destinatarios últimos los seres humanos.

Con este reconocimiento, volvemos a los orígenes conceptuales tanto del Estado nacional como del Derecho Internacional. En cuanto al primero, no hay que olvidarse que el Estado fue originalmente concebido para la realización del bien común, y que existe para el ser humano, y no *viceversa*. En cuanto al segundo,

> tampoco hay que olvidarse que el Derecho Internacional no era en sus orígenes un derecho estrictamente interestatal, sino más bien el *derecho de gentes*. Siendo así, la base de las relaciones entre el Estado y los seres humanos bajo su jurisdicción, así como de las relaciones de los Estados entre sí, no es la soberanía estatal, sino más bien la solidaridad humana"[20].

Todas las propuestas que avanzé tenían por objetivo perfeccionar y fortalecer el mecanismo de salvaguardia de los derechos humanos[21], teniendo presentes las crecientes demandas y necesidades de protección de la persona humana en nuestra parte del mundo, y la significación histórica de los cambios introducidos por el nuevo Reglamento (de 2000) de la Corte para la operación del mecanismo de protección de la Convención Americana, para el necesario y creciente fortalecimiento de la capacidad procesal internacional de los individuos bajo la Convención Americana, y la continuada evolución del *locus standi* al *jus standi* de los individuos demandantes ante la CtIADH.

En la siguiente Asamblea General de la OEA, realizada en Barbados en 2002, insistí en los mismos puntos, en mi intervención ante el plenario de la misma, el 04.06.2002. Ahí señalé que los avances del cuarto y nuevo Reglamento de la Corte representan

> "la consecuencia lógica de la concepción y formulación de derechos a ser protegidos bajo la Convención Americana en el plano internacional, a las cuales debe necesariamente corresponder la capacidad jurídica plena de los individuos peticionarios de vindicarlos. Tengo la plena convicción de que ese notable avance procesal amerita, más que una base reglamentaria, una base *convencional*, de modo a asegurar el real compromiso de todos los Estados al respecto. Es por eso que me permití presentar el año pasado, y nuevamente este año, ante los órganos competentes de la OEA, inclusive su Asamblea General, mi *Informe* conteniendo las `*Bases para un Proyecto de Protocolo a la Convención Americana sobre Derechos Humanos, para Fortalecer su Mecanismo*

20 *Ibid.*, pp. 1255-1257.

21 Sin tocar en la parte sustantiva (atinente a los derechos protegidos) de la Convención, objeto de la construcción jurisprudencial de la Corte.

> *de Protección*', para la consideración de todas las Delegaciones de Estados miembros de la OEA"[22].

El año siguiente, en la Asamblea General de la OEA realizada en Santiago de Chile, volví a insistir en la misma propuesta de Protocolo:

> "El actual Reglamento de la Corte ha completado, el día 01 de junio último, dos años de vigencia. Con este Reglamento, – el cuarto de su historia, – la Corte ha promovido el avance jurídico-procesal más importante de perfeccionamiento del mecanismo de protección de la Convención Americana, desde que ésta entró en vigor hace casi 25 años: el otorgamiento del *locus standi in judicio* a los peticionarios en todas las etapas del procedimiento ante la Corte. Mediante esta histórica iniciativa de la Corte, los individuos han en fin logrado el reconocimiento de su condición de sujetos de derechos emanados directamente del Derecho Internacional, dotados de capacidad jurídico- procesal internacional.
>
> Tengo la plena convicción de que ese notable avance procesal amerita, más que una base reglamentaria, una base convencional, de modo a asegurar el real compromiso de todos los Estados al respecto. Es por eso que me permití presentar los dos últimos años, y nuevamente este año, ante los órganos competentes de la OEA, inclusive su Asamblea General, el *Informe* conteniendo las *Bases para un Proyecto de Protocolo a la Convención Americana sobre Derechos Humanos, para Fortalecer su Mecanismo de Protección*, para la consideración de todas las Delegaciones de los Estados miembros de la OEA"[23].

---

22 *In*: OEA, *Informe Anual de la Corte Interamericana de Derechos Humanos – 2002*, San José de Costa Rica, CtIADH, 2003, Anexo XXVII, pp. 861-862; y cf. OEA, *XXXII Período Ordinario de Sesiones de la Asamblea General (Barbados, 2002) – Actas y Documentos*, tomo II, Washington D.C., Secretaría General de la OEA, 2002, pp. 210.

23 *In*: OEA, *Informe Anual de la Corte Interamericana de Derechos Humanos – 2003*, San José de Costa Rica, CtIADH, 2004, Anexo LI, p. 1424; y cf. OEA, *XXXIII Período Ordinario de Sesiones de la Asamblea General (Santiago de Chile, 2003) – Actas y Documentos*, tomo II, Washington D.C., Secretaría General de la OEA, 2003, pp. 168-171.

La propuesta de Protocolo de Enmiendas a la Convención Americana[24], que presenté a la Asamblea General de la OEA en 2001, reiterada en 2002 y 2003, sigue en la agenda de dicha Asamblea General, en estudios, hasta hoy (fines de 2008)[25]. Entre las propuestas que ahí recomendé, y que siguen "en estudio" en la OEA hasta el presente, encuéntranse enmiendas a los artículos 50(2), 51(1), 59, 65, 68, 75 y 77 de la CADH, – con miras a fortalecer el mecanismo de protección bajo la CADH y fomentar el acceso de la persona humana a la jurisdicción internacional.

Además, recomendé que el artículo 62 de la CADH fuera enmendado para tornar la jurisdicción de la CtIADH *automáticamente* obligatoria para todos los Estados Partes en la Convención, no admitiendo cualquier tipo de restricciones, y sin necesidad de manifestación adicional de consentimiento, posteriormente a la ratificación of the Convención[26]. La jurisdicción obligatoria de la CtIADH, a mi juicio, es el complemento indispensable del derecho de petición individual bajo la Convención

---

24 Formulé la referida propuesta en el entendimiento de que debía formar parte de un *proceso* de reflexión colectiva, a ser conducido en base permanente, con la participación, en amplias consultas, de todos los actores del sistema interamericano de protección: Estados, órganos convencionales de supervisión internacional (Corte y ComIADH), el IIDH, las organizaciones no-gubernamentales, y los beneficiarios del sistema en general. Dichas consultas requerirán tiempo, para la formación de los necesarios consensos, y sobretodo para la *formación de una conciencia*, entre todos los actores del sistema interamericano de protección, en cuanto a la necesidad de cambios, sin ideas preconcebidas. Tal como lo señalé en el intercambio de ideas realizado en la CAJP, el 09.03.2001, en el Salón "Libertador Simón Bolívar" de la sede de la OEA en Washington D.C., estoy firmemente convencido de que sin esta *formación de una conciencia* poco lograremos avanzar en el perfeccionamiento de nuestro sistema de protección. Otros prerequisitos para la consolidación de nuestro sistema regional de protección seguían siendo la ratificación de la Convención Americana sobre Derechos Humanos – o adesión a la misma – por parte de todos los Estados miembros de la OEA, la aceptación integral de la jurisdicción obligatoria de la Corte Interamericana por todos los Estados Partes en la Convención, y la incorporación de las normas sustantivas de ésta última en el derecho interno de los Estados Partes.

25 A.A. Cançado Trindade, *El Derecho Internacional de los Derechos Humanos en el Siglo XXI*, 2a. ed., Santiago, Editorial Jurídica de Chile, 2006, pp. 9-10, y cf. pp. 515-524. – Más recientemente, el referido proyecto de Protocolo ha vuelto a figurar en la agenda de la Asamblea General de 2007; cf. OEA, documento AG/doc.4687/0, del 23.05.2007, p. 3, párr. 6.

26 Anteriormente, había yo destacado la necesidad de la jurisdicción obligatoria de la CtIADH en mi Voto Concurrente en el caso de *Castillo Petruzzi y Otros versus Perú* (Sentencia sobre excepciones preliminares, del 04.09.1998), párrs. 40-46.

Americana: ambos constituyen los pilares básicos de la protección internacional, del mecanismo de emancipación del ser humano *vis-à-vis* su propio Estado[27]. Por consiguiente, me permití caracterizar los artículos 44 y 62 de la CADH, que sobre ambos disponen, como verdaderas *cláusulas pétreas* de la protección de la persona humana bajo la CADH[28].

El referido Protocolo todavía no ha visto la luz del día, y sigue aguardando la conjunción de los astros para que un día se materialice, pero – como acostumbraba señalar el gran escritor Stefan Zweig – no hay nada tan invencible como un ideal todavía no realizado. La idea sigue viva, y seguirá viva, y seguirá rindiendo avances en el mecanismo de protección de la Convención Americana, estoy seguro.

En estos ocho años de aplicación de su actual Reglamento (2001-2009), los individuos, como sujetos del Derecho Internacional, han estado ineluctablemente presentes en todo el procedimiento contencioso ante la Corte, – al puro inicio, durante el mismo, y a su final, como beneficiarios de las reparaciones ordenadas. Son hoy día la verdadera parte demandante ante la Corte, tal como siempre he sostenido, en mis escritos a lo largo de las tres últimas décadas, y en más de una centena de Votos presentados en la CtIADH, en más de mil páginas de argumentación jurídica y jusfilosófica, que dejo para las futuras

27 Como divisado por los llamados "fundadores" del derecho de gentes; cf. A.A. Cançado Trindade, "The Emancipation of the Individual from His Own State – The Historical Recovery of the Human Person as Subject of the Law of Nations", *in Human Rights, Democracy and the Rule of Law – Liber Amicorum Luzius Wildhaber* (eds. S. Breitenmoser *et alii*), Zürich/Baden-Baden, Dike/Nomos, 2007, pp. 151-171.

28 Cf. CtIADH, caso *Castillo Petruzzi y Otros versus Perú* (excepciones preliminares, Sentencia del 04.09.1998), Voto Concurrente del Juez A.A. Cançado Trindade, párrs. 36-38; y CtIADH, Opinión Consultiva n. 16, sobre *El Derecho a la Información sobre Asistencia Consular en el Marco de las Garantías del Debido Proceso Legal* (del 01.10.1999), Voto Concurrente del Juez A.A. Cançado Trindade, párr. 30. Y cf. A.A. Cançado Trindade, "Las Cláusulas Pétreas de la Protección Internacional del Ser Humano: El Acceso Directo de los Individuos a la Justicia a Nivel Internacional y la Intangibilidad de la Jurisdicción Obligatoria de los Tribunales Internacionales de Derechos Humanos", *in El Sistema Interamericano de Protección de los Derechos Humanos en el Umbral del Siglo XXI – Memoria del Seminario* (Noviembre 1999), vol. I, 2a. ed., San José de Costa Rica, CtIADH, 2003, pp. 3-68.

generaciones de cultores del Derecho Internacional de los Derechos Humanos y del Derecho Internacional Público[29].

Es lo que vuelvo a sostener en este tomo de memorias. Las reformas introducidas en el Reglamento de 2000 de la Corte constituyen un paso decisivo hacia la adopción del referido Protocolo. Desde la adopción del referido Reglamento de la Corte (en vigor a partir del 01.06.2001), he dejado constancia, en recientes artículos de reminiscencias personales, de la saga de mi iniciativa de otorgar plena participación a los peticionarios individuales en todas las etapas en el procedimiento ante la CtIADH, lo que afortunadamente se logró con la adopción del Reglamento de la Corte, de 2000, con las históricas alteraciones introducidas en ese sentido[30]. Hay, en seguida, que plasmar estas conquistas en el

---

29 Cf. A.A. Cançado Trindade, *Derecho Internacional de los Derechos Humanos – Esencia y Trascendencia (Votos en la Corte Interamericana de Derechos Humanos, 1999-2006)*, México, Edit. Porrúa/Universidad Iberoamericana, 2007, pp. 1-1055.

30 A.A. Cançado Trindade, "A Emancipação do Ser Humano como Sujeito do Direito Internacional e os Limites da Razão de Estado", *in*: *Quem Está Escrevendo o Futuro? 25 Textos para o Século XXI* (ed.W. Araújo), Brasília, Ed. Letraviva, 2000, pp. 108-110; A.A. Cançado Trindade, "El Nuevo Reglamento de la Corte Interamericana de Derechos Humanos (2000): La Emancipación del Ser Humano como Sujeto del Derecho Internacional de los Derechos Humanos", 30/31 *Revista del Instituto Interamericano de Derechos Humanos* (2001) pp. 45-71; A.A. Cançado Trindade, "Discurso del Presidente de la Corte Interamericana de Derechos Humanos, Juez A.A. Cançado Trindade, en el Marco de las Celebraciones por el 450 Aniversario de la Universidad Nacional Mayor de San Marcos" [Cerimonia de Otorga del Título de Profesor *Honoris Causa* de aquella Universidad], 58 *Revista de Derecho y Ciencia Política de la Universidad Nacional Mayor de San Marcos* (2001) n. 1-2, pp. 722-733; A.A. Cançado Trindade, "Vers la consolidation de la capacité juridique internationale des pétitionnaires dans le système interaméricain des droits de la personne", 14 *Revue québécoise de droit international* (2001) n. 2, pp. 207-239; A.A. Cançado Trindade, "La Consolidación de la Personalidad y Capacidad Jurídicas Internacionales del Ser Humano en la Agenda de los Derechos Humanos del Siglo XXI [Ceremonia de Otorga del Título de *Doctor Honoris* Causa por la Universidad Central de Chile]", 9 *Revista de Derecho de la Facultad de Ciencias Jurídicas y Sociales de la Universidad Central de Chile* (2003) pp. 213-225; A.A. Cançado Trindade, "[Discurso:] Hacia el Nuevo *Jus Gentium* del Siglo XXI: El Derecho Universal de la Humanidad", *in A.A. Cançado Trindade – Doctor Honoris Causa*, Lima, Pontificia Universidad Católica del Perú (Cuadernos del Archivo de la Universidad n. 39), Lima, 2005, pp. 38-41; A.A. Cançado Trindade, "La Emancipación de la Persona Humana en la Reconstrucción del *Jus Gentium* [Ceremonia de Otorga del Título de *Doctor Honoris* Causa por la Universidad Americana del Paraguay]", 47 *Revista da Faculdade de Direito da Universidade Federal de Minas Gerais* (2005) pp. 55-74; A.A. Cançado Trindade, "Hacia el Nuevo Derecho Internacional para la Persona Humana: Manifestaciones de la

referido Protocolo, de modo a consolidar el pleno acceso de los individuos a un Tribunal internacional como la CtIADH, inclusive en la etapa de supervisión de ejecución de sus Sentencias.

Humanización del Derecho Internacional" [Ceremonia de Otorga del Título de *Doctor Honoris* Causa por la Universidad Nacional de La Plata, Argentina]", 50 *Revista da Faculdade de Direito da Universidade Federal de Minas Gerais* (2007) pp. 65-90.

Capítulo XIV

LAS DIMENSIONES HORIZONTAL Y VERTICAL DE LAS OBLIGACIONES *ERGA OMNES* DE PROTECCIÓN

A la evolución del *jus cogens* en el derecho sustantivo o material corresponde la evolución de las obligaciones *erga omnes* de protección en el plano procesal. Durante los 12 años de mi período de Juez Titular en la CtIADH, estuve empeñado también en la construcción conceptual y jurisprudencial de las obligaciones *erga omnes* de protección bajo la Convención Americana. No es mi propósito reiterar aquí detalladamente todas las ponderaciones que desarrollé al respecto, particularmente en mis Votos Concurrentes en las Resoluciones de Medidas Provisionales de Protección adoptadas por la Corte en los casos de la *Comunidad de Paz de San José de Apartadó versus Colombia* (del 18.06.2002 y 15.03.2005), de las *Comunidades del Jiguamiandó y del Curbaradó versus Colombia* (del 06.03.2003 y 15.03.2005), del *Pueblo Indígena Kankuamo versus Colombia* (del 05.07.2004), del *Pueblo Indígena de Sarayaku versus Ecuador* (del 06.07.2004 y del 17.06.2005), de la *Cárcel de Urso Branco versus Brasil* (del 07.07.2004), y de las *Penitenciarias de Mendoza versus Argentina* (del 18.06.2005), sino más bien destacar los puntos centrales de mis reflexiones sobre la materia, con miras a asegurar la protección eficaz de los derechos humanos.

En realidad, bien antes del sometimiento de estes últimos casos al conocimiento de esta Corte, ya yo había advertido para la apremiante necesidad de la promoción del desarrollo doctrinal y jurisprudencial del régimen jurídico de las obligaciones *erga omnes* de protección de los derechos de la persona humana (v.g., en mis Votos Razonados en las Sentencias sobre el fondo, del 24.01.1998, párr. 28, y sobre reparaciones, del 22.01.1999, párr. 40, en el caso *Blake versus Guatemala*), destacando de inicio su dimensión *horizontal*, en el sentido de que dichas obligaciones son debidas a la comunidad internacional como un todo; en el marco de la Convención Americana en particular, son obligaciones *erga omnes partes*.

Así, en mi Voto Razonado en el caso *Las Palmeras versus Colombia* (Sentencia sobre excepciones preliminares, del 04.02.2000), ponderé que el correcto entendimiento del amplio alcance de la obligación general de *garantía* de los derechos consagrados en la Convención Americana, estipulada en su artículo 1(1), puede contribuir a la realización del propósito del desarrollo de las obligaciones *erga omnes* de protección (párrs. 2 y 6-7). Dicha obligación general de garantía, – agregué en mi citado Voto en el caso *Las Palmeras*, – se impone a cada Estado Parte individualmente y a todos ellos en conjunto (obligación *erga omnes partes* – párrs. 11-12). Así siendo,

> "difícilmente podría haber mejores ejemplos de mecanismo para aplicación de las obligaciones *erga omnes* de protección (...) que los métodos de supervisión previstos *en los propios tratados de derechos humanos*, para el ejercicio de la garantía colectiva de los derechos protegidos. (...) Los mecanismos para aplicación de las obligaciones *erga omnes partes* de protección ya existen, y lo que urge es desarrollar su régimen jurídico, con atención especial a las *obligaciones positivas* y las *consecuencias jurídicas* de las violaciones de tales obligaciones" (párr. 14).

En mi Voto Concurrente en el caso de la *Comunidad de Paz de San José de Apartadó versus Colombia* (Resolución del 18.06.2002), me permití señalar que la obligación de protección por parte del Estado no se limita a las relaciones de éste con las personas bajo su jurisdicción, sino también, en determinadas circunstancias, se extiende a las relaciones entre particulares; trátase de una auténtica obligación *erga omnes* de protección por parte del Estado de todas las personas bajo su jurisdicción, obligación ésta que crece en importancia en una situación de violencia e inseguridad permanentes (como en el crónico conflicto armado interno en Colombia), y que

> "(...) requiere claramente el reconocimiento de los efectos de la Convención Americana *vis-à-vis* terceros (el *Drittwirkung*), sin el cual las obligaciones convencionales de protección se reducirían a poco más que letra muerta.

> El razonamiento a partir de la tesis de la responsabilidad *objetiva* del Estado es, a mi juicio, ineluctable, particularmente en un caso de medidas provisionales de protección como el presente. Trátase, aqui, de evitar daños irreparables a los miembros de una comunidad (...), en una situación de extrema gravedad y urgencia, que involucra acciones (...) de órganos y agentes de la fuerza pública" (párrs. 14-15).

De ahí la dimensión *vertical* de las obligaciones *erga omnes* de protección, en el sentido de que dichas obligaciones vinculan no sólo a los órganos y agentes del poder público, como también a los simples particulares en sus relaciones *inter se*. Posteriormente, en otro caso de dimensiones tanto individual como colectiva, en mi Voto Concurrente en el caso de las *Comunidades del Jiguamiandó y del Curbaradó versus Colombia* (Resolución del 06.03.2003), me permití insistir en la necesidad del "reconocimiento de los efectos de la Convención Americana *vis-à-vis* terceros (el *Drittwirkung*)", – propio de las obligaciones *erga omnes*, – "sin el cual las obligaciones convencionales de protección se reducirían a poco más que letra muerta" (párrs. 2-3). Y agregué que, de las circunstancias de aquel caso, se desprende claramente que

> "la protección de los derechos humanos determinada por la Convención Americana, de ser eficaz, abarca no sólo las relaciones entre los individuos y el poder público, sino también sus relaciones con terceros (...). Ésto revela las nuevas dimensiones de la protección internacional de los derechos humanos, así como el gran potencial de los mecanismos de protección existentes, – como el de la Convención Americana, – accionados para proteger colectivamente los miembros de toda una comunidad, aunque la base de acción sea la lesión – o la probabilidad o iminencia de lesión – a derechos individuales" (párr. 4).

En su Opinión Consultiva n. 18, de trascendencia histórica, sobre la *Condición Jurídica y Derechos de los Migrantes Indocumentados* (del 17.09.2003), la Corte Interamericana correctamente sostuvo que los derechos protegidos por la Convención Americana deben ser respetados tanto en las relaciones entre los individuos y el poder público estatal como en las relaciones inter-individuales, siendo aquí exigible el deber de garantía de los Estados Partes (párr. 140) bajo el artículo 1(1) de la Convención. La normativa convencional de protección tiene, pues, efectos en relación con terceros (particulares), configurándose así el carácter *erga omnes* de las obligaciones de protección (el *Drittwirkung*).

También a ese respecto la CtIADH ha resaltado, en su Sentencia del 15.09.2005, en el caso de la *Masacre de Mapiripán versus Colombia*, el amplio alcance del deber general de garantía bajo el artículo 1(1) de la CADH. Así, después de recordar que el Estado demandado, al momento de efectuar su reconocimiento de responsabilidad, "aceptó expresamente que, a pesar de ser aún indeterminado, fueron al menos 49 las víctimas ejecutadas" (párr. 134), la CtIADH ponderó que

> "Sería incoherente limitar la determinación de las víctimas a lo establecido en los procesos penales y disciplinarios en este caso, en el cual es precisamente la mayoría de víctimas las que no han sido identificadas, producto del *modus operandi* de la masacre y de las graves faltas al deber de protección por parte del Estado y a su deber de diligencia en las investigaciones" (párr. 138).

Aquí, una vez más, en la obligación estatal de garantía y de debida diligencia, se hace presente el amplio alcance del deber general del artículo 1(1) de protección. A este punto dediqué mis dos extensos Votos Razonados en los casos de la *Masacre de Mapiripán* (párrs. 1-53), y de la *Masacre de Pueblo Bello versus Colombia* (párrs. 1-65). Aún al respecto, en cuanto al amplio alcance de las obligaciones *erga omnes* de protección, en mi Voto Concurrente en la Opinión Consultiva n. 18 de la Corte Interamericana sobre *La Condición Jurídica y los Derechos de los Migrantes Indocumentados* (del 17.09.2003), me permití recordar que dichas obligaciones *erga omnes*, caracterizadas por el *jus cogens* (del cual emanan)[1] como siendo dotadas de un carácter necesariamente objetivo, abarcan, por lo tanto, a todos los destinatarios de las normas jurídicas (*omnes*), tanto a los integrantes de los órganos del poder público estatal como a los particulares (párr. 76). Y proseguí:

> "A mi modo de ver, podemos considerar tales obligaciones *erga omnes* desde *dos dimensiones, una horizontal y otra vertical*, que se

[1] En este mismo Voto, me permití precisar que "por definición, todas las normas del *jus cogens* generan necesariamente obligaciones *erga omnes*. Mientras el *jus cogens* es un concepto de derecho material, las obligaciones *erga omnes* se refieren a la estructura de su desempeño por parte de todas las entidades y todos los individuos obligados. A su vez, no todas las obligaciones *erga omnes* se refieren necesariamente a normas del *jus cogens*" (párr. 80).

> complementan. Así, las obligaciones *erga omnes* de protección, en una dimensión horizontal, son obligaciones atinentes a la protección de los seres humanos debidas a la comunidad internacional como un todo[2]. En el marco del derecho internacional convencional, vinculan ellas todos los Estados Partes en los tratados de derechos humanos (obligaciones *erga omnes partes*), y, en el ámbito del derecho internacional general, vinculan todos los Estados que componen la comunidad internacional organizada, sean o no Partes en aquellos tratados (obligaciones *erga omnes lato sensu*). En una dimensión vertical, las obligaciones *erga omnes* de protección vinculan tanto los órganos y agentes del poder público (estatal), como los simples particulares (en las relaciones inter-individuales).
>
> Para la conformación de esta dimensión vertical han contribuido decisivamente el advenimiento y la evolución del Derecho Internacional de los Derechos Humanos. Pero es sorprendente que, hasta la fecha, estas dimensiones horizontal y vertical de las obligaciones *erga omnes* de protección hayan pasado enteramente desapercibidas de la doctrina jurídica contemporánea. Sin embargo, las veo claramente configuradas en el propio régimen jurídico de la Convención Americana sobre Derechos Humanos. Así, por ejemplo, en cuanto a la dimensión vertical, la obligación general, consagrada en el artículo 1(1) de la Convención Americana, de respetar y garantizar el libre ejercicio de los derechos por ella protegidos, genera efectos *erga omnes*, alcanzando las relaciones del individuo tanto con el poder público (estatal) cuanto con otros particulares[3]" (párrs. 77-78).

En realidad, la doctrina jurídica contemporánea, al abordar las obligaciones *erga omnes*, se ha centrado casí que exclusivamente en la dimensión horizontal, olvidándose de distinguirla de la otra dimensión, la vertical, y descuidándose enteramente de esta última. Los hechos del supracitado caso de la *Masacre de Mapiripán*, por ejemplo, han revelado la apremiante necesidad de dedicar mayor atención a la dimensión que me permito denominar de *vertical* de las obligaciones *erga*

---

2 CtIADH, caso *Blake versus Guatemala* (Fondo), Sentencia del 24.01.1998, Voto Razonado del Juez A.A. Cançado Trindade, párr. 26, y cf. párrs. 27-30.

3 Cf., al respecto, en general, la resolución adoptada por el *Institut de Droit International* (I.D.I.) en la sesión de Santiago de Compostela de 1989 (artículo 1), in: I.D.I., 63 *Annuaire de l'Institut de Droit International* (1989)-II, pp. 286 y 288-289.

omnes de protección. También han revelado esta necesidad, de forma elocuente, las resoluciones sobre Medidas Provisionales de Protección en casos relativos a personas bajo detención (casos de violencia dentro de las cárceles, entre los propios internos, bajo la custodia del Estado), como advertí en mis Votos Concurrentes en las Resoluciones de la CtIADH en los casos de la *Cárcel de Urso Branco versus Brasil* (del 07.07.2004), de las *Penitenciarias de Mendoza versus Argentina* (de 18.06.2005 y de 30.03.2006), y de la *Penitenciaria de Araraquara versus Brasil* (del 30.09.2006), entre otros.

En fin, al rescatar el gran aporte doctrinal de su memorable Opinión Consultiva n. 18 sobre *La Condición Jurídica y los Derechos de los Migrantes Indocumentados* (2003), la CtIADH ha resaltado el "vínculo indisoluble" entre las obligaciones *erga omnes* de protección y el carácter de *jus cogens* del principio básico de igualdad y no-discriminación, que impone a los Estados el deber especial de tomar todas las medidas necesarias para asegurar la protección de los derechos humanos con respecto a "actuaciones y prácticas de terceros que, bajo su tolerancia o aquiescencia, creen, mantengan o favorezcan las situaciones discriminatorias" (párr. 178). Con ésto, la Corte no ha dejado pasar al olvido y desapercibido el silencio de las víctimas inocentes. Cabe aquí una última precisión en relación con el punto en examen: todas las normas del *jus cogens* generan necesariamente obligaciones *erga omnes* de protección, pero ni todas las obligaciones *erga omnes* emanan necesariamente de normas del *jus cogens*.

Capítulo XV

LA IMPORTANCIA DEL PROCEDIMIENTO ORAL Y LA NECESIDAD DE REALIZACIÓN DE AUDIENCIAS PÚBLICAS

En el seno de la CtIADH, siempre he sostenido la necesidad de la realización de audiencias públicas ante la Corte, esenciales para la mejor instrucción del proceso. Las audiencias públicas se realizan para dar a las partes la oportunidad de revelar a la CtIADH sus puntos de vista, su versión o percepción de los hechos, sus argumentos en cuanto al derecho (aunque no haya en la mente de los jueces "dudas jurídicas"). En el seno de la CtIADH, en determinados casos he dado la mayor importancia (aún ante alguna resistencia) a los peritajes psicológicos, antropológicos, sociológicos, que han contribuído a enriquecer tantas Sentencias de esta Corte en casos de particular complejidad, de denso contenido cultural (como los casos de *Bámaca Velásquez versus Guatemala* (2000-2002), de la *Comunidad Moiwana versus Suriname* (2002), entre tantos otros).

En una entrevista que concedí, en la sede de la CtIADH en San José de Costa Rica, al final de mi largo período como Juez Titular de la Corte, señalé precisamente la necesidad de audiencias públicas, para escuchar tantos testigos y peritos cuantos sea necesario para bien instruir los procesos y valorar los hechos; defendí la presencia, en determinados casos, entre los peritos, de "cientistas sociales, psicólogos antropólogos", inclusive para la determinación de los hechos y, en su caso, la evaluación del daño moral[1]. Siempre he considerado que el derecho, en su aplicación, tiene mucho que aprender con otras áreas del conocimiento humano.

Es, para mí, incomprensible e lamentable que, más recientemente, la CtIADH, en su nuevo afán de "productividad", no haya estimado

---

1 Cf. L.R. Tanner, "Interview with Judge Antônio A. Cançado Trindade, Inter-American Court of Human Rights", 31 *Human Rights Quarterly* (2009) pp. 988-989.

imprescindible la realización de, por lo menos, una audiencia pública, en el caso de tanta importancia histórica como el de *Goiburú y Otros versus Paraguay* (2006), atinente a la siniestra "Operación Cóndor", que podría en mucho haber enriquecido su Sentencia. Un tribunal internacional como la CtIADH no solamente "resuelve" dudas y casos, sino además *dice cual es el Derecho*, realiza la Justicia, y restaura la dignidad de las víctimas. Para decir cual es el Derecho, hay que beneficiarse de otras ramas del conocimiento humano, pues, al contrario de lo que arrogantemente creían los positivistas, el Derecho no es autosuficiente y el jurista tiene mucho que aprender con otras areas del conocimiento humano. Para realizar la Justicia, hay que dar oportunidad a las partes de exponer todos sus argumentos. Y para restaurar la dignidad de las víctimas, hay que dejarlas expresarse libremente, hay que oírlas atentamente, incluso como forma de reparación.

Las víctimas de malos tratos y tortura (v.g., casos *Loayza Tamayo versus Perú*, *Suárez Rosero versus Ecuador*, *Cantoral Benavides versus Perú*, *Tibi versus Ecuador*, entre otros), duramente humilladas, por primera vez se sienten jurídicamente iguales a los Estados demandados, al presentar *personalmente* su caso ante la Corte y al reivindicar *personalmente* ante ésta reparación. Las víctimas actúan como verdaderos sujetos de derecho y no como simple objeto de protección. Esto contribuye también a evitar la repetición de las violaciones. Y la propia jurisprudencia debe reflejar la interdisciplinariedad en la atención (Derecho, psicología, antropología, sociología), y las reparaciones a las víctimas.

Durante los años de mi Presidencia de la CtIADH (1999-2004), invariablemente hice hincapié en oír, en audiencias públicas, no solamente testigos, sino también peritos, provenientes de diferentes áreas del conocimiento humano. Siempre he atribuido la mayor relevancia a dichas audiencias públicas, por una serie de razones: a) contribuyen ellas a la materialización de la igualdad de armas (*equality of arms / égalité des armes*), de modo a que las partes tengan igual oportunidad de presentar todos sus argumentos y pruebas ante la CtIADH; b) aseguran la observancia del *principio del contradictorio*[2], de modo a

---

[2] Para un estudio general reciente, cf., [Varios Autores,] *Le principe du contradictoire devant les juridictions internationales* (eds. H. Ruiz Fabri y J.-M. Sorel), Paris, Pédone, 2004, pp. 1-195.

que las partes se sientan, ellas mismas, satisfechas de que todas sus pruebas hayan sido producidas ante la CtIADH para la determinación de los hechos, y todos sus argumentos hayan sido presentados ante la CtIADH para su evaluación de lo ocurrido; y c) constituyen, para las víctimas, como anteriormente señalado, una forma de reparación, y para ellas de las más importantes.

Las dudas que tienen que ser aclaradas, tanto jurídicas como factuales, no son sólo las eventuales dudas de los Jueces, sino también – y sobre todo – las de las partes. Y, para ese fin, las audiencias públicas son no sólo apropiadas sino además necesarias. Importa, además, que los expedientes de los casos ante la CtIADH sean objeto de lectura y reflexión. Siempre sostuve la necesidad de la lectura colectiva de la totalidad de los proyectos de Sentencia de la Corte. Me he opuesto en vano al actual énfasis en la "productividad", para exhibir gráficos que puedan quizás impresionar a los incautos, pero son vacíos de sentido humano, además de minar la mística que debe inspirar la labor colectiva y unida de la CtIADH, con espíritu de colegialidad.

Al igual que en el ejercicio de la función contenciosa, también en el de la función consultiva las audiencias públicas se revisten, a mi modo de ver, de particular importancia. Para mi particular satisfacción, durante mi Presidencia de la CtIADH, dos Opiniones Consultivas que hoy forman parte de la historia no sólo de la Corte Interamericana, sino de toda la protección internacional de los derechos humanos en nuestra región del mundo, contaron con procedimientos consultivos memorables, marcados por una notable participación pública. Me refiero a las Opiniones Consultivas ns. 16 (1999) y 18 (2003) de la CtIADH.

El procedimiento consultivo de la Opinión n. 16, sobre *El Derecho a la Información sobre la Asistencia Consular en el Marco de las Garantías del Debido Proceso Legal*, contó con la participación de 8 Estados intervinientes, además de 7 individuos representantes de 4 organizaciones no-gubernamentales (ONGs) nacionales e internacionales (actuantes en el dominio de los derechos humanos), dos individuos de una ONG actuante en pro de la abolición de la pena de muerte, 2 representantes de una entidad (nacional) de abogados, 4 Profesores universitarios en su capacidad individual, y 3 individuos en representación de una persona condenada a la muerte. La participación pública en el procedimiento consultivo de la Opinión n. 18, sobre la *Condición Jurídica y Derechos de los Migrantes Indocumentados*, fue aún mayor, y, del modo como fue conducido, fue sin precedentes en toda la historia de la Corte.

Dicho procedimiento consultivo de la Opinión Consultiva n. 18 contó con dos periodos de audiencias públicas. El primero, para los Estados, se realizó en la sede de la CtIADH en San José de Costa Rica, en febrero de 2003, con la participación de 12 Estados acreditados, de los cuales 5 intervinieron con sus alegados orales – además de la ComIADH – ante la Corte. Al final de dicha audiencia, bajo mi Presidencia, ponderé a mis colegas los Jueces de la Corte que, dada la trascendencia del tema (que parecía suscitar convergencias entre los participantes), era esta una ocasión única para convocar un segundo período de audiencias públicas, a ser reservado a las ONGs, a organismos internacionales y nacionales, y a la Academia. Con el respaldo de todos mis pares, procedí a la convocatoria del mismo.

Este segundo período de audiencias públicas se realizó fuera de la sede de la CtIADH (por primera vez en su historia), en Santiago de Chile, en junio de 2003. Contó con la participación de una agencia de Naciones Unidas (el Alto-Comisionado de Naciones Unidas para los Refugiados – ACNUR), 9 entidades de la sociedad civil, círculos académicos de diversos países de la región, además de los representantes del Consejo Centroamericano de los *Ombudsmen* de Derechos Humanos (Defensores del Pueblo)[3]. Fue una audiencia pública memorable, un marco en la historia de la Corte, que posibilitó la emisión por la misma, el 17 de septiembre de 2003, de una Opinión Consultiva aclaradora del camino a recorrer en la materia, para revertir la regresión en tantas sociedades nacionales, combatir la intolerancia en relación con los migrantes indocumentados, y salvaguardar sus derechos fundamentales a la luz del principio básico de la igualdad y la no-discriminación[4].

---

3 Cf. relato *in*: A.A. Cançado Trindade, "The International Standards of Protection of the Human Person in the Developing Case-Law of the Inter-American Court of Human Rights (1982-2004)", 104 *Journal of International Law and Diplomacy* – Japanese Society of International Law/Tokyo (2006) n. 4, pp. 540-541. –

4 Así lo señalé (en cuanto a la relevancia de la referida Opinión Consultiva n. 18 de la CtIADH, también para los países del continente europeo, hoy tristemente tragados por la una ola de xenofobia), cuatro años después, en mi conferencia inaugural de la 38a.

Aún en el ejercicio de la Presidencia de la CtIADH, determiné la publicación, en la Serie B (Argumentos Orales y Documentos) de la Corte, de los dos tomos respectivos, de las actas de las audiencias públicas relativas a las Opiniones Consultivas n. 16, sobre *El Derecho a la Información sobre la Asistencia Consular en el Marco de las Garantías del Debido Proceso Legal* (1999), y n. 18, sobre la *Condición Jurídica y Derechos de los Migrantes Indocumentados* (2003). Los dos tomos, publicados en 2000 y 2005, respectivamente, constituyen un manancial de fuentes primarias de investigación académica, hoy a la disposición de las nuevas generaciones de estudiosos del Derecho Internacional de los Derechos Humanos.

Hay un último punto al cual quisiera referirme brevemente en el presente capítulo, atinente al examen de aspectos jurídicos de *dossiers* tanto de casos contenciosos como de opiniones consultivas en conocimiento de la CtIADH. Tuve ocasión de evocarlo en una entrevista que concedí, a representantes del cuerpo discente de la Facultad de Derecho de la Universidad Nacional Autónoma de México (UNAM), el 13 de febrero de 2003, en el Museo Nacional de Antropología e Historia, en la Ciudad de México. En la ocasión, observé, *inter alia*, que la participación en los procedimientos ante la Corte mediante *amici curiae*

> "es muy importante para el procedimiento, tanto contencioso como consultivo, porque muchas veces los escritos y argumentos presentados por ellos abarcan aspectos de los casos que no son suficientemente conocidos. El primer aspecto importante de los *amici curiae* es que amplían el campo de conocimiento sobre los temas tratados, ya que revelan un conocimiento especializado o un enfoque propio sobre las cuestiones jurídicas abordadas en cada caso. El segundo aspecto importante es que aseguran una mayor participación en el procedimiento, sobre todo en materia de Opiniones Consultivas. Esto es no solamente deseable, sino necesario para reunir todos los elementos que deben ser tomados en cuenta por el Tribunal, y para asegurar una amplia publicidad al procedimiento. La participación

Sesión Anual de Estudios del Instituto Internacional de Derechos Humanos (Fundación René Cassin), en Estrasburgo, Francia, el 02 de julio de 2007, posteriormente publicada *in*: A.A. Cançado Trindade, "Le déracinement et la protection des migrants dans le Droit international des droits de l´homme", 19 *Revue trimestrielle des droits de l´homme* – Bruxelles (2008) n. 74, pp. 289-328.

> de los *amici curiae* también corresponde al ideal de un procedimiento transparente, claro y amplio"[5].

Por estas razones, durante mis años como Juez Titular de la CtIADH, siempre defendí la presencia de *amici curiae* en los expedientes de los casos contenciosos, así como de las opiniones consultivas, en conocimiento de la CtIADH.

[5] *Cit. in*: G. Aguilar Castañón, L.I. González Morales, K.M. Salas Ramírez y I.M. Pérez Zagal, "Entrevista con Antônio Augusto Cançado Trindade, Presidente de la Corte Interamericana de Derechos Humanos", 2 *Revista Cauces* – UNAM/México (2003) n. 5-7, pp. 88-89.

Parte IV

CUESTIONES DE HERMENÉUTICA JURÍDICA

Las cuestiones de hermenéutica jurídica encuéntranse ineludiblemente presentes en el cotidiano de la operación de todo tribunal internacional. Revístense de gran importancia, en la motivación de las Sentencias y el razonamiento de Opiniones Consultivas y de otras decisiones de los tribunales internacionales, y la Corte Interamericana de Derechos Humanos (CtIADH) no hace excepción a esto. En la parte IV del presente tomo de mis memorias de la CtIADH, procedo a un examen de dichas cuestiones de hermenéutica jurídica, muy presentes en mi época en la CtIADH, las cuales pueden también extenderse al plano del derecho sustantivo o procesal, pero son aquí examinadas desde el enfoque de la labor de interpretación del Tribunal. A continuación, paso en revista las siguientes cuestiones de hermenéutica jurídica: a) facultades inherentes de la CtIADH, como maestra de su propia jurisdicción; b) hermenéutica integradora de las disposiciones convencionales de protección; c) la dimensión temporal en la interpretación y aplicación de la Convención Americana; d) la proyección del sufrimiento humano en el tiempo; e) las desapariciones forzadas de personas y la ampliación de la noción de víctima; f) la *exigibilidad* de los derechos económicos, sociales y culturales; g) la dimensión preventiva: el carácter vinculante y la expansión de las medidas provisionales de protección; y h) interacciones entre el derecho internacional y el derecho interno en materia de protección de los derechos humanos.

Capítulo XVI

FACULTADES INHERENTES DE LA CORTE, COMO MAESTRA DE SU PROPIA JURISDICCIÓN

En el seno de la CtIADH, he sido un defensor vehemente de su *compétence de la compétence/Kompetenz-Kompetenz*, por entender que la Corte es necesariamente maestra de su propia competencia. De otro modo, estaría negativamente comprometido el ejercicio de la función judicial, ante manifestaciones indebidas del voluntarismo estatal. Afortunadamente, mi entendimiento fue acatado por mis colegas los Jueces de la CtIADH, y pasó a conformar la jurisprudencia de la misma, en materia tanto consultiva como contenciosa, así como en la supervisión *ex officio* por la propia Corte del cumplimiento de sus Sentencias.

La CtIADH, durante el periodo de mi actuación como su Juez Titular, ha afirmado con firmeza su *compétence de la compétence*, en materia tanto consultiva como contenciosa. En cuanto a la primera, en su Opinión Consultiva n. 15 (del 14.11.1997) sobre los *Informes de la Comisión Interamericana de Derechos Humanos*, atinente a la interpretación del artículo 51 de la Convención Americana (cf. párrs. 54-59), la CtIADH emitió la referida Opinión, no obstante el hecho de que el Estado solicitante, Chile, había posteriormente retirado su solicitud. La CtIADH correctamente sostuvo que ésto en nada afectaba su competencia sobre la materia que ya estaba bajo su conocimiento, y senãló que la solicitud de Opinión Consultiva a ella sometida ya había sido notificada a todos los Estados miembros de la OEA y todos los órganos mencionados en el capítulo X de la Carta de la OEA. En mi Voto Concurrente, destaqué que esta decisión tocaba las propias bases de la competencia de la Corte en materia consultiva, preservaba la integridad y fortalecía su jurisdicción en materia consultiva.

Poco después, ya en el período de mi Presidencia de la Corte, ésta emitió sus dos históricas Sentencias sobre Competencia (ambas del

24.09.1999), anteriormente mencionadas, en los casos de *Ivcher Bronstein* y del *Tribunal Constitucional* (cf. *supra*), rechazando por "inadmisible" el pretendido "retiro" del Estado demandado, y del mismo modo preservando la integridad y fortaleciendo su jurisdicción, también en materia contenciosa. Estas dos Sentencias han tenido amplia repercusión internacional, y han sido muy bien recibidas en la doctrina jurídica contemporánea más lúcida. En mi discurso del 03.12.2002, como Presidente de la Corte, en el Coloquio conmemorativo del cincuentenario de la Corte de Justicia de las Comunidades Europeas, en Luxemburgo, señalé precisamente que la postura de firme defensa de la integridad de su propia jurisdicción por parte de los tribunales internacionales (Cortes Interamericana y Europea) de derechos humanos ha contribuído decisivamente para hacer avanzar el antiguo ideal de la realización de la justicia internacional en nuestros días[1].

Posteriormente, aún como Presidente de la Corte Interamericana, tuve el honor de, por invitación de la Corte Europea, inaugurar el año judicial de ésta última en la noche del 22.01.2004, en el *Palais des Droits de l'Homme* en Estrasburgo. En mi discurso inaugural en dicha ceremonia, ponderé que

> "La Cour européenne et la Cour interaméricaine ont toutes deux, à juste titre, imposé des limites au volontarisme étatique, protégé l'intégrité de leurs Conventions respectives des droits de l'homme, ainsi que la prépondérance des considérations d'*ordre public* face à la volonté de tel ou tel État, élevé les exigences relatives au comportement de l'État, instauré un certain contrôle sur l'imposition de restrictions excessives par les États, et, de façon rassurante, mis en valeur le statut des individus en tant que sujets du Droit International des Droits de l'Homme en les dotant de la pleine capacité sur le plan procédural. En ce qui concerne le fondement de leur juridiction contentieuse, la fermeté de leur position en faveur de l'intégrité des mécanismes de protection des deux Conventions est bien illustrée, notamment, par les décisions ou arrêts de la Cour Européenne dans les affaires *Belilos versus Suisse* (1988), *Loizidou versus Turquie* (exceptions préliminaires, 1995), et *Ilascu, Lesco, Ivantoc et Pe-*

1 Texto del discurso reproducido *in*: OEA, *Informe Anual de la Corte Interamericana de Derechos Humanos – 2002*, San José de Costa Rica, CtIADH, 2003, Anexo XXXV, pp. 923-924.

trov-Popa versus Moldova et la Fédération de Russie (2001), ainsi que par les décisions de la Cour Interaméricaine dans les affaires *Tribunal constitutionnel* et *Ivcher Bronstein versus Pérou,* (compétence, 1999), ou encore *Hilaire, Constantine et Benjamin et alii versus Trinité-et-Tobago* (exception préliminaire, 2001)"[2].

Como ya señalé anteriormente, la CtIADH, ante una laguna en el sistema interamericano de derechos humanos, ha avocado para sí la facultad de supervisión *motu propio* del fiel cumplimiento de sus Sentencias (cf. *supra*). En el año de 2003, el Estado de Panamá cuestionó la facultad inherente de la Corte Interamericana de supervisar el cumplimiento de sus Sentencias, – en particular en el tormentoso caso *Baena Ricardo y Otros (270 Trabajadores versus Panamá*, 2001), así como de requerir, de los Estados demandados, informes para determinar, de conformidad con el artículo 65 de la CADH, el incumplimiento o no de determinadas Sentencias y así informarlo a la Asamblea General de la OEA.

Una vez emitida la Sentencia de la Corte en el mencionado caso *Baena Ricardo y Otros (270 Trabajadores versus Panamá,* fondo y reparaciones, Sentencia del 02.02.2001), – al final de un largo procedimiento contencioso marcado por los ánimos acirrados de las partes, y de presiones a veces indebidas de ambas sobre el Tribunal, – la CtIADH tuvo que involucrarse en un procedimiento de supervisión de ejecución de la Sentencia, que consumió mucho de su tiempo (con escasos recursos materiales), que podría haber sido reservado a la consideración de nuevos casos contenciosos. Los mal entendimientos, perfectamente evitables, conllevaron a la realización, en la sede de la Corte[3], de no menos que siete reuniones de trabajo con las partes, además de la tramitación de numerosos y voluminosos documentos, en cuanto a la ejecución de la Sentencia.

---

2 *In*: A.A. Cançado Trindade, *El Desarrollo del Derecho Internacional de los Derechos Humanos mediante el Funcionamiento y la Jurisprudencia de la Corte Europea y la Corte Interamericana de Derechos Humanos*, San José de Costa Rica/ Strasbourg, CtIADH, 2007, pp. 41-42, párr. 13.

3 Las siete reuniones con las partes tuvieron lugar, en la sede en la Corte, en los días 25.02.2002 (dos reuniones separadas), 20.06.2002, 21.06.2002, 24.06.2002, 28.08.2002 y 27.02.2003.

Como si no fuera suficiente, después de estas siete reuniones, y en una etapa ya avanzada de la supervisión por la Corte del cumplimiento de su propia Sentencia, el Estado demandado resolvió entonces, por primera vez (y única hasta la fecha) en toda la historia del Tribunal, desafiar, de modo sorprendente, la competencia de la CtIADH de ejercer tal supervisión[4]. Cuando el Estado panameño presentó un escrito, del 30.07.2003, en ese propósito, la CtIADH ya había adoptado dos Resoluciones sobre Cumplimiento de Sentencia, en 22.11.2002 y 06.06.2003, respectivamente.

En la primera de ellas (Resolución del 22.11.2002), larga y circunstanciada, la CtIADH destacó *inter alia* (*considerandum* n. 3) que la obligación del Estado demandado de dar cumplimiento a lo dispuesto en la Sentencia del Tribunal corresponde a un "principio básico del derecho de la responsabilidad internacional del Estado", respaldado por la jurisprudencia internacional, según el cual los Estados deben cumplir sus obligaciones internacionales de buena fe (*pacta sunt servanda*) y, como lo dispone el artículo 27 de la Convención de Viena sobre Derecho de los Tratados de 1969, no pueden "por razones de órden interno", dejar de asumir la responsabilidad internacional "ya establecida"[5].

En la segunda Resolución sobre Cumplimiento de Sentencia (del 06.06.2003), la CtIADH volvió a evocar el principio básico *pacta sunt servanda* (*considerandum* 4), sumado a la obligación de reparación, regida en todos los aspectos (alcance, naturaleza, modalidades y determinación de los beneficiarios) por el derecho internacional, y que "no puede ser modificada o incumplida por el Estado obligado invocando disposiciones de su derecho interno" (*considerandum* 6). El Tribunal nuevamente invocó su "práctica constante" de supervisión del cumplimiento de sus propias Sentencias[6]. Y afirmó la CtIADH te-

---

4 En sus escritos, presentados a la Corte, del 27.02.2003 y del 30.07.2003.

5 En la misma Resolución, invocó la CtIADH (*considerandum* n. 15) su propia "práctica constante", en el sentido de que se encuentra ella dotada de la facultad de "continuar a supervisar" la Sentencia (en cuanto al fondo y reparaciones, en el citado caso *Baena Ricardo y Otros [270 Trabajadores]*, del 02.02.2001), hasta que considere que el Estado demandado haya dado "cabal cumplimiento" a lo dispuesto en dicha Sentencia.

6 Mediante "un procedimiento escrito, que consiste en que el Estado responsable presente los informes que le sean requeridos por la CtIADH, y la ComIADH y las víctimas o sus representantes legales remitan observaciones a tales informes" (*considerandum* 7).

ner "el poder inherente a sus atribuciones de emitir, a solicitud de parte o *motu propio*, instrucciones para el cumplimiento de las medidas de reparación por ella ordenadas, en virtud de que es la encargada de velar por el fiel cumplimiento de sus decisiones" (*considerandum* 9).

En fin, mediante su ejemplar y histórica Sentencia sobre Competencia, emitida por la Corte Interamericana el 28.11.2003, *en la etapa de supervisión del cumplimiento* de su anterior Sentencia (en cuanto al fondo y reparaciones, del 02.02.2001) en el caso *Baena Ricardo y Otros (270 Trabajadores) versus Panamá*, el Tribunal rechazó el primero y único desafío (hasta la fecha) a su facultad de supervisión internacional, en toda su historia. La Corte, en notable Sentencia, – que desde entonces ha servido de guía a su práctica hasta la fecha, – refutó, uno a uno, los argumentos del Estado demandado.

En su supracitada Sentencia sobre Competencia del 28.11.2003, al reafirmar su *compétence de la compétence/Kompetenz-Kompetenz*, la CtIADH invocó el principio del *effet utile* (párrs. 66, 68 y 100), – del cual no podía ella abdicar (párr. 70), – y las amplias facultades de que dispone para ordenar las medidas de reparación de conformidad con el artículo 63(1) de la CADH (párr. 64). La CtIADH estableció su competencia para supervisar la ejecución o el cumplimiento de sus Sentencias, y determinó que, en el ejercicio de dicha competencia, tiene la facultad de requerir de los Estados demandados la presentación de todos los informes que sean necesarios para evaluar el cumplimiento de lo ordenado por ella con el fin de emitir instrucciones o resoluciones sobre la materia.

Capítulo XVII

HERMENÉUTICA INTEGRADORA DE LAS DISPOSICIONES CONVENCIONALES DE PROTECCIÓN

En todo mi largo período como Juez Titular de la Corte Interamericana, he avanzado invariablemente una hermenéutica integradora de las disposiciones de protección de los derechos humanos consagrados en la Convención Americana *inter se*, y de la propia normativa de las distintas vertientes de protección internacional de los derechos de la persona humana como un todo (*infra*). Así, en numerosos Votos a lo largo de los años, ponderé que las normas relativas a derechos sustantivos en combinación con el deber general del artículo 1(1) de la Convención Americana conllevan al reconocimento ineludible de las obligaciones *erga omnes* de protección para hacer frente a la actual y amenazadora diversificación de las fuentes de violaciones de los derechos humanos.

En la misma línea de razonamiento, he mantenido, a lo largo de los años, en diversos Votos en la Corte (e.g., mi Voto Concurrente en el caso de la *"Última Tentación de Cristo"*, *Olmedo Bustos y Otros versus Chile*, Sentencia del 05.02.2001), que las normas relativas a derechos sustantivos en combinación con el deber general del artículo 2 de la Convención Americana (adecuación del derecho interno a la CADH) subrayan el amplio alcance de las obligaciones convencionales de protección, las cuales vinculan todos los poderes del Estado (el Ejecutivo, el Legislativo y el Judicial) así como todos los agentes del Estado.

Sostuve además la interrelación entre los deberes generales de los artículos 1(1) (de respetar y asegurar el respeto de los derechos protegidos) y 2 (de armonizar el derecho interno con la normativa de protección de la Convención Americana), – tal como expuse, e.g., en mi Voto Disidente en el caso *Caballero Delgado y Santana versus Colombia* (reparaciones, Sentencia del 29.01.1997). En efecto, el deber general y fundamental de respetar y asegurar el respeto de los derechos protegidos por la Convención Americana sobre Derechos Humanos, estipulado en el artículo 1.1 de la misma, encuentra paralelo en otros tratados de derechos de la persona humana[1]. A su vez, también el deber general del artículo 2 de la Convención Americana, de adecuar la normativa del derecho interno con la de la Convención Americana, tiene equivalentes en otros tratados de derechos humanos[2].

Las dos obligaciones generales consagradas en la Convención Americana – la de respetar y garantizar los derechos protegidos (artículo 1.1) y la de adecuar el derecho interno a la normativa internacional de protección (artículo 2) – siempre me parecieron ineluctablemente interligadas, – como tuve ocasión de sostener en mi supracitado Voto Disidente en el caso *Caballero Delgado y Santana*, en los siguientes términos:

> "(...) La violación del artículo 2 acarrea siempre, a mi modo de ver, la violación igualmente del artículo 1.1. La violación del artículo 1.1 configúrase siempre que haya una violación del artículo 2. Y en casos de violación del artículo 1.1 hay una fuerte presunción de inobservancia del artículo 2, en virtud, v.g., de insuficiencias o lagunas del ordenamiento jurídico interno en cuanto a la reglamentación de las condiciones del ejercicio de los derechos protegidos. Asimismo, no hay como minimizar la obligación del artículo 2, una vez que ésta confiere precisión a la obligación inmediata y fundamental del artículo 1.1, de la cual configúrase como casi un corolario. La obligación del artículo 2 requiere que se adopte la legislación necesaria para dar efectividad a las normas convencionales de protección, supliendo eventuales lagunas o insuficiencias en el derecho interno, o entonces que se alteren disposiciones legales nacionales a fin de armonizarlas con las normas convencionales de protección" (para. 9).

1 Como el Pacto de Derechos Civiles y Políticos (artículo 2.1), la Convención sobre Derechos del Niño (artículos 2.1 y 38.1), las cuatro Convenciones de Ginebra de 1949 sobre Derecho Internacional Humanitario (artículo 1) y el Protocolo Adicional de 1977 a estas últimas (artículo 1.1).

2 Como, v.g., en el Protocolo Adicional de 1988 (a la Convención Americana) en Materia de Derechos Económicos, Sociales y Culturales (artículo 2), en el Pacto de Derechos Civiles y Políticos (artículo 2.2), en la Carta Africana de Derechos Humanos y de los Pueblos (artículo 1), y en la Convención de Naciones Unidas contra la Tortura y Otros Tratos o Penas Crueles, Inhumanos o Degradantes (artículo 2.1).

Por consiguiente, el incumplimiento de las obligaciones convencionales compromete la responsabilidad internacional del Estado, por actos u omisiones, sea del Poder Ejecutivo, sea del Legislativo, sea del Judicial. En suma, – agregué en mi referido Voto Disidente en el caso *Caballero Delgado y Santana*, – las obligaciones internacionales de protección, que en su amplio alcance vinculan conjuntamente todos los poderes del Estado,

> "comprenden las que se dirigen a cada uno de los derechos protegidos, así como las obligaciones generales adicionales de respetar y garantizar éstos últimos, y de adecuar el derecho interno a las normas convencionales de protección, tomadas conjuntamente. Como sostuve también en mi Voto Disidente en el caso *El Amparo* (Reparaciones, Sentencia del 14.09.1996), las violaciones de derechos humanos y las reparaciones de los daños de ellas resultantes deben determinarse bajo la Convención Americana teniendo presentes las obligaciones específicas relativas a cada uno de los derechos protegidos juntamente con las obligaciones generales consagradas en los artículos 1.1 y 2 de la Convención. El reconocimiento de la *indisociabilidad* de estas dos obligaciones generales *inter se* constituiría un paso adelante en la evolución de la materia" (para 10).

Y viene, además, revelar la interrelación entre el derecho internacional y el derecho interno, en el presente dominio de protección de los derechos de la persona humana. Aquí, los dos órdenes jurídicos se encuentran en constante interacción, y las medidas *nacionales* de implementación, particularmente las de carácter legislativo, se revisten de capital importancia para el futuro de la propia protección *internacional* de los derechos humanos (para. 20). Por eso, – concluí en mi citado Voto Disidente en el caso *Caballero Delgado y Santana*,

> "de la misma forma con que se aprecia el valor de iniciativas concretas en este sentido, no se puede consentir en que, por omisión o inacción en el plano del derecho interno[3], lo prescrito en los tratados de derechos humanos en cuanto a las condiciones de ejercicio de los derechos protegidos acabe por reducirse a poco más que letra muerta" (para. 21).

---

[3] Cf. mi Voto Disidente en el caso *El Amparo* (reparaciones, Sentencia del 14.09.1996), paras 1-11.

Esta visión ha contribuído a hacer con que las Sentencias de la Corte tengan un impacto en todo el medio social y en el ordenamiento jurídico interno del Estado demandado en cuestión. Puedo referirme a otros ejemplos de esta hermenéutica integradora de otras disposiciones convencionales de protección de la CADH. Así, avancé con firmeza, – a veces enfrentando una u otra resistencia en el seno de la Corte, – el entendimiento de que hay una interrelación ineludible entre lo dispuesto en los artículos 25 (derecho a un recurso efectivo, protección judicial) y 8 (garantías judiciales), – tal como expuse, e.g., en mi Voto Razonado en el caso de la *Masacre de Pueblo Bello versus Colombia* (Sentencia del 31.01.2006).

Durante todo mi período como magistrado de la Corte Interamericana, esta última, en su *jurisprudence constante*, ha consistentemente unido, con el debido razonamiento, la consideración de las alegadas violaciones de los artículos 8 y 25 de la Convención Americana[4]. Además de estas Sentencias, en otras la Corte ha sido particularmente enfática en la necesidad de seguir una hermenéutica integradora (y jamás desagregadora) de los artículos 8 y 25 de la Convención Americana, tomándolos en conjunto[5]. El artículo 8(1) encuéntrase, pues, en el correcto entendimiento de la Corte, entrañablemente ligado al derecho a un recurso efectivo bajo el artículo 25 de la Convención[6].

---

4 Como lo ejemplifican debidamente sus Sentencias sobre los casos *Barrios Altos (Chumbipuma Aguirre y Otros) versus Perú* (del 14.03.2001, párrs. 47-49), *Las Palmeras versus Colombia* (del 06.12.2001, párrs. 48-66), *Baena Ricardo y Otros versus Panamá* (del 02.02.2001, párrs. 119-143), *Myrna Mack Chang versus Guatemala* (del 25.11.2003, párrs. 162-218), *Maritza Urrutia versus Guatemala* (del 27.11.2003, párrs. 107-130, *19 Comerciantes versus Colombia* (del 05.07.2004, párrs. 159-206, *Hermanos Gómez Paquiyauri versus Perú* (del 08.07.2004, párrs. 137-156), *Hermanas Serrano Cruz versus El Salvador* (del 01.03.2005, párrs. 52-107), *Caesar versus Trinidad y Tobago* (del 11.03.2005, párrs. 103-117), *Comunidad Moiwana versus Suriname* (del 15.06.2005, párrs. 139-167), *Comunidad Indígena Yakye Axa versus Paraguay* (del 17.06.2005, párrs. 55-119), *Fermín Ramírez versus Guatemala* (del 20.06.2005, párrs. 58-83), *Yatama versus Paraguay* (del 23.06.2005, párrs. 145-177), *Masacre de Mapiripán versus Colombia* (del 15.09.2005, párrs. 193-241), y *Gómez Palomino versus Perú* (del 22.11.2005, párrs. 72-86).

5 Por ejemplo, en el caso *Cantos versus Argentina* (Sentencia del 28.11.2002), la Corte destacó la importancia del *derecho de acceso a la justicia*, consagrado a un tiempo, *lato sensu*, tanto en el artículo 25 como en el artículo 8(1) de la Convención (párrs. 50 y 52).

6 En esta misma línea de razonamiento, en el caso *Hilaire, Constantine y Benjamin y Otros versus Trinidad y Tobago* (Sentencia del 21.06.2002) la Corte evocó su *obiter dictum* en la Opinión Consultiva n. 16 (1999) en el sentido de que no hay "debido

En el célebre caso *Bámaca Velásquez versus Guatemala* (Sentencia del 25.11.2000), la Corte tomó expresamente en conjunto "las garantías consagradas en el artículo 8 y la protección judicial establecida en el artículo 25 de la Convención" para analizar las alegadas violaciones de derechos en el *cas d'espèce* (párr. 187). Y, en el caso *Myrna Mack Chang versus Guatemala* (Sentencia del 25.11.2003), la Corte afirmó muy significativamente:

> "(...) La Corte debe efectuar *un examen del conjunto de las actuaciones judiciales internas* para *obtener una percepción integral de las mismas* y *establecer si dichas actuaciones contravienen los estándares sobre las garantías y protección judiciales y el derecho a un recurso efectivo, que emergen de los artículos 8 y 25 de la Convención*"[7].

Esta visión ha puesto de manifiesto la concepción amplia del derecho de acceso a la justicia *lato sensu* (abarcando la propia prestación jurisdiccional), y ha maximizado la protección debida a las víctimas[8]. Espero sinceramente que la Corte la mantenga en el futuro, como lo ha hecho consistentemente hasta el presente. En mi Voto Razonado en el caso de la *Masacre de Pueblo Bello versus Colombia* (fondo y reparaciones, Sentencia del 31.01.2006), me permití identificar una otra razón en su defensa, a saber:

> "Solamente una hermenéutica integradora, como la que vengo sosteniendo y construyendo en el seno de esta Corte hace más de una década, puede proporcionar una visión necesariamente *integral* de la violación de uno o más derechos protegidos bajo la Convención, *con consecuencias directas para la determinación adecuada*

proceso legal" si un justiciable no puede hacer valer sus derechos "en forma efectiva" (i.e., si no tiene verdadero acceso a la justicia), y agregó que, "para que en un proceso existan verdaderas garantías judiciales", se impone la observancia de "todos los requisitos" que sirvan para "asegurar o hacer valer la titularidad o el ejercicio de un derecho" (párrs. 146-147).

7 Párr. 201 de la referida Sentencia (énfasis agregado).

8 Cf. A.A. Cançado Trindade, *El Derecho de Acceso a la Justicia en Su Amplia Dimensión*, Santiago de Chile, Librotecnia, 2008, pp. 61-394; A.A. Cançado Trindade, *The Access of Individuals to International Justice*, Oxford, Oxford University Press, 2011, pp. 1-288 (en prensa); y cf. A.A. Cançado Trindade, *El Acceso Directo del Individuo a los Tribunales Internacionales de Derechos Humanos*, Bilbao, Universidad de Deusto, 2001, pp. 17-96.

> *de las reparaciones*. Es ese un punto adicional que no hay que pasar aquí desapercibido" (párr. 39).

En seguida, en el mismo Voto Razonado, presenté las siguientes ponderaciones en sustentación de dicha hermenéutica integradora:

> "Efectivamente, la protección judicial (artículo 25) y las garantías judiciales (artículo 8) forman conceptualmente un todo orgánico, y conforman el *rule of law* en una sociedad democrática. Los recursos efectivos ante las instancias judiciales nacionales competentes (el *habeas corpus*, el *amparo* en la mayoría de los países latinoamericanos, el *mandado de segurança* en Brasil, entre otros, todos ellos en el sentido del artículo 25 de la Convención Americana) deben ejercerse en el marco, y según los principios, del debido proceso legal (consignados en el artículo 8 de la Convención)[9].
>
> Puede ocurrir que, en un determinado caso, se configure una violación de tan sólo uno de los elementos constitutivos de ese cuadro de protección y garantías judiciales, – pero ésto en nada disminuye la fuerza de la hermenéutica integradora que sostengo, en el sentido de, *en principio*, tomar necesariamente en conjunto lo dispuesto en los artículos 8 y 25 de la Convención Americana, – que conforman, me permito insistir, el *rule of law* en una sociedad democrática, – en relación con los deberes generales estipulados en los artículos 1(1) y 2 de la Convención. Cualquier afirmación en contrario requerería, a mi modo de ver, una fundamentación que, en lo que me consta, simplemente no existe, y tampoco sería mínimamente convincente.
>
> Los órganos de supervisión internacional de los derechos humanos, sin apartarse de los cánones de la regla general de interpretación de los tratados (artículo 31(1) de las dos Convenciones de Viena sobre Derecho de los Tratados, 1969 y 1986), han desarrollado una interpretación teleológica, con énfasis en la realización del objeto y fin de los tratados de derechos humanos, como la más apropiada para asegurar una protección eficaz de dichos derechos. Al fin y al cabo, subyacente a la mencionada regla general de interpretación estipulada en las dos Convenciones de Viena (artículo 31(1)), encuéntrase el principio, con amplio respaldo en la jurisprudencia, según el cual hay que asegurar a las disposiciones convencionales sus efectos

[9] Cf., en ese sentido, la novena Opinión Consultiva de la CtIADH, sobre *Garantías Judiciales en Estados de Emergencia* (1987).

propios (el llamado *effet utile*). Este principio – *ut res magis valeat quam pereat*, – mediante el cual la interpretación hay que propiciar efectos apropiados a un tratado, ha, en materia de derechos humanos, asumido particular importancia en la determinación del amplio alcance de las obligaciones convencionales de protección[10].

Tal interpretación es, en efecto, la que más fielmente refleja la naturaleza especial de los tratados de derechos humanos, el carácter objetivo de las obligaciones que estipulan, y el sentido autónomo de los conceptos en ellos consagrados (distintos de los conceptos correspondientes en el marco de los sistemas jurídicos nacionales). Como los tratados de derechos humanos incorporan conceptos con sentido autónomo, fruto de evolución jurisprudencial, y como el objeto y fin de los tratados de derechos humanos son distintos de los tratados clásicos (por cuanto son atinentes a las relaciones entre el Estado y las personas bajo su jurisdicción), los postulados clásicos de interpretación de los tratados en general se ajustan a esta nueva realidad[11].

Además, el artículo 29(b) de la Convención Americana prohíbe expresamente la interpretación que limite el ejercicio de los derechos protegidos.(...)" (párrs. 48-52).

La misma hermenéutica integradora, del propio *corpus juris* internacional de protección de la persona humana, la he extendido tanto a las distintas normas de protección de la CADH en sus relaciones *inter se*, como también, en una dimensión más amplia, a las normas de distintas vertientes de la protección internacional de los derechos de la persona humana, en sus aproximaciones o convergencias. De ese modo, he sostenido, en sucesivos Votos Razonados en diversas Sentencias de la CtIADH, la *complementariedad* (e inclusive la aplicación concomitante en determinadas circunstancias) de la normati-

10 A.A. Cançado Trindade, *Tratado de Direito Internacional dos Direitos Humanos*, tomo II, Porto Alegre/Brasil, S.A. Fabris Ed., 1999, pp. 32-33 y 192.

11 *Ibid.*, pp. 32-34; y cf. también R. Bernhardt, "Thoughts on the Interpretation of Human Rights Treaties", *in Protecting Human Rights: The European Dimension – Studies in Honour of G.J. Wiarda* (eds. F. Matscher y H. Petzold), Köln, C. Heymanns, 1988, pp. 66-67 y 70;71; Erik Suy, "Droit des traités et droits de l'homme", *in Völkerrecht als Rechtsordnung Internationale Gerichtsbarkeit Menschenrechte – Festschrift für H. Mosler* (eds. R. Bernhardt *et alii*), Berlin, Springer-Verlag, 1983, pp. 935-947; J. Velu y R. Ergec, *La Convention européenne des droits de l'homme*, Bruxelles, Bruylant, 1990, p. 51.

va pertinente del Derecho Internacional de los Derechos Humanos (DIDH), del Derecho Internacional Humanitario (DIH), y del Derecho Internacional de los Refugiados (DIR).

Sobre este punto, me permito referirme a mi Voto Razonado en el caso *Las Palmeras versus Colombia* (excepciones preliminares, Sentencia del 04.02.2000), mi Voto Razonado en el caso *Bámaca Velásquez versus Guatemala* (fondo, Sentencia del 25.11.2000), mi Voto Concurrente en el caso del *Pueblo Indígena Kankuamo versus Colombia* (Resolución del 05.07.2004), mi Voto Concurrente en el caso de la *Comunidad de Paz de San José de Apartadó versus Colombia* (Resolución del 15.03.2005), entre otros. Las tres vertientes de protección de la persona humana encuéntranse presentes, concomitantemente, en las reflexiones que desarrollé en mi Voto Razonado en la Interpretación de Sentencia (del 08.02.2006) en el caso de la *Comunidad Moiwana versus Suriname*, inclusive en relación con la garantía del retorno voluntario y sostenible a sus tierras de los miembros sobrevivientes de la comunidad victimada por la masacre, como forma de reparación y garantía de no-repetición de los hechos lesivos (párrs. 10-16).

En la misma línea de razonamiento, he sostenido, además, la necesidad de promover la *complementariedad* de la responsabilidad internacional del Estado y de la responsabilidad penal internacional del individuo, de modo a revelar una necesaria confluencia entre el Derecho Internacional de los Derechos Humanos y el Derecho Penal Internacional contemporáneos[12]. En este sentido me he pronunciado en mi Voto Razonado en el caso de *Myrna Mack Chang versus Guatemala* (Sentencia del 18.09.2003), mi Voto Razonado en el caso de la *Masacre de Plan de Sánchez versus Guatemala* (fondo, Sentencia del 20.04.2004), mi Voto Razonado en el caso de *Goiburú y Otros versus Paraguay* (Sentencia del 22.09.2006), mi Voto Razonado en el caso *Almonacid Arellano versus Chile* (Sentencia del 26.09.2006), entre otros.

Para singularizar dos casos llenos de enseñanzas, en mi Voto Razonado en el caso *Goiburú y Otros*, atinente a la sinistra Operación "Cóndor", situé la justicia reparatoria en la confluencia misma del Derecho Penal Internacional y el Derecho Internacional de los Derechos Huma-

12 V.g., mediante la presencia y la participación de las víctimas en los procedimientos internacionales.

nos (párrs. 46-49). Y, en mi Voto Razonado en el caso paradigmático de *Myrna Mack Chang*, sostuve la necesaria complementariedad entre la responsabilidad internacional de los Estados y la responsabilidad penal internacional de los individuos. Aunque ejecutado el crimen por individuos, el Estado concurrió al mismo mediante su planificación, seguida del encubrimiento de los hechos y la obstrucción de justicia (párr. 18). Y me permití agregar la siguiente ponderación:

> "En Derecho, toda persona constituye un centro o unidad de imputación. En el caso de la persona física, trátase de la unidad concreta y viviente de cada ser humano, mientras que la persona jurídica, que es una creación o construcción del Derecho, también constituye un centro o unidad de imputación por las conductas atribuidas a individuos que actúan en su nombre, y por las consecuencias de las cuales ella, persona jurídica, así como sus agentes, deben responder. En suma, la personalidad jurídica de un ente colectivo (como el Estado) es una construcción del Derecho, y constituye una unidad de imputación de las conductas suyas, efectuadas por los individuos que componen dicho ente colectivo y actúan en su nombre; así, tanto la persona jurídica como dichos individuos deben responder por las consecuencias de sus actos u omisiones[13], particularmente cuando acarrean violaciones graves de los derechos humanos y del Derecho Internacional Humanitario. A mi juicio, la responsabilidad internacional del Estado y la responsabilidad penal internacional del individuo no se autoexcluyen, sino, todo lo contrario, son complementarias y encuéntranse inexorablemente interligadas" (párr. 20).

[13] En este sentido, Luis Recaséns Siches, *Tratado General de Filosofía del Derecho*, 16a. ed., México, Ed. Porrúa, 2002, p. 272.

Capítulo XVIII

LA DIMENSIÓN TEMPORAL EN LA INTERPRETACIÓN Y APLICACIÓN DE LA CONVENCIÓN AMERICANA

Durante todos los años en que he actuado como Juez Titular de la CtIADH, siempre he sostenido la dimensión temporal en la interpretación y aplicación de la CADH, en sus múltiples aspectos. Me permito aquí rescatar algunos de ellos, en este tomo de mis memorias. Desde el inicio, sostuve, en mis Votos Disidentes en el caso *El Amparo versus Venezuela* (reparaciones, Sentencia de 14.09.1996, e interpretación de Sentencia, Resolución de 16.04.1997), y en el caso *Caballero Delgado y Santana versus Colombia* (reparaciones, Sentencia del 29.01.1997), la tesis según la cual la victimización puede darse por la sóla *existencia* amenazadora de una ley incompatible con la CADH. Dicha tesis, para mi satisfacción, se transformó en la posición oficial de la CtIADH, en su *jurisprudence constante* a partir del caso *Suárez Rosero versus Ecuador* (fondo, Sentencia del 12.11.1997).

En la misma línea de pensamiento, destacando la dimensión temporal en el Derecho, sostuve que los postulados clásicos del derecho de los tratados no pueden desfigurar un delito *continuado* como el de la desaparición forzada de personas; en este sentido emití mis Votos Razonados en el caso *Blake versus Guatemala* (Sentencias de 02.07.1996, de 24.01.1998, y de 22.01.1999, sobre excepciones preliminares, fondo, y reparaciones, respectivamente), y mi Voto Disidente en el caso de las *Hermanas Serrano Cruz versus El Salvador* (Sentencia del 01.03.2005). En otras ocasiones enfatizé la noción de situación *continuada* violatoria de los derechos humanos, en particular en los casos, conocidos y resueltos por la Corte, de desaparición forzada de personas.

Pasando a otro aspecto de la materia, me permití insistir en la existencia de una relación de solidaridad entre los vivos y sus muertos, debiendo los primeros respetar los restos mortales de los segundos. Fue lo que sostuve en mis Votos Razonados en el caso *Bámaca Velázquez versus Guatemala* (fondo y reparaciones, Sentencias de 25.11.2000, y de 22.02.2002, respectivamente), así como en el caso de la *Comunidad Moiwana versus Suriname* (Sentencias de 15.06.2005, y de 08.02.2006, sobre fondo y reparaciones, e interpretación de Sentencia, respectivamente), entre otros.

En realidad, en varios de mis Votos en la CtIADH he destacado la importancia del factor *tiempo* en la creación e interpretación del Derecho (un tema que me viene acompañando hace varios años)[1], con múltiples implicaciones, a saber, la interpretación necesariamente *evolutiva* de los tratados de derechos humanos, adoptada expresamente por la CtIADH en la Opinión Consultiva n. 16 sobre el *Derecho a la Información sobre la Asistencia Consular en el Marco de las Garantías del Debido Proceso Legal* (del 01.10.1999), y desarrolada en mi Voto Concurrente (párrs. 1-35) en dicha Opinión Consultiva. La dimensión temporal, en suma, encuéntrase siempre presente, como lo señalé en mi Voto Razonado (párrs. 2-4) en el caso de la *Prisión de Castro Castro versus Perú* (fondo y reparaciones, Sentencia del 25.11.2006).

La ineludible dimensión temporal se extiende a las reparaciones debidas a las víctimas. Así, existe el daño al *proyecto de vida*, que requiere la satisfacción como una forma de reparación a las víctimas, – como lo sostuve en mis Votos Razonados en los casos de *Loayza Tamayo versus Perú* (reparaciones, Sentencia del 27.11.1998), de los "*Niños de la Calle*" *(Villagrán Morales y Otros) versus Guatemala* (reparaciones, Sentencia del 26.05.2001), de *Cantoral Benavides versus Perú* (reparaciones, Sentencia del 03.12.2001). De igual modo, por primera vez sostuve, en mi Voto Razonado en el caso de la *Comunidad Moiwana versus Suriname* (fondo y reparaciones, Sentencia del 15.06.2005), – sin precedentes en la jurisprudencia internacional, – la existencia del daño al *proyecto de pós-vida* (precisamente en lo atinente a las relaciones entre los vivos y sus muertos), que requiere la satisfacción a los familiares de las víctimas fatales como forma de reparación.

---

1 En mi Curso General de Derecho Internacional Público ministrado en la Academia de Derecho Internacional de la Haya, dediqué todo un capítulo (II) precisamente al "Derecho Internacional y la dimensión temporal"; cf. A.A. Cançado Trindade, "International Law for Humankind: Towards a New *Jus Gentium* – General Course on Public International Law – Part I", 316 *Recueil des Cours de l'Académie de Droit International de la Haye* (2005) pp. 61-84.

Capítulo XIX

LA PROYECCIÓN DEL SUFRIMIENTO HUMANO EN EL TIEMPO

Como he tenido ocasión de señalar, como orador invitado, en mi discurso inaugural en la apertura del año judicial de 2004 de la CtEDH en Estrasburgo, los notables avances logrados por los tribunales internacionales de derechos humanos en operación (CtIADH y CtEDH) han sido posibles en razón de la correcta perspectiva en que han desarrollado su jurisprudencia, a saber, la de los *justiciables*[1]. Un punto que no puede pasar desapercibido, desde esta perspectiva, es el de la proyección del sufrimiento humano en el tiempo[2]. En mi Voto Razonado en el caso de la *Comunidad Moiwana versus Suriname* ante la CtIADH (Sentencia del 15.06.2005), me concentré precisamente en la proyección del sufrimiento humano en el tiempo, de los migrantes de aquella Comunidad (algunos habiendo escapado a la Guyana Francesa) que sobrevivieron a una masacre (perpetrada el 29.11.1986 en la aldea Maroon N'djuka de Moiwana, en Suriname). Caractericé el daño que sufrieron como

> "a spiritual one. Under their culture, they remain still tormented by the circumstances of the violent deaths of their beloved ones, and the fact that the deceased did not have a proper burial. This privation, generating spiritual suffering, has lasted for almost twenty years, from the moment of the perpetration of the 1986 massacre

---

1 A.A. Cançado Trindade, «Le développement du Droit international des droits de l'homme à travers l'activité et la jurisprudence des Cours européenne et interaméricaine des droits de l'homme», 16 *Revue universelle des droits de l'homme* (2004) n. 5-8, pp. 177-180.

2 Para mis consideraciones sobre la proyección del sufrimiento humano y la centralidad de las víctimas en el Derecho Internacional de los Derechos Humanos, cf. A.A. Cançado Trindade, *Direito Internacional dos Direitos Humanos*, vol. III, Porto Alegre, S.A. Fabris Ed., 2003, pp. 434-447.

engaging the responsibility of the State until now. The N'djukas have not forgotten their dead" (par. 29).

Solamente mediante la mencionada Sentencia de 2005, proferida por la CtIADH casi dos décadas después de la perpetración de la masacre, encontraron ellos reparación, con el reconocimiento judicial de su sufrimiento y las medidas de reparación ordenadas. En el marco de estas últimas, encuéntrase la garantía por el Estado de su retorno seguro a sus tierras nativas[3]. No fue esta la primera vez que abordé la cuestión de la proyección del sufrimiento humano en el tiempo y la creciente tragedia del desarraigo. Anteriormente, también lo hice en mi Voto Concurrente (párrs. 1-25) en la Resolución de la CtIADH sobre Medidas Provisionales de Protección (del 18.08.2000) en el caso de los *Haitianos y Dominicanos de Origen Haitiano en la República Dominicana*, así como en mi Voto Razonado (párrs. 10-14) en el caso *Bámaca Velásquez versus Guatemala* (Sentencia sobre reparaciones, del 22.02.2002)[4], para retomar el punto en aprecio en el caso subsiguiente de la *Comunidad Moiwana*[5].

En efecto, la Sentencia de la CtIADH en este último caso, del 15.06.2005, fue seguida por una Interpretación de Sentencia (del 08.02.2006), en el mismo caso de la *Comunidad Moiwana versus Suriname*, a la cual anexé un Voto Razonado, en el cual abordé los puntos siguientes: a) la delimitación, demarcación y titulación y retorno de tierras (a los miembros sobrevivientes de la Comunidad Moiwana y sus parientes) como forma de reparación; b) el deber del Estado de

3 Para el texto completo de mi Voto Razonado en el caso de la *Comunidad Moiwana versus Suriname*, cf. A.A. Cançado Trindade, *Derecho Internacional de los Derechos Humanos – Esencia y Trascendencia* (Votos en la Corte Interamericana de Derechos Humanos, 1991-2006), México, Edit. Porrúa/Universidad Iberoamericana, 2007, pp. 539-567.

4 Para el texto completo de mis mencionados Votos Concurrente y Razonado, cf. *ibid.*, pp. 876-883 y 321-330, respectivamente.

5 Es significativo que, en su Sentencia en el caso de la *Comunidad Moiwana versus Suriname*, la CtIADH, con base en la CADH y a la luz del principio *jura novit curia*, dedicó una sección entera de su Sentencia en el *cas d'espèce* al desplazamiento forzado – una *malaise* de nuestros tiempos – y estableció una violación por el Estado demandado de artículo 22 de la CADH (sobre libertad de movimiento y residencia) en combinación con el deber general del artículo 1(1) de la Convención (párrs. 101-119).

garantizar el retorno voluntario y sostenible; y c) la necesidad de reconstrucción y preservación de la identidad cultural de los miembros de la Comunidad Moiwana[6].

En dicho Voto Razonado, me permití agregar, *in fine*, una breve reflexión metajurídica, *inter alia* en los siguientes términos:

> "(...) Para el gran historiador A.J. Toynbee, sólo se puede medir el `progreso´ mediante el conocimiento realmente extraído del sufrimiento humano con los `fracasos de las civilizaciones´, mientras que, para otro erudito historiador, J. Burckhardt, son las obras del espíritu humano, debidamente preservadas, desafiando el pasar del tiempo, que constituyen el verdadero sentido de la historia. Hay que luchar por el primado de la memoria sobre la crueldad humana; al volver los ojos para trás, la miseria de la condición humana sólo puede inspirar un sentido de piedad, pues, como se ha bien señalado,
>
> > 'Time, the great destroyer, is also the great preserver. It has preserved much more than we can ever be conscious of (...). The tale of history forms a very strong bulwark against the stream of time (...).
> >
> > (...) The tragic sense [of history] is the profoundest sense of our common humanity, and may therefore be a positive inspiration. If all the great societies have died, none is really dead. Their peoples have vanished, as all men must, but first they enriched the great tradition of high, enduring values'[7].
>
> (...) El presente caso de los N'djukas de la *Comunidad Moiwana* en Suriname, rico en enseñanzas, ha rescatado la importancia de la preservación de las expresiones culturales, como forma de comunicación del ser humano con el misterio insondable del mundo exterior, así como del cultivo de la memoria personal y colectiva, de la sana convivencia de los vivos con sus muertos, y del imperativo del primado de la justicia y del respeto en las relaciones de todos, de los vivos *inter se*, y de éstos con sus muertos" (párrs. 29 y 32).

6 Para el texto completo de mi Voto Razonado en el caso de la *Comunidad Moiwana versus Suriname* (Interpretación of Sentencia, del 08.02.2006), cf. A.A. Cançado Trindade, *Derecho Internacional de los Derechos Humanos – Esencia y Trascendencia* (Votos en la Corte Interamericana de Derechos Humanos, 1991-2006), México, Edit. Porrúa/Universidad Iberoamericana, 2007, pp. 683-693.

7 H.J. Muller, *The Uses of the Past – Profiles of Former Societies*, N.Y., Mentor, 1963 [reprint], pp. 393-394, y cf. p. 388.

Media década antes, en mi Voto Concurrente en la supracitada Resolución de la CtIADH sobre Medidas Provisionales de Protección (del 18.08.2000) en el caso de los *Haitianos y Dominicanos de Origen Haitiano en República Dominicana*, me permití advertir sobre la necesidad apremiante de enfrentar la tragedia contemporánea del desarraigo, y agregué que

> "el principio del *non-refoulement*, piedra angular de la protección de los refugiados (como principio del derecho consuetudinario e inclusive del *jus cogens*), puede invocarse inclusive en contextos distintos, como el de la expulsión colectiva de migrantes ilegales o de otros grupos. Dicho principio ha sido recogido también por los tratados de derechos humanos, como lo ilustra el artículo 22(8) de la Convención Americana sobre Derechos Humanos"[8].

La relevancia de este enfoque para la cuestión en aprecio, en relación con las Medidas Provisionales de Protección ordenadas por la CtIADH en el caso supracitado de los *Haitianos y Dominicanos de Origen Haitiano en República Dominicana*, ha sido prontamente reconocida en la bibliografía especializada[9].

La centralidad de la proyección del sufrimiento humano en el tiempo ha figurado con destaque en algunas otras decisiones de la Corte Interamericana de mi época como su Juez Titular. Jamás me olvidaré, por ejemplo, de los dramáticos testimonios de los padres de la víctima en el caso *Castillo Páez versus Perú* (reparaciones, Sentencia del 27.11.1998), así como de los igualmente dramáticos testimonios de las propias víctimas sobrevivientes en, v.g., los casos *Loayza Tamayo versus Perú* (reparaciones, Sentencia del 27.11.1998), *Suárez Rosero versus Ecuador* (reparaciones, Sentencia del 20.01.1999), y *Tibi versus Ecuador* (fondo y reparaciones, Sentencia del 07.09.2004).

En mi Voto Razonado en este último, el caso *Tibi*, me permití destacar la relevancia de la "autorehabilitación" de la víctima como "defensa y

---

[8] Párr. 7 n. 5 de mi Voto Concurrente, texto *in*: A.A. Cançado Trindade, *Derecho Internacional de los Derechos Humanos – Esencia y Trascendencia* (Votos en la Corte Interamericana de Derechos Humanos, 1991-2006), México, Edit. Porrúa/Universidad Iberoamericana, 2007, p. 878.

[9] Cf., v.g., Jaime Ruiz de Santiago, *El Problema de las Migraciones Forzosas en Nuestro Tiempo*, Mexico, Instituto Mexicano de Doctrina Social Cristiana, 2003, pp. 27-30.

reparatio de los insultos del mundo" (párrs. 8-13), sobre todo tratándose de "personas que sobreviven en las más completa adversidad (pobres y marginados, `niños de la calle´, personas encarceladas, familiares de desaparecidos, entre otras). Es sobre todo en circunstancias como estas que el Derecho Internacional de los Derechos Humanos alcanza su plenitud y realiza su fin último. La protección de los victimados, y las reparaciones de los daños por ellos sufridos, constituyen su *raison d'être*" (párr. 19). Asimismo, en el caso de los *Hermanos Gómez Paquiyauri versus Perú* (fondo y reparaciones, Sentencia del 08.07.2004), en mi Voto Razonado, al centrarme en el sufrimiento de las víctimas, observé que "los sobrevivientes de la familia Gómez Paquiyauri tienen hoy el recuerdo del paraíso perdido" (párr. 6), parafraseando la caracterización de J. Milton en 1667, y agregué algunas reflexiones sobre "la trágica vulnerabilidad de la condición humana" (párrs. 2-10).

En el trágico caso *Bulacio versus Argentina* (fondo y reparaciones, Sentencia del 18.09.2003), me sentí en la obligación de dejar constancia, en mi Voto Razonado, de algunas reflexiones personales al respecto del profundo sufrimiento que victimó también los familiares inmediatos del jóven muerto en consecuencia de malos tratos en la policía:

> "El sufrimiento humano es perenne, aunque cambien los hechos y las víctimas, de generación a generación. Tanto es así que, contra los designios del destino, ya en el siglo V antes de Cristo, Sófocles advertía, con clarividencia, en su *Édipo Rey*[10], que jamás hay que decir que alguien es feliz hasta que haya traspasado el límite extremo de la vida libre del dolor. En el mismo sentido, en su *Ajax*, Sófocles volvía a advertir que sólo se conoce lo que ya se ha visto o vivido, pero nadie puede prever lo que está por venir ni el fin que le espera[11]. Como en las tragedias griegas que encontraron expresión en un determinado momento histórico, en la Atenas del siglo V a.C., las tragedias de nuestros días demuestran que el dolor avasallador, rodeado de misterio, puede invadir el cotidiano de uno en cualquier momento de la vida, y proyectarse en las personas queridas de la convivencia personal, minando sus defensas frente a una pérdida verdaderamente irreparable.

[10] En la penetrante frase final – versos 1529-1530.

[11] Versos 1417-1420.

> Como el presente caso *Bulacio* lo revela, en el seno de una familia donde se valoran los sentimientos, la muerte prematura y violenta de un ser querido conlleva a un profundo padecimiento por todos compartido. En esta circunstancia, un ser que falta es como si todo faltara, y todo realmente falta; de repente, todo es un desierto[12]. Y ha sido siempre así. La tragedia ha marcado presencia a lo largo de los siglos. Y por qué? La tragedia, – se ha dicho hace muchos siglos, – es imitación de la acción y de la vida[13]. En realidad, para tantos seres humanos, que han experimentado la más completa adversidad (la desgracia), la vida comporta la tragedia, y la tragedia es imitación de la vida (la *mímesis* de los antiguos griegos). La dura realidad es recreada e incorporada al interior de cada uno" (párrs. 8-9).

Sobre este punto en particular, me permití subrayar, en el mismo Voto Razonado en el caso *Bulacio*, que

> "En medio de la violencia retratada en las tragedias del siglo V a.C., sobresalía la preocupación por el derecho y la justicia, precisamente para poner fin a la violencia. El mensaje es claro, y sigue siendo actual, en este inicio del siglo XXI: hay que rechazar la violencia y la tiranía, y hay que practicar la justicia[14] (...). Es propio de la condición humana, – advertía Sófocles en su *Filoctetes*, – estar `siempre sujeto a la amenaza y al peligro´[15]. La extrema vulnerabilidad y la ineluctable fragilidad de los seres humanos deben despertar en todos el sentimiento de solidaridad[16]. (...)
>
> Cómo, en efecto, considerar la reparación de daños ante la tragedia de una familia entera destruída por la muerte violenta de uno de sus miembros, el hijo (y hermano) joven? Cuáles los verdaderos alcance y

---

12 Ph. Ariès, *Morir en Occidente – desde la Edad Media hasta Nuestros Días*, Buenos Aires, A. Hidalgo Ed., 2000, p. 77.

13 Aristóteles, *Poética* (*circa* 335-322 a.C.), I-2; VI-27, 30, 32; VII-41; IX-56. El célebre análisis aristotélico de la tragedia griega (como imitación de la acción y de la vida) fue retomada siglos después, sobre todo por los pensadores de los siglos XVII y XVIII.

14 J. De Romilly, *La Grèce antique contre la violence*, Paris, Éd. de Fallois, 2000, pp. 18-19, 25, 33, 50-51, 55, 63-64, 74-75 y 161-163; y cf. S. Goldhill, *Reading Greek Tragedy*, Cambridge, University Press, 1999 [reprint], pp. 28-31, 34, 37 y 39-40.

15 Verso 503. – En una línea similar de reflexión, Eurípides, a su vez, confesaba, en su *Hipólito*, no saber a quién, "entre los mortales", poder llamar de "feliz" (verso 981); y, también en un tono de alerta, agregaba que "dolorosa es la vida de los mortales y jamás cesan sus sufrimientos" (verso 190).

16 J. De Romilly, *La Grèce antique...*, *op. cit. supra* n. (15), pp. 61-62 y 115-116.

efecto de las reparaciones en una situación como la del presente caso? Al contrario de lo que podrían presuponer los adeptos del positivismo jurídico, no es impertinente invocar en este contexto las enseñanzas de la literatura universal; ésta es un area (las reparaciones debidas a las víctimas) en que el Derecho parece estar todavía en su infancia, y tiene mucho que aprender de otras ramas del conocimiento humano (la psicología, la filosofía, las humanidades en general).

El racionalismo y el así-llamado `realismo´ intentaron en vano poner fin a la tragedia; no lo lograron, porque la existencia humana ha sido acompañada, desde tiempos inmemoriales, por la irracionalidad y la brutalidad. En la tragedia no hay espacio visible para reparaciones, o 'compensaciones' de distintos tipos, que pretendan poner fin al sufrimiento humano. Desde este ángulo, la pérdida es verdaderamente irreparable, y hay que convivir con ella, con el vacío. La desesperación de *Hécuba* (423 a.C.), de Eurípides, puede ser manifestada de la misma forma que la de las madres que han perdido sus hijos, victimados por la violencia humana a lo largo de los siglos (...). La desolación de *Hécuba*, en el siglo V a.C., puede ser expresada, en precisamente los mismos términos, a fines del siglo XX e inicio del siglo XXI, por las madres de los hijos victimados por la milenar brutalidad humana, en los casos que ha conocido esta Corte (como, v.g., el presente caso *Bulacio*, o el caso *Castillo Páez*, o el caso *Villagrán Morales y Otros*). (...)

Ésquilo evocaba precisamente el 'aprendizaje por el sufrimiento' (al que se refiere el coro en su *Agamenon*[17]). Las reparaciones retienen, así, su relevancia (...). Son ellas las que ayudan a los sobrevivientes a convivir con su dolor. Y es éste un proceso de aprendizaje que se renueva a cada día, – pero también este aprendizaje tiene sus límites. La tragedia, que ha sobrevivido al racionalismo, lamenta el trato inhumano y el desperdicio de él resultante; en la tragedia no hay como eludir la responsabilidad, y tampoco se encuentran medios de compensación[18]. Pero la tragedia también se preocupa con la necesidad de la justicia[19], y, desde sus inicios, ha comportado asimismo un cierto ritual de honor a los muertos[20]" (párrs. 16, 21-22 y 26).

---

17 Verso 178.

18 G. Steiner, *The Death of Tragedy*, London, Faber, 1961, pp. 128-129, 193 y 354.

19 Tema central de las consideraciones de Ésquilo en *Las Euménides*: uno conoce las reglas, cumple entonces "transformarlas en justicia" (verso 587); y de las ponderaciones de Euripides, en su *Hécuba*, obsesionada por la idea de la justicia (versos 349-350, 1115, 1130-1134, y 1371).

20 G. Steiner, *op. cit. supra* n. (18), p. 355.

Capítulo XX

LAS DESAPARICIONES FORZADAS DE PERSONAS Y LA AMPLIACIÓN DE LA NOCIÓN DE VÍCTIMA

Un aspecto significativo de la construcción jurisprudencial de la CtIADH atañe a la prohibición absoluta de las desapariciones forzadas de personas - una de las violaciones más crueles y perversas de los derechos humanos - como violación del *jus cogens*[1]. Las desapariciones forzadas de personas, en razón de la intensidad del sufrimiento humano por ellas generado, han llevado la Corte a desarrollar su hermenéutica atinente a la ampliación de la *noción de víctima* bajo la CADH. Un examen apropiado de la jurisprudencia de la CtIADH sobre la materia abarca otros aspectos de la adjudicación internacional de casos de desapariciones forzadas de personas, a saber: a) responsibilidad y jurisdicción: superación de restricciones o limitaciones *ratione temporis*; b) violación de obligaciones internacionales (prohibiciones absolutas del *jus cogens*) con circunstancias agravantes; c) el régimen jurídico international contra grave violaciones graves de los derechos humanos y del Derecho Internacional Humanitario.

Pasemos al primer de estos aspectos, sobre responsibilidad y jurisdicción, y en particular la superación de restricciones o limitaciones *ratione temporis*. En el caso paradigmático de *Blake versus Guatemala* (1996-1999)[2], los restos mortales de la víctima (periodista extranjero detenido y muerto el 28 o 29.07.1985 por miembros de la policía civil de El Llano), sólo fueron encontrados en 1992. En el período 1985-1992, los familiares no lograron que se investigara sobre su paradero:

---

1 Sobre el contenido material del *jus cogens*, cf. capítulo VIII, *supra*; y, para un estudio al respecto, cf. A.A. Cançado Trindade, "Enforced Disappearances of Persons as a Violation of *Jus Cogens*: The Contribution of the Jurisprudence of the Inter-American Court of Human Rights", 81 *Nordic Journal of International Law* (2012) pp. 507-536.

2 CtIADH, Sentencias en cuanto a excepciones preliminares, del 02.07.1996; fondo, del 24.01.1998; y reparaciones, del 22.01.1999.

las autoridades públicas no cooperaron, y llegaron inclusive a intentar impedir la investigación, además de negar cualquier responsibilidad[3]. Guatemala sólo aceptó la jurisdicción obligatoria de la CtIADH en 1987, presentando así una limitación *ratione temporis* para la consideración del caso como un todo por la CtIADH, tal como ésta lo percibió[4].

Aún así, la CtIADH retuvo su jurisdicción sobre hechos subsiguientes (después de marzo de 1987). En su Sentencia en cuanto al fondo (del 24.01.1998), la CtIADH afirmó que la desaparición forzada de personas constituye una violación complexa, múltiple y continuada de una serie de derechos protegidos por la Convención (derechos a la vida, a la integridad personal, a la libertad personal); además, constituye una violación de la obligación del Estado de asegurar el respeto de los derechos protegidos por la Convención Americana sobre Derechos Humanos (CADH) (párrs. 54-57); el Estado Parte en cuestión tiene la obligación de prevenir, investigar y sancionar tales violaciones, y, además, de informar a los familiares de la víctima sobre su paradero (párr. 58).

La CtIADH de inicio entendió que las patrullas civiles actuaban como agentes del Estado, manteniendo una relación institucional con el mismo, y que sus acciones tenían así que ser atribuídas al propio Estado (párrs. 22 y 27). Aunque la CtIADH entendiera que no tenía jurisdicción para decidir sobre las supuestas violaciones de los derechos a la libertad personal y a la vida (protegidos bajo los artículos 7 y 4 de la Convención Americana sobre Derechos Humanos - CADH), por haber los hechos ocurrido antes de marzo de 1987, cuando Guatemala aceptó su competencia en materia contenciosa (cf. *supra*), sin embargo la Corte retuvo jurisdicción sobre los derechos a la protection judicial y a un juicio justo (bajo los artículos 25 y 8 de la CADH).

La CtIAHR concluyó que Guatemala había violado el artículo 8(1) de la CADH, en detrimento de los parientes próximos de N. Blake, quienes tenían el derecho a que su desaparición fuera efectivamente investigada por el Estado y que los perpetradores fueran debidamente procesados y sancionados. La Corte interpretó el artículo 8(1) de modo amplio, a la luz del artículo 29 de la CADH y del artículo 1(2)

---

[3] CtIADH, Sentencia en cuanto al fondo, del 24.01.1998, párrs. 20-21.

[4] En el lapso de tiempo entre la desaparición forzada de la víctima y la identificación subsiguiente, siete años después, de sus restos mortales.

de la Declaración de Naciones Unidas sobre la Protección de Todas las Personas contra la Desaparición Forzada. La Corte concluyó así mismo por la violación del artículo 5 de la CADH (derecho a un trato humano) en detrimento de los parientes próximos de N. Blake, como consecuencia directa de la desaparición forzada de N. Blake; además, la CtIADH determinó que la cremación de los restos mortales de N. Blake era contraria a los valores culturales de la sociedad guatemalteca, y que intensificó el sufrimiento de los parientes próximos de N. Blake, en violación del artículo 5 de la CADH (párrs. 29, 31-34 y 64).

Fue en este caso de desaparición forzada de personas, el de *Blake versus Guatemala*, que la CtIADH *amplió* su concepción de víctima, de modo a abarcar también sys parientes (próximos), víctimas de violación del derecho a no ser sometido a trato inhumano (artículo 5 de la CADH), y del derecho de acceso a la justicia *lato sensu* (abarcando los artículos 25 y 8 de la CADH). Así, los parientes próximos de N. Blake eram también víctimas, *en su derecho propio*, de su desaparición fozada, en violación de las disposiciones relevantes de la CADH.

En mi Voto Razonado en el caso *Blake versus Guatemala* (fondo, Sentencia del 24.01.1998), busqué enfatizar que la disparición forzada de personas constituía una violación grave y compleja de derechos humanos, además de ser una *violación continuada o permanente* hasta que se determine el paradero de las víctimas desaparecidas, como señalado en los *travaux préparatoires* de la Convención Interamericana sobre Desaparición Forzada de Personas (de 1985)[5], tal como reconocido en el artículo III de la propria Convención (párr. 9)[6]. En el mismo Voto Razonado, advertí, en seguida, contra la fragmentación indebida del delito de desaparición forzada de persons, llamando la atención para el hecho de que nos encontramos aquí ante derechos fundamentales o inderogables (párrs.12-14), y que cabía preservar el carácter

5 OEA/CP-CAJP, *Informe del Presidente del Grupo de Trabajo Encargado de Analizar el Proyecto de Convención Interamericana sobre Desaparición Forzada de Personas*, doc. OEA/Ser.G/CP/CAJP-925/93 rev.1, of 25.01.1994, p. 10.

6 La misma concepción deriva de la 1992 Declaración de Naciones Unidas sobre la Protección de Todas las Personas contra Desapariciones Forzadas (de 1992), - acrecenté, - que, después de señalar la gravedad del referido delito (artículo 1(1)), del mismo modo advierte que tal delito subsiste mientras sus perpetradores continuan a ocultar el paradero de la persona desaparecida y encubrir y dejar de esclarecer los hechos (artículo 17(1)); párr. 10.

especial y la integridad de los tratados de derechos humanos (párrs. 16-22). Y acrecenté:

> "Estamos, en definitiva, ante una violación particularmente *grave* de múltiples derechos humanos. Entre éstos se encuentran derechos fundamentales *inderogables*, protegidos tanto por los tratados de derechos humanos como por los de Derecho Internacional Humanitario[7]. Los desarrollos doctrinales más recientes en el presente dominio de protección revelan una tendencia hacia la `criminalización´ de violaciones graves de los derechos humanos[8], - como las prácticas de tortura, de ejecuciones sumarias y extra-legales, y de desaparición forzada de personas. Las prohibiciones de dichas prácticas nos hacen ingresar en la *terra nova* del *jus cogens* internacional. La emergencia y consagración de normas imperativas del derecho internacional general estarían seriamente amenazadas si se pasase a descaracterizar los crímenes de lesa humanidad que recaen bajo su prohibición" (párr. 15).

En seguida, ponderé que el derecho internacional consuetudinario parecía mucho menos vulnerable que el derecho de los tratados a manifestaciones de la concepción voluntarista del derecho internacional[9]. Y, al respecto, proseguí:

> "(...) Siendo así, no sería posible, por ejemplo, hablar de limitaciones *ratione temporis* de la competencia de un tribunal internacional (tal como la planteada en el presente caso) en relación con normas del derecho internacional general. Tampoco sería posible

---

7 Cf., e.g., las disposiciones sobre garantías fundamentales del Protocolo Adicional I (de 1977) a las Convenciones de Ginebra sobre Derecho Internacional Humanitario (de 1949), artículo 75, y del Protocolo Adicional II (del mismo año), artículo 4.

8 Como lo ejemplifican el reconocimiento de la responsabilidad individual (cf. la Convención Interamericana para Prevenir y Sancionar la Tortura, además de la Convención para la Prevención y Sanción del Delito de Genocidio de 1948) paralelamente a la responsabilidad internacional del Estado, y la consagración del principio de la jurisdicción universal (como una de las consecuencias jurídicas de la propia tipificación del delito de desaparición forzada de personas); cf. OEA/CP-CAJP, *Informe...*, *op. cit. supra* n. (5), p. 9.

9 Para mis críticas a dicha concepción voluntarista del derecho internacional, cf. A.A. Cançado Trindade, "The Voluntarist Conception of International Law: A Re-Assessment", 59 *Revue de droit international de sciences diplomatiques et politiques* (Sottile) (1981) pp. 201-240; A.A. Cançado Trindade, *O Direito Internacional em um Mundo em Transformação,* Rio de Janeiro, Ed. Renovar, 2002, pp. 185-233.

> hablar de resalvas o reservas a normas consuetudinarias. La *opinio juris sive necessitatis* (elemento subjetivo de la costumbre), como manifestación de la conciencia jurídica internacional, revela hoy día mucho más vigor que los postulados seculares del derecho de los tratados, cuando se trata de establecer nuevos regímenes jurídicos de protección del ser humano contra violaciones particularmente graves de sus derechos.
>
> A pesar de que las dos (...) Convenciones de Viena [sobre Derecho de los Tratados, de 1969 y 1986] consagran la función del *jus cogens* en el dominio propio del derecho de los tratados, es una consecuencia ineludible de la existencia misma de normas *imperativas* del derecho internacional que no se limitan éstas a las violaciones resultantes de tratados, y que se extienden a toda y cualquier violación, inclusive las resultantes de toda y cualquier acción y cualesquiera actos unilaterales de los Estados. A la responsabilidad internacional *objetiva* de los Estados corresponde necesariamente la noción de *ilegalidad objetiva* (uno de los elementos subyacentes al concepto de *jus cogens*). En nuestros días, nadie osaría negar la ilegalidad objetiva de prácticas sistemáticas de tortura, de ejecuciones sumarias y extra-legales, y de desaparición forzada de personas, - prácticas éstas que representan crímenes de lesa humanidad, - condenadas por la consciencia jurídica universal, a la par de la aplicación de tratados" (párrs. 24-25).

Observé entonces que toda esta evolución doctrinaria apuntaba, a nivel procesal, hacia la consolidación y desarrollo sistemático de obligaciones *erga omnes* de protección de derechos humanos, en en marco del Derecho Internacional de los Derechos Humanos, teniendo en mente el grande potencial de aplicación de la noción de *garantía colectiva*, subyacente a todos los tratados de derechos humanos, y responsable por algunos de los avances ya alcanzados en este dominio. Otro elemento a ser tomado en cuenta fue la aplicabilidad directa de las normas internacionales de protección en el ámbito del derecho interno de los Estados, y la adopción de medidas para asegurar la fiel ejecución de las sentencias de los tribunales internacionales de derechos humanos existentes (las Cortes Interamericana y Europea de Derechos Humanos - párrs. 26-27), - seguidas actualmente por la Corte Africana de Derechos Humanos y de los Pueblos.

Me permití, entonces, advertir, en el mismo Voto Razonado en el caso *Blake*, que

> "La consagración de obligaciones *erga omnes* de protección, como manifestación de la propia emergencia de normas imperativas del derecho internacional, representaría la superación del patrón erigido sobre la autonomía de la voluntad del Estado. El carácter absoluto de la autonomía de la voluntad ya no puede ser invocado ante la existencia de normas de *jus cogens*. No es razonable que el derecho contemporáneo de los tratados siga apegándose a un patrón del cual él propio buscó gradualmente liberarse, al consagrar el concepto de *jus cogens* en las dos Convenciones de Viena sobre Derecho de los Tratados. No es razonable que, por la aplicación casi mecánica de postulados del derecho de los tratados erigidos sobre la autonomía de la voluntad estatal, se frene - como en el presente caso - una evolución alentadora, impulsada sobre todo por la *opinio juris* como manifestación de la consciencia jurídica universal, en beneficio de todos los seres humanos. (...)
>
> No es razonable que, a pesar de los esfuerzos de la doctrina contemporánea, e inclusive de los representantes de los Estados que participaron del proceso de elaboración de tratados como la Convención Interamericana sobre Desaparición Forzada de Personas, se deje de impulsar tales desarrollos, en razón de la aplicación desagregadora - en relación con la desaparición forzada de personas, como en el presente caso - de un postulado rígido del derecho de los tratados. Los derechos humanos están requiriendo una transformación y revitalización del derecho de los tratados" (párrs. 28 y 30).

En fin, me concentré, en el mismo Voto Razonado, en la distinción a ser tenida en cuenta entre obligaciones convencionales (responsabilidad) y solución judicial (jurisdicción), en el contexto de las circunstancias del presente caso *Blake*. Me permití recordar que

> "es a partir del momento de la ratificación de la Convención Americana, o adhesión a ella, que el nuevo Estado Parte se compromete a respetar todos los derechos protegidos por la Convención y a garantizar su libre y pleno ejercicio (a comenzar por el derecho fundamental a la vida); la aceptación, por tal Estado, de la competencia obligatoria de la Corte en materia contenciosa se refiere solamente a la vía judicial de solución, por la Corte, de un caso concreto de derechos humanos. Es cierto que la Corte sólo puede

pronunciarse sobre el caso con base en los términos de aceptación de su competencia en materia contenciosa por dicho Estado, pero es igualmente cierto que esto en nada afecta la responsabilidad de un Estado Parte por violaciones de los derechos consagrados en la Convención.

Aunque la Corte no pueda en las circunstancias pronunciarse sobre el particular, subsisten sin embargo las obligaciones convencionales del Estado Parte, por él contraídas desde el momento de su ratificación de la Convención, o adhesión a ella. Así, el momento a partir del cual Guatemala se comprometió a proteger la totalidad de los derechos consagrados en la Convención Americana, incluídos el derecho a la vida y el derecho a la libertad personal (artículos 4 y 7), es el momento de su ratificación de la Convención, el 25 de mayo de 1978. El momento posterior de su aceptación de la competencia de la Corte en materia contenciosa, el 09 de marzo de 1987, condiciona tan sólo la vía judicial de solución de un caso concreto bajo la Convención.

No hay que confundir la cuestión de la invocación de la *responsabilidad* por el cumplimiento de las obligaciones convencionales contraídas por el Estado Parte con la cuestión de la *sumisión* de éste a la jurisdicción de la Corte. Una y otra se tornan posibles en momentos distintos: la primera, de orden sustantivo o material, a partir de la ratificación de la Convención por el Estado (o su adhesión a ésta), y la segunda, de orden jurisdiccional, a partir de la aceptación de la competencia de la Corte en materia contenciosa. Todo y cualquier Estado Parte en la Convención, aunque no haya reconocido la jurisdicción obligatoria de la Corte, o la haya reconocido con limitaciones *ratione temporis*, permanece obligado por las disposiciones de la Convención desde el momento de su ratificación de esta última, o de su adhesión a la misma.

Aunque no haya podido pronunciarse la Corte sobre todos los derechos involucrados en el presente caso *Blake* en razón de la limitación *ratione temporis* de su competencia, nada le impide señalar que Guatemala, así como todos los Estados Partes en la Convención Americana sobre Derechos Humanos, están obligados por la totalidad de los derechos protegidos, desde la fecha de la ratificación de la Convención o adhesión a la misma. A pesar del silencio de la Corte sobre, por ejemplo, los derechos a la vida y a la libertad personal, sobre ellos subsisten las consideraciones de la

Comisión Interamericana de Derechos Humanos en su Informe de 15.02.1995 sobre el caso[10].

Como señala la Corte tanto en la presente Sentencia (párrafo [122]) como en la Sentencia de 17.09.1997 en el caso *Loayza Tamayo versus Perú* (Fondo, párrafo 81), siendo la Comisión un órgano competente junto con la Corte para `conocer de los asuntos relacionados con el cumplimiento de los compromisos contraídos por los Estados Partes´ (artículo 33 de la Convención Americana), éstos últimos se comprometen a atender lo aprobado en sus Informes. Siendo así, Guatemala, como Estado Parte en la Convención, sabrá ciertamente no sólo dar cumplimiento a lo dispuesto en la presente Sentencia de la Corte, sino también tener presentes *bona fide* las consideraciones del otro órgano de supervisión de la Convención Americana, y las demás obligaciones convencionales referentes a los derechos protegidos por la Convención Americana, que advienen de su ratificación de ésta última.

En fin, en cuanto a las violaciones de las garantías judiciales y del derecho a la integridad psíquica y moral (artículos 8(1) y 5, respectivamente, en relación con el artículo 1(1), de la Convención Americana) en perjuicio de los familiares de Nicholas Chapman Blake, establecidas en la presente Sentencia de la Corte, permítome una última y breve reflexión. Aquí reside, a mi juicio, el aporte de la Sentencia que viene de dictar la Corte Interamericana para el desarrollo del tratamiento jurisprudencial del delito de desaparición forzada de persona, en la medida en que dá precisión a la posición de los familiares del desaparecido como titulares de los derechos protegidos por la Convención Americana.

En una situación continuada propia de la desaparición forzada de persona, las víctimas son tanto el desaparecido (víctima principal) como sus familiares; la indefinición generada por la desaparición forzada sustrae a todos de la protección del derecho[11]. No hay cómo negar la condición de víctimas también a los familiares del desaparecido, que tienen el cotidiano de sus vidas transformado en un verdadero calvario, en el cual los recuerdos del ser querido se mezclan con el tormento permanente de su desaparición forzada.

---

10 CIDH, *Informe 5/95 - Caso 11.219 (Guatemala)*, doc. OEA/Ser.L/V/II.88-Doc.17, de 15.02.1995, pp. 15-18.

11 Cf., en este sentido, el artículo 1(2) de la Declaración de Naciones Unidas sobre la Protección de Todas las Personas contra las Desapariciones Forzadas.

En mi entender, la forma compleja de violación de múltiples derechos humanos que representa el delito de desaparición forzada de persona tiene como consecuencia la *ampliación de la noción de víctima* de violación de los derechos protegidos" (párrs. 32-38).

En mi subsiguiente Voto Razonado en el caso *Blake versus Guatemala* (reparaciones, Sentencia del 22.01.1999), insistí en la necesidad de consolidar el "regímen internacional contra violaciones *graves* de derechos humanos", a la luz de las normas peremptorias de derecho internacional (*jus cogens*) y de las correspondientes obligaciones *erga omnes* de protección de la persona humana (párr. 39). Por medio de tal desarrollo, - acrecenté, - se "superarían los obstáculos de los dogmas del pasado", y las inadecuaciones actuales del derecho de los tratados, de modo a lograr una aproximación con "la plenitude de la protección internacional del ser humano" (párr. 40).

En el caso *Trujillo Oroza versus Bolívia*, la CtIADH afirmó su competencia *ratione temporis* para conocer el delito de desaparición forzada de persona como un todo. El 23.12.1971, José Carlos Trujillo Oroza, estudiante de filosofía (con 21 años de edad) en la Universidad Mayor de San Andrés, fue detenido y transferido a una prisión, sin un mandato para tal. El 15.01.1972, su madre fue autorizada a visitarlo en prisión, lo que hizo diariamente hasta el 02.02.1972. En este día, el fue transferido para otro lugar, y el día siguiente fué informada que el había sido transferido para otra ciudad.

La saga de la Sra. Oroza había iniciado, en medio a la inestabilidad politica del país en la época, el miedo de represión por agentes estatales, y la falta de independencia del poder judicial. Solamente muchos años después, el 08.01.1999, - como señaló la CtIADH en su Sentencia en cuanto al fondo del presente caso, - se inició una investigación oficial por el Estado boliviano (párrs. 39-46). Bolivia reconoció estos hechos en la audiencia pública del 25.01.2000 ante la CtIADH, ocasión en que también reconoció su responsibilidad; la Corte, por consiguiente, decidió proceder a la etapa de reparaciones (párrs. 48-52).

La Corte dió por probados la detención ilegal de la víctima, la tortura a que fué sometido, y su desaparición, así como el desconocimiento del local en que se encontraban sus restos mortales. En su Sentencia de reparaciones del 27.02.2002, la CtIADH reconoció que la salud de la madre de la víctima sufrió en consecuencia de la desaparición de su hijo, y de la impunidad prevaleciente en el caso, y que los demás miembros de la familia de la víctima (su padrasto y sus dos hermanos) sufrieron daño moral debido a los hechos del caso (párrs. 53 y 84-85); su sufrimiento proseguía, en razón de la continuada desaparición de la víctima, en violación del artículo 5 de la CADH.

Significativamente, de modo distinto del caso *Blake* (cf. *supra*), de esta vez la CtIADH, en el presente caso *Trujillo Oroza* case, no se sintió limitada en su competencia *ratione temporis*, dados los términos amplios del reconocimiento de responsibilidad por parte de Bolivia. La propia CtIADH ponderó, al respecto, en su referida Sentencia del 27.02.2002, que mantuvo en mente que algunos de los hechos en el cas d´espèce ocurrieron antes de la ratificación por el Estado en cuestión de la CADH y su aceptación de la competencia en materia contenciosa de la CtIADH. Sin embargo, observó también la CtIADH que el Estado demandado no interpuso objección alguna a que se consideraran los hechos del caso como un todo, en relación con el período completo entre 1971 y la fecha de la presente Sentencia (párr. 72).

La CtIADH procedió, así, a examinar la "situación continuada de la desaparición forzada de José Carlos Trujillo Oroza y las consecuencias de tal situación" (párr. 72). La Corte llamó atenci*ó*n a "las circunstancias graves" del caso, y "la intensidad de los sufrimientos" de los parientes próximos de la víctima (párr. 83). Afirmó su derecho de "saber dónde se encuentran los restos mortales de su ser querido" (párrs. 112-113), y agregó que el desconocimiento continuado del paradero de la persona desaparecida es una forma de trato cruel, inhumano y degradante de sus parientes próximos (párr. 114). La Corte consideró que la entrega de los restos mortales de la víctima es per se un acto de justicia y reparación, al tornar posibles su entierro, y el honor a la memoria de la víctima (párr. 115).

La CtIADH ordenó al Estado demando tomar todas las medidas para localizar los restos mortales de la víctima y entregarlos a sus parientes próximos (párr. 117), y poner fin a las obstrucciones en este sentido, atribuibles al Estado demandado, y la ausencia de "una investigaci*ó*n efectiva, durando 30 años" (párr. 116). La CtIADH concluyó, además, que el Estado boliviano no estaba cumpliendo su obligación bajo la Convención Interamericana sobre Desaparición Forzada de Personas, por no haber criminalizado la desaparición forzada, y por esta razón había también violado el artículo 2 de la Convención (párrs. 95-96)[12].

En la Sentencia sobre reparaciones del 27.02.2002 en el caso de *Trujillo Oroza versus Bolivia*, la CtIADH ordenó, además de indemnizaciones por violaciones de los derechos a la vida, a la libertad e integridad personales, y a la protección y garantías judiciales, medidas distintas de reparación no-pecuniaria, abarcando las siguientes: la identificación de los restos mortales de la víctima y su entrega a los parientes próximos de la víctima; la tipificación del delito de desaparición forzada de personas en el ordenamiento jurídico interno del Estado demandado; la investigación, identificación y sanción de los responsables por las violaciones de la CADH; la publicación de la sentencia (en cuando al fondo) en el diario oficial; el entrenamiento adecuado (con observancia de los derechos humanos) de sus oficiales y personal encargado de aplicación de la ley; y la designación, con el nombre de la víctima, de un centro educacional en la ciudad de Santa Cruz, en una ceremonia pública, en la presencia de sus parientes próximos (párrs. 118-122).

Un otro caso, particularmente dramático, fue el de las *Hermanas Serrano Cruz versus El Salvador*. De 1980 a 1991, El Salvador fue asolado en un conflicto armado interno. El 31.05.1996, la *Asociación Pro-Búsqueda de Niños y Niñas Desaparecidos* presentó una reclamación al Defensor del Pueblo atinente a la desaparición de 145 niños y niñas, incluyendo las víctimas, Ernestina and Erlinda Serrano Cruz en 1982. Durante el conflicto armado, los niños y niñas eran raptados y dados para adopción (inclusive en el exterior), con nombres ficticios, tornando aún más difícil encontrarlos después; algunos fueron asesinados. El caso llegó a la CtIADH, que emitió su Sentencia el 01.03.2005.

La CtIADH señaló que la propria madre de las hermanas Serrano Cruz había iniciado, en vano, su búsqueda (párr. 48(15)-(21)). Además de los resultados de la investigación, la CtIADH también constató que, después 1992, en el proceso reconciliatorio, se concedió amnistía a los que perpetraron crímenes durante el conflicto, exceptuados los que participaron en los crímenes de rapto y extorsión (párr. 48(14)).

---

12 La CtIADH también señaló que la CADH otorga un derecho al familiar de la víctima a la investigación del crímen y la sanción de los perpetradores, en la lucha contra la impunidad (párrs. 99-102).

La CtIADH advertió que las investigaciones debían haber sido conducidas con seriedad, y no como mera formalidad, para combatir la impunidad, y porque los parientes próximos de las personas desaparecidas y la sociedad como un todo tienen el derecho de conocer (derecho a la verdad) su paradero (párrs. 60-64).

La CtIADH determinó que los recursos y procedimientos, en búsqueda de la justicia, de derecho interno, no fueron eficaces (como lo establece el artículo 25(1) de la CADH) (paras. 79-83), no contaron con la debida diligencia (paras. 97-107), e incurrieron en violación de los artículos 8(1) y 25 de la CADH. La Corte agregó que los parienter próximos de las dos hermanas Serrano Cruz mucho sufrieron con la desintegración de su familia, y las fallas de las autoridades judiciales (párrs. 112-114), en violación del artículo 5 de la CADH.

En cuanto a reparaciones, ponderó la Corte que las dos hermanas Serrano Cruz eran las víctimas directas, y que, además, sus parientes próximos también era víctimas de las violaciones de los artículos 5, 8(1) y 25 de la CADH. La Corte otorgó reparaciones (inclusive por daño moral) en sus distintas formas (párrs. 142-146 y 157-159). Sostuvo el deber del Estado de investigar los hechos y buscar las dos hermanas, y sancionar los perpetradores de su desaparición. Ordenó el Estado a crear una comisión de búsqueda eficaz de los niños y niñas desaparecidos (párrs. 166-188), y a organizar actos públicos de reconocimiento de responsibilidad, a publicar su Sentencia en su diario oficial, y a designar un día dedicado a los niños y niñas desaparecidos (párrs. 194.-196). Ordenó, en fin, el Estado demandado a proveer a los familiares próximos de las víctimas directas toda la asistencia médica y psicológica necesaria (párrs. 197-200).

Paso, en seguida, a la consideración, en el presente contexto, de la cuestión de las violaciones de obligaciones internacionales con circunstancias *agravantes*. En efecto, también en otros casos tuvo la CtIADH ocasión de llamar atención para las circunstancias agravantes circundando el delito de desaparición forzada de personas. Por ejemplo, en comparación con el caso *Blake versus Guatemala* (*supra*), la CtIADH fue bien más allá en el caso *Bámaca Velásquez versus Guatemala* (2000-2002), relativo a la detención, tortura y desaparición forzada del líder revolutionario guatelmateco Efraín Bámaca Velásquez, comandante del grupo insurgente "Unidad Revolucionaria Nacional Guatemalteca" (URNG). Él había sido capturado por el ejército el 12.03.1992, después de un conflicto armado, y transferido a una prisión clandestina, dónde fue interrogado y torturado. Semanas después, fue transferido a la ciudad de Guatemala, y entonces a otra base militar (en la Zona Militar 18), en la enfermería de la cual fué visto vivo pro la última vez, amarrado a una cama de metal. En aquel entonces, había un patrón de desapariciones forzadas en el Estado demandado. En los años siguientes, se siguieron varias vías judiciales con el fín de establecer su paradero y encontrar sus restos mortales, pero ninguna se mostró efectiva.

En la Sentencia en cuanto al fondo (del 25.11.2000) en el caso *Bámaca Velásquez*, la CtIADH afirmó que las desapariciones forzadas violan una serie de derechos protegidos bajo la CADH, así como la obligación general de proteger y asegurar la protección de dichos derechos (artículo 1(1)). Si un Estado revela aquiescencia o tolerancia con desapariciones forzadas, o participación en las mismas, conformándose un patrón consistente en este sentido, considérase probada la desaparición forzada de una persona en tales circunstancias. En el *cas d´espèce*, la Corte, tomando en cuenta el patrón consistente existente en Guatemala en la época, consideró como probado la desaparición de Bámaca Velásquez en manos de los agentes estatales (párrs. 130-133)[13], y estableció una violación del artículo 7 de la CADH por detención arbitraria.

La CtIADH sostuvo además que una persona ilegalmente detenida ya se encuentra en una situación de vulnerabilidad, prolonged isolation y privación de comunicación, sometida así a un trato cruel e inhumano (para. 150). La Corte constató que Bámaca Velásquez había sido torturado, física y mentalmente. Y desde que ya se habían pasado ocho años desde su detención arbitraria y desaparición forzada sin noticias de él, la Corté concluyó que se debía presumir que él fué ejecutado (para. 173), en violación del artículo 4 de la CADH (derecho a la vida).

La CtIADH agregó, significativamente, que, en tales casos de desaparicines forzadas, los familiares de la víctima fatal son, ellos propios,

[13] En las circunstancias del caso, la Corte entendió que los recursos de derecho interno eran ineficaces (párr. 134).

víctimas de trato cruel e inhumano, debido a la falla de las autoridades de investigar, al tratamiento de los restos (mortales), y a otros factores (paras. 160-161). Dados, además, los obstáculos creados por las autoridades a los intentos de la esposa de Bámaca Velásquez a descubrir la verdad y encontrar sus restos (mortales), la Corte concluyó que ella también era víctima - en su derecho propio - de una violación del artículo 5 de la CADH (párr. 165).

La Corte tomó en cuenta el alentador reconocimiento por Guatemala de responsibilidad por la falta de investigació, pero observó que este reconocimiento excluía las cuestiones de la detención, tortura y desaparición de Bámaca Velásquez (párrs. 186-187). Concluyó entonces que hubo violación de los artículos 8(1) y 25 de la Convención, y además que el reconocimiento de responsibilidad por Guatemala también se refería a la violación de los mismos derechos de los familiares de Bámaca Velásquez (párrs. 195-196). La CtIADH también consideró el caso *Bámaca Velásquez* a la luz del Derecho Internacional Humanitario[14], en combinación con las disposiciones relevantes de la CADH.

En el presente caso, dada la persistencia de la situación de impunidad, la CtIADH concluyó que el Estado guatemalteco había violado los artículos 4, 5, 7, 8 y 25 de la CADH, en combinación con la obligación general bajo el artículo 1(1) de la Convención (párrs. 211-214).

---

14 La Corte dió por probado que, en la época de las ocurrencias, había un conflicto armado interno en Guatemala, lo que tornaba aplicable el artículo 3 común a las Convenciones de Ginebra de 1949 sobre Derecho Internacional Humanitario. Sin embargo, señalo que no tenía competencia para pronunciarse sobre la responsibilidad del Estado por violaciones de convenciones otras que las que a ella atribuían tal competencia. Aún así, la CtIADH sostuvo que acciones que violan los derechos humanos al mismo tiempo violaban asímismo otros instrumentos internacionales, tales como las referidas Convenciones de Ginebra; *ibid.*, párrs. 207-208. En facto, la CtIADH entendió que la protección otorgada por las Convenciones de Ginebra, siendo similar a la asegurada por la CADH y otros instrumentos de derechos humanos, puede ser invocada para interpretar las disposiciones de la Convención; *ibid.*, párr. 209. - Sobre las aproximaciones o convergencias entre el Derecho Internacional de los Derechos Humanos, el Derecho Internacional Humanitario, y el Derecho Internacional de los Refugiados en la jurisprudencia internacional, cf. A.A. Cançado Trindade, *La Humanización del Derecho Internacional Contemporáneo*, México, Edit. Porrúa, 2014, pp. 145-221; A.A. Cançado Trindade, *Derecho Internacional de los Derechos Humanos, Derecho Internacional de los Refugiados y Derecho Internacional Humanitario - Aproximaciones y Convergencias*, Geneva, CICR, [2000], pp. 1-66.

La Corte también declaró la responsibilidad del Estado por violación de la Convención Interamericana para Prevenir y Sancionar la Tortura (artículos 1, 2, 6 y 8), pues Bámaca Velásquez había sido torturado y ninguna investigación se realizó, y nadie fue sancionado a pesar de procedimientos succesivos (párrs. 218-223). La Corte sostuvo en seguida el deber del Estado demandado de ordenar una investigació eficaz para identificar y sancionar los responsables (párr. 227).

En la Sentencia subsiguiente sobre reparaciones en el mismo caso *Bámaca Velásquez* (del 22.02.2002), la CtIADH constató el patrón general de deaapariciones forzadas de personas en el Estado demandado en la época, y además que Bámaca Velásquez había sido detenido, torturado y sometido a trato cruel e inhumano, y que sus restos mortales todavía no habían sido encontrados hasta entonces. La Corte además estableció el daño tanto imaterial como material sufrido por el padre, las hermanas y la esposa de Bámaca Velásquez, en consecuencia de su detención, tortura, desaparición forzada, y muerte, y también debido a la impunidad continuada y la falta de conocimiento de la localidad de sus restos mortales.

La CtIADH reiteró que sus familiares, cuyos derechos habían sido directamente violados, tenían así derecho a reparaciones (párrs. 20 and 32-36). La IACtHR entendió que el sufrimiento de los familiares de la víctima se agravó, en razón de las características especiales de su cultura, lo que se debía tomar en cuenta para las reparaciones. La Corte ordernó al Estado demandado localizar y entregar los restos mortales de Bámaca Velásquez a su familia, pues el respeto por ellos era parte del derecho a la dignidad humana y hacía parte especial en la cultura de la comunidad de la víctima (párrs. 79-83). Significantemente, fue este el primer punto resolutivo del *dispositif* de la Sentencia de la Corte (del 22.02.2002) sobre reparaciones. En mi Voto Razonado (párrs. 1-26) anexado a la Sentencia, señalé la importancia de tal punto resolutivo, tomando en cuenta la proyección del sufrimiento humano en el tiempo generado por el crímen de desaparición forzada de personas.

La CtIADH reiteró el deber estatal de realizar una investigación eficaz de los hechos del caso, teniendo en mente el derecho de los familiares de la víctima a saber lo que aconteció con él (párrs. 73-78). La Corte ordenó además el Estado guatemalteco a tomar las medidas legislativas para alinear su legislación interna con las normas internacionales de derechos humanos y tornarlas efectivas, especialmente en relación con el Derecho Internacional Humanitario, las normas atinentes a la protección y el ejercicio de los derechos a la vida, a la libertad personal, al tratamiento humano, a la protección judicial y a un juicio justo, de modo a evitar violaciones futuras[15]. La Corte también declaró la responsibilidad del Estado por violación de las disposiciones relevantes de la Convención Interamericana sobre Desaparición Forzada de Personas, así como de la Convención Interamericana para Prevenir y Sancionar la Tortura (párrs. 86-87).

La CtIADH se ha visto ante el crímen de dasapariciones forzadas de personas también en la adjudicación del ciclo de casos de masacres[16]. Uno de tales casos fue el del *Caracazo*, atinente a Venezuela, en relación con víctimas de disturbios públicos ocurridos en la ciudad de Caracas en febrero-marzo de 1989. En su Sentencia en cuanto al fondo (del 11.11.1999), la CtIADH, además de establecer las violaciones de la Convención Americana, también tomó nota del reconocimiento por el Estado de su responsibilidad (allanamiento) como un paso "positivo" en la prevalencia de los principios subyacentes a la CADH.

En su Sentencia subsiguiente del 29.08.2002 sobre reparaciones, en el mismo caso del *Caracazo*, la CtIADH ordenó el Estado demandado a realizar una investigación eficaz de los hechos, a tomar todas las medidas necesarias para evitar la repetición de los hechos, y a formar y entrenar todos los miembros de sus fuerzas armadas y de seguridad sobre los principios y normas de protección de derechos humanos aplicables en todas las circunstancias, inclusive en estados de emergencia.

---

15 Párr. 85; la Corte también ordenó al Estado realizar un acto público de reconocimiento de su responsibilidad en relación con los hechos del caso, en reparación a las víctimas; también ordenó la publicación de las partes relevantes de la Sentencia del 25.11.2000 sobre el fondo del caso en el diario oficial y en otro periódico de circulación nacional (párr. 84).

16 Cf., al respecto, A.A. Cançado Trindade, *The Access of Individuals to International Justice*, Oxford, Oxford University Press, 2011, pp. 179-191; A.A. Cançado Trindade, *State Responsibility in Cases of Massacres: Contemporary Advances in International Justice* (Inaugural Address, 10.11.2011), Utrecht, Universiteit Utrecht, 2011, pp. 30-46; A.A. Cançado Trindade, "Die Entwicklung des interamerikanischen Systems zum Schutz der Menschenrechte", 70 *Zeitschrift für ausländisches öffentliches Recht und Völkerrecht* (2010) pp. 629-699, esp. pp. 695-699.

En el *cas d´espèce*, 44 víctimas fueron clasificadas por la CtIADH, en su gran mayoría víctimas de ejecuciones extra-judiciales. Hubo seis personas desaparecidas (dos de las cuales por agentes estatales).

En el curso del procedimiento ante la CtIADH, el sufrimiento extremo de los parientes próximos de las personas desaparecidas fue transmitido a la atención de la Corte por las declaraciones de testigos (familiares) y de peritos (dos psicólogos) (párrs. 43(34), 43(36), 44(1) y 44(2). La propia CtIADH señaló que, en casos del género, dadas las dificultades de obtener pruebas directas, se podía acudir a presunciones basadas en el conocimiento juntamente con la experiencia (párr. 50).

La Corte agregó en el caso *Caracazo* que, en casos del género, todas las victimas (teniendo presentes sobre todo los familiares) deben poder ejercer el derecho de *acceso a la justicia*, de modo a asegurar que las desapariciones forzadas de personas sean debidamente investigadas por los Estados Partes en la CADH (párr. 115). Sin embargo, en el presente caso del *Caracazo* la Corte constató que, 13 años después de la perpetración de las violaciones, no hubo investigación alguna de los hechos, ni tampoco sanción de los responsables por las desapariciones, los asesinatos, y otras violaciones graves de los derechos humanos (párr. 117).

La CtIADH señaló además que la identificación y entrega de los restos mortales (de los desaparecidos) a sus parientes próximos, para que sean debidamente enterrados, eran *per se* un "acto de reparación" (párr. 123). El mismo punto fue señalado por la CtIADH en el caso *Blake* (Sentencia del 24.01.1998, párr. 115), en el caso *Bámaca Velásquez* (reparaciones, Sentencia del 22.02.2002, párr. 81), y en el caso *Trujillo Oroza* (reparaciones, Sentencia del 27.02.2002, párr. 115).

Otro caso es el de *Juan Humberto Sánchez versus Honduras* (Sentencia del 07.06.2003), relativo a un operador de radio que fue detenido el 10.07.1992 en la casa de sus padres, sin un mandato judicial para ésto, por miembros de las fuerzas armadas. Fue liberado el día siguiente por falta de pruebas, pero, en la misma noche, un grupo de militares armados invadió su casa, amenazó la familia y lo raptó. J.H. Sánchez fue llevado a una base militar, dónde fue interrogado. El 21.07.1992 su cuerpo mutilado fue encontrado, con un tiro en la cabeza, amarrado y mutilalado (para. 70.3-10).

En la Sentencia del 07.06.2003, la CtIADH constató que había en Honduras, en la década de los ochenta e inicio de los años noventa, un patrón de desapariciones y ejecuciones extra-judiciales por las fuerzas militares, y que los jueces se sentían intimidados a investigar tales violaciones de los derechos humanos por las fuerzas armadas (párrs. 70.1-70.2 y 80). La CtIADH determinó violaciones del artículo 7 de la CADH (detención arbitraria para interrogatorio, tortura seguida de ejecución) (párrs. 75-81)[17]. La CtIADH determinó asimismo una violación del artículo 5 de la CADH, dado que J.H. Sánchez fue torturado por los que lo detenían (paras. 94-100).

La CtIADH reconoció que los familiares próximos de la víctima sufrieron daño imaterial, debido a los efectos psicológicos de desconocer el paradero y la situación de la víctima (y sus restos mortales), además de las amenazas a que fueron sometidos, seguidas de la ausencia de investigación y la impunidad, - todo ésto constituyendo trato cruel, inhumano y degradante (párrs. 101-102 y 175-176). Además, - acrecentó la CtIADH, - se formó un clima incompatible con la protección eficaz del derecho a la vida, que requería del Estado todas las medidas necesarias para prevenir e investigar tales violationes; la Corte determinó así una violación también del artículo 4(1) de la CADH (paras. 105-113). La Corte también estableció una violación l derecho a la protetección y las garantías judiciales (artículos 8 y 25 de la CADH), en combinación con el artículo 1 de la CADH (paras. 131, 136 and 141-146).

En cuanto a las reparaciones, la CtIADH sostuvo que Honduras tenía la obligación de investigar los hechos, e identificar y sancionar los responsables (combatiendo así la impunidad en beneficio de la sociedad como un todo), y de respetar los derechos procesales de los familiares (paras. 184-187). La CtIADH ordenó en fin el Estado demandado un gesto de reconocimiento público de su responsibilidad, la publicación de las partes relevantes de la Sentencia en el diario oficial y en un periódico, y la elaboración de un registro de detenidos, de modo a viabilizar el control de la legalidad de las detenciones (párrs. 188-189).

[17] La CtIADH agregó que no habían recursos internos eficaces en el patrón prevaleciente de ejecuciones extra-judiciales; párrs. 83-85 y 122-128.

Otro caso relevante, con incidencia en la ampliación de la noción de víctima, es el de *Servellón-García et alii versus Honduras* (2006), que se insiere en un patrón de violencia contra los jóvenes, particularmente los identificados como integrantes de bandas juveniles violentas, en Honduras en el inicio de la década de los noventa. Se perpetraron ejecuciones extra-judiciales tanto por agentes estatales como por terceros, formando un patrón de violencia extrema. El 15.09.1995, 128 personas fueron detenidas, y, el día siguiente, 62 de ellas fueron "perdonadas" y liberadas, - con excepción de las cuatro víctimas en el *cas d'espèce* (de 16, 17, 32 y 19 años de edad), que fueron encontradas muertas el 17.09.1995, con marcas de tortura en sus cuerpos.

El 21.09.2006, la CtIADH emitió su Sentencia en el caso de *Servellón García et alii versus Honduras*, que se tornó conocido como el caso de "los cuatro puntos cardinales", por haber sido encontrados los restos mortales de los cuatro jóvenes en diferentes puntos de la ciudad, formando un círculo, correspondiente al *modus operandi* utilizado en aquel patrón de ejecuciones extra-judiciales (párr. 79(1)-(4) y (32)-(35)). La CtIADH estableció violaciones, por el Estado demandado, de los derechos a la vida (artículo 4 de la CADH) y a la libertad personal (artículo 7) en combinación con el derecho a un recurso interno eficaz (artículo 25), en detrimento de cada víctima[18]. También estableció violaciones de los derechos a la integridad personal (artículo 5) y a la protección y garantías judiciales (artículos 8 y 25), en detrimento de los familiares de cada víctima.

Dichas violaciones se vinculaban al incumplimiento por el Estado del deber general bajo el artículo 1(1) de la CADH, i.e., el deber de respetar y asegurar el respeto de los derechos protegidos (paras. 97-99, 146 y 148-150). La CtIADH constató que, transcurridos 11 años, no hubo investigación de los hechos ocurridos, ni cualquier decisión judicial interna, revelando falta de debida diligencia (*due diligence*); no hubo cualquier sanción de los responsables. La CtIADH concluyó así que los artículos 8(1), 8(2) y 25(1) de la CADH habían sido violados en detrimento tanto de las cuatro víctimas como de sus parientes

[18] . La CtIADH también encontró violación del artículo 19 de la CADH.

próximos (párrs. 149-156). La CtIADH ordenó, en fin, las reparaciones correspondientes, en sus distintas formas[19].

Las Sentencias de la CtIADH en casos de desapariciones forzadas de personas (*supra*) han contribuído al reconocimiento de circumstancias *agravantes*, con todas sus consecuencias y efectos jurídicos, inclusive para reparaciones. Los crímenes internacionales de desapariciones forzadas de personas (*supra*) han sido perpetrados en ejecución de políticas estatales criminales, revelando, además, el elemento de *intencionalidad*. La *impunidad* subsiguiente ha intensificado el sufrimiento psicológico infligido a los parientes más cercanos de las personas desaparecidas (víctimas directas de la violación del derecho a la vida), quienes son, ellos propios, víctimas directas de la violación del derecho a un trato humano.

Ha ocurrido aquí una expansión de la noción de *víctima* bajo la CADH[20], tal como efectuado por la CtIADH a partir del caso *Blake versus Guatemala* (1996-1999 - cf. *supra*). Las dificultades enfrentadas en los casos de desaparición forzada de personas, y correctamente resueltas por la CtIADH[21], en la época en que tuve el honor de servirla

---

19 A saber, indemnizaciones a los familiares de las víctimas (paras. 161-163 and 174-183), investigación de los hechos y sanción de los responsables (párrs. 191-196 y 203), publicación de la Sentencia en el diario oficial, y realización de un acto de honor a la memoria de las víctimas (párrs. 197-199), entrenamiento en derechos humanos del personal encargado de aplicación de la ley (párrs. 200-202).

20 Ilustraciones del sufrimiento intenso de los familiares cercanos de las víctimas fatales se encuentran consignados, *inter alia*, en los casos de los *"Niños de la Calle" versus Guatemala* (1999-2001), de *Bámaca Velásquez versus El Salvador* (2000-2002), y de las *Hermanas Serrano Cruz versus El Salvador* (2004-2005), para evocar tan sólo algunos ejemplos. Sobre la proyección del sufrimiento humano en el tiempo, cf. capítulo XIX, *supra*.

21 La contribución jurisprudencial de la CtIADH en este dominio ha recientemente empezado a atraer la atención de la bibliografía jurídica especializada. Cf., *inter alia*, v.g., A.A. Cançado Trindade, "Enforced Disappearances of Persons...", *op. cit. supra* n. (1), pp. 507-536; Lisa Ott, *Enforced Disappearance in International Law*, Cambridge/Antwerp, Intersentia, 2011, pp. 1-294; M. Lot Vermeulen, *Enforced Disappearance - Determining State Responsibility under the International Convention for the Protection of All Persons from Enforced Disappearance*, Utrecht, Intersentia/ Utrecht University, 2012, pp. 1-496; K. Bonneau, "La jurisprudence innovante de la Cour Interaméricaine des Droits de l'Homme en matière de droit à réparation des victimes de violations des droits de l'homme", *in Le particularisme interaméricain des droits de l'homme* (eds. L. Hennebel y H. Tigroudja), Paris, Pédone, 2009, pp.

como magistrado (cf. *supra*), despertaron la Corte para la apremiante necesidad de la ampliación de la noción de víctima, tal como por ella efectuado. Para ésto, la CtIADH tomó en cuenta la intensidad del sufrimiento causado por las desapariciones forzadas de personas, victimizando los familiares cercanos de éstas, tal como comprobado en el curso de las audiencias públicas ante la CtIADH en casos de esta naturaleza. En dichos casos, este sufrimiento intenso se prolongó indefinidamente en el tiempo, destruyendo familias enteras. La hermenéutica de la CtIADH tomó correctamente en cuenta esta circunstancia agravante, con todas sus consecuencias jurídicas.

347-382; T. Scovazzi y G. Citroni, *The Struggle against Enforced Disappearance and the 2007 United Nations Convention*, Leiden, Nijhoff, 2007, pp. 148-149, 250 y 364-365; G.M. Kalach Torres, "Les disparitions forcées d´enfants au Salvador - Les suites de l´arrêt *E. et E. Serrano Cruz vs. El Salvador*", *in Réparer les violations graves et massives des droits de l'homme: La Cour Interaméricaine, pionnière et modèle?* (eds. E. Lambert Abdelgawad y K. Martin-Chenut), Paris, Éd. Société de Législation Comparée, 2010, pp. 159-180; J. Schönsteiner, "Dissuasive Measures and the `Society as a Whole´: A Working Theory of Reparations in the Inter-American Court of Human Rights", 23 *American University International Law Review* (2007) pp. 127-164.

Capítulo XXI

LA EXIGIBILIDAD DE LOS DERECHOS ECONÓMICOS, SOCIALES Y CULTURALES

No es mi propósito, en estas memorias de la CtIADH, reiterar todo el análisis que he hecho, a lo largo de los años, de la evolución doctrinal y jurisprudencial, en las tres últimas décadas, en materia de la exigibilidad de los derechos económicos, sociales y culturales, en los distintos sistemas – a niveles universal y regional – de protección internacional de los derechos humanos. Me limito a referirme a algunos de mis numerosos estudios al respecto[1], en los cuales examiné los aspectos doctrinales y jurisprudenciales de aquella evolución, que buscó superar la dicotomía anacrónica consagrada en los dos Pactos de Derechos Humanos de Naciones Unidas de 1966, y la concepción enteramente superada del "desarrollo progresivo" de los derechos económicos, sociales y culturales (que encontró expresión en la redacción desafortunada y enteramente insatisfactoria del artículo 26 de la CADH).

Gradualmente se pasó a distinguir, en relación a los derechos económicos, sociales y culturales, no sólo *obligaciones mínimas*, sino también *obligaciones distintas*: la de *promover* (la única que es "programática"), la de *respetar*, la de proteger (mediante medidas positivas, imponibles inclusive a terceros), y la de *asegurar* (mediante medidas más amplias para la pronta e eficaz vindicación de aquellos

[1] A.A. Cançado Trindade, *La Cuestión de la Protección Internacional de los Derechos Económicos, Sociales y Culturales: Evolución y Tendencias Actuales*, San José de Costa Rica, Instituto Interamericano de Derechos Humanos (Série para ONGs, vol. 6), 1992, pp. 1-61; A.A. Cançado Trindade, «La question de la protection internationale des droits économiques, sociaux et culturels: évolution et tendances actuelles», 44 *Boletim da Sociedade Brasileira de Direito Internacional* (1991) pp. 13-41; A.A. Cançado Trindade, *Tratado de Direito Internacional dos Direitos Humanos*, 2a. ed., tomo I, Porto Alegre/Brasil, S.A. Fabris Ed., 2003, cap. IX, pp. 445-503; A.A. Cançado Trindade, *El Derecho Internacional de los Derechos Humanos en el Siglo XXI*, 2a. ed., Santiago, Editorial Jurídica de Chile, 2006, cap. III, pp. 93-144; entre otros.

derechos). Se pasó a identificar los derechos económicos, sociales y culturales de *aplicabilidad inmediata* (v.g., determinados derechos sindicales, la igualdad de remuneración por trabajo igual, el derecho a la educación primaria obligatoria gratuita, entre otros). Se enfatizó la importancia fundamental del *principio de la no-discriminación* también en el presente contexto asi como del *derecho de acceso a la justicia.* Se pasó a identificar "componentes justiciables" de los derechos económicos, sociales y culturales (v.g., los derechos a la educación, a la salud, a una vivienda adecuada, sobre todo en sus aspectos referentes a la no-discriminación).

Las consideraciones que siguen se circunscriben tan sólo a algunos de mis recuerdos seleccionados del ejercicio de la función judicial internacional, a servicio de la CtIADH, que considero de relevancia para la temática en aprecio. Lo que sigue es, pues, un relato resumido de algunos fragmentos de memorias al respecto. Apesar de que los derechos económicos, sociales y culturales, protegidos por el Protocolo de San Salvador de 1988 sobre la materia (para suplir una lamentable laguna en la CADH), no hayan constituído la cuestión central de ninguno de los casos resueltos por la CtIADH durante mis años en la misma, sin embargo han sido mencionados *incidenter tantum* en algunas de las Sentencias de la CtIADH, y, más que ésto, han estado subyacentes – aunque no mencionados expresamente – en algunos de los casos decididos por la CtIADH en los últimos años.

La marginación y exclusión sociales forman el contexto de casos que, aunque hayan terminado en la determinación de la violación de derechos protegidos por la Convención Americana sobre Derechos Humanos (otros que los derechos económicos, sociales y culturales), revelan dos puntos importantes, a saber, primero, la dimensión también económica, social y cultural de derechos que no son "clasificados" como tales, y segundo, el imperativo de la protección concomitante de dichos derechos así como de los derechos económicos, sociales y culturales.

Aunque no se haya valido de todo el potencial de aplicación del Protocolo de San Salvador ante la CtIADH hasta la fecha, los derechos económicos, sociales y culturales han sido sin embargo protegidos mediante la salvaguardia del derecho de acceso a la justicia *lato sensu* (artículos 8 y 25 de la Convención Americana, tomados conjuntamente). Dos ilustraciones en este sentido encuéntranse en los casos *Baena Ricardo y Otros (270 Trabajadores) versus Panamá* (2001-2003) y *Trabajadores Cesados del Congreso versus Perú* (2006). Aunque la solución encontrada por la Corte en ambos casos (un *renvoi* al derecho interno para las reparaciones) no haya sido hasta la fecha enteramente satisfactoria, en estos casos los derechos laborales han sido protegidos mediante la garantía del acceso a la justicia.

En su sentencia de 1999 en el caso *Baena Ricardo y Otros*, contra Panamá, el Tribunal desestimó una excepción preliminar de supuesta litispendencia (con un procedimiento de la OIT), y continuó con el conocimiento del caso. La sentencia de fondo del 02.02.2001 en el caso *Baena Ricardo y Otros* condenó a Panamá por haber destituído a los 270 trabajadores por aplicación retroactiva de una ley (contra huelga). La sentencia de fondo del 28.02.2003 en el caso de los *Cinco Pensionistas versus Perú* amparó los pensionistas por denegación de justicia (las sentencias de los tribunales de derecho interno, en su favor, no habían sido ejecutadas). Así, los casos de *Baena Ricardo y Otros* y de los *Cinco Pensionistas* revelan que los derechos económicos, sociales y culturales (derechos laborales) pueden ser protegidos por las garantías del debido proceso y el acceso a la justicia, que cubren *todos* los derechos, inclusive los derechos económicos, sociales y culturales. En este sentido, se suma el reciente Voto Disidente que emití en la Interpretación de Sentencia (del 30.11.2007) en el caso de los *Trabajadores Cesados del Congreso versus Perú*.

En resúmen, todos los derechos humanos, inclusive los derechos económicos, sociales y culturales, son exigibles, y, hasta el presente, lo han sido en el sistema interamericano mediante el derecho de acceso a la justicia *lato sensu* y las garantías del debido proceso, tomados conjuntamente. Pasando de la función contenciosa a la función consultiva de la CtIADH, se constata, en la misma línea conceptual, que en materia de Opiniones Consultivas, son de relevancia para todos los derechos humanos, inclusive los derechos económicos, sociales y culturales, la Opinión Consultiva n. 16 sobre el *Derecho a la Información sobre Asistencia Consular en el Marco de las Garantías del Debido Proceso Legal* (1999), y la Opinión Consultiva n. 18 sobre la *Condición Jurídica y Derechos de los Migrantes Indocumentados* (2003), ambas de trascendental relevancia histórica.

En fin, la protección de los derechos económicos, sociales y culturales ha marcado presencia – sin expresamente decirlo – en algunas de las Medidas Provisionales de Protección ordenadas por la CtIADH. Claros ejemplos en este sentido se encuentran en las Resoluciones sobre dichas Medidas de Protección adoptadas por la CtIADH en los casos, v.g., de la *Comunidad Mayagna Awas Tingni versus Nicarágua* (2003-2004, sobre demarcación de tierras), del *Pueblo Indígena de Sarayaku versus Ecuador* (2004-2005, sobre explotación de recursos naturales), de las *Comunidades del Jiguamiandó y del Curbaradó versus Colombia* (2003-2006, sobre incursiones de terceros particulares afectando el *modus vivendi* de miembros de las comunidades), del *Pueblo Indígena Kankuamo versus Colombia* (2004, sobre reconstrucción cultural), todas buscando, en última instancia, salvaguardar el *modus vivendi* de los miembros de las respectivas comunidades[2].

Ya es tiempo de dejar de "categorizar" los derechos humanos en derechos civiles y políticos, y derechos económicos, sociales y culturales, una artificialidad propia de otra época, de una época pasada que ya no más existe. Dicha artificialidad sigue lamentablemente repitiéndose *ad nauseam* en el tiempo. Hay que abordar los llamados derechos económicos, sociales y culturales en el marco de la indivisibilidad – en la teoría y en la práctica – de todos los derechos humanos, igualmente exigibles.

Hay que parar de buscar en el artículo 26 de la Convención Americana sobre Derechos Humanos algo que él no puede proveer, por ser un lamentable anacronismo histórico, una disposición de pésimas concepción y formulación, fruto del antagonismo ideológico del tiempo de su perezosa redacción. La CtIADH ha buscado trascender el letargo mental reflejado en la redacción del artículo 26 de la Convención Americana mediante una construcción jurisprudencial creativa, cuyo alcance no ha sido examinado hasta la fecha con el debido cuidado que requiere y amerita.

---

2 Para el texto mis Votos Concurrentes en estos casos, cf. A.A. Cançado Trindade, *Derecho Internacional de los Derechos Humanos – Esencia y Trascendencia* (Votos en la Corte Interamericana de Derechos Humanos, 1991-2006), México, Edit. Porrúa/ Universidad Iberoamericana, 2007, pp. 891-983.

No hay cómo negar que el derecho de acceso a la justicia *lato sensu* – *el derecho al Derecho*, comprendiendo las garantías judiciales, el derecho a la prestación jurisdiccional y, cuando debidas, las reparaciones, – abarca todos los derechos humanos, inclusive los derechos económicos, sociales y culturales. El principio básico de la igualdad y no-discriminación, que la CtIADH situó en el dominio del *jus cogens*, informa y conforma y ampara todos los derechos humanos, inclusive los derechos económicos, sociales y culturales.

El día en que el Protocolo de San Salvador de 1988 sobre los Derechos Económicos, Sociales y Culturales, se torne el tema central de un caso contencioso ante la CtIADH, podrá ésta dar nuevos aportes en su construcción jurisprudencial en materia de protección internacional de los derechos económicos, sociales y culturales. Mientras tanto, podrá seguir avanzando la construcción en que ya se encuentra comprometida, a la luz de una visión holística o integral de los derechos humanos en la teoría y en la práctica, anteriormente examinada en este capítulo.

Capítulo XXII

LA DIMENSIÓN PREVENTIVA: EL CARÁCTER VINCULANTE Y LA EXPANSIÓN DE LAS MEDIDAS PROVISIONALES DE PROTECCIÓN

Efectivamente, las Medidas Provisionales de Protección de la Corte Interamericana de Derechos Humanos (CtIADH) adquieren, en el dominio del Derecho Internacional de los Derechos Humanos, a mi juicio, y tal como he señalado en mis escritos, un carácter, más que *cautelar*, verdaderamente *tutelar*[1], y revelan la importancia de la *dimensión preventiva* de la protección de los derechos de la persona humana. Encuéntranse aquí en riesgo derechos verdaderamente fundamentales. Es lo que he señalado en mis presentaciones de los cuatro primeros tomos de la *Serie E* del *Compendio de Medidas Provisionales de Protección* de la CtIADH[2]. No es mi propósito aquí reiterar dichas precisiones, sino más bien retomar aspectos de la contribución de la CtIADH sobre la materia durante mi periodo como Juez Titular de la CtIADH y como su Presidente.

En el ámbito del Derecho Internacional de los Derechos Humanos, las medidas provisionales de protección ordenadas por la CtIADH han

---

1 Cf., v.g., A.A. Cançado Trindade, «Les mesures provisoires de protection dans la jurisprudence de la Cour Interaméricaine des Droits de l'Homme», *in Mesures conservatoires et droits fondamentaux* (eds. G. Cohen-Jonathan y J.-F. Flauss), Bruxelles, Bruylant/Nemesis, 2005, pp. 145-163; A.A. Cançado Trindade, «The Evolution of Provisional Measures of Protection under the Case-Law of the Inter-American Court of Human Rights (1987-2002)», 24 *Human Rights Law Journal* – Strasbourg/Kehl (2003), n. 5-8, pp. 162-168.

2 A.A. Cançado Trindade, "Prólogo del Presidente de la Corte Interamericana de Derechos Humanos", *Compendio de Medidas Provisionales* (Junio 2001-Julio 2003), tomo 4, Serie E, San José de Costa Rica, CtIADH, 2003, pp. V-XXII; A.A. Cançado Trindade, "Preface by the President of the Inter-American Court of Human Rights", *Compendium of Provisional Measures* (June 2001-July 2003), vol. 4, Series E, San José of Costa Rica, IACtHR, 2003, pp. V-XXI.

alcanzado una considerable expansión, y han revelado un alcance sin precedentes en materia de protección. Han, además determinado, – en razón de su carácter obligatorio, por ser basadas en la propia CADH (artículo 63(2))[3], – la eficacia del propio derecho de petición individual a nivel internacional[4]: en realidad, en el presente dominio, tales medidas, además de su carácter esencialmente preventivo, *protegen efectivamente derechos fundamentales*, en la medida en que buscan evitar daños irreparables a la persona humana como sujeto del Derecho Internacional de los Derechos Humanos. En el ámbito de este último, que es esencialmente un *derecho de protección* del ser humano, las medidas provisionales alcanzan efectivamente su plenitud, revistiéndose de un carácter, más que cautelar, verdaderamente *tutelar*.

Efectivamente, las medidas provisionales ordenadas por la Corte Interamericana han sido dictadas en función de las necesidades de protección, siempre y cuando se reúnan los requisitos básicos de la extrema gravedad y urgencia, y la prevención de daños irreparables a las personas (*supra*). Dichos requisitos las transforman en una verdadera *garantía jurisdiccional de carácter preventivo*. Esta caracterización corresponde a su verdadero *rationale* en la protección internacional de los derechos humanos.

En el contencioso internacional de los derechos humanos, el poder de un tribunal como la Corte Interamericana de Derechos Humanos de ordenar medidas provisionales de protección, como ya señalado, tiene por objeto central *salvaguardar los derechos humanos* consagrados en la Convención Americana, en casos de extrema gravedad y urgencia y para evitar daños irreparables a las personas. Subyacente a la aplicación de medidas provisionales de protección por la Corte Interamericana encuéntranse consideraciones superiores de *ordre public* internacional, concretadas en la protección del ser humano. Ade-

---

3 El artículo 25(1) del nuevo Reglamento (del 24.11.2000, vigente a partir del 01.06.2001) de la Corte recoge los elementos consagrados en el artículo 63(2) de la Convención, es decir, la extrema gravedad y urgencia, y la prevención de daños irreparables a las personas, facultando a la Corte en tales circunstancias a ordenar medidas provisionales, de oficio o a instancia de parte, en cualquier estado del procedimiento.

4 R.St.J. MacDonald, "Interim Measures in International Law, with Special Reference to the European System for the Protection of Human Rights", 52 *Zeitschrift für ausländisches öffentliches Recht und Völkerrecht* (1993) pp. 703-740.

más de su dimensión esencialmente preventiva, tales medidas también revelan, primero, la especificidad del Derecho Internacional de los Derechos Humanos, y segundo, a su vez, el impacto de este último sobre la caracterización de aquellas medidas en el ámbito del Derecho Internacional Público.

La gran mayoría de las solicitudes de medidas provisionales han sido acatadas por la Corte Interamericana, y las medidas respectivas han sido por ésta ordenadas, en relación tanto con casos pendientes ante ella, así como con casos todavía no sometidos a ella, a petición de la Comisión[5]. En muy raras ocasiones decidió la Corte no ordenar las medidas solicitadas[6]. Antes de ordenar medidas provisionales de protección, la Corte siempre verifica si los Estados en cuestión han reconocido (bajo el artículo 62(2) de la Convención) como obligatoria su competencia en materia contenciosa.

Las medidas provisionales de protección han sido ordenadas en la práctica – en la mayoría de los casos pero ya no más en todos (cf. *infra*) – sobre todo en casos implicando una amenaza inminente a la vida o integridad personal. En varias solicitudes de dichas medidas por parte de la Comisión en casos todavía no pendientes ante la Corte, esta última ha estimado aplicable la presunción de que tales medidas de protección son necesarias. La Corte, en la práctica, no ha exigido de la Comisión una demostración sustancial (*substantial evidence*) de que los hechos son verdaderos, sino más bien procedido con base en la presunción razonable (*prima facie evidence*) de que los hechos son verdaderos[7].

De mis reminiscencias personales del proficuo labor de la CtIADH, permítome extraer un par de ejemplos reveladores de la importancia de

---

5 Cf., *inter alia*, en cuanto a estos últimos, las medidas ordenadas por la Corte en los casos, v.g., de *Bustíos-Rojas* (Perú, 1990), *Chunimá* (Guatemala, 1991), *Reggiardo Tolosa* (Argentina, 1993), *Colotenango* (Guatemala, 1994-2000), *Digna Ochoa y Plácido y Otros* (México, 1999), *Haitianos y Dominicanos de Origen Haitiano en la República Dominicana* (República Dominicana, 2000), *Comunidad de Paz de San José de Apartadó* (Colombia, 2000), *Periódico `La Nación'* (Costa Rica, 2001).

6 Cf., v.g., los casos de los *Penales Peruanos* (1992), y de *Chipoco* (1992, también referente al Perú).

7 Trátase de un criterio que encuentra respaldo en el principio del carácter sumario de la cognición (*summaria cognitio*), en razón de la urgencia de los casos en cuestión, – principio éste que ha sido aplicado en relación con las medidas tanto cautelares en el derecho procesal interno como provisionales en el derecho procesal internacional.

la adopción de dichas Medidas de Protección[8], atinentes a un aspecto de gran importancia, a saber, el relativo al acceso directo de los individuos a la instancia internacional, con el fin de obtener tales Medidas. En el caso del *Tribunal Constitucional versus Perú* (2000), una magistrada destituida del Tribunal Constitucional del Perú sometió directamente, a la CtIADH, el 03.04.2000, una solicitud de medidas provisionales de protección. Poco después, la misma situación se planteó en el caso *Loayza Tamayo versus Perú* (2000), ya decidido por la Corte en cuanto al fondo y a las reparaciones: en un escrito del 30.11.2000, la peticionaria (Sra. Michelangela Scalabrino) presentó directamente a la Corte una solicitud de Medidas Provisionales, en nombre de la víctima (Sra. María Elena Loayza Tamayo), – solicitud ésta endosada por la hermana de la víctima (Sra. Carolina Loayza Tamayo)[9].

En estas dos memorables ocasiones, decidí, como Presidente de la Corte, después de consultar con mis pares, dictar medidas urgentes *ex officio* (resolución del 07.04.2000, caso del *Tribunal Constitucional*, y resolución del 13.12.2000, caso *Loayza Tamayo*), – una vez que la CtIADH no se encontraba en sesión, – por tratarse de casos de extrema gravedad y urgencia, y para evitar daños irreparables a las personas. En ambos casos (el primero, entonces pendiente ante la CtIADH, y el segundo, ya decidido por ésta en cuanto al fondo y a las reparaciones[10]), las solicitudes de medidas fueron sometidas directamente por las peticionarias al Tribunal.

Las referidas medidas urgentes, por primera vez en la historia de la CtIADH adoptadas *ex officio* por su Presidente[11], fueron ratificadas por el Tribunal en pleno, tan pronto este entró en sesión[12]. Estos episodios históricos en ambos casos (*Tribunal Constitucional* y *Loayza Tamayo*), que no pueden pasar desapercibidos, demuestran no sólo la viabilidad,

---

8 En cuanto a su cumplimiento, en particular, cf. capítulo V, *supra*.

9 Cf. relato *in*: A.A. Cançado Trindade, *El Derecho Internacional de los Derechos Humanos en el Siglo XXI*, 2ª. ed., Santiago de Chile, Editorial Jurídica de Chile, 2006, pp. 519-520.

10 Y estando, pues, el caso en etapa de supervisión de cumplimiento de sentencia (en cuanto a las reparaciones).

11 Resolución del 07.04.2000, en el caso del *Tribunal Constitucional*, y resolución del 13.12.2000, en el caso *Loayza Tamayo*.

12 Cf. Resoluciones de la CtIADH sobre Medidas Provisionales de Protección, del 14.08.2000 (caso del *Tribunal Constitucional*), y del 03.02.2001 (caso *Loayza Tamayo*).

sino también la importancia, del *acceso directo* del individuo, sin intermediarios, a la Corte Interamericana de Derechos Humanos, aún más en una situación de extrema gravedad y urgencia[13]. En la gran mayoría de los casos, las medidas provisionales ordenadas por la Corte Interamericana, o las medidas urgentes dictadas por su Presidente, han protegido efectivamente derechos fundamentales, esencialmente el derecho a la vida y el derecho a la integridad personal (física, psíquica y moral).

Pero, – tal y como me permití señalar en mis Prólogos a los tomos II, III y IV de la *Serie E* de Publicaciones de la CtIADH sobre Medidas Provisionales de Protección, – siendo todos los derechos humanos interrelacionados e indivisibles, no parece haber, jurídica y epistemológicamente, impedimento alguno a que vinieran a amparar otros derechos humanos[14], siempre y cuando se reunieran las precondiciones de la extrema gravedad y urgencia, y de la prevención de daños irreparables a las personas, consagradas en el artículo 63(2) de la Convención Americana sobre Derechos Humanos. Es ésto precisamente lo que ha ocurrido durante los últimos años en el ejercicio de esta función de la CtIADH.

En efecto, en el período entre julio de 2000 y junio de 2001, la CtIADH adoptó nuevas resoluciones sobre dichas medidas relativas

---

13 A.A. Cançado Trindade, "El Nuevo Reglamento de la Corte Interamericana de Derechos Humanos (2000): La Emancipación del Ser Humano como Sujeto del Derecho Internacional", 30/31 *Revista del Instituto Interamericano de Derechos Humanos* (2001) pp. 45-71, esp. pp. 60-61.

14 Cabe, al respecto, señalar que, en el sistema europeo de protección de los derechos humanos, por ejemplo, las medidas provisionales de protección se han dado, en su gran mayoría, en casos de probabilidad o riesgo de extradición o expulsión (permitiendo al peticionario quedarse en el país en que se encuentre hasta que la Corte Europea decida el fondo de los casos), en circunstancias que pudieran, si consumada la extradición o expulsión, someter el individuo, en el país receptor, a tortura o a penas o tratamientos inhumanos o degradantes (en los términos del artículo 3 de la Convención Europea de Derechos Humanos). Cf. C.A. Norgaard y H. Krüger, "Interim and Conservatory Measures under the European System of Protection of Human Rights", *Progress in the Spirit of Human Rights – Festschrift für Felix Ermacora* (eds. M. Nowak, D. Steurer y H. Tretter), Kehl am Rhein, N.P. Engel, 1988, pp. 109-117; P. van Dijk y G.J.H. van Hoof *et alii*, *Theory and Practice of the European Convention on Human Rights*, 3a. ed., The Hague, SIM/Kluwer, 1998, pp. 103-107 y 215; G. Cohen-Jonathan, *La Convention européenne des droits de l'homme*, Paris/Aix-en-Provence, Economica/Presses Universitaires d'Aix-Marseille, 1989, pp. 36-37 y 307.

a trece casos[15]. Entre estas resoluciones, las adoptadas en los casos de los *Haitianos y Dominicanos de Origen Haitiano en la República Dominicana*, de la *Comunidad de Paz de San José de Apartadó*, y del *Periódico La Nación* desencadenaron un nuevo desarrollo de la materia, de los más significativos en toda la historia de la CtIADH. En el primero de estos tres casos, el de los *Haitianos y Dominicanos de Origen Haitiano en la República Dominicana*, la Corte adoptó medidas provisionales de protección (mediante su resolución del 18.08.2000), que tuvieron por objeto, *inter alia*, proteger la vida e integridad personal de cinco individuos, evitar la deportación o expulsión de dos de ellos, permitir el retorno inmediato a la República Dominicana de otros dos, y la reunificación familiar de dos de ellos con sus hijos menores, además de la investigación de los hechos. Por medio de esta medida provisional, que representa el embrión de un *habeas corpus* internacional, la Corte por primera vez extendió así protección a nuevos derechos (en adición a los derechos fundamentales a la vida y a la integridad personal) bajo la CADH.

Posteriormente, en el caso de la *Comunidad de Paz de San José de Apartadó*, la CtIADH en pleno ratificó las medidas urgentes que dicté (en resolución del 09.10.2000) como Presidente de la Corte en favor de los miembros de una "Comunidad de Paz" en Colombia; la CtIADH extendió protección (mediante la resolución del 24.11.2000) a todos los miembros de la Comunidad (innominados pero identificables)[16], y requirió al Estado, *inter alia*, que asegurase las condiciones necesarias para que las personas de la mencionada Comunidad "que se hayan visto forzadas a desplazarse a otras zonas del país, regresen a sus hogares"[17]. Y en el caso posterior del *Periódico `La Nación´*, concerniente a Costa Rica y relativo a la libertad de expresión, la CtIADH en pleno, del mismo modo, ratificó las medidas urgentes ordenadas por su Presidente

15 A saber, casos *Álvarez*, *Blake*, *Cesti Hurtado*, *Clemente Teherán*, *Colotenango*, *Comunidad de Paz de San José de Apartadó*, *Haitianos y Dominicanos de Origen Haitiano en la República Dominicana*, *Ivcher Bronstein*, *James y Otros*, *Loayza Tamayo*, *Paniagua Morales*, *Periódico La Nación*, y *Tribunal Constitucional*.

16 Según un criterio inaugurado por la Corte en el caso *Digna Ochoa Plácido y Otros*, Resolución sobre Medidas Provisionales del 17 de noviembre de 1999 (punto resolutivo n. 2).

17 Punto resolutivo n. 6.

(resolución del 06.04.2001), suspendiendo la ejecución de sentencia de un tribunal nacional (resolución del 21.05.2001)[18].

Las medidas provisionales de protección ordenadas por la Corte Interamericana de Derechos Humanos en los casos supracitados de los *Haitianos y Dominicanos de Origen Haitiano en la República Dominicana* y de la *Comunidad de Paz de San José de Apartadó* revístense de particular importancia: en ambos casos las medidas adoptadas amplían en mucho el círculo de las personas protegidas. En efecto, en el Prólogo a los tomos II y III de la presente *Serie E* (párrs. 22 y 26, respectivamente), y en un Informe a la OEA, me permití señalar, hace poco más de un año, que más de 200 personas (peticionarios o testigos) habían sido protegidas, hasta entonces, por las medidas ordenadas por la Corte Interamericana, o su Presidente, representando un gran avance en el derecho procesal de los derechos humanos[19].

Hasta junio de 2001, el total de personas protegidas por tales medidas provisionales ha aumentado considerablemente, alcanzando cerca de 1500 personas, lo que revela su extraordinario potencial como medidas de salvaguardia de carácter preventivo. En dos otros Informes a la OEA, que presenté en marzo y abril, respectivamente, de 2001, expuse las modificaciones introducidas por el nuevo Reglamento de la Corte (adoptado el 24.11.2000, y en vigor a partir del 01.06.2001) en el procedimiento ante el Tribunal[20], y en los debates que se siguie-

---

18 Anteriormente, en el caso *James y Otros*, concerniente a Trinidad y Tobago y relativo a las garantías del debido proceso legal, la CtIADH mantuvo su suspensión de la ejecución de sentencias de tribunales nacionales (resoluciones de 16.08.2000 y 24.11.2000).

19 Cf. OEA, *Informe del Presidente de la Corte Interamericana de Derechos Humanos, Juez Antônio A. Cançado Trindade, a la Comisión de Asuntos Jurídicos y Políticos del Consejo Permanente de la Organización de los Estados Americanos en el Marco del Diálogo sobre el Sistema Interamericano de Protección de los Derechos Humanos*, documento OEA/Ser.G-CP/CAJP-1627/00, de 16.03.2000, pp. 13-14.

20 Cf. OEA, *Informe del Presidente de la Corte Interamericana de Derechos Humanos, Juez Antônio A. Cançado Trindade, a la Comisión de Asuntos Jurídicos y Políticos del Consejo Permanente de la Organización de los Estados Americanos* (09 de marzo de 2001), OEA documento OEA/Ser.G/CP/CAJP-1770/01, de 16.03.2001, pp. 06-08; OEA, *Informe y Propuestas del Presidente y Relator de la Corte Interamericana de Derechos Humanos, Juez Antônio A. Cançado Trindade, a la Comisión de Asuntos Jurídicos y Políticos del Consejo Permanente de la Organización de*

ron en la OEA, en ambas ocasiones, volví a enfatizar la creciente importancia de las medidas provisionales de protección ordenadas por la Corte Interamericana.

En el período entre julio de 2001 y junio de 2003, la CtIADH ha adoptado nuevas resoluciones sobre medidas provisionales de protección relativas a once casos particularmente significativos, involucrando la salvaguardia de distintos derechos[21]. Se ha, de ese modo, mantenido el mismo patrón de uso creciente de dichas medidas, alcanzando un número cada vez mayor de personas protegidas. El total constatado de cerca de 1500 personas protegidas hasta mediados del año 2001 (*supra*) se ha elevado, en los dos últimos años, a un total de cerca de 4500 personas protegidas (hasta mediados de 2003).

Solamente en el importante caso de las *Comunidades de Jiguamiandó y Curbaradó* (2003), de especial interés para el estudio de las obligaciones *erga omnes* de protección, las medidas provisionales ordenadas por la CtIADH protegen actualmente un total de 2125 personas. Estes datos son suficientes para revelar el extraordinario potencial de protección, desde un enfoque esencialmente preventivo, de que se revisten dichas medidas, y la notable dimensión y la trascendencia que han adquirido en los últimos años en la jurisprudencia de la CtIADH.

Se puede, pues, constatar que las medidas provisionales han seguido siendo cada vez más frecuentemente ordenadas por la CtIADH, abarcando un número cada vez mayor de beneficiarios, en un claro síntoma de las crecientes necesidades de protección del ser humano y de la difusión y concientización cada vez mayores de este mecanismo de protección, de dimensión esencialmente preventiva. Algunos de estos casos han requerido diversas actuaciones de la CtIADH (medidas provisionales reiteradas o ampliadas) o de su Presidente (medidas

---

los Estados Americanos en el Marco del Diálogo sobre el Sistema Interamericano de Protección de los Derechos Humanos: Bases para un Proyecto de Protocolo a la Convención Americana sobre Derechos Humanos, para Fortalecer su Mecanismo de Protección (05 de abril de 2001), OEA documento OEA/Ser.G/CP/CAJP-1781/01, de 10.04.2001, pp. 13-19.

21 A saber, casos de la *Cárcel de Urso Branco*, de la *Comunidad Mayagna (Sumo) Awas Tingni*, de la *Comunidad de Paz de San José de Apartadó*, de las *Comunidades de Jiguamiandó y Curbaradó*, del *Periódico "La Nación"*, y casos *Gallardo Rodríguez, Helen Mack Chang y Otros*, *Liliana Ortega y Otras*, *Luis Uzcátegui*, *Luisiana Ríos y Otros*, y *Lysias Fleury*.

urgentes)[22]. Así como hubo casos (muy pocos) en que la Corte resolvió no dictar las medidas solicitadas[23] y casos en que la CtIADH las dio por concluidas o las levantó[24], también ha habido casos en que las medidas han sido mantenidas o prolongadas por largo tiempo[25].

Las medidas provisionales ordenadas por la CtIADH (y las urgentes dictadas por su Presidente) son, por definición, de carácter temporal[26]; sin embargo, si persisten en el tiempo sus prerrequisitos – los elementos de "extrema gravedad y urgencia" y la necesidad de "evitar daños irreparables a las personas", consagrados en el artículo 63(2) de la CADH – a la Corte no le ha quedado alternativa sino mantenerlas[27] (y, en algunos casos, inclusive ampliarlas), por cuanto tienen primacía los imperativos de protección del ser humano. En nada sorprende que, en nuestra región, donde las condiciones de vulnerabilidad de los derechos fundamentales de la persona humana se prolongan patológicamente en el tiempo (a pesar, en algunos casos, de los esfuerzos del poder público), las medidas provisionales de protección tengan del mismo modo que mantenerse en el tiempo, para hacer frente a las amenazas crónicas a aquellos derechos fundamentales.

El uso más frecuente de las medidas provisionales de la Corte, y medidas urgentes de su Presidente, es alentador, en el sentido de subrayar la dimensión preventiva de la protección internacional de los derechos humanos, y propiciar el fortalecimiento de este instituto pro-

---

22 Como, por ejemplo, – para citar las más numerosas, – los casos *James y Otros* (trece actuaciones), *Álvarez y Otros* (dieciseis), *Colotenango* (once), *Carpio Nicolle* (nueve), *Giraldo Cardona* (siete), entre otros.

23 V.g., *Chipoco*, y *Penales Peruanos*.

24 V.g., *Alemán Lacayo*, *Vogt*, *Serech y Saquic*, *Paniagua Morales y Otros y Vásquez y Otros*, *Suárez Rosero*, *Loayza Tamayo*, *Cesti Hurtado*, *Ivcher Bronstein*, *Tribunal Constitucional*.

25 V.g., *Colotenango*, 1994-2001; *Carpio Nicolle*, 1995-2000; *Caballero Delgado y Santana*, 1994-1999; *Álvarez y Otros*, 1997-2001; *Blake*, 1995-2000; *Giraldo Cardona*, desde 1996; entre otros.

26 Tanto es así que varias de ellas han sido, posteriormente, levantadas por la Corte; cf., *inter alia*, las medidas en los casos de *Alemán Lacayo* (Nicaragua, 1996, levantadas en 1997), *Vogt* (Guatemala, 1996, levantadas en 1997), *Serech y Saquic* (Guatemala, 1996, levantadas en 1997), *Cesti Hurtado* (Peru, 1997, levantadas en 2000).

27 V.g., ya por más de seis años en los casos *Colotenango* y *Caballero Delgado y Santana*; más de cinco años en los casos *Blake* y *Carpio Nicolle*; y más de cuatro años en el caso *Giraldo Cardona*.

cesal de crucial importancia para la protección de los derechos fundamentales de la persona humana. En el desarrollo continuo de tales medidas, un papel de la mayor relevancia está naturalmente reservado a la jurisprudencia sobre la materia. Como lo he señalado en distintas ocasiones, las medidas provisionales de protección constituyen indudablemente uno de los aspectos más gratificantes de la labor en pro de la salvaguardia internacional de los derechos fundamentales del ser humano.

Capítulo XXIII

INTERACCIONES ENTRE EL DERECHO INTERNACIONAL Y EL DERECHO INTERNO EN MATERIA DE PROTECCIÓN DE LOS DERECHOS HUMANOS

Hace años vengo señalando que hay que tener sempre presentes las importantes *interacciones* entre los ordenamientos jurídicos internacional e interno en materia de protección de los derechos de la persona humana[1]. Durante todos mis años como Juez de la Corte lnteramericana de Derechos Humanos (CtIADH) (y aún antes, así como después, de los mismos), he tenido siempre en mente, y sostenido con firmeza, las interacciones necesarias y constantes entre los ordenamientos jurídicos internacional y nacional en el presente dominio de protección de la persona humana. Dichas interacciones se dan en beneficio último de los seres humanos protegidos.

En efecto, cuando se trata de proteger la persona humana, sobre todo contra los abusos del poder arbitrario, los ordenamientos jurídicos internacional y nacional se refuerzan mutuamente. En distintas ocasiones declaré, como Juez de la CtIADH, que las interacciones entre los ordenamientos jurídicos interno e internacional en el presente dominio de la protección de los derechos inherentes a la persona humana constituyen la única postura que hace sentido, teniendo presente que "los derechos humanos forman realmente *el substratum* del órden jurídico tanto nacional como internacional"[2].

---

1 A.A. Cançado Trindade, *Reflexiones sobre la Interacción entre el Derecho Internacional y el Derecho Interno en la Protección de los Derechos Humanos*, Guatemala, Ed. del Procurador de los Derechos Humanos de Guatemala, 1995, pp. 3-41.

2 Cf., en este sentido, e.g., A.A. Cançado Trindade, "[Entrevista:] Los Derechos Humanos, el Sistema Interamericano de Protección y la Actual Crisis Mundial", 159 *Ideele - Revista del Instituto de Defensa Legal* - PUC/Lima (2003) p. 5.

Cabe recordar, como ejemplo pionero, entre otros, el de la Sentencia (del 10.09.1993) de la CtIADH en el caso *Aloeboetoe y Otros versus Suriname* (reparaciones): ahí situamos las reparaciones por las violaciones de los derechos protegidos en el contexto social en que elas se aplicaban[3] (y tomamos en cuenta también el derecho interno, inclusive consuetudinario), partiendo de la premisa de la aplicabilidad directa de la Convención Americana sobre Derechos Humanos en el derecho interno del Estado en cuestión. A este ejemplo se siguen varios otros, en Sentencias en cuanto al fondo en casos succesivos.

En el caso *Suárez Rosero versus Ecuador* (Sentencia del 12.11.1997), la tesis que yo había originalmente sostenido en mi Voto Disidente (párrs. 1-21) en el caso *Caballero Delgado y Santana versus Colombia* (reparaciones, Sentencia del 29.01.1997) se tornó - para mi satisfacción - posición mayoritaria de la Corte, en el sentido de que se puede determinar la incompatibilidad de una ley interna con la normativa de la Convención Americana sobre Derechos Humanos, por su propia existencia, y aún antes que sea aplicada materializando el daño. Fue este un avance notable en la jurisprudencia de la Corte.

Siete años después, al sostener, en mi Voto Razonado en el caso *Tibi versus Ecuador* (Sentencia del 07.09.2004), la ampliación del contenido material del *jus cogens*[4], incidiendo, mas allá del derecho de los tratados y del dominio de la responsabilidad estatal, en los propios *fundamentos* de un derecho internacional verdaderamente universal, agregué que

> "Además de esta expansión horizontal, el *jus cogens* también se amplia en una dimensión vertical, de la interacción de los ordenamientos jurídicos internacional y nacional en el presente dominio de protección. El efecto del *jus cogens*, en este segundo plano (vertical), es en el sentido de invalidar toda y cualquier medida legislativa, administrativa o judicial que, en el plano del derecho interno de los Estados, intente autorizar o tolerar la tortura" (párr. 32).

3 A.A. Cançado Trindade, "Entrevista", *in Proposta*, Rio de Janeiro, FASE, vol. 31, n. 92, março/maio de 2002, p. 44.

4 Cf. capítulo VIII, *supra*.

En la siguiente Sentencia (del 02.09.2004) de la CtIADH, en el caso del *Instituto de Reeducación del Menor versus Paraguay*, tuve la ocasión de resaltar, en mi Voto Razonado, la importancia de la jurisdicción internacional para la protección de los que padecen en situación de vulnerabilidad (párrs. 1-2), y su contribución al proceso histórico en curso de *humanización* del derecho internacional contemporáneo (párrs. 5 y 11). Igualmente enfatizé la relevancia de los principios generales de derecho (párr. 16), - tanto de derecho interno (comparado) como de derecho internacional - inclusive para la formación y consolidación de un verdadero *derecho al Derecho* (párr. 29)[5].

En el caso de los *Hermanos Gómez Paquiyauri versus Perú* (Sentencia del 08.07.2004), atinente a la detención arbitraria, tortura y ejecución sumaria de los dos jóvenes hermanos, la CtIADH, al constatar que estos crímenes se enmarcaban en una prática sistemática de violaciones de derechos humanos en el Estado demandado al inicio de la década de los noventa, deteminó la configuración de la responsabilidad internacional *agravada* del Perú, y agregó que dichas "violaciones graves infringen el *jus cogens* internacional" (párr. 76)[6]. Recordó la CtIADH que los dos hermanos padecían de una situación agravada de vulnerabilidad e indefensión y eran menores de edad (párrs. 89 y 108).

En el curso del procedimiento ante la CtIADH, la representante de las presuntas víctimas y sus familiares (Sra. Mónica Feria Tinta) argumentó correctamente que la reponsabilidad internacional de un Estado Parte en un tratado de derechos humanos surge al momento de la ocurrencia de un acto ilícito internacional (*tempus commisi delicti*), imputable a dicho Estado. Pero a la ComIADH le escapó, en sus alegatos, esta precisión conceptual importante, lo que la llevó inclusive a mezclar inadecuadamente la cuestión del surgimiento de la responsabilidad internacional del Estado con la `subsidiariedad´ de la jurisdicción internacional en relación con la interna o nacional.

5 Sobre el *derecho al Derecho*, en el marco de las *interacciones* entre el derecho internacional y el derecho interno en el presente dominio de protección, cf. A.A. Cançado Trindade, *Tratado de Direito Internacional dos Direitos Humanos*, tomo III, Porto Alegre/Brasil, S.A. Fabris Ed., 2003, pp. 510-524.

6 La CtIADH recordó la conformación de "un régimen jurídico internacional de prohibición absoluta de todas las formas de tortura", perteneciente hoy día al "dominio del *jus cogens* internacional" (párr. 112).

En mi Voto Razonado (párr. 18) en el caso de los *Hermanos Gómez Paquiyauri*, al recordar este *malentendu* de la ComIADH, me ví en la obligación de aclarar esta cuestión conceptual y proporcionar quizás un mejor entendimiento de la misma (párr. 19). Cabía, a mi juicio, ir más allá de la "subsidiariedad", y examinar la *interacción* entre el derecho internacional y el derecho interno en el presente dominio de protección de la persona humana (párr. 20). E agregué:

> "(...) En mi entendimiento, cualquier violación de un derecho protegido por la Convención Americana compromete *de inmediato* la responsabilidad del Estado; el *tempus commissi delicti* es el de la ocurrencia del ilícito internacional. De ahí advienen - como consecuencias de la violación original - las obligaciones *convencionales* del Estado de investigación de los hechos, sanción de los responsables y reparación a las víctimas; si no las cumple, incurre el Estado en violaciones adicionales del derecho internacional aplicable" (párr. 20).

Así, un proceso internacional de derechos humanos en curso no es afectado por medidas de derecho interno tomadas independientemente del mismo, que no hacen "`desaparecer´, como por un toque mágico, la responsabilidad internacional ya comprometida del Estado"; y proseguí en el mismo Voto Razonado:

> "La implementación de dicha responsabilidad (en un momento distinto del de su surgimiento) se efectúa necesariamente a la luz de la normativa del tratado de derechos humanos en cuestión, directamente aplicable en el derecho interno del Estado infractor.
>
> A un tribunal como la Corte Interamericana cabe proceder a la determinación de la responsabilidad internacional del Estado en casos sometidos a su conocimiento, sin contemplar un *renvoi* de la cuestión bajo su jurisdicción a tribunales nacionales; es esta una prerrogativa que le es propia, y es además su deber. Y como la responsabilidad del Estado en derecho interno no coincide necesariamente con su responsabilidad en derecho internacional, y las partes y la materia de la controversia en la jurisdicción internacional no son necesariamente las mismas de las de la jurisdicción interna[7],

[7] Cf., en este sentido, CtIADH, caso *Las Palmeras versus Colombia*, Sentencia del 06.12.2001 (fondo), Serie C, n. 90, Voto Razonado Conjunto de los Jueces A.A. Cançado Trindade y M. Pacheco Gómez, pp. 43-45, párrs. 2-3 y 5.

> `La Corte [Interamericana] no puede abdicar de proceder a esta determinación, ni siquiera en la hipótesis en que la decisión de un tribunal nacional sea enteramente coincidente con la suya en cuanto al fondo. De otro modo, esto conduciría a un total relativismo jurídico, ilustrado por la `convalidación´ de una decisión de un tribunal nacional cuando es considerada conforme a la Convención, o la determinación de que no genera, o no debe generar, efectos jurídicos (...) cuando es considerada incompatible con la Convención Americana´[8].

Además de ésto, las condiciones de admisibilidad de reclamaciones o peticiones bajo la Convención Americana se refieren a la *implementación* de la responsabilidad, no a su *origen o surgimiento*. Aquellas condiciones son de naturaleza procesal, mientras que la determinación de la responsabilidad del Estado recae en el ámbito del derecho sustantivo o material. Tampoco veo cómo relacionar dicha determinación con el llamado `principio de la subsidiariedad´, el cual se refiere directa y específicamente a los *mecanismos* de protección, a niveles nacional e internacional, - los internacionales siendo considerados como `subsidiarios´ de los nacionales.

La referida subsidiariedad no alcanza el derecho material, es decir, no puede ser invocada en cuanto a las normas sustantivas atinentes a los derechos protegidos, ni tampoco en cuanto al contenido y alcance de las obligaciones correspondientes. A mi juicio, no se puede atribuir a dicha subsidiaridad una dimensión que efectivamente no tiene y nunca tuvo. Además, la visión de las relaciones entre los ordenamientos jurídicos internacional y nacional, desde la perspectiva del `principio de la subsidiaridad´, es esencialmente estática. Por consiguiente, deja de retratar con fidelidad la dinámica y el estado actual de la evolución de la *interacción* entre el derecho internacional y el derecho interno de los Estados en el presente dominio de protección, en beneficio de los seres humanos protegidos.

Tal como lo señalé, al respecto, en mi Voto Concurrente en el caso de `*La Última Tentación de Cristo*´ (2001), el derecho internacional se perfeccionará y fortalecerá el día en que la conciencia humana alcance un grado de evolución que no más admita la

---

[8] *Ibid.*, Voto Razonado Conjunto de los Jueces A.A. Cançado Trindade y M. Pacheco Gómez, pp. 44-45, párr. 4.

adopción de leyes nacionales (o actos administrativos o sentencias judiciales) que obstruyan la aplicación de las normas internacionales de protección integradas a la normativa del derecho interno (párr. 10). Y, mucho antes de mi citado Voto, en un ensayo publicado en Alemania en 1977-1978, ponderé que, como los tratados de derechos humanos atribuyen funciones de protección a los propios tribunales nacionales en la aplicación de la regla de los recursos internos, dichos recursos integran los procedimientos de protección internacional; la interacción de ahí resultante entre los ordenamientos jurídicos internacional y nacional en el presente contexto de protección tiene por propósito y efecto el perfeccionamiento de los sistemas nacionales de protección judicial, tal como es requerido por los instrumentos internacionales de salvaguardia de los derechos humanos[9]" (párrs. 21-25).

Me permito insistir en que no es cierto, como todavía se presume (sin meditar) en nuestros círculos jurídicos, que la jurisdicción internacional para la protección de los derechos de la persona humana es tan sólo "subsidiaria" de la jurisdicción nacional, o "autónoma" en relación a la misma. En casos, en los últimos años, de ruptura del Estado de Derecho en una sociedad democrática y de imposición de un régimen despótico o represivo, la jurisdicción internacional ha revelado su importancia, inclusive como esperanza última de los vitimados en la justicia humana. Como he resaltado en escritos recientes[10], en relación con situaciones-límite, - como las dictaduras de cuatro décadas atrás en nuestra región, objeto de las Comisiones de la Verdad, - la jurisdicción internacional ha inclusive *precedido* la jurisdicción nacional en la protección de los derechos de los victimados y en las reparaciones a ellos devidas[11].

---

9 A.A. Cançado Trindade, "Exhaustion of Remedies in International Law and the Role of National Courts", 17 *Archiv des Volkerrechts* - Tübingen (1977-1978) pp. 333-370; y cf., en el mismo sentido, veinte años después, A.A. Cançado Trindade, *O Esgotamento dos Recursos Internos no Direito Internacional*, 2a. ed. actualizada, Brasilia, Edit. Universidad de Brasilia, 1997, pp. 176-177 y 244-245.

10 Cf., v.g., A.A. Cançado Trindade, *Os Tribunais Internacionais Contemporâneos*, Brasília, MRE/FUNAG, 2013, pp. 1-62.

11 Cf. A.A. Cançado Trindade, *Os Tribunais Internacionais e a Realização da Justiça*, Rio de Janeiro, Edit. Renovar, 2015, pp. 1-507, esp. pp. 57-61, 225-227 y 352-357; A.A. Cançado Trindade, *Los Tribunales Internacionales Contemporáneos y la Hu-*

En algunas ocasiones, en el ejercicio de la función judicial en la CtIADH, anexé a sus Sentencias mis extensos Votos Razonados, en que desarrollé mis reflexiones sobre la materia. Efectivamente, a contrario de lo que todavia se supone en nuestros círculos jurídicos, las jurisdicciones internacional y nacional, en materia de protección de los derechos de la persona humana, no son concurrentes o conflictivas, sino más bien complementarias, en constante interacción en la protección de los derechos de la persona humana y en la lucha contra la impunidad de los violadores de tales derechos (Estados e individuos).

En el presente dominio de protección, se ha superado la vieja dicotomía entre los ordenamientos jurídicos internacional e interno. Lo comprueba, por ejemplo, la aplicación directa, en el ordenamiento jurídico interno, de la normativa internacional de protección de la persona humana. La jurisdicción internacional figura como co-partícipe de la nacional, habiendo inclusive a ella precedido en situaciones-límite, como las recordadas en el presente tomo de memorias de la CtIADH[12].

Todo esto continua a pasar desapercibido de nuestros círculos jurídicos, introvertidos y dogmáticos, y poco instruídos. En el presente dominio de protección, el derecho internacional contemporáneo - tal como ejemplificado por los tratados de derechos humanos - atribuye funciones internacionales también a los tribunales nacionales, los cuales tienen un papel a ejercer también en la búsqueda del primado del derecho (*rule of law*, *prééminence du droit*), a niveles tanto nacional como internacional.

Efectivamente, la expansión de la jurisdicción internacional cuenta con el concurso, la coparticipación, de las jurisdicciones nacionales[13]. Tampoco hay que pasar desapercibido que ha habido ocasiones en que, significativamente, el ejercicio de la jurisdicción internacional,

---

manización del DerechoInternacional, Buenos Aires, Ed. Ad-Hoc, 2013, pp. 7-185, esp. pp. 148-162.

12 Cf. casos, con circunstancias agravantes, relacionados en el capítulo VII, *supra*.

13 Cf., en general, v.g., Y. Shany, *Regulating Jurisdictional Relations between National and International Courts*, Oxford, Oxford University Press, 2009, pp. 1-200; R.P. Barnidge Jr., "The Contribution of Judge Antônio Augusto Cançado Trindade in the Adjudication of International Human Rights at the International Court of Justice", *in*: *Adjudicating International Human Rights – Essays in Honour of S. Ghandhi* (eds. J.A. Green y Ch.P.M. Waters), Leiden, Brill/Nijhoff, 2015, pp. 34-49.

revestido de la mayor importancia, ha precedido también a las propias Comisiones de la Verdad[14]. No hay que pasar desapercibido, en lo atinente a los tribunales penales internacionales contemporáneos, que tanto el principio de la jurisdicción universal, como el principio de la complementariedad, entre otros, conclaman a una mayor aproximación, si no interacción, entre los ordenamientos jurídicos internacional y nacional.

Y no podría ser de otra forma, particularmente en nuestros tiempos, en que, con freqüencia creciente, asuntos los más diversos son sometidos al control judicial en el plano internacional. La realización de la justicia pasa a ser una meta común, y convergente, de los ordenamientos jurídicos nacional e internacional[15]. Y ambos pasan a dar testimonio de la *unidad del derecho* en la realización de la justicia, una señal de los nuevos tiempos.

En la gran mayoría de los casos, la jurisdicción internacional es accionada cuando ya no hay posibilidad de encontrar justicia en el plano del derecho interno[16]. Pero ha habido ocasiones en que la jurisdicción internacional vino al amparo de la jurisdicción nacional (e.g., el *ciclo de los casos peruanos* ante la CtIADH, en la primera mitad de la década pasada), para asegurar también en esta última el primado del derecho (*rule of law*, *prééminence du droit*). La transposición de la concepción del *rule of law* (*prééminence du droit*) también al plano internacional[17] se hace acompañar de la superación definitiva de la visión estatocéntrica del ordenamiento jurídico internacional.

En una amplia dimensión, la concepción humanista del ordenamiento jurídico internacional requiere la promoción contínua de la

---

14 Cf. capítulo VII, *supra*.

15 Cf. A.A. Cançado Trindade, *La Humanización del Derecho Internacional Contemporáneo*, México, Edit. Porrúa, 2014, pp. 223-294.

16 Cf. A.A. Cançado Trindade, "Recollections of the International Adjudication of Massacre Cases: Its Relevance for Transitional Justice and Beyond", *in The Role of Courts in Transitional Justice: Voices from Latin America and Spain* (eds. J. Almqvist y C. Espósito), N.Y., Routledge, 2011, pp. 17-30; A.A. Cançado Trindade, "The International Standards of Protection of the Human Person in the Developing Case-Law of the Inter-American Court of Human Rights (1982-2004)", 104 *Journal of International Law and Diplomacy* - Japanese Society of International Law/Tokyo (2006) n. 4, pp. 1-36.

17 Para un estudio al respecto, cf. A.A. Cançado Trindade, *Direito das Organizações Internacionais*, 6ª. ed., Belo Horizonte/Brasil, Edit. Del Rey, 2014, pp. 584-586 y 654-655.

cultura de los derechos humanos en el seno de las sociedades nacionales, inclusive para superar las resistencias e incomprensiones en éstas presentes y reincidentes, y buscar evitar los abusos del pasado. Hay, además, que buscar capacitar los círculos jurídicos en los más diversos países, sobre todo face a la poca familiaridad con el derecho internacional, demonstrada notoriamente por muchos Poderes Judiciales nacionales.

Capítulo XXIV

VULNERABILIDAD DE LAS VÍCTIMAS Y NECESIDADES ESPECIALES DE PROTECCIÓN

En el presente tomo de mis memorias de la CtIADH me referí a la proyección del sufrimiento humano en el tempo (cap. XIX), y a los crímenes de Estado y la responsabilidad internacional *agravada* del Estado (cap. VII), tal como expresamente reconocidos en la jurisprudencia de la CtIADH en mis años de actuación en la misma. En las circunstancias tan adversas de los casos pertinentes, las víctimas se encontraban en la más completa vulnerabilidad, o mismo en indefensión. Es este otro aspecto que no podría pasar desapercibido en este tomo de mis memorias de la CtIADH. En efecto, tal situación de vulnerabilidad humana requiere un mayor grado de protección de las víctimas, inclusive potenciales.

Considerando que todo el *corpus juris* del Derecho Internacional de los Derechos Humanos encuéntrase centrado en las víctimas, la debida consideración de su condición existencial tiene todo el sentido, siendo en efecto necesario tomar em cuenta circunstancias agravantes como su situación de vulnerabilidad o indefensión[1]. Estamos aquí ante el imperativo de la protección debida, requiriendo medidas especiales de protección, inclusive con efectos jurídicos extendiéndose a las reparaciones debidas a las víctimas[2].

En mi Voto Razonado en el caso *Servellón y Otros versus Hondu-*

---

1 Para um estudio general, cf. A.A. Cançado Trindade, *A Proteção dos Vulneráveis como Legado da II Conferência Mundial de Direitos Humanos (1993-2013)*, Fortaleza/Brasil, IBDH/IIDH/SLADI, 2014, pp. 13-356; A.A. Cançado Trindade, *State Responsibility in Cases of Massacres: Contemporary Advances in International Justice*, Utrecht, Universiteit Utrecht, 2011, pp. 1-71; A.A. Cançado Trindade, "Die Entwicklung des interamerikanischen Systems zum Schutz der Menschenrechte", 70 *Zeitschrift für ausländisches öffentliches Recht und Völkerrecht* (2010) pp. 629-699, esp. pp. 695-699.

2 Cf. también cap. XX, sobre la ampliación de la noción de víctima.

ras (Sentencia del 21.09.2006), me permití advertir para la tragedia contemporánea de los atentados contra los derechos humanos en medio a la descomposición del tejido social, en que las víctimas se encuentran en "total indefensión" (párrs. 13 y 17-18). Ponderé que, sin embargo,

> "por más breves y efímeras que hayan sido las vidas de los abandonados del mundo, y torturados y asesinados con brutalidad por sus semejantes, ocupan éstos, sin embargo, como víctimas, una *posición central* en el Derecho Internacional de los Derechos Humanos. La centralidad de las víctimas en el universo conceptual del Derecho Internacional de los Derechos Humanos encuéntrase hoy sólidamente establecida, para lo que ha contribuído decisivamente la jurisprudencia de esta Corte Interamericana. Como lo señalé en mi Voto Razonado en el caso de los `*Niños de la Calle*´ (reparaciones, 2001, párr. 1), - y como el presente caso *Servellón y Otros* vuelve a revelar, - `El ser humano, aún en las condiciones más adversas, irrumpe como sujeto del Derecho Internacional de los Derechos Humanos, dotado de plena capacidad jurídico-procesal internacional´" (párr. 19)[3].

En otra ocasión, en el caso de la *Comunidad Indígena Sawhoyamaxa versus Paraguay* (Sentencia del 29.03.2006), señalé, en mi Voto Razonado, la vulnerabilidad de los miembros de la comunidad desplazada, padeciendo marginados, en completa indigencia en el costado de una carretera (párrs. 14 y 17-18). Agregué que el presente caso volvía a revelar la centralidad de las víctimas, en una "situación de alta vulnerabilidad",

[3] En el mismo Voto Razonado, agregué que "[l]a violencia gratuita e innecesaria de órganos y agentes del poder estatal, sobre todo contra los segmentos más vulnerables de la población, y la exclusión y punición, así como el confinamiento, de los `indeseables´ como `respuestas´ estatales a un `problema social´, ha sido una constante en la historia del Estado moderno. No han ocurrido sólo en los países de América Latina, sino también de Europa y de todo el mundo. (...) Entre los cuatro victimados, torturados y asesinados por sus verdugos en el presente caso *Servellón y Otros*, uno de ellos, Diómedes, simplemente lloró. Lloró antes de recibir un `aviso previo´ de que sería torturado y muerto. Lloró ante su impotencia y la inevitabilidad de su asesinato ante el monopolio del uso de la fuerza pública por el Estado. Nada le quedó sino llorar, al despedirse de la vida, por decisión arbitraria y criminosa de sus verdugos. Y ésto es uno de los muchos casos congéneres que ocurren diariamente en toda América Latina y en todo el mundo. El Estado crea los `indeseables´, al dejar de cumplir las funciones sociales para las cuales fue históricamente creado, y después los margina, excluye, confina, o mata (o deja matarlos)" (párrs. 24 y 26).

que, "aún sobreviviendo en condiciones de indigencia total, y virtual abandono, no obstante, han logrado que su causa fuera examinada por un tribunal internacional de derechos humanos para la determinación de la responsabilidad internacional del Estado en cuestión" (párr. 35)[4].

Tanto en el caso de la *Comunidad Indígena Sawhoyamaxa*, como también en el anterior caso de la *Comunidad Yakye Axa versus Paraguay*,(Sentencia del 17.06.2005), - proseguí, - "los forzadamente desplazados de sus hogares y tierras ancestrales, y socialmente marginados y excluídos, han efectivamente alcanzado una jurisdicción internacional, ante la cual han en fin encontrado justicia" (párr. 37). Y, en el mismo Voto Razonado en el caso de la *Comunidad Sawhoyamaxa*, al referirme a mis anteriores Votos Disidentes en las Sentencias de la CtIADH en el caso de las *Hermanas Serrano Cruz versus El Salvador* (Sentencias de excepciones preliminares, del 23.11.2004, y de fondo y reparaciones, del 01.03.2005), ponderé que

> "Un tribunal internacional de derechos humanos no puede jamás permitirse bajar los estándares internacionales de protección, aún más cuando los justiciables se encuentran en una posición de flagrante vulnerabilidad, si no de abandono, condenados - muchos desde su nascimiento - por sus semejantes a la marginación social, y a la pobreza crónica, la cual constituye, a mi modo de ver[5], la denegación de la totalidad de los derechos humanos" (párr. 73).

En el seno de la CtIADH, me mantuve siempre atento a la vulnerabilidad de las víctimas - circunstancia agravante - y las correspondientes necesidades especiales de protección tanto en la solución de casos contenciosos como en el ejercicio de su función consultiva. Así, por ejemplo, en su Opinión Consultiva n. 17 (del 28.08.2002) sobre la *Condición*

---

4 Acrecenté que "[l]a centralidad de las víctimas, en las circunstancias más adversas, como sujetos del Derecho Internacional de los Derechos Humanos, pone de manifiesto su *derecho al Derecho*, su derecho a la justicia bajo la Convención Americana, el cual abarca la protección judicial (artículo 25) conjuntamente con las garantías judiciales (artículo 8). Tal derecho abarca toda la protección jurisdiccional, hasta la fiel ejecución de la Sentencia internacional (el derecho de acceso a la justicia internacional *lato sensu*), debidamente motivada, y fundamentada en el derecho aplicable en el *cas d'espèce*. (...)" (párr. 35).

5 A.A. Cançado Trindade, *Tratado de Direito Internacional dos Direitos Humanos*, vol. I, 2ª. ed., Porto Alegre/Brasil, S.A. Fabris Ed., 2003, pp. 203, 221 y 494; A.A. Cançado Trindade, *Direitos Humanos e Meio Ambiente - Paralelo dos Sistemas de Proteção Internacional*, Porto Alegre/Brasil, S.A. Fabris Ed., 1993, pp. 73-75.

Jurídica y Derechos Humanos del Niño, la CtIADH, al invocar el artículo 19 de la CADH, observó que "los niños son titulares de derechos y no sólo objeto de protección"[6].

En mi Voto Concurrente anexado a dicha Opinión Consultiva, señalé que los que viven "en situación de especial vulnerabilidad" (como los niños y los ancianos, entre otros) son sujetos de derechos que tienen necessidades especiales de protección, a las cuales el órden jurídico (nacional e internacional) no puede mostrarse insensible (para. 32). Su titularidad de derechos indepiende de su condición existencial o del grupo social al cual peteniecen (para. 7). Y ponderé además, a propósito de la vulnerabilidad humana, que

> "Todos vivimos en el tiempo. El pasar del tiempo afecta nuestra condición jurídica. El pasar del tiempo debería fortalecer los vínculos de solidaridad que unen los vivos a sus muertos, acercándolos[7]. El pasar del tiempo debería fortalecer los vínculos de solidaridad que unen todos los seres humanos, jóvenes y ancianos, que experimentan un mayor o menor grado de vulnerabilidad en diferentes momentos a lo largo de su existencia. Sin embargo, ni siempre prevalece esta percepción de los efectos implacables del pasar del tiempo, que a todos nos consume.
>
> De modo general, es al inicio y al final del tiempo existencial que uno experimenta mayor vulnerabilidad, frente a la proximidad del desconocido (el nacimiento y la primera infancia, la vejez y la muerte). Todo medio social debe, así, estar atento a la condición humana. El medio social que se descuida de sus niños no tiene futuro. El medio social que se descuida de sus ancianos no tiene pasado. Y contar sólo con el presente fugaz no es más que una mera ilusión" (párrs. 4-5).

En la siguiente Opinión Consultiva n. 18 (del 07.09.2003) de la CtIADH, sobre la *Condición Jurídica y Derechos de los Migrantes Indocumentados*, presenté otro Voto Concurrente, en el cual destaqué la "situación de gran vulnerabilidad" en que frecuentemente se encuentran los migrantes indocumentados, ante el riesgo del empleo precario o desempleo, la explotación laboral y la perpetuación de la pobreza; y

6 Punto resolutivo n. 1.

7 Cf., sobre este punto, mis Votos Razonados en el caso *Bámaca Velásquez versus Guatemala*, Sentencia del fondo, del 25.11.2000, Serie C, n. 70, párrs. 1-40 del Voto; y Sentencia sobre reparaciones, del 22.02.2002, Serie C, párrs. 1-26 del Voto.

agregué que la "falta administrativa" de la indocumentación "ha sido `criminalizada en sociedades intolerantes y represivas, agravando aún más los problemas sociales de que padecen", que sólo pueden ser eficazmente tratados "en medio a un espíritu de verdadera solidaridad humana" (párr. 15).

En este propósito, en seguida ponderé, *inter alia*, que una comprensión más amplia e integral del instituto del asilo territorial puede realizarse a partir del artículo 22 de la CADH, lo que podría "venir en socorro de los trabajadores migrantes indocumentados, poniendo fín a su clandestinidad y vulnerabilidad. Para ésto, tendría que venir (o volver) a ser reconocido precisamente como un derecho individual subjetivo, y no como una facultad discrecional del Estado" (párr. 39). Y agregué:

> "No es función del jurista simplemente tomar nota de lo que hacen los Estados, particularmente los más poderosos, que no dudan en buscar fórmulas para imponer su `voluntad´, inclusive en relación con el trato a ser dispensado a las personas bajo su jurisdicción. La función del jurista es mostrar y decir cual es el Derecho. En la presente Opinión Consultiva n. 18 sobre *La Condición Jurídica y los Derechos de los Migrantes Indocumentados*, la Corte Interamericana de Derechos Humanos ha determinado, con firmeza y claridad, cual es el Derecho. Este último no emana de la insondable "voluntad" de los Estados, sino más bien de la conciencia humana. (…) Por encima de la voluntad está la conciencia" (párr. 87) [8].

Es esta última que guía el proceso histórico en curso de la *humanización* del Derecho Internacional, del nuevo *jus gentium* del siglo XXI, orientado por los principios generales del derecho (párr. 88), los cuales se encuentran en los propios fundamentos del Derecho[9]. Trátase de un

---

8 Y agregué:- "El hecho de que, a pesar de todos los sufrimientos de las generaciones pasadas, persistan en nuestros días nuevas formas de explotación del hombre por el hombre, (…) no significa que `falta reglamentación´ o que el Derecho no exista. Significa más bien que el Derecho está siendo ostensiva y flagrantemente violado, día a día, en detrimento de millones de seres humanos, entre los cuales los migrantes indocumentados en todo el mundo. Al insurgirse contra estas violaciones generalizadas de los derechos de los migrantes indocumentados, que afrentan la conciencia jurídica de la humanidad, la presente Opinión Consultiva de la Corte Interamericana contribuye al proceso en curso de la necesaria *humanización* del Derecho Internacional" (párr. 88).

9 Cf., para un estudio general, A.A. Cançado Trindade, *Princípios do Direito Internacional Contemporâneo,* 1a. ed., Brasília, Edit. Universidade de Brasília, 1981, pp. 1-268; A.A. Cançado Trindade, "Foundations of International Law: The Role

labor incesante, ante la identificación de nuevas necesidades especiales de protección, como ejemplificado por las Consultas decenales del ACNUR (a partir de 1994), a las cuales dediqué atención en mi Voto Razonado (párrs. 18-22) en el caso de la *Comunidad Moiwana versus Suriname* (Sentencia del 15.06.2005).

En este Voto Razonado, me permití recordar el examen, al que yo había procedido, en la conferencia que ministré en el Convento de San Carlos y San Ambrosio en La Habana, Cuba, el 28.11.2000, de los traumas generados por el desplazamiento forzado y el consecuente desarraigo de tantos seres humanos en situaciones distintas de vulnerabilidad, a lo largo de los últimos años (párrs. 13-14)[10]. En seguida, recordé mi experiencia como Consultor Jurídico *ad honorem* del ACNUR (1994-2014)[11] en las referidas Consultas (dos de las tres realizadas hasta la Sentencia de 2005 de la CtIADH en el referido caso de la *Comunidad Moiwana*), en relación con la identificación de las vulnerabilidades de

---

and Importance of Its Basic Principles", *in XXX Curso de Derecho Internacional Organizado por el Comité Jurídico Interamericano* - OEA (2003) pp. 359-415.

10 Para el texto integral de mi conferencia en La Habana, cf. A.A. Cançado Trindade, "Reflexiones sobre el Desarraigo como Problema de Derechos Humanos Frente a la Conciencia Jurídica Universal", *in*: A.A. Cançado Trindade y J. Ruiz de Santiago, *La Nueva Dimensión de las Necesidades de Protección del Ser Humano en el Inicio del Siglo XXI*, San José de Costa Rica, ACNUR, 2001, pp. 19-78; e *in Derechos Humanos y Refugiados en las Américas: Lecturas Seleccionadas*, San José de Costa Rica, ACNUR/IIDH, 2001, pp. 1-40. Y cf. también, A.A. Cançado Trindade, "Os Deslocados e a Proteção dos Migrantes no Direito Internacional dos Direitos Humanos", *in Refúgio, Migrações e Cidadania* (Caderno de Debates n. 3), Brasília, ACNUR, 2008, pp. 53-93.

11 Cf. A.A. Cançado Trindade, "Derecho Internacional de los Derechos Humanos, Derecho Internacional de los Refugiados y Derecho Internacional Humanitario: Aproximaciones y Convergencias", *in 10 Años de la Declaración de Cartagena sobre Refugiados - Memoria del Coloquio Internacional* (San José de Costa Rica, diciembre de 1994), San José, IIDH/ACNUR/Gob. Costa Rica, 1995, pp. 77-168; A.A. Cançado Trindade, "Aproximaciones y Convergencias Revisitadas: Diez Años de Interacción entre el Derecho Internacional de los Derechos Humanos, el Derecho Internacional de los Refugiados, y el Derecho Internacional Humanitario (De Cartagena/1984 a San José/1994 y México/2004)", *in Memoria del Vigésimo Aniversario de la Declaración de Cartagena sobre los Refugiados (1984-2004)*, San José de Costa Rica/México, ACNUR, 2005, pp. 139-191; A.A. Cançado Trindade, "El Largo Camino de la Humanización del Derecho Internacional: Una Nueva Década de Consultas del Alto Comisionado de las Naciones Unidas para los Refugiados (ACNUR) (De México 2004 a Brasília 2014)", *in Memorias del Trigésimo Aniversario de la Declaración de Cartagena sobre los Refugiados (Cartagena+30)*, Quito, ACNUR, 2015, pp. 18-34.

las víctimas en necesidad especial de protección (párrs. 18-22).

Todo este ejercicio ha sido conducido a la luz del principio *pro persona humana*, así como del principio básico de la igualdad y no-discriminación[12], teniendo presentes las necesidades de protección; de ese modo, se ha logrado *ampliar* el derecho de protección aplicable, en beneficio de todos los seres humanos en situaciones de vulnerabilidad. La protección ejercida en nuestra región, ha sido pionera en todo el mundo: enfrentó inicialmente el drama del desplazamiento interno, en seguida los de los flujos migratorios forzados y los flujos migratorios mixtos de gran complexidad, y más recientemente el de las víctimas de actividades criminales organizadas (v.g., trata de personas) de actores no-estatales a nivel transnacional[13].

En distintas y sucesivas crisis humanitarias, se han identificado situaciones de extrema vulnerabilidad de víctimas reales o potenciales[14] (v.g., mujeres, niños o niñas no acompañados o separados, entre otros). Hay que tener siempre en cuenta dicha vulnerabilidad, para los efectos de las medidas especiales de protección que se hagan necesarias. Como se puede constatar en los párrafos anteriores, en el seno de la CtIADH me dediqué enteramente a la materia, y la CtIADH demonstró sensibilidad a la vulnerabilidad de las víctimas, y desarrolló una jurisprudencia bien elaborada y pionera sobre la materia. Con el pasar del tiempo, otros tribunales internacionales (como la CtEDH) pasaron a también tomar en cuenta la vulnerabilidad humana para los efectos de la protección debida a las víctimas[15]. Con esto se avanzó en la labor de protección.

---

12 Para un estudio general, cf. A.A. Cançado Trindade, *El Principio Básico de Igualdad y No-Discriminación: Construcción Jurisprudencial*, 1ª. ed., Santiago de Chile, Ed. Librotecnia, 2013, pp. 39-748.

13 Cf. A.A. Cançado Trindade, *A Humanização do Direito Internacional*, 2ª. edición, Belo Horizonte/Brasil, Edit. Del Rey, 2015, pp. 525-613, esp. pp. 604-610.

14 Sobre las víctimas potenciales, cf. A.A. Cançado Trindade, "Co-Existence and Co-Ordination of Mechanisms of International Protection of Human Rights (At Global and Regional Levels)", 202 *Recueil des Cours de l'Académie de Droit International de La Haye* (1987) cap. XI, pp. 271-283.

15 Cf., e.g., [Varios Autores,] *La vulnerabilité saisie par les juges en Europe* (ed. L. Burgorgue-Larsen), Paris, Pédone, 2014, pp. 101-103, 106-108, 240 y 242. - Por ejemplo, los casos de masacres adjudicados por la CtIADH vinieron a ser tomados en cuenta en la jurisprudencia subsiguiente de la CtEDH; cf. ECtHR, *Research Report - References to the Inter-American Court of Human Rights in the Case-Law of the European Court of Human Rights*, Strasbourg, Council of Europe/ECtHR, 2012,

Pero, a pesar de los avances realizados, - en cuanto a la solución judicial, a partir de la jurisprudencia de la CtIADH, - la labor de protección de los derechos de la persona humana no tiene fin, como en el mito de Sísifo, dada la ilimitada maldad prevaleciente en las relaciones humanas. La jurisprudencia aquí examinada debe seguir evolucionando, frente a los nuevos desafíos a requerir nuevas modalidades de protección de la persona humana en situaciones de vulnerabilidad. De ese modo, seguirá en curso el proceso histórico irreversible de *humanización* del derecho internacional contemporáneo[16].

---

pp. 9, 13, 18 y 20. Sobre tales casos, cf. A.A. Cançado Trindade, *State Responsibility in Cases of Massacres...*, *op. cit. supra* n. (1), pp. 1-71.

16 Cf. A.A. Cançado Trindade, *A Humanização do Direito Internacional,.,*, *op. cit. supra* n. (13), pp. 3-789; A.A. Cançado Trindade, *La Humanización del Derecho Internacional Contemporáneo*, México, Edit. Porrúa, 2014, pp. 1-324; A.A. Cançado Trindade, *Los Tribunales Internacionales Contemporáneos y la Humanización del Derecho Internacional*, Buenos Aires, Ed. Ad-Hoc, 2013, pp. 7-185; A.A. Cançado Trindade, *Os Tribunais Internacionais e a Realização da Justiça*, 2ª. ed., Belo Horizonte/Brasil, Edit. Del Rey, 2017, pp. 1-467; A.A. Cançado Trindade, *A Visão Humanista da Missão dos Tribunais Internacionais Contemporâneos*, La Haya/Fortaleza, IBDH/IIDH, 2016, pp. 11-283.

Parte V

CUESTIONES INSTITUCIONALES

La parte V del presente tomo de mis memorias de la Corte Interamericana de Derechos Humanos aborda, como no podría dejar de ser, las cuestiones institucionales, sobre todo durante el período de mi Presidencia de la CtIADH. Fue éste un período de cambios y de gran proyección internacional de la CtIADH, sobre todo por los desafíos que enfrentó con coraje y por su valiosa contribución al avance de la protección de los derechos de la persona humana, la cual hoy ya pertenece a la historia de la protección de los derechos humanos en el continente americano y el Caribe. No fuera por mi iniciativa de salvar el recuerdo de densos momentos vividos intensamente con sentido de misión, la memoria de los mismos estaría abandonada al olvido. Paso, pues, en seguida, al relato de las cuestiones institucionales en mi época de servicios prestados a la CtIADH, – a saber, la coexistencia y el diálogo entre los Tribunales internacionales, y la difusión de la jurisprudencia de la CtIADH, – seguido de mis consideraciones finales.

Capítulo XXV

LA COEXISTENCIA Y EL DIÁLOGO ENTRE LOS TRIBUNALES INTERNACIONALES

En la media-década en que tuve el honor de presidir la Corte Interamericana de Derechos Humanos (1999-2004), busqué una aproximación y un diálogo con los demás tribunales internacionales. Tuve la ocasión de reunirme con los Presidentes de todos los tribunales internacionales contemporáneos[1]. Guardo el mejor de los recuerdos de estos encuentros, y creo haber dado mi contribución a un mejor entendimiento entre los tribunales internacionales de nuestros tiempos. Mi percepción es en el sentido de que la alentadora multiplicidad de los tribunales internacionales contemporáneos es reveladora de los considerables avances en la búsqueda de la realización del ideal de la justicia internacional.

En mi media-década como Presidente de la Corte Interamericana, aseguré que iniciativas concretas y sucesivas se tomasen en el curso del diálogo permanente que establecí, de parte de la misma Corte, con otros tribunales internacionales. Dicho diálogo se intensificó, particularmente con la homóloga Corte Europea de Derechos Humanos, en el año de 2000. A mediados del año, me reuní, en la sede de la Corte Europea en Estrasburgo, con el Presidente de ésta (Juez Luzius Wildhaber) y algunos de los Jueces de esta última, el 11.07.2000: les expuse los avances en curso en el proceso de reforma del Reglamento de la Corte Interamericana, y ellos me señalaron los primeros resultados logrados con la entrada en vigor y aplicación del Protocolo n. 11 a la Convención Europea de Derechos Humanos. El día siguiente, 12.07.2000, celebré, aún en Estrasburgo, un convenio de cooperación de la Corte Interamericana con el Instituto Internacional de Derechos Humanos, creado por René Cassin[2].

---

1 Con la única excepción de los cuatro recientes tribunales penales "internacionalizados" o "mixtos" (para Sierra Leona, Timor-Oriental, Kosovo y Camboya).

2 Y cuyo Consejo Director tenía, y tengo, el honor de integrar. OEA/CtIADH, *Informe Anual 2000*, p. 52.

Trascurridos poco más de tres meses, volví a reunirme, como Presidente de la Corte Interamericana, con los Jueces de la Corte Europea, nuevamente en Estrasburgo, acompañado del Vice-Presidente de la Corte Interamericana (Juez Máximo Pacheco Gómez) y del Secretario de la Corte (Lic. Manuel E. Ventura Robles); durante dos días intercambiamos ideas conjuntamente sobre los avances reglamentarios de la Corte Interamericana, y la nueva estructura y organización de la Corte Europea bajo el Protocolo n. 11 a la Convención Europea[3]. Poco después, seguimos los integrantes de las Delegaciones de las dos Cortes regionales para Roma, dónde participamos de la Conferencia Conmemorativa del Cincuentenario de la Corte Europea de Derechos Humanos, los días 03-04.11.2000; el día 03 de noviembre, fuimos todos recibidos por el Papa Juan Pablo II en la Sala Clementina, Ciudad del Vaticano[4].

En el año siguiente, fue la vez de una delegación de la Corte Europea de Derechos Humanos (encabezada por la Jueza Elisabeth Palm) visitar la Corte Interamericana de Derechos Humanos, en su sede en San José de Costa Rica, dónde dialogamos sobre los más recientes desarrollos en los dos sistemas regionales de protección, el día 02.06.2001; tuve el honor de presidir esta reunión, considerada muy productiva y útil para las dos Cortes regionales de derechos humanos[5]. En seguida, en el año de 2002, volví a reunirme, como Presidente de la Corte Interamericana, con una delegación de la Corte Europea (integrada por los Jueces L. Wildhaber, Presidente, y L. Caflisch, J.P. Costa y A. Mularoni), en la sede de ésta en Estrasburgo, en el período de 10-25.07.2002.

Examinamos juntos los más recientes aportes jurisprudenciales de los dos Tribunales (inclusive las *cross-references* de ambos a sus respectivas jurisprudencias, para fomentar su aproximación y convergencia y para evitar cualquier eventual divergencia). En la misma época, dé seguimiento al convenio de cooperación de la Corte Interamericana de Derechos Humanos con el Instituto Internacional de Derechos

3 OEA/CtIADH, *Informe Anual 2000*, p. 55. Por parte de la Corte Europea, participaron del diálogo los Jueces L. Wildhaber (Presidente), J.P. Costa, B. Conforti, L. Caflisch, J.A. Pastor Ridruejo, I. Cabral Barretto, E. Palm, G. Ress, y J. Casaderall, y el Secretario de la Corte, P. Mahoney; *ibid.*, p. 56.

4 OEA/CtIADH, *Informe Anual 2000*, p. 56.

5 *OEA/CtIADH, Informe Anual 2001*, p. 63.

Humanos[6]. En fin, en otras reuniones de intercambio de experiencia y cooperación interinstitucional, con el Director de la Comisión de Venecia (Dr. G. Buquicchio), con el Director de la Unidad de Monitoreo del Consejo de Europa (Dr. A. Drzemczewski) y con el Secretario de la Comisión Africana de Derechos Humanos y de los Pueblos (Dr. G. Baricako), busqué asegurar la difusión de la jurisprudencia de la Corte Interamericana de Derechos Humanos en escala mundial[7].

Para evaluar las experiencias compartidas por las Corte Interamericana y Europea de Derechos Humanos y darles seguimiento, recibí, en la sede de la Corte Interamericana en San José de Costa Rica, el día 24.02.2003, el Secretario de la Corte Europea (Dr. P. Mahoney), a quién transmití datos y estudios recientes sobre la jurisprudencia de la Corte Interamericana de Derechos Humanos. En seguida, en el período 08-19.07.2003, sostuve, con el mismo propósito, reuniones con una delegación de la Corte Europea de Derechos Humanos (compuesta por los Jueces L. Caflisch, J.P. Costa, F. Tulkens y C. Rozakis), en la sede de esta última[8]. En aquel entonces, ya era bien visible la convergencia jurisprudencial, con citaciones más frecuentes, en las Sentencias de ambos Tribunales, de la jurisprudencia de uno y de otro.

Sobre la alentadora multiplicidad de los tribunales internacionales contemporáneos como señal de los avances en la búsqueda de la realización del ideal de la justicia internacional, en mi intervención del 03.12.2002 en el Coloquio del Cincuentenario de la Corte de Justicia de las Comunidades Europeas, realizado en Luxemburgo (que reunió los Presidentes de todos los Tribunales internacionales contemporáneos), por ejemplo, me permití señalar que la actual red de tribunales internacionales es un fenómeno nuevo y positivo, que satisface una verdadera necesidad de la comunidad internacional contemporánea,

---

6 En otra reunión, en la sede de este último en la misma ciudad de Estrasburgo, con los Profesores G. Cohen-Jonathan, A.-Ch. Kiss, y J.-F. Flauss; OEA/CtIADH, *Informe Anual 2002*, p. 61.

7 *Ibid.*, pp. 61-62.

8 OEA/CtIADH, *Informe Anual 2003*, pp. 59 y 66. En el mismo período, también volví a reunirme, en la sede del Instituto Internacional de Derechos Humanos, con los Profesores G. Cohen-Jonathan, A.-Ch. Kiss y J.-F. Flauss, para dar seguimiento a la cooperación interinstitucional en relación con la difusión de la jurisprudencia de la Corte Interamericana de Derechos Humanos; *ibid.*, p. 66.

y que puede mostrar el camino hacia una gradual formación de un verdadero Poder Judicial internacional, en la construcción de un ordenamiento jurídico internacional que consagre en definitiva el primado del Derecho sobre la fuerza y la realización de la justicia internacional. Hay que proseguir con determinación en esta dirección[9].

Posteriormente a las mencionadas reuniones, tuve el honor, por invitación de la Corte Europea de Derechos Humanos, de proferir, en el *Palais des Droits de l'Homme* del Consejo de Europa en Estrasburgo, Francia, en la noche del 22.01.2004, el discurso solemne de apertura de su año judicial de 2004. En aquella ocasión, externé mi decidido apoyo al fenómeno corriente de la multiplicidad de los tribunales internacionales contemporáneos. Estos tribunales han contribuido decisivamente para afirmar y consolidar la personalidad y capacidad jurídicas internacionales del ser humano, como sujeto tanto activo (ante los tribunales internacionales de derechos humanos) como pasivo (ante los tribunales penales internacionales) del Derecho Internacional.

Del mismo modo, los tribunales internacionales contemporáneos han operado en el sentido de la ampliación y sofisticación del capítulo de la *responsabilidad* internacional: así, a la par de la de los Estados y organizaciones internacionales, afirmase hoy también la de los individuos. Lo ejemplifican la creación de los dos Tribunales Internacionales *ad hoc* de las Naciones Unidas, para la ex-Yugoslavia y para Rwanda (en 1993 y 1994, respectivamente), así como la adopción en Roma en 1998 del Estatuto del Tribunal Penal Internacional (TPI).

[9] Mi intervención en aquel evento encuéntrase reproducida *in*: A.A. Cançado Trindade, *Direito das Organizações Internacionais*, 4a. ed., Belo Horizonte/Brasil, Edit. Del Rey, 2009, pp. 601-602. – Me acuerdo que, durante el Coloquio de Luxemburgo de 2002, el Presidente de la Corte Centroamericana de Justicia (sediada en Manágua) me aseguró que había cuidado para que no hubiera *overlappings* entre el ejercicio de la función judicial de su Tribunal con el de la Corte Interamericana de Derechos Humanos (como ya lo hiciera el Tribunal de la Comunidad Andina, o Tribunal Andino, sediado en Quito), para mi satisfacción. En el mismo sentido se mostraron empeñados los Presidentes de la Corte Europea de Derechos Humanos (Juez L. Wildhaber) y de la Corte de Justicia de las Comunidades Europeas (Juez Rodríguez Iglesias). En la ocasión, todos los Presidentes de los Tribunales internacionales nos opusimos unánimemente a la sugerencia que avanzó el entonces Presidente de la CIJ (Juez G. Guillaume) de establecer un sistema de recursos de las decisiones de todos nuestros tribunales al suyo, por inoportuna, además de enteramente inviable e improcedente.

La subjetividad internacional de los individuos pasa, así, a vincularse ineluctablemente a la temática de la responsabilidad internacional (en el pasado limitada a la de los Estados)[10].

La propia Carta de las Naciones Unidas (artículo 95) prevé la creación de nuevos tribunales internacionales, y nada hay en la Carta, ni en el propio Estatuto de la CIJ, que reserve a ésta el monopolio de la solución pacífica de las controversias internacionales, o una indebida subordinación a ésta de los demás tribunales internacionales. Por encima de pretensiones mezquinas y frívolas de esta naturaleza (en la búsqueda de una supremacía que no existe), encuéntrase la necesidad de la realización de la justicia internacional, y para esto el Derecho Internacional contemporáneo encuéntrase hoy mejor equipado con los nuevos tribunales internacionales. Es ésta la visión que he propugnado, y que ha venido a ganar terreno y creciente apoyo por parte de la doctrina jusinternacionalista más lúcida y esclarecida.

Aunque la CIJ retenga su vocación universal, menos de un tercio de los Estados miembros de la comunidad internacional acepta hoy su cláusula facultativa de la jurisdicción obligatoria del artículo 36(2) de su Estatuto (a la par del uso de las cláusulas compromisorias, y de los acuerdos especiales). En consecuencia de una lamentable distorsión

---

10 Hace ya mucho se ha venido advirtiendo (v.g., en un ensayo publicado con ocasión de las conmemoraciones del cincuentenario de las Naciones Unidas, en 1995, por un ex-Presidente de la Corte Internacional de Justicia (CIJ), R.Y. Jennings), que el Estatuto de la CIJ paró en el tiempo, pues, al limitar su función contenciosa a los litigios tan sólo interestatales, había alienado aquel Tribunal del *mainstream* del Derecho Internacional contemporáneo. Posteriormente, dos de sus sucesores en la Presidencia da CIJ, nostálgicos del pasado y encerrados en su pequeño mundo, y parecendo sentirse amenazados por la emergencia de nuevos Tribunales internacionales, alertaron para los riesgos de lo que cuñaron indebida y peyorativamente de "proliferación de los Tribunales internacionales". Pero ni todos los Jueces de la CIJ han compartido esta visión distorsionada, por cuanto también ha habido, en el seno de la propia CIJ, Jueces que, en sus escritos (como C.-A. Fleischhauer y M. Bedjaoui), han visto con buenos ojos y positivamente, – de la misma forma como yo los veo, – los nuevos Tribunales internacionales. De todos modos, ya se había formado una corriente doctrinal menos esclarecida, a la cual me opongo firmemente, la cual ha tentado en vano minimizar este extraordinario desarrollo, mediante el uso de la expresión indebidamente peyorativa de "proliferación de tribunales internacionales". Esta expresión maliciosa debe ser definitivamente descartada. Los nuevos tribunales internacionales (como, v.g., los tribunales penales, precedidos por los tribunales de derechos humanos) han venido para quedarse, y enriquecer el Derecho Internacional, dotados que son de una jurisdicción que la CIJ no posee, distinta de ésta.

histórica en la interpretación del sentido y alcance de tal cláusula facultativa[11], cada Estado hoy, al aceptarla (la gran mayoría ni siquiera la acepta), lo hace a su modo, como bien lo entiende, en una muestra de un voluntarismo estatal anacrónico y desintegrador.

Este cuadro nada animador, resultante de una práctica indebidamente permisiva, contrasta con la jurisdicción *automáticamente* obligatoria de la Corte de Justicia de las Comunidades Europeas, de la Corte Europea de Derechos Humanos, y del Tribunal Penal Internacional (TPI). La jurisdicción internacional obligatoria es hoy una realidad. La CJI retiene su importancia para el contencioso inter-estatal, pero para las víctimas de violaciones de los derechos humanos los tribunales internacionales más importantes son los de derechos humanos, y para los familiares de los victimados por actos de genocidio, crímenes contra la humanidad y crímenes de guerra, los tribunales internacionales más importantes son los penales internacionales. Para los tripulantes de navíos detenidos, el tribunal internacional más importante es el del derecho del mar, en Hamburgo. Cada uno tiene su importancia, en el dominio respectivo de su actuación.

La jurisprudencia de los dos tribunales internacionales (el europeo y el interamericano) de derechos humanos es hoy mucho más vasta que la de todos los demás tribunales internacionales sumados, – con excepción de la Corte de Justicia de las Comunidades Europeas. La CIJ hoy tiene 15 casos pendientes, y la CtIADH tiene 34. La CtEDH vive hoy (después del Protocolo n. 11 a la Convención Europea de Derechos Humanos) una situación especial y dramática, con más de 125 mil peticiones pendientes. Ésto me lleva a inferir que el lenguaje de los derechos humanos alcanzó en fin las bases de las sociedades nacionales. En resumen, todos los tribunales internacionales contemporáneos son importantes, cada uno a su modo, por que todos responden a necesidades de la comunidad internacional de nuestros días, que deben primar sobre zelos institucionales. Cada uno es importante a su modo[12].

11 Cf., sobre la cuestión, A.A. Cançado Trindade, *O Direito Internacional em um Mundo em Transformação*, Rio de Janeiro, Edit. Renovar, 2002, pp. 587-612.

12 Tengo motivos para nutrir la esperanza de que la CIJ, en el futuro breve, encontrará el camino de sustentación de un mejor diálogo con los nuevos Tribunales internacionales, en un espíritu de cooperación, respeto mútuo y coordinación, a la luz de una causa común. Es este, a mi modo de ver, el camino a recorrer. En el ámbito regional, en mayo de 2005, la CtIADH realizó una sesión externa en Paraguay, ocasión en que me reuní (el 13 de mayo) con el Presidente del recién-creado Tribunal Permanente de Revisión

La coordinación y el diálogo entre los tribunales internacionales son de suma importancia, pues en muchos aspectos son complementarios los trabajos de los tribunales internacionales. Cada tribunal internacional tiene su importancia, dependiendo del dominio del Derecho Internacional de que se trate. Lo que, en última instancia, realmente importa, es la realización de la justicia internacional, y no la búsqueda estéril de protagonismos sin sentido. No existe una jerarquía entre tribunales internacionales, y cada uno de ellos debe preocuparse más bién con la excelencia de sus propias sentencias y no con intentar ejercer ascendencia sobre los demás.

Los dos tribunales internacionales de derechos humanos ya hace mucho en operación, la Cortes Europea e Interamericana de Derechos Humanos, han estado dando un bello ejemplo de diálogo fructuoso y respetuoso, que sirve de modelo a otros tribunales internacionales. Ambas se han reunido, hace poco, con la nueva Corte Africana de Derechos Humanos y de los Pueblos (CtADHP), en Estrasburgo, los días 08-09 de diciembre de 2008; participé del evento, – el primero a reunir los tres tribunales internacionales de derechos humanos hoy coexistentes, – en el cual se procedió a un fructuoso diálogo entre los participantes[13]. El TPI, así como los dos Tribunales Penales Internacionales *ad hoc* para la Ex-Yugoslavia y para Rwanda, y el Tribunal Internacional del Derecho del Mar, han también dado muestras de apertura, sobre todo en lo relativo a la jurisprudencia en materia de reparaciones y de medidas provisionales de protección. Es lo que he

---

del Mercosur, en su sede en Asunción, y en que me comunicó que estaban tomadas las providencias para que no hubiera *overlappings* en las jurisprudencias de nuestros dos Tribunales (a ejemplo de lo que había acordado tres años antes con el Presidente de la Corte Centroamericana de Justicia; cf. nota n. (9), *supra*).

13 Como antecedente, me acuerdo que, poco tiempo después de adoptado el Protocolo de Burkina Faso de 1998 a la Carta Africana de Derechos Humanos y de los Pueblos, disponiendo sobre la creación (efectuada en junio de 2006) de la la Corte Africana de Derechos Humanos y de los Pueblos (el tercer tribunal internacional de derechos humanos), recibí, en la sede de la Corte Interamericana de Derechos Humanos en San José da Costa Rica (en 1999), una Delegación de cuatro miembros de la Comisión Africana de Derechos Humanos y de los Pueblos, interesada – en una muestra de madurez – en conocer más de cerca nuestra jurisprudencia y organización institucional, ya pensando en la operación de la futura Corte Africana. Como se puede ver, hay un amplio espacio abierto a la cooperación y coordinación entre los tribunales internacionales contemporáneos.

podido observar, al ser recibido por los Presidentes de estos tribunales internacionales en el período 2002-2005.

En agosto de 2003, por ejemplo, al ser recibido en Hamburgo por el Presidente del Tribunal Internacional del Derecho del Mar (Juez D. Nelson), sostuvimos, juntamente con su personal, un fructuoso y prolongado diálogo, de todo un día, sobre las medidas provisionales de protección (medidas cautelares), de especial interés a los dos tribunales, en sus respectivas áreas de actuación. Y más recientemente, atendiendo a una invitación de la Vice-Presidenta del TPI (Jueza E. Odio Benito), ministré una conferencia, en el día 03.08.2005, para los jueces y funcionarios del TPI, en la sede de este último en la Haya, sobre la jurisprudencia avanzada de la Corte Interamericana en materia de reparaciones a las víctimas de violaciones de los derechos humanos. El real interés que constaté por parte del TPI en el tema se prende a sus estudios corrientes sobre su Fondo de Reparaciones a las Víctimas.

A lo largo de los años, he sido un incansable defensor, en los foros internacionales, de la jurisdicción automáticamente obligatoria de los tribunales internacionales. Desde que asumí la Presidencia de la Corte Interamericana de Derechos Humanos en 1999, establecí el mecanismo de consultas anuales (alternadamente en Estrasburgo y San José de Costa Rica) entre Delegaciones de Jueces de los dos tribunales internacionales de derechos humanos, esquema éste que ha funcionado bien hasta el presente, lo que ha fomentado una notable convergencia jurisprudencial. El automatismo de la jurisdicción en materia contenciosa de la Corte Europea, y los desarrollos recientes en este sentido de la Corte Interamericana, indican que el antiguo ideal de la *realización de la justicia internacional* se materializa en fin en nuestros días. La justicia internacional, más que voluntaria, es necesaria, cuando no hay justicia en el ordenamiento jurídico interno.

Fue este uno de los puntos que más enfatizé en mi referido discurso del 22.01.2004 en la apertura de los trabajos de la Corte Europea en Estrasburgo (publicado en varios idiomas del Consejo de Europa). Me permití en la ocasión señalar que este dato fundamental – el de la realización de la justicia internacional – pasa desapercibido de los creadores del falso "problema" de la llamada "proliferación de los tribunales internacionales". Esta expresión nada elegante y miope busca minimizar los considerables avances del antiguo ideal de la justicia internacional en el mundo contemporáneo. El establecimiento de nuevos tribunales internacionales es un reflejo del modo por lo cual el Derecho Internacional contemporáneo ha evolucionado, así como de la búsqueda y construcción de una comunidad internacional guiada por el Estado de Derecho y comprometida con la realización de la justicia. Constituye, además, un reconocimiento de la superioridad de la vía judicial sobre los otros medios de solución pacífica de las controversias internacionales, buscando descartar las soluciones estatales voluntaristas del pasado.

Desde las ideas y los escritos visionarios de N. Politis y J. Spiropoulos en la Grecia, Alejandro Álvarez en el Chile, A. Mandelstam en Rusia, Raul Fernandes en el Brasil, René Cassin y G. Scelle en Francia, H. Lauterpacht en el Reino Unido, J. Humphrey en Canadá, entre otros, fue necesario esperar por décadas por los actuales desarrollos en la realización de la justicia internacional, hoy enriqueciendo y no fragmentando el Derecho Internacional, fortaleciendo y no minando el Derecho Internacional. La expansión alentadora de los tribunales internacionales es una señal de nuestros nuevos tiempos, – y pienso que tenemos que situarnos a la altura de los desafíos de nuestros tiempos, – de modo a asegurar que cada uno de aquellos tribunales de su contribución efectiva a la evolución continua del Derecho Internacional en la búsqueda de la realización de la justicia internacional.

El trabajo de coordinación y diálogo entre los tribunales internacionales de derechos humanos ha generado resultados concretos. En mi mensaje a la Conferencia de Roma del Cincuentenario de la Convención Europea de Derechos Humanos[14], del 01.11.2000, – Conferencia a la cual comparecí en representación de la Corte Interamericana, – destaqué el hecho de haber las Cortes Europea e Interamericana, en su jurisprudencia reciente, asumido una posición convergente contraria al voluntarismo estatal, y con firmeza salvaguardado de ese modo la integridad de los respectivos mecanismos de protección. Las consideraciones de *ordre public* primaron sobre concesiones indebidas a la voluntad individual de los Estados.

---

[14] También reproduzida *in*: A.A. Cançado Trindade, *Direito das Organizações Internacionais*, 4a. ed., Belo Horizonte, Edit. Del Rey, 2009, pp. 588-590; e *in*: Conseil de l'Europe, *La Convention Européenne des Droits de l'Homme à cinquante ans*, 50 *Bulletin d'information sur les droits de l'homme* (2000) pp. 8-9.

Ilustraciones elocuentes en ese sentido encuéntranse en las decisiones de la Corte Europea, v.g., en los casos *Belilos versus Suiza* (1988), *Loizidou versus Turquía* (Excepciones Preliminares, 1995), e *I. Ilascu, A. Lesco, A. Ivantoc y T. Petrov-Popa versus Moldova y Federación Rusa* (2001), así como en las sentencias de la Corte Interamericana, v.g., en los casos del *Tribunal Constitucional* y de *Ivtcher Bronstein versus Perú* (Competencia, 1999), y de *Hilaire, Constantine y Benjamin y Otros versus Trinidad y Tobago* (Excepción Preliminar, 2001). Los dos referidos tribunales internacionales impusieron límites al voluntarismo estatal, asegurando la salvaguardia de los derechos protegidos y la emancipación de la persona humana *vis-à-vis* su propio Estado.

Podría evocar otros ejemplos. Limítome a uno de ellos, que ahora me ocurre: un examen cuidadoso de la materia revela inequivocamente que, en los últimos años, los dos Tribunales que más han contribuído en su jurisprudencia para la determinación del contenido material del *jus cogens* internacional han sido el Tribunal Penal Internacional *ad hoc* para la Ex-Yugoslavia (v.g., el caso *Tadic* (1997), en lo relativo a la prohibición absoluta de la tortura) y la Corte Interamericana de Derechos Humanos (v.g., la trascendental Opinión Consultiva n. 18, de 2003, sobre la *Condición Jurídica y los Derechos de los Migrantes Indocumentados*, en lo atinente al principio básico de la igualdad y la no-discriminación).

Tales resultados concretos también se extendieron al plano inter-institucional. En más de una ocasión recibí, en la sede de la Corte Interamericana de Derechos Humanos en San José de Costa Rica, el Presidente de la Corte Europea de Derechos Humanos (Juez L. Wildhaber), y lo visité en la sede de esta última en Estrasburgo. En los momentos más críticos que nos tocó vivir a la frente de nuestros respectivos Tribunales, esta aproximación fue de suma importancia. Así, en 1999-2000, cuando reaccioné firmemente a los ataques a la Corte Interamericana por parte del gobierno de A. Fujimori del Perú, el Presidente L. Wildhaber emitió comunicados públicos de solidaridad por parte de la Corte Europea a la Interamericana.

Posteriormente, en 2002-2003, cuando la Corte Europea fue hostilizada por el gobierno de V. Putin de la Federación Rusa, me tocó hacer lo mismo, y externé en comunicados públicos la solidaridad de la Corte Interamericana a la Europea. Estes comunicados, en ambos episodios, tuvieron amplia repercusión internacional, habiendo contribuido para inhibir los dos gobiernos hostiles, y salvaguardar las decisiones de los dos Tribunales. En agosto de 2005, cuando el Presidente L. Wildhaber y yo volvimos a encontrarnos personalmente en Cracovia, Polonia, para participar en la reunión del *Institut de Droit International*, nos recordamos con una cierta emoción de estes episodios históricos, y adoptamos el propósito común de incluirlos en nuestras memorias respectivas.

Como ya senãlé, no hay jerarquía entre los tribunales internacionales contemporáneos, pero coordinación y complementaridad. Cada tribunal internacional tiene su jurisdicción fundamentada en un tratado o instrumento internacional distinto, y tiene su propio derecho aplicable. Todos conforman una red policéntrica de tribunales internacionales (posible embrión de un futuro Poder Judicial internacional), el cual, en mi entender, lejos de menazar fragmentar el Derecho Internacional contemporáneo (como pregonan algunos conservadores y retrógrados), al contrario, lo enriquecen, en la medida en que afirman y confirman la aptitud del Derecho Internacional para resolver los más distintos tipos de controversias internacionales, en los planos tanto inter-estatal como intra-estatal[15].

Hablo con base en mi propia experiencia, de cerca de una década y media del ejercicio de la función judicial internacional, habiendo tenido el privilegio de participar en la elaboración y adopción de cerca de 150 sentencias internacionales. No hay que pasar desapercibido que los casos que alcanzan los tribunales internacionales constituyen una parcela ínfima de las múltiples injusticias y abusos perpetrados diariamente contra los seres humanos y los pueblos en todo el mundo. Es esto que debería ser objeto de preocupación por parte de los jusinternacionalistas, y no problemas falsos de delimitación de competencias o competición interinstitucional[16]. Es importante que operen regular

---

15 A.A. Cançado Trindade, «International Law for Humankind: Towards a New *Jus Gentium* – General Course on Public International Law – Part II», 317 *Recueil des Cours de l'Académie de Droit International de la Haye* (2005) pp. 243-245.

16 A.A. Cançado Trindade, "The Merits of Coordination of International Courts on Human Rights", 2 *Journal of International Criminal Justice* – Oxford (2004) pp. 309-312.

y continuamente todos los tribunales internacionales contemporáneos en el mundo brutalizado en el cual vivimos.

La harmonía institucional y jurisprudencial entre los tribunales internacionales contemporáneos sólo se logrará mediante el diálogo y el respeto mutuo, y no en medio a una búsqueda desagregadora de supremacía de un tribunal sobre los demás, la cual no existe y ni puede existir. En resumen, la multiplicidad y expansión de los tribunales internacionales constituye, a mi modo de ver, un fenómeno altamente alentador, pues es siempre mejor resolver las controversias de distintas naturalezas con base en el primado del Derecho, por la vía judicial, y no por el condenable recurso unilateral a la fuerza. La realización de la justicia en el plano internacional es el denominador común que debe unir los tribunales internacionales y orientar su labor.

En fin, ya hace años vengo externando mi entendimiento (y nunca me cansaré de reiterarlo) en el sentido de que el legado más precioso del pensamiento jusinternacionalista de la segunda mitad del siglo XX reside en la consolidación de la personalidad y capacidad jurídicas internacionales de la persona humana. Los más de una centena de casos que he adjudicado en el seno de la CtIADH, al revelarme lo que hay de más sombrío en la naturaleza humana (en las violaciones comprobadas de los derechos humanos, algunas de ellas revestidas de extrema crueldad), han reforzado mi firme convicción en ese sentido. Siéntome hoy gratificado por haber dado mi contribución al acceso directo de los victimados a la Corte Interamericana. Los tribunales internacionales contemporáneos, al atender a una real necesidad de la comunidad internacional, han fomentado el alentador proceso histórico que testimoniamos y para el cual contribuimos, que me permito denominar de *humanización* del Derecho Internacional contemporáneo.

Capítulo XXVI

LA DIFUSIÓN DE LA JURISPRUDENCIA DE LA CORTE

Al asumir la Presidencia de la CtIADH en 1999, decidí montar un esquema de *fund-raising* para sostener la labor del Tribunal, en la propia sede de la OEA en Washington D.C., para atender a sus crecientes necesidades de operación. Para ésto conté con la valiosa asistencia de la Secretaría de la Corte. Esta operación fue intensificada en los años 1999-2003, lo que me llevó a pasar semanas y semanas – que, sumadas, ciertamente darán meses – de trabajo no remunerado en beneficio de la CtIADH como Institución. Viajé a la Unión Europea en Bruselas, y a los países escandinavos, en búsqueda de recursos, – no por que me gustase hacer *fund raising* (en realidad, no me gusta), pero para dejar una CtIADH mejor que la que encontré para los sucesores, y sobre todo las nuevas generaciones de Jueces y abogados que en ella laboran[1].

Juntamente con la Secretaría de la CtIADH, construímos una bonita utopía, hoy materializada en los dos nuevos edificios que tuve el honor de inaugurar en nombre de la Corte: en 2000, el de la Biblioteca

---

1 Al respecto, en una entrevista que concedí el 13 de febrero de 2003 al cuerpo discente de la Facultad de Derecho de la UNAM en la Ciudad de México, observé *inter alia* que

> "La cuestión de recursos es muy importante. Nosotros tenemos el entusiasmo, la voluntad para actuar, luchar por los derechos humanos. Pero eso se vuelve difícil si no hay recursos. No es posible que el año pasado tuviera que intervenir ocho veces ante la Organización de los Estados Americanos (OEA), llamando la atención sobre la falta de recursos en la Corte IADH. Eso no es razonable. No es mi función como Juez. Creo que si esos recursos fueran puestos a disposición de la Corte Interamericana y demás órganos de protección de los derechos humanos se podría hacer mucho más de lo que se hace hoy día". G. Aguilar Castañón, L.I. González Morales, K.M. Salas Ramírez y I.M. Pérez Zagal, "Entrevista con Antônio Augusto Cançado Trindade, Presidente de la Corte Interamericana de Derechos Humanos", 2 *Revista Cauces* – UNAM/México (2003) n. 5-7, p. 96.

Conjunta de la CtIADH con el Instituto Interamericano de Derechos Humanos (IIDH), y a fines de 2003, el de la nueva sala de audiencias y de las oficinas de los Jueces y abogados de la CtIADH. La inauguración de la Biblioteca Conjunta de la CtIADH/IIDH me fue particularmente grata, como señalé en mi discurso del 17.08.2000, en la ceremonia de dicha inauguración en San José de Costa Rica.

En la ocasión, expresé mi confianza en que, en la nueva Biblioteca, "las nuevas generaciones de estudiosos saberán encontrar los elementos para llevar adelante la lucha en pro de la evolución del Derecho Internacional de los Derechos Humanos". Y resumí en los siguientes términos el proceso histórico que estaba en curso:

> "En esta ceremonia, hito en la historia de la Corte Interamericana, permítome, en compañía de mis colegas los Jueces de la Corte, reiterar el firme compromiso de nuestro Tribunal de buscar el perfeccionamiento y fortalecimiento del sistema interamericano de protección de los derechos humanos. Ésto se dará, en nuestro entender, con la gradual jurisdiccionalización del mecanismo de protección de la Convención Americana sobre Derechos Humanos, mediante la adopción de un Protocolo Adicional a la Convención Americana que asegure el acceso directo de los individuos a la justicia a nivel internacional, en el marco de nuestro sistema regional de protección"[2].

Y comuniqué, en seguida, a todos los presentes, los resultados positivos que yo había logrado obtener, dos meses antes, en la Asamblea General de la OEA de Windsor, Canadá:

> "(...) Viene la Corte de recibir, en la última Asamblea General de la OEA, realizada en junio pasado en Windsor, Canadá, un reconocimiento y un respaldo sin precedentes en toda la historia del Tribunal, ya que el máximo órgano político de la Organización reiteró que los fallos de la Corte son definitivos e inapelables, instó a los Estados que han denunciado la Convención Americana o que han pretendido `retirar' su reconocimiento de la competencia obligatoria de la Corte a que reconsideren dichas decisiones (...).
>
> Además, las recientes visitas a nuestra sede, de los primeros mandatarios y las más altas autoridades de casi todos los países de la

[2] Discurso reproducido *in*: OEA, *Informe Anual de la Corte Interamericana de Derechos Humanos – 2000*, San José de Costa Rica, CtIADH, 2001, pp. 799-800.

> región, así como el reciente apoyo de organizaciones no-gubernamentales y de representantes de víctimas de violaciones de derechos humanos, apuntan en la misma dirección. Esto nos anima a llevar adelante nuestra lucha en defensa de los derechos humanos, concientes de que, trabajar en pro de esta causa pasionante, es como nadar contra la correnteza (para parafrasear el gran historiador [de ideas], recientemente fallecido, Isaiah Berlin)"[3].

La difusión de la jurisprudencia de la CtIADH ha de ser apreciada desde otro prisma, a saber, al alcanzar ella las bases de las sociedades nacionales de los Estados Partes en la CADH y los países de nuestra región en general, e influenciar en el quehacer de las instituciones públicas, inclusive los operadores de justicia. Desde este prisma, la difusión de la jurisprudencia de la CtIADH suele ocurrir también en una dimensión transfronteriza. Durante mi Presidencia de la CtIADH, volví atención además a los Estados todavía no Partes en la CADH, urgiéndolos a que rescatasen su deuda histórica con el sistema interamericano de derechos humanos, mediante la ratificación de la CADH[4].

Varias veces, una determinada Sentencia de la CtIADH ha servido de inspiración, y ha efectivamente sido invocada, por jueces nacionales en países otros que el Estado demandado. La histórica Sentencia de la CtIADH en el caso de *Barrios Altos* (del 14.03.2001), acerca de la pretendida "auto-amnistía" del régimen Fujimori (para encubrir graves violaciones de los derechos humanos) es hoy un ejemplo célebre, así reconocido en escala mundial. Cuando recibimos en la CtIADH la denuncia de la masacre de *Bairros Altos*, prontamente convoqué una sesión extraordinaria de la CtIADH, en marzo de 2001, para una audiencia pública y la deliberación sobre el fondo del caso, dadas la gravidad y las implicaciones del mismo.

---

3 *In ibid.*, pp. 800-801.

4 Reiteré sucesivas veces este llamado en mis intervenciones ante los órganos competentes de la OEA (Asamblea General, Consejo Permanente, Comisión de Asuntos Jurídicos y Políticos). Con el mismo propósito recibí, en la sede de la CtIADH en San José de Costa Rica, representantes de la *American Bar Association*, y delegaciones de Senadores de Canadá, para que prosiguieran en sus esfuerzos para lograr la ratificación de sus países de la CADH, así como la difusión en los mismos de la jurisprudencia de la CtIADH; cf. L.R. Tanner, "Interview with Judge Antônio A. Cançado Trindade, Inter-American Court of Human Rights", 31 *Human Rights Quarterly* (2004) n. 4, pp. 995 y 997.

Los propios agentes del Estado (ya en el nuevo gobierno de transición democrática de Vicente Paniágua) solicitaron que la Corte se pronunciara sobre las llamadas "leyes de auto-amnistía", pues de ésto dependería la apertura de los procesos contra V. Montesinos y sus colaboradores en el servicio nacional de informaciones. En nuestra histórica Sentencia del 14.03.2001, – redactada dramáticamente – bajo la presión del tiempo – en la Biblioteca Conjunta de la CtIADH con el Instituto Interamericano de Derechos Humanos, dotada de un generador de energía propio, en razón de un apagón que afectó gran parte de la ciudad de San José en aquel día, – determinamos que las referidas "leyes", manifiestamente incompatibles con la CADH, *carecían de todo y cualquier efecto jurídico*. Fué la primera vez que un tribunal internacional contemporáneo fulminó como inválida una "ley" nacional de auto-amnistía[5].

En la misma Sentencia de *Barrios Altos*, emití un contundente Voto Concurrente, en el cual recordé precisamente los fines del Estado y las relaciones entre el ser humano y el poder público fundamentadas en la observancia de los derechos fundamentales. En mi referido Voto agregué que, de conformidad con la doctrina y la jurisprudencia internacionales más lúcidas, aquellas "leyes de auto-amnistía", – promulgadas para encubrir violaciones graves de los derechos humanos y perpetuar la impunidad de los responsables por los actos lesivos, – no eran siquiera leyes (no satisfacían los pré-requisitos de verdaderas leyes), no pasaban de aberraciones pseudo-jurídicas[6].

---

5 Me acuerdo que, al visitar la sede de la CtIADH en Costa Rica, poco después de nuestra referida Sentencia en el caso de *Barrios Altos*, el entonces Presidente de la Corte Europea de Derechos Humanos (CtEDH), Juez Luzius Wildhaber, me comentó: – "Impresionante. *You quashed an amnesty law*! Esta Sentencia no tiene precedentes!" Al que le contesté: – "Así es, y lo sabíamos. Siempre hay una primera vez!" Al regresar a la sede de la CtEDH en Estrasburgo, el Presidente L. Wildhaber prontamente relató a sus colegas los Jueces de la CtEDH lo que había constatado en la sede de la CtIADH en Costa Rica, a saber, una Sentencia verdaderamente histórica de la CtIADH, al constituirse en el primero tribunal internacional contemporáneo a determinar la *falta de validad* de una ley nacional de auto-amnistía.

6 Texto de mi mencionado Voto Concurrente reproducido *in*: A.A. Cançado Trindade, *Derecho Internacional de los Derechos Humanos – Esencia y Trascendencia (Votos en la Corte Interamericana de Derechos Humanos, 1991-2006)*, México, Edit. Porrúa/Universidad Iberoamericana, 2007, pp. 241-250.

El Estado peruano pasó a dar pronto cumplimiento a la Sentencia. Para descartar cualquier duda posible, formuló una solicitud de interpretación de la misma, en cuanto a su *alcance*. En su Interpretación de Sentencia (del 03.09.2001) en el mismo caso de *Barrios Altos*, la CtIADH además aclaró que lo que había decidido acerca de la invalidad de la "ley de auto-amnistía" tenía "efectos generales". Era lo que aguardaban las autoridades públicas peruanas. A partir de ahí, los responsables por el esquema de represión perpetrada por el régimen fujimorista anterior pasaron a ser pronta y debidamente enjuiciados.

Una vez emitida la Sentencia de fondo de la CtIADH en el caso de *Barrios Altos* (del 14.03.2001), la entidad no-gubernamental "Amnistía Internacional" emitió prontamente en Londres una circular, destacando la importancia de la mencionada Sentencia de *Bairros Altos*, que calificó de "histórica". Dicha Sentencia ha sido, en realidad, mundialmente reconocida como tal[7]. Ha sido invocada, hasta la fecha, por jueces nacionales – en el contexto de buscar un fín a la impunidad bajo las "leyes" de auto-amnistía – no solamente en Perú, sino también en Argentina, así como en Chile.

A su vez, a partir de fines de la década de noventa, la CtIADH pasó a atender sistemáticamente un clamor procedente de las bases de las sociedades nacionales de los Estados Partes en la CADH: el de la lucha contra la impunidad. En el caso de *Paniágua Morales y Otros versus Guatemala* (caso de la "*Panel Blanca*", fondo, Sentencia del 08.03.1998), la CtIADH conceptualizó la impunidad como

> "la falta en su conjunto de investigación, persecución, captura, enjuiciamiento y condena de los responsables de las violaciones de los derechos protegidos por la Convención Americana, toda vez que el Estado tiene la obligación de combatir tal situación por todos los medios legales disponibles ya que la impunidad propicia la repetición crónica de las violaciones de derechos humanos y la total indefensión de las víctimas y de sus familiares" (párr. 173).

---

7 Cf., v.g., A. Cassese y M. Delmas-Marty, *Crimes internationaux et juridictions internationales*, Paris, PUF, 2002, pp. 16 y 247; A. Salado Osuna, *Los Casos Peruanos ante la Corte Interamericana de Derechos Humanos*, Trujillo, Ed. Normas Legales, 2004, pp. 437, 452 y 458-459, entre otros.

Desde entonces, en su *jurisprudence constante* en el período de 1998-2004, la CtIADH dio muestras de su particular atención a la necesidad del combate a la impunidad[8]. Posteriormente, la Corte volvió a pronunciarse, en la línea de lo decidido en el *leading case* de 2001 de *Barrios Altos* (*supra*), sobre la incompatibilidad con la CADH de leyes de auto-amnistía, en los casos de *La Cantuta versus Perú* (Sentencia del 29.11.2006) y de *Almonacid Arellano y Otros versus Chile* (Sentencia del 26.09.2006). Todos estos casos tuvieron igualmente repercusión en otros países, en la lucha común contra la impunidad.

8 Tal como evidenciado en *obiter dicta* en sus Sentencias en los casos *Hermanos Gómez Paquiyauri versus Perú* (del 08.07.2004, párr. 148), *Maritza Urrutia versus Guatemala* (del 27.11.2003, párr. 126), *Myrna Mack Chang versus Guatemala* (del 25.11.2003, párrs. 156 y 210), *Bulacio versus Argentina* (del 18.09.2003, párr. 120), *Juan Humberto Sánchez versus Honduras* (del 07.06.2003, párrs. 143 y 185), *Las Palmeras versus Colombia* (fondo, del 06.12.2001, párr. 56; y reparaciones, del 26.11.2002, párr. 53(a)), *Caracazo versus Venezuela* (reparaciones, del 29.08.2002, párrs. 116-117), *Trujillo Oroza versus Bolivia* (reparaciones, del 27.02.2002, párr. 101), *Bámaca Velázquez versus Guatemala* (fondo, del 25.11.2000, párr. 211; y reparaciones, del 22.02.2002, párr. 64), *Cantoral Benavides versus Perú* (reparaciones, del 03.12.2001, párr. 69), "*Niños de la Calle*" (*Villagrán Morales y Otros*) *versus Guatemala* (reparaciones, del 26.05.2001, párr. 100), *Paniágua Morales y Otros versus Guatemala* (caso de la "*Panel Blanca*", reparaciones, del 25.05.2001, párr. 201), *Ivcher Bronstein versus Perú* (fondo, del 06.02.2001, párr. 186), *Tribunal Constitucional versus Perú* (fondo, del 31.01.2001, párr. 123), *Blake versus Guatemala* (reparaciones, del 22.01.1999, párr. 64), *Castillo Páez versus Perú* (reparaciones, del 27.11.1998, párr. 107, *Loayza Tamayo versus Perú* (reparaciones, del 27.11.1998, párr. 170).

Capítulo XXVII

FERTILIZACIÓN JURISPRUDENCIAL: PROYECCIÓN DE LA JURISPRUDENCIA DE LA CORTE INTERAMERICANA EN LAS DECISIONES DE OTROS TRIBUNALES Y ÓRGANOS INTERNACIONALES

El diálogo, sostenido por la CtIADH y la CtEDH particularmente en el periodo 1999-2004, generó un espíritu de confianza recíproca que, no sorprendentemente, llevó a una notable fertilización jurisprudencial desde entonces, manifestada en aspectos distintos, atinentes a los métodos de interpretación y a la aplicación de las respectivas Convenciones de derechos humanos[1]. Mediante esta interacción interpretativa, se han reforzado estas últimas mutuamente, en beneficio último de los seres humanos protegidos, y han contribuido así a la universalidad del derecho convencional de protección de los derechos humanos. Se ha, pues, abierto camino a una interpretación *uniforme* del *corpus juris* del Derecho Internacional de los Derechos Humanos contemporáneo, a la cual se espera hoy día que la recién-establecida Corte Africana de Derechos Humanos y de los Pueblos (CtAfDHP) venga también a dar su contribución[2].

---

1 . V.g., en cuanto a su interpretación, el entendimiento compartido de que los tratados de derechos humanos son dotados de una naturaleza especial (distinta de los tratados multilaterales del tipo traditional); tienen un carácter normativo, de *ordre public*; de que sus términos deben ser interpretados de forma autónoma; de que en su aplicación se debe asegurar una protección efectiva (*effet utile*) de los derechos garantizados; de que las obligaciones ahí consagradas tiene un carácter objetivo, y deben ser debidamente cumplidas por los Estados Partes, los cuales tienen el deber adicional común de ejercicio de la garantía colectiva de los derechos protegidos; y de que las restricciones permisibles (limitaciones y derogaciones) al ejercicio de los derechos garantizados deben ser interpretadas restrictivamente. Cf. Capítulos XVI-XVII, *supra*.

2 . Cf. A.A. Cançado Trindade, "Vers un droit international universel: la première réunion des trois Cours régionales des droits de l'homme", *in* XXXVI *Curso de Derecho Internacional Organizado por el Comité Jurídico Interamericano – 2009,*

En su Sentencia en el caso *Almonacid Arellano y Otros versus Chile* (del 26.09.2006), la CtIADH se refirió a la Sentencia (del 17.01.2006) de la CtEDH en el caso *Kolk y Kislyiy versus Estonia* (párr. 100), así como a la Sentencia (del 29.11.1996) del Tribunal Penal Internacional *ad hoc* para la Ex-Yugoslavia (ICTFY) en el caso *Erdemovic* (párr. 105), y también a su Sentencia (del 07.05.1997) en el caso *Tadic* (párr. 96), entre otras. En mi Voto Razonado en el mismo caso *Almonacid*, me permití llamar atención para esta significativa fertilización jurisprudencial promovida por la CtIADH, en el marco de lo que yo percibía como la conceptualización de los crímenes contra la humanidad en la confluencia entre el Derecho Internacional de los Derechos Humanos y el Derecho Penal Internacional (párrs. 26-28).

En el caso *Varnava y Otros versus Turquía* (Sentencia del 18.09.2009), relativo al desaparecimiento de 18 nacionales chipriotas en seguida a su detención por fuerzas militares turcas en 1974 (durante las operaciones militares ejecutadas por el ejército turco en el Norte de Chipre en 1974), la CtEDH sostuvo que el hecho de que las referidas personas (víctimas) se encontraban desaparecidas por más de 34 años no alteraba la obligación de una investigación efectiva del destino de estas personas (párrs. 146-150); el Estado demandado tenía una obligación *continuada* – en casos, como el presente, de desaparecimiento forzado de personas, – de investigación sobre el paradero de las personas desaparecidas en el *cas d'espèce* (para. 186, 192-194 y 208-209). Significativamente, en su referida Sentencia en el presente caso *Varnava y Otros*, la CtEDH se refirió a la jurisprudencia relevante o pertinente de la CtIADH, en particular al *leading-case* de *Blake versus Guatemala* (1996-1998), así como al caso de las *Hermanas Serrano Cruz versus El Salvador* (2004-2005) (párrs. 93-97, 138 y 147). La CtEDH concluyó que había ocurrido, en el *cas d'espèce,* una "violación continuada" de los artículos 2, 3 y 5 de la Convención Europea de Derechos Humanos.

Washington D.C., General Secretariat of the OAS, 2010, pp. 103-125; Ph. Weckel, "La justice internationale et le soixantième anniversaire de la Déclaration Universelle des Droits de l'Homme", 113 *Revue générale de droit international public* (2009) pp. 5-17.

Esta fertilización jurisprudencial no se ha limitado solamente a las dos Cortes (CtIADH y CtEDH) de derechos humanos en operación hace varios años. La CtIADH estuvo también atenta a la jurisprudencia pertinente de la Corte Internacional de Justicia (CIJ). Así, en su Sentencia (Excepciones Preliminares, del 07.09.2001) en el caso *Cantos versus Argentina*, se refirió (párr. 26) a la Sentencia de la CIJ (de 1970) en el caso de la *Barcelona Traction* (Bélgica *versus* España); y en el caso *Yean y Bosico versus República Dominicana* (Sentencia del 08.09.2005) la CtIADH recordó (párr. 136) la Sentencia de la CIJ (Segunda Fase, del 06.04.1955) en el caso *Nottebohm* (Liechtenstein *versus* Guatemala). Aún otra referencia a la jurisprudencia de la CIJ (y de la anterior CPJI) se encuentra en la Sentencia de la CtIADH (del 15.09.2005) en el caso de la *Masacre de Mapiripán versus Colombia* (párr. 133).

Además, la CtIADH se refirió a la Opinión Consultiva de la CIJ sobre *Reservas a la Convención contra el Genocidio* (1951), y a *obiter dicta* de sus Sentencias en los casos de los *Ensayos Nucleares* (del 20.12.1974) y de *Nicarágua versus Estados Unidos* (Jurisdicción y Admisibilidad, del 26.11.1984), en sus Sentencias *célèbres* sobre competencia (del 24.09.1999) en los casos del *Tribunal Constitucional* (párrs. 43, 46-47 y 51-52) y de *Ivcher Bronstein* (párrs. 44, 47-48, y 52-53)[3], relativos al Perú, así como en la Sentencia sobre reparaciones (del 26.05.2001, párr. 40) en el caso paradigmático de los *"Niños de la Calle" versus Guatemala.* Asímismo, una referencia a un *obiter dictum* de la Opinión Consultiva de la CIJ sobre la *Amenaza o Uso de Armas Nucleares* (1996) encuéntrase en la Sentencia de la CtIADH (Excepciones Preliminares, del 04.02.2000) en el caso de *Las Palmeras versus Colombia.*

De mi parte, en diversos de mis Votos Individuales anexados a las Sentencias de la CtIADH consideré apropiado hacer referencias a la jurisprudencia de la CIJ, de relevancia al tratamiento de los puntos en cuestión. Puedo referirme, v.g., a pasajes de mis Votos en las Sentencias de la Corte en los casos *Blake versus Guatemala* (Reparaciones, del

3 . En sus Sentencias sobre el fondo y reparaciones (del 06.02.2001), en el mismo caso de *Ivcher Bronstein versus Perú,* la CtIADH se refirió (párrs. 92 y 127) a *obiter dicta* de las Sentencias de la CIJ en los casos de *Nottebohm* (Segunda Fase, 1955), y de *Barcelona Traction* (1970).

22.01.1999, párrs. 9 y 26 de mi Voto Razonado), *Las Palmeras versus Colombia* (Excepciones Preliminares, del 04.02.2000, párrs. 6 y 9-10 de mi Voto Razonado), *Bámaca Velásquez versus Guatemala* (Fondo, del 25.11.2000; y Reparaciones, del 22.02.2002, párrs. 13 y 2, respectivamente, de mis Votos Razonados), *Barrios Altos versus Perú* (del 14.03.2001, párr. 16 de mi Voto Concurrente), *Hilaire, Benjamin y Constantine versus Trinidad y Tobago* (Excepciones Preliminares, del 01.09.2001, párr. 16 de mis tres Votos Razonados), *Hermanas Serrano Cruz versus El Salvador* (Excepciones Preliminares, del 23.11.2004, párr. 40 de mi Voto Disidente), *Caesar versus Trinidad y Tobago* (del 11.03.2005, párrs. 21, 27 y 42 de mi Voto Razonado), *Masacre de Pueblo Bello versus Colombia* (del 31.01.2006, párr. 22 de mi Voto Razonado), *Comunidad Indígena Sawhoyamaxa versus Paraguay* (del 29.03.2006, párra. 21 de mi Voto Razonado).

En cuanto a la CIJ, en el caso *A.S. Diallo* (Guinea *versus* R.D. Congo, Sentencia del 30.11.2010), por primera vez en su historia, al establecer violaciones de dos tratados de derechos humanos (a saber, el Pacto de Naciones Unidas sobre Derechos Civiles y Políticos y la Carta Africana de Derechos Humanos y de los Pueblos, además del artículo 36(1)(b) de la Convención de Viena sobre Relaciones Consulares) – en consecuencia de las detenciones de A.S. Diallo en la R.D. del Congo y de su expulsión del país, – la CIJ reconoció expresamente la jurisprudencia relevante al respecto de la CtEDH y de la CtIADH (párr. 68). En mi Voto Razonado, al endosar estas conclusiones de la CIJ, lo hice, en cuanto a la determinación de la violación del artículo 36(1)(b) de la Convención de Viena de 1963, con base en el enfoque avanzado y pionero de la Opinión Consultiva n. 16 (1999) de la CtIADH sobre el *Derecho a la Información sobre Asistencia Consular en el Marco de las Garantías del Debido Proceso Legal,* dando testimonio del proceso en curso de la *humanización* del derecho consular[4] (párrs. 158-188); además, expresé la esperanza en

4 . Para un estudio, cf. A.A. Cançado Trindade, "The Humanization of Consular Law: The Impact of Advisory Opinion n. 16 (1999) of the Inter-American Court of Human Rights on International Case-Law and Practice", 6 *Chinese Journal of International Law* (2007) n. 1, p. 1-16.

más avances hacia una nueva era de adjudicación internacional de casos de derechos humanos por la propia CIJ (párrs. 232-245).

Por su parte, el Tribunal Penal Internacional (TPI), en el caso *Prosecutor versus Th. Lubanga Dyilo* (situación en la R.D. Congo), en su decisión (*Pre-Trial Chamber* I) del 29.01.2007, al abordar materia probatoria, se refirió, *inter alia*, a las Sentencias de la CtEDH en los casos *Soering versus Reino Unido* (del 07.07.1989) y *Mamatkulov y Askarov versus Turquía* (*Grand Chamber*, del 04.02.2005) (párr. 38). También se refirió, *inter alia*, a la Sentencia de la CtIADH en el caso *Ivcher Bronstein versus Perú* (del 06.02.2001) (párr. 86 n. 97). Y cuanto a la identificación de víctimas para los fines de reparaciones, el TPI (*Pre-Trial Chamber* I) se refirió además, en la misma Sentencia en el caso *Lubanga*, a las Sentencias de la CtIADH en el caso *Aloeboetoe et alii versus Suriname* (Reparaciones, del 10.09.1993), y en el caso de la *Masacre de Plan de Sánchez versus Guatemala* (Reparaciones, del 19.11.2004) (párrs. 112-113).

Otro ejemplo de fertilización jurisprudencial atinente a la protección de los derechos humanos encuéntrase, v.g., en el caso del *Centre for Minority Rights Development (Kenya) y Minorities Group International en nombre del Endorois Welfare Council versus Kenya*, en que la Comisión Africana de Derechos Humanos y de los Pueblos (ComAfDHP – decisión del 04.02.2010) determinó que el desplazamiento forzado del pueblo indígena Endorois de su tierra tradicional (para el desarrollo del turismo) violó la Carta Africana de Derechos Humanos y de los Pueblos. Al llegar a esta decisión, la ComAfDHP trazó paralelos con la Sentencia de la CtIADH en el *leading case* de la *Comunidad Mayagna (Sumo) Awas Tingni versus Nicarágua* de 2001 (párrs. 93, 185, 190 y 197); también hizo referencias, v.g., a las Sentencias de la CtIADH en los casos de la *Comunidad Moiwana versus Suriname* de 2005 (párrs. 160, 197-198 y 208), de la *Comunidad Yakye Axa versus Paraguay* de 2005 (párrs. 197, 208, 233-234, 260, 265, 284 y 287), y de la *Comunidad Sawhoyamaxa versus Paraguay* de 2005 (párrs. 197, 235, 260 y 265)[5].

5 . La ComAfDHP entendió que cabía al Estado demandado assumir la responsibilidad de "crear condiciones favorables al desarrollo de un pueblo" (párr. 298), que, en el presente caso, no proporcionó adecuadamente para los Endorois (párr. 298);

Por su parte, el Tribunal Especial para el Líbano, en su *Ordonnance* del 15.04.2010, se refirió a las Sentencias de la CtIADH en los casos de *Barrios Altos versus Perú* (del 14.03.2001) y de *Goiburú y Otros versus Paraguay* (del 22.09.2006) (párrs. 24 y 29), así como a las Sentencias de la CtEDH en los casos, *inter alia*, de *Golder versus Reino Unido* (del 21.02.1975) y de *Vaestberga Taki Aktiebolag y Vulig versus Suecia* (del 23.07.2002) (párrs. 25 y 34 n. 37). El Tribunal Especial para el Líbano también se refirió a diversos de mis propios Votos Disidentes y Razonados en Sentencias sucesivas de la CtIADH emitidas en 2006-2007 (párr. 29). En fin, el Tribunal Especial para el Líbano también se refirió a la jurisprudencia de la ClJ, a saber, su Opinión Consultiva (del 28.05.1951) sobre *Reservas a la Convención contra el Genocidio* (párr. 30), y su Sentencia (del 03.02.2006) en el caso de las *Actividades Armadas en el Territorio del Congo* (R.D. Congo *versus* Ruanda) (párr. 30 n. 34).

Las *cross-references* aquí revisadas no son exhaustivas, sino más bien ilustrativas de la atención de los tribunales internationales contemporáneos a la labor concomitante de cada uno (como debe ser), y en particular en relación con la protección de los derechos humanos. Hay varios otros ejemplos de otras *cross-references* (v.g., de los tribunals penales internacionales contemporáneos *inter se*)[6], aquí no mencionadas, por situarse más allá de los propósitos del presente capítulo. Cuando se trata en particular de la protección de los derechos humanos, los ejemplos son numerosos, no sólo por parte de los tribunales internacionales contemporáneos, sino también

---

por consiguiente, – concluyó la ComAfDHP, – la Comunidad Endorois sufrió una violación del artículo 22 de la Carta Africana de Derechos Humanos y de los Pueblos (párr. 298); la ComAfDHP, asímismo, entendió que el Estado demandado violó también los artículos 8, 14, 17 y 21 de la Carta Africana (párrs. 173, 238, 251 y 268, respectivamente).

6 . Sobre aspectos distintos de su dominio común de actuación, cf., *inter alia*, v.g., J.R.W.D. Jones, *The Practice of the International Criminal Tribunals for the Former Yugoslavia and Rwanda*, 2a. ed., Ardsley N.Y., Transnational Publs., 2000, pp. 3-643; F.O. Raimondo, *General Principles of Law in the Decisions of International Criminal Courts and Tribunals*, Leiden, Nijhoff, 2008, pp. 1-196; G. Mettraux, *International Crimes and the Ad Hoc Tribunals*, Oxford, Oxford University Press, 2006, pp. 3-367; C.P.R. Romano, A. Nollkaemper and J.K. Kleffner (eds.), *Internationalized Criminal Courts – Sierra Leone, East Timor, Kosovo, and Cambodia*, Oxford, Oxford University Press, 2004, pp. 3-444.

de otros órganos de supervisión de tratados de derechos humanos. Por ejemplo, en su decisión (mérito, del 25.06.2010) en el caso del *Centre on Housing Rights and Evictions (COHRE) versus Italia*, el Comité Europeo de Derechos Sociales, órgano de supervisión de la Carta Social Europea, al abordar la cuestión de la responsabilidad internacional agravada, se refirió a las Sentencias de la CtIADH en los casos de *Myrna Mack Chang versus Guatemala* (del 25.11.2003), de las *Masacres de Ituango versus Colombia* (del 01.07.2006), de *Goiburú y Otros versus Paraguay* (del 22.09.2006), y de *La Cantuta versus Perú* (del 29.11.2006) (párr. 75).

Los avances aquí examinados, en relación con la fertilización jurisprudencial de los tribunales internacionales contemporáneos, revelan la concientización de su misión común de realización de la justicia. Esto ha propiciado una mejor comprensión del amplio alcance del derecho de acceso a justicia *lato sensu*[7]. Los seres humanos emergen como sujetos, tanto *activos* (ante tribunales internacionales de derechos humanos) como *pasivos* (ante tribunales penales internacionales), del derecho internacional contemporáneo. La actual expansión de la jurisdicción internacional aumenta el número de los *justiciables* en el plano internacional (dada la multiplicidad de los tribunales internacionales contemporáneos), con la expansión concomitante tanto de la personalidad jurídica como de la responsabilidad internacionales.

La labor de los tribunales internacionales contemporáneos puede así ser apreciada desde la perspectiva de los propios *justiciables*[8]. La alentadora multiplicidad de los tribunales internacionales contemporáneos – una señal de nuestros tiempos – es reveladora de los avances considerables alcanzados en la búsqueda de la realización del ideal de la justicia internacional. Cada tribunal internacional tiene su jurisdicción basada en un tratado o instrumento internacional distinto, y su propio derecho aplicable. En lugar de una jerarquía, hay aquí una complementaridad en su labor, y todos ellos conforman una rede policéntrica de tribunales

7 . Cf. A.A. Cançado Trindade, *El Derecho de Acceso a la Justicia en Su Amplia Dimensión*, Santiago de Chile, CECOH/Librotecnia, 2008, pp. 61-407; A.A. Cançado Trindade, *The Access of Individuals to International Justice*, Oxford, Oxford University Press, 2011, pp. 1-236.

8 . A.A. Cançado Trindade, *Évolution du Droit international au droit des gens – L'accès des particuliers à la justice internationale: le regard d'un juge*, Paris, Pédone, 2008, pp. 1-187.

internacionales, afirmando y confirmando la aptitud del derecho internacional contemporáneo para resolver los tipos más distintos de controversias internacionales, en los planos tanto *inter*-estatal como *intra*-estatal[9]. A cada tribunal cabe dar su contribución efectiva a la continua evolución del derecho internacional, en su búsqueda de la realización de la justicia internacional.

Con este propósito, como ya señalado[10], el diálogo y la coordinación de dichos tribunales son de la mayor importancia[11], – para la solución de los más distintos casos[12], – repercutiendo positivamente en el propio acceso a la justicia internacional. Cada tribunal internacional tiene su importancia, para el atendimiento de las necesidades de protección de los justiciables, en las más distintas situaciones, y cada uno en el dominio respectivo de su operación. Hoy día, varios casos son llevados ante distintos tribunales internacionales, a requerir de ellos, v.g., un conocimiento más profundo del Derecho Internacional de los Derechos Humanos y del Derecho Penal Internacional, en adición al Derecho Internacional Humanitario y al Derecho Internacional de los Refugiados[13], además de una nueva mentalidad, abierta a nuevas

---

9 . A.A. Cançado Trindade, "International Law for Humankind: Towards a New *Jus Gentium* – General Course on Public International Law – Part II", 317 *Recueil des Cours de l'Académie de Droit International de la Haye* (2005) pp. 243-245; A.A. Cançado Trindade, "The Merits of Coordination of International Courts on Human Rights", 2 *Journal of International Criminal Justice* – Oxford (2004) n. 2, pp. 309-312.

10 . Cf. Capítulo XXII, *supra*.

11 . A.A. Cançado Trindade, "Reflexiones sobre los Tribunales Internacionales Contemporáneos y la Búsqueda de la Realización del Ideal de la Justicia Internacional", *in Cursos de Derecho Internacional y Relaciones Internacionales de Vitoria-Gasteiz / Vitoria-Gasteizko Nazioarteko Zuzenbidearen eta Nazioarteko Harremanen Ikastaroak* – Univ. del País Vasco (2010) pp. 78-95.

12 . Cf., e.g., M. Bedjaoui, "La multiplication des tribunaux internationaux ou la bonne fortune du droit des gens", in Société Française pour le Droit International [SFDI], *La juridictionnalisation du droit international* (Colloque de Lille de la SFDI, septembre 2002), Paris, Pédone, 2003, pp. 529-545; H. Ascensio, "La notion de juridiction internationale en question", *in ibid.*, pp. 197-202.

13 . Sobre los avances recientes de la justicia internacional en estos dominios interrelacionados, en particular en la adjudicación (por la CtIADH en el reciente *ciclo de casos of masacres*) de casos de violaciones graves de los derechos humanos y del Derecho Internacional Humanitario, cf. A.A. Cançado Trindade, *State Responsibility in Cases of Massacres: Contemporary Advances in International Justice*, Utrecht,

temáticas. Lo que más importa, en última instancia, es, en efecto, la realización de la justicia internacional.

En este marco más amplio, la fertilización jurisprudencial en materia de protección de derechos humanos se destaca, de forma notoria. Además, es de esperarse que los tribunales internacionales contemporáneos tengan conocimiento, en el desempeño de su misión común, de la jurisprudencia de cada uno, en distintos dominios del derecho internacional. De ese modo se mantendrán en condiciones de dar su mejor contribución, de modo armónico, a la realización de la justicia en el plano internacional, la cual constituye el denominador común a aproximarlos y a guiar su labor. Los tribunales internacionales contemporáneos, operando de manera coordinada, están construyendo gradualmente una fertilización jurisprudencial creciente, particularmente en lo que concierne a la protección de los derechos de la persona humana, moviéndose así más allá que la solución de controversias, caso por caso, y revelando su disposición, en el desempeño de su misión común, de *decir lo que es el Derecho (juris dictio)*.

En conclusión, un testimonio de la proyección de la construcción jurisprudencial de la CtIADH, en el período en estudio, reside precisamente en la fertilización jurisprudencial aquí examinada. Trátase de una época de reconocidos avances notables en la protección internacional de los derechos humanos[14], hoy estudiados también en otros continentes[15]. La jurisprudencia de la CtIADH, en la misma época, ha dejado huellas, y, en materia, por ejemplo, de reparaciones, considerada más adelante[16], – es actualmente

Universiteit Utrecht, 2011, pp. 1-71; A.A. Cançado Trindade, "Die Entwicklung des interamerikanischen Systems zum Schutz der Menschenrechte", 70 *Zeitschrift für ausländisches öffentliches Recht und Völkerrecht* (2010) pp. 695-699.

14 . A.A. Cançado Trindade, "Une ère d'avancées jurisprudentielles et institutionnelles: Souvenirs de la Cour interaméricaine des droits de l'homme", *in Le particularisme interaméricain des droits de l'homme* (eds. L. Hennebel y H. Tigroudja), Paris, Pédone, 2009, pp. 7-73.

15 . Cf., v.g., A. S. Martínez-Tejera, *L'ère Cançado Trindade dans la Cour interaméricaine des droits de l'homme* (Tesis Master 2 Recherche), Paris, Université Paris I – Panthéon Sorbonne, 2009, pp. 1-137 (circulación interna).

16 . Cf. Anexo IV, *infra*.

reconocida como verdaderamente ejemplar, además de pionera[17], en el marco del Derecho Internacional de los Derechos Humanos contemporáneo.

17 . Cf., v.g., [Varios Autores,] *Réparer les violations graves et massives des droits de l'homme: La Cour interaméricaine, pionnière et modèle?* (eds. E. Lambert Abdelgawad y K. Martin-Chenut), Paris, Société de Législation Comparée, 2010, pp. 17-334; M. Scalabrino, "Vittime e Risarcimento del Danno: L'esperienza della Corte Interamericana dei Diritti dell'Uomo", 22 *Comunicazioni e Studi* – Milano (2002) pp. 1013-1092; C. Sandoval-Villalba, "The Concepts of `Injured Party' and `Victim' of Gross Human Rights Violations in the Jurisprudence of the Inter-American Court of Human Rights: A Commentary on Their Implications for Reparations", *in Reparations for Victims of Genocide, War Crimes and Crimes against Humanity* (eds. C. Ferstman, M. Goetz y A. Stephens), Leiden, Nijhoff, 2009, pp. 243-282; K. Bonneau, "La jurisprudence innovante de la Cour interaméricaine des droits de l'homme en matière de droit à reparation des victimes des violations des droits de l'homme", *in Le particularisme interaméricain des droits de l'homme* (eds. L. Hennebel and H. Tigroudja), Paris, Pédone, 2009, pp. 347-382; I. Bottigliero, *Redress for Victims of Crimes under International Law*, Leiden, Nijhoff, 2004, pp. 133-145; J. Schönsteiner, "Dissuasive Measures and the `Society as a Whole': A Working Theory of Reparations in the Inter-American Court of Human Rights", 23 *American University International Law Review* (2007) pp. 127-164.

Capítulo XXVIII

CONSIDERACIONES FINALES

He buscado rescatar, ordenar y preservar mis reminiscencias, permeadas de nostalgia, de la Corte Interamericana de Derechos Humanos (CtIADH), de forma a proporcionar una visión, la más integral posible, del *ejercicio de la función judicial* en la protección internacional de los derechos de la persona humana. Dicha función asume capital importancia en nuestros tiempos, que conforman la nueva era de los tribunales internacionales contemporáneos. Hay, en este fenómeno de nuestra época, de la mayor importancia, distintos aspectos que no pueden pasar desapercibidos. Efectivamente, la expansión de la jurisdicción internacional cuenta con el concurso y la coparticipación de las jurisdicciones nacionales. El derecho internacional atribuye funciones internacionales también a los tribunales nacionales. La expansión de la jurisdicción internacional se da *pari passu* con la expansión tanto de la personalidad como de la responsabilidad internacionales[1], – apuntando todas a la actual construcción de un nuevo *jus gentium* de nuestros tiempos[2].

Los tribunales internacionales contemporáneos se componen – como no podría dejar de ser – de jueces provenientes de distintos sistemas jurídicos nacionales, de distintas culturas jurídicas, siendo portadores de formación (personal y profesional) también distinta. *Ex pluribus unum*, – encuéntranse, así, en la posición única de dar cada uno su contribución, todos en conjunto, para la construcción de un

---

1 A.A. Cançado Trindade, "International Law for Humankind: Towards a New *Jus Gentium* – General Course on Public International Law – Part I", 316 *Recueil des Cours de l'Académie de Droit International de la Haye* (2005) p. 203.

2 A.A. Cançado Trindade, "International Law for Humankind: Towards a New *Jus Gentium* – General Course on Public International Law – Part II", 317 *Recueil des Cours de l'Académie de Droit International de la Haye* (2005) pp. 269-282.

derecho internacional verdaderamente universal[3]. En los tribunales "internacionalizados" o "mixtos" (para Sierra Leona, Timor-Oriental, Kosovo y Camboya)[4], conviven, en la labor del cotidiano, los jueces nacionales con los no-nacionales (seleccionados internacionalmente) de aquellos tribunales.

Tal convivencia de magistrados provenientes de sistemas jurídicos nacionales distintos, en el seno de todos los tribunales internacionales de la actualidad, me parece saludable, y no presenta, a mi modo de ver, dificultades insuperables, particularmente ante la disposición de estudiar cada uno de aquellos sistemas (*droit civil*, *common law*, derecho islámico, entre otros) en las grandes obras de derecho comparado. Aún más significativa, y difícil, me parece otro tipo de convivencia, la de pares con distintas *concepciones* de la propia *función judicial internacional*. Tales concepciones, en mi entender, independen del sistema jurídico nacional de procedencia[5].

Aquí nos adentramos en lo más íntimo de cada juez, en el dominio personal, en el cual cada uno es ciertamente distinto de todos los demás, por sus convicciones que trasciendem el ámbito del Derecho (pero que, para este último, son relevantes, al contrario de lo que suponen los positivistas): cada uno es aquí movido por su propia conciencia, en la difícil tarea de realización de la justicia. Hace casi médio siglo, Piero Calamandrei recordaba que el término *sententia* deriva de la misma raíz etimológica de "sentimiento", y advertía que "la sentencia no es obra del intelecto y de la ciencia, consistente en conocer y declarar algo que ya existe", sino más bien algo en que el

---

3 Se ha sugerido recientemente que, en razón de su sumisión a la razón, "le travail des juges comporte une dimension universalisable propre. C'est pourquoi il est possible d'affirmer que les juges – c'est là leur spécificité – constituent le pouvoir le plus universalisable, mais aussi le plus universalisant, des trois pouvoirs décrits par Montesquieu"; J. Allard y A. Garapon, *Les juges dans la mondialisation*, [Paris], Éd. Seuil, 2005, p. 84. – La importancia de los principios generales del derecho tiene como consecuencia el amplio margen, para identificación y de interpretación, del derecho aplicable, abierta al juez; cf. Ph. Raynaud, *Le juge et le philosophe – Essais sur le nouvel âge du Droit*, Paris, A. Colin, 2009, pp. 255 y 119.

4 Cf., e.g., C.P.R. Romano, A. Nollkaemper y J.K. Kleffner (eds.), *Internationalized Criminal Courts and Tribunals*, Oxford, University Press, 2004, pp. 3-38.

5 A.A. Cançado Trindade, *A Expansão da Jurisdição Internacional,* Belo Horizonte/ Brasil, Edit. Del Rey, 2010, pp. 43-44.

juez se deja guiar por "ciertas premisas de orden general", que se encuentran en "su interior, registradas en su conciencia"[6].

De ahí las distintas actitudes prevalecientes, a lo largo de su historia, en cada tribunal internacional[7]; de ahí las oscilaciones experimentadas por estos tribunales internacionales, – lo que no podría ser de otra forma. La CtIADH no hace excepción a esto, pues los órganos judiciales internacionales son, en última instancia, los juristas que en ellos operan. Durante mi largo período de labores en el seno de la CtIADH, y particularmente durante la media-década de mi Presidencia de la misma (1999-2004), esta última asumió posiciones de vanguardia en la defensa de los derechos inherentes a la persona humana[8], como hoy día es ampliamente reconocido.

El Tribunal Internacional *ad hoc* de Naciones Unidas para la ex-Yugoslavia, en sus primeros años, y la Corte Interamericana de Derechos Humanos, a partir de 1999 (más que cualquier otro tribunal internacional contemporáneo), contribuyeron en mucho, y reconocidamente, para, v.g., la construcción jurisprudencial del contenido material ampliado del *jus cogens*[9]. El Tribunal Internacional *ad hoc* de Naciones Unidas para Rwanda, por su vez, contribuyó (a partir de su propia definición estatutaria) para una mejor comprensión del contenido material de los crímenes contra la humanidad[10]. La CtIADH, a su vez, en

---

6 P. Calamandrei, *Proceso y Democracia*, Buenos Aires, Ed. Jur. Europa-América, 1960, p. 67.

7 Cf. H. Lauterpacht, *The Development of International Law by the International Court*, London, Stevens, 1958, pp. 75-152 y 155-223; J.G. Merrills, *The Development of International Law by the European Court of Human Rights*, 2a. ed., Manchester, University Press, 1993, pp. 231-233.

8 Cf., v.g., recientemente, A.A. Cançado Trindade, «Une ère d'avancées jurisprudentielles et institutionnelles: souvenirs de la Cour Interaméricaine des Droits de l'Homme», *in Le particularisme interaméricain des droits de l'homme (en l'honneur du 40e anniversaire de la Convention Américaine des Droits de l'Homme* – eds. L. Hennebel y H. Tigroudja), Paris, Pédone, 2009, pp. 7-73.

9 A.A. Cançado Trindade, «Jus Cogens: The Determination and the Gradual Expansion of Its Material Content in Contemporary International Case-Law», in XXXV *Curso de Derecho Internacional Organizado por el Comité Jurídico Interamericano* – 2008, Washington D.C., Secretaría General de la OEA, 2009, pp. 3-29. Y cf. capítulo VIII, supra.

10 L.J. van den Herik, *The Contribution of the Rwanda Tribunal to the Development of International Law*, Leiden, Nijhoff, 2005, pp. 270-271.

mucho contribuyó, además, de modo particular, en los años en que a esta serví, a la protección de los derechos humanos de personas en situación de gran vulnerabilidad[11]. Estos son tan sólo algunos ejemplos, entre muchos otros.

En realidad, como ya señalé, las instituciones son, en última instancia, las personas que las integran, y los tribunales internacionales no hacen excepción a esto. Hay los jueces que entienden su función como siendo la de estricta aplicación de la ley, del texto legal; y hay los que creen (y entre estos me sitúo) que, en la propia interpretación – o aún mismo en la búsqueda – del derecho aplicable, hay espacio para la creatividad. De todos modos, cada tribunal internacional es enteramente libre para encontrar el derecho aplicable para la solución judicial de los casos concretos sometidos a su conocimiento.

Como la labor en pro de la salvaguardia de los derechos humanos es, como el mito de Sísifo, una lucha sin fin, me esforcé por dejar constancia de mis memorias de la CtIADH en el presente tomo, para servir de posible fuente de estudios a los que se dedican al cultivo del Derecho Internacional de los Derechos Humanos, de las nuevas generaciones, que llevarán adelante esta lucha. Al concluir este trabajo, jamás exhaustivo, movido por un sentimiento de deber, espero haber proporcionado a las nuevas generaciones de personas sensibilizadas por este dominio de protección de la persona humana como sujeto del Derecho Internacional, las lecciones que me permití extraer de mi propia experiencia en la magistratura internacional en la CtIADH, esperando que puedan servirles de guía en el enfrentamiento de los nuevos desafíos de dicha protección. Al sentimiento del deber cumplido se suma el de la solidariedad intergeneracional.

Tuve la satisfacción de haber concluído mi Presidencia de la CtIADH (en 2004), con una rica jurisprudencia emancipadora del ser humano, construida con reflexión, la cual ha reavivado en numerosas víctimas la fe en el Derecho, además de haber alcanzado el reconocimiento internacional. Es precisamente por esto que no puedo aceptar que se busque frenar los avances jurisprudenciales logrados

---

11 Cf., *inter alia,* v.g., M. Feria Tinta, *The Landmark Rulings of the Inter-American Court of Human Rights on the Rights of the Child – Protecting the Most Vulnerable at the Edge,* Leiden, Nijhoff, 2008, pp. 13-33, 44-54, 58-172 y 209-350.

por la CtIADH, sin la debida fundamentación jurídica. Es con pesar que he constatado, desde que dejé la Presidencia de la Corte, intentos más recientes de "frenar" los avances jurisprudenciales logrados. Es lo que ocurrió, v.g., en el caso de las *Hermanas Serrano Cruz*, en que se adoptó una autolimitación infundada y absurda, y en el caso de la *Comunidad Indígena Yakye Axa*, en que se impuso a las víctimas la *probatio diabolica*, ambos de 2005), – mediante los cuales se han cometido, a mi juicio, graves equivocaciones, tal como señalado por la bibliografía especializada contemporánea. En el presente dominio de protección no hay espacio para "frenos" o retrocesos.

A la par de todos los logros alcanzados en mi época al frente de la CtIADH, algunas de mis iniciativas, en el período de mi Presidencia de la Corte, no llegaran a ver la luz del día, pues estaban más allá de nuestras posibilidades concretas. Por ejemplo, en el marco de la gran causa que sostuve, – la del amplio acceso *lato sensu* de la persona humana a la justicia internacional, en el ejercicio de su derecho a la *realización* de la justicia, – propuse a los órganos competentes de la OEA, reiteradas veces, durante todo el período de mi Presidencia (1999-2004), la creación de un *fondo de asistencia judicial gratuita* para amparar los peticionarios (bajo la CADH) carentes de recursos[12]. Las Delegaciones de los Estados miembros de la OEA siempre me escucharon atentamente, pero nada de concreto se realizó hasta la fecha para la creación de dicho fondo.[13]

Sin embargo, la idea permanece viva: para mi particular satisfacción, ha sido recientemente resucitada por una dedicada organización no-gubernamental (ONG), con conocida actuación en el sistema interamericano de derechos humanos. En efecto, el Centro por la Justicia y el Derecho Internacional (CEJIL) posteriormente publicó un *position paper*, en el cual, refiriéndose expresamente a mi iniciativa, deci-

---

12 Mis propuestas en este sentido se encuentran ampliamente registradas en los documentos clasificados de la OEA, y también reproducidas in: A.A. Cançado Trindade (relator), *Informe: Bases para un Proyecto de Protocolo a la Convención Americana sobre Derechos Humanos, para Fortalecer Su Mecanismo de Protección,* 2ª. ed., tomo II, San José de Costa Rica, CtIADH, 2003, Anexos, pp. 73-1015.

13 CEJIL, *The Urgent Need for a Legal Aid Fund in the Inter-American System for the Promotion and Protection of Human Rights,* Washington D.C., CEJIL, 2006, fascículo n. 4, pp. 11-12, y cf. pp. 9-21.

dió respaldar e abogar la causa de la creación del mencionado fondo de asistencia judicial a los peticionarios bajo la CADH. La creación de un fondo de esta naturaleza es de sentido común (que a veces parece ser el menos común de los sentidos), de modo a fomentar el acceso a la justicia por parte de todos, inclusive (y sobre todo) de los desposeídos y socialmente marginados, con particular necesidad de protección. Es, pues, de esperarse que dicho fondo venga a ser creado en el futuro próximo, pues es de gran necesidad para la eficacia del mecanismo de protección bajo la CADH.

Las posiciones que sostuve en el seno de la Corte buscaron maximizar la protección de los derechos de la persona humana. Los grandes avances con este propósito, que logramos durante mi época en el seno del Tribunal, constituyen hoy un patrimonio jurídico de los pueblos de nuestra región. En muchos de mis numerosos Votos presentados en el seno de la CtIADH[14], desarrollé puntos doctrinales de la mayor importancia para el futuro de la protección internacional de los derechos humanos. No puedo dejar de evocar aquí dos puntos que me son particularmente caros y muy significativos.

En primer lugar, he introducido, en el seno de la CtIADH, el razonamiento en el sentido de la *ampliación* de la noción de *víctima* para efectos de reparaciones, a incluir los familiares inmediatos (de las víctimas fatales) en su derecho propio (mis Votos Razonados en las Sentencias de reparaciones de los casos *Blake versus Guatemala*, del 22.01.1999, y *Bámaca Velázquez versus Guatemala*, del 22.02.2002). Al sostener esta tesis, lo hice con base en la constatación del sufrimiento humano[15], o sea, con base en el reconocimiento expreso de la *centralidad* del sufrimiento de las víctimas en el marco del Derecho Internacional de los Derechos Humanos[16]. Este entendimiento consti-

---

14 Y ahora reunidos in: A.A. Cançado Trindade, *Derecho Internacional de los Derechos Humanos – Esencia y Trascendencia (Votos en la Corte Interamericana de Derechos Humanos, 1991-2006),* México, Edit. Porrúa/Universidad Iberoamericana, 2007, pp. 1-1055.

15 Cf. capítulo XIX, *supra*.

16 Cf. mis Votos Individuales, v.g., en las Sentencias de la CtIADH en los casos *Bulacio versus Argentina*, del 18.09.2003; *"Niños de la Calle" (Villagrán Morales y Otros) versus Guatemala* [Reparaciones], del 26.05.2001; *Hermanos Gómez Paquiyauri versus Perú*, del 08.07.2004; *Tibi versus Ecuador,* del 07.09.2004; *Comunidad Indígena Sawhoyamaxa versus Paraguay,* del 29.03.2006; *Ximenes Lopes versus Brasil*,

tuye hoy *jurisprudence constante* de la CtIADH, y confío en que será por esta mantenido en el futuro.

En segundo lugar, en diversos Votos en el seno de la CtIADH, he expresado mi entendimiento en el sentido de que la fuente *material* última del Derecho es la conciencia humana, la *conciencia jurídica universal*, – tema que desarrollo en mi *Curso General de Derecho Internacional Público* que ministré en la Academia de Derecho Internacional de La Haya en 2005[17], y que he recientemente actualizado hasta 2010 (republicado en forma de libro)[18]. A la conciencia jurídica universal, como fuente material de todo el Derecho, me refiero en mi Voto Concurrente en la Opinión Consultiva n. 18 sobre la *Condición Jurídica y Derechos de los Migrantes Indocumentados* (del 17.09.2003), así como en mis Votos Concurrentes en las Sentencias en los casos de *Barrios Altos versus Perú* (del 14.03.2001) y de *Maritza Urrutia versus Guatemala* (del 27.11.2003), y en mis Votos Razonados en las Sentencias en los casos de la *Comunidad Moiwana versus Suriname* (Interpretación de Sentencia, del 08.02.2006), de la *Comunidad Indígena Sawhoyamaxa versus Paraguay* (del 29.03.2006), de las *Masacres de Ituango versus Colombia* (del 01.07.2006), de *Almonacid Arellano versus Chile* (del 26.09.2006), y de la masacre de *La Cantuta versus Perú* (del 29.11.2006)[19].

Al concluir este tomo de mis reminiscencias de la CtIADH, permítome dejar constancia de unas muy breves reflexiones finales de carácter estrictamente personal. Siempre me acordaré de algunos mo-

---

del 04.07.2006; *Comunidad de Paz de San José de Apartadó versus Colombia,* del 18.06.2002).

17 A.A. Cançado Trindade, "International Law for Humankind: Towards a New Jus Gentium – General Course on Public International Law – Part I", 316 *Recueil des Cours de l'Académie de Droit International de la Haye* (2005), capítulo VI, pp. 177-202.

18 A.A. Cançado Trindade, International Law for Humankind: Towards a New Jus Gentium, Leiden, Nijhoff/The Hague Academy of International Law (Monograph Series, vol. 6), 2010, cap. VI, pp. 139-161.

19 Textos de mis supracitados Votos reproducidos in: A.A. Cançado Trindade, *Derecho Internacional de los Derechos Humanos – Esencia y Trascendencia (Votos en la Corte Interamericana de Derechos Humanos*, 1991-2006), México, Edit. Porrúa/ Universidad Iberoamericana, 2007, pp. 28-51, 241-250, 396-400, 683-693, 694-723, 728-747, 805-816 y 846-868, respectivamente.

mentos luminosos en el ejercicio de la función judicial internacional, en que las víctimas declaraban que era la primera vez que comparecían ante un Tribunal, precisamente a nivel internacional, – lo que les había sido negado o imposibilitado a nivel de derecho interno, – y que se sentían reivindicadas tan sólo por poder ser oídas y expresar ante sus Jueces sus padecimientos. En muchos de mis escritos he señalado el impacto de la operación de los tribunales internacionales de derechos humanos en la propia interacción entre los ordenamientos jurídicos interno e internacional.

Siempre me acordaré de episodios en que, en distintas etapas del procedimiento contencioso ante la CtIADH, como anteriormente señalado, los propios Estados demandados reconocieron, parcial o totalmente, su responsabilidad, abriendo así camino para la solución del litigio en cuestión[20]. Testimonié *todos* estos episodios, desde el caso *Aloeboetoe y Otros versus Suriname* (Sentencia del 04.12.1991) hasta el final de mi período como Juez Titular de la CtIADH. De los detalles de algunos de ellos, que acompañé de muy cerca, tengo memoria viva, que la erosión del tiempo no ha logrado todavía borrar; me refiero, en particular, al mencionado caso *Aloeboetoe*[21], así como el caso *Caracazo versus Venezuela* (Sentencias de fondo, del 11.11.1999, y de reparaciones, del 29.08.2002), entre otros[22].

---

20 Cf. capítulo III, *supra*.

21 Todavía me acuerdo bien del primer caso de reconocimiento de responsabilidad internacional del Estado en audiencia pública ante la Corte Interamericana, en el caso *Aloeboetoe y Otros versus Suriname* (Sentencia del 04.12.1991), así como de las reuniones informales que lo precedieron, de las cuales participé, realizadas en el Hotel Aurola en San José de Costa Rica. Ya se pasaron 26 años, el caso ya fue archivado por la Corte después que Suriname dió un buen ejemplo de cabal cumplimiento de la Sentencia. Ya se pasaron 26 años desde aquel reconocimiento pionero y pleno, que fue, en aquel entonces, un evento ejemplarizante, con amplia repercusión en los círculos jusinternacionalistas latinoamericanos y caribeños.

22 En uno de tales casos, el de *Gutiérrez Soler versus Colombia* (Sentencia del 12.09.2005), dicho reconocimiento vino acompañado de un pedido de perdón formulado por el Estado a la víctima, manifestado en plena audiencia pública, lo que me proporcionó una serie de reflexiones sobre la materia que expuse en un acto académico realizado en Bogotá el 26.01.2006; cf. A.A. Cançado Trindade, "Responsabilidad, Perdón y Justicia como Manifestaciones de la Conciencia Jurídica Universal" [Discurso en la Ceremonia de Otorga del Titulo de Profesor Visitante *Honoris*

Guardo, en mis archivos personales, cartas agradecidas de víctimas, que recuperaron la fe en la Justicia humana gracias a la labor de la CtIADH. En algunos casos, recebí visitas de las mismas, para expresar su gratitud; oculté discretamente mi emoción, diciéndoles que el Tribunal había tan sólo cumplido las funciones que le atribuye la CADH. Una de estas ocasiones fue para mí particularmente inolvidable; encontrábame en San Salvador, en una sesión externa de la CtIADH, y acababa de dictar una conferencia magna en la Universidad Centroamericana el día 28.06.2006, cuando un grupo de jóvenes se acercó, y me regaló una pintura de Monseñor Romero en la celebración de la consagración en una misa, con la inscripción: "La Iglesia se gloría de haber mezclado su sangre con las masacres del pueblo". Y, en seguida, había una dedicatoria de ellos, agradeciéndome por la demostración de solidaridad, precisamente por mis Votos Disidentes en el caso de las *Hermanas Serrano Cruz versus El Salvador* (Sentencias de 23.11.2004 y 01.03.2005). Al darme cuenta de que aquellos jóvenes, que me regalaban tan bella pintura, eran algunos de los niños raptados durante el trágico conflicto armado salvadoreño y años después identificados y rescatados por la entidad no-gubernamental "Pro Búsqueda", con dificultad contuve mi emoción.

Este fue uno entre muchos episodios del género que me ha tocado vivir, que la Providencia me ha proporcionado, como Juez de la CtIADH. Desde entonces, y en los meses siguientes a este episodio tan emocionante vivido en San Salvador, pasé a acompañar lentamente, muy lentamente, lo más lentamente posible, – como me gustaba deliberar en el seno de la CtIADH, después de las debidas reflexiones, – el pasar del tiempo de mi mandato como Juez Titular de la CtIADH, con un sentimiento doble de cumplimiento cabal de mi deber, y de nostalgia (*saudade*) creciente. Ésta última se debe al sentimiento de que estos años en el seno de la CtIADH me proporcionaron el trabajo más gratificante de toda mi vida profesional, y la certeza de que no más encontraré nada igual en mi vida profesional. Para el trabajo que realizé en la CtIADH me venía preparando a lo largo de tres décadas

---

Causa], 8 *Revista de Estudios Socio-Jurídicos* – Universidad del Rosario/Bogotá (2006) n. 1, pp. 15-36.

de estudios constantes sobre la materia, con la cual me identifiqué profundamente desde mi juventud.

En uno de mis últimos Votos en la CtIADH, mi Voto Razonado en el caso de la *Prisión de Castro Castro versus Perú* (fondo y reparaciones, Sentencia del 25.11.2006), después de abordar los efectos de la opresión y los sufrimientos de los oprimidos proyectados en el tiempo, me permití evocar un célebre pasaje del Antiguo Testamento (el bello *Eclesiastès*) sobre el pasar del tiempo, al concluir mi referido Voto:

> "(...) El Predicador agrega que todo tiene su tiempo:
>
> > 'En este mundo todo tiene su hora; hay
> > un momento para todo cuanto ocurre:
> > Un momento para nacer,
> > y un momento para morir.
> > Un momento para plantar,
> > y un momento para arrancar lo plantado. (...)
> > Un momento para llorar,
> > y un momento para reír.
> > Un momento para estar de luto,
> > y un momento para estar de fiesta. (...)
> > Un momento para abrazarse,
> > y un momento para separarse.
> > Un momento para intentar,
> > y un momento para desistir.
> > Un momento para guardar,
> > y un momento para tirar.
> > Un momento para rasgar,
> > y un momento para coser.
> > Un momento para callar,
> > y un momento para hablar'(...)[23].
>
> Mi tiempo como Juez Titular de esta Corte está expirando. Todo tiene su hora, un momento para llegar y un momento para partir. En cuanto a las víctimas sobrevivientes del caso de la *Prisión de*

---

[23] Capítulo 3, párrs. 1-8.

> *Castro Castro*, tuvieron ellas su tiempo de sufrimiento prolongado, su tiempo de sufrimiento con la impunidad, pero tienen ahora su tiempo de justicia. Después de las tinieblas ha llegado la luz, en el *chiaoscuro* de la frágil existencia humana. Para mí, la triste *saudade* anticipada de la partida de la Corte es en parte compensada por la luz que pasa a alumbrar el camino de las víctimas, con el establecimiento de la verdad y la justicia" (párrs 80-81).

Poco después, el día 02 de diciembre de 2006, envié a todo el personal de la Corte un mensaje, en que les decía lo siguiente:

> "Desde el día en que ingresé a la Corte, empecé a preocuparme con el día de la partida. De nada valieron mis preocupaciones, pues el día temido ha llegado. Lo que confirma el viejo dicho: si te preocupas por algo, mejor pare de preocuparte, pues igualmente va a acontecer. La vida es, en realidad, una sucesión de preocupaciones en vano. Lo que se teme, acontece. En realidad, partir es morirse un poco, es dejar atrás un poco de sí, y es por esto que no me despido, y parto muy despacito, despacito (para morirme lo mínimo posible), despacito como en las deliberaciones de la Corte (...).
>
> (...) Desde ahora quiero decirles que estoy profundamente agradecido a todos y a cada uno en particular, por la valiosa ayuda que me prestaron a lo largo de todos estos años, en lo cotidiano de nuestro trabajo común (...). Estoy conciente de que no puede haber trabajo más o tan gratificante como el de la Corte, (...) y por esto les pido permiso para continuar presente con Ustedes espiritualmente, (...) y visitarlos una que otra vez, para proseguir en mi despedida, sin ninguna prisa. Así duele menos. (...) Hemos sido todos copartícipes de la bella construcción de la misma utopía, que ya rinde frutos concretos en los países de la región. (...) Nos seguiremos despidiendo".

Estoy enteramente convencido, – como lo he señalado en mis libros y demás escritos[24], – de que el reconocimento y la consagración de la plena subjetividad internacional del individuo (personalidad y capacidad jurídicas internacionales) constituye el mayor legado de la ciencia jurídica de la segunda mitad del siglo XX. De ahí advienen

---

24 Cf., recientemente, A.A. Cançado Trindade, *El Derecho de Acceso a la Justicia en Su Amplia Dimensión,* Santiago de Chile, Librotecnia, 2008, pp. 61-407; A.A. Cançado Trindade, *The Access of Individuals to International Justice*, Oxford, Oxford University Press, 2010, pp. 1-288 (en prensa).

manifestaciones recientes, en el plano internacional con proyección en el plano nacional, que no han de pasar desapercibidas; en el procedimiento contencioso ante la CtIADH, hay que tener presentes, v.g., los ya mencionados reconocimientos de *responsabilidad* por parte de Estados demandados[25], y los pedidos de *perdón* a las víctimas[26], debidamente acompañados de la creciente concientización, en la base de las propias sociedades nacionales, de la necesidad de *realización plena de la justicia*.

No hay cómo dejar de reconocer que todo el *corpus juris* del Derecho Internacional de los Derechos Humanos encuéntrase orientado hacia las víctimas. De ahí lo sumamente gratificante de la labor en defensa de los derechos humanos. Lo que podemos hacer en pro de los perseguidos y oprimidos, se reviste en beneficio no sólo de ellos, sino también en nuestro propio beneficio espiritual. Si los amparamos, ellos también nos amparan; nuestros protegidos se tornan, de cierto modo, nuestros protectores, por ser agentes de la redención de todos, mediante la *realización plena de la justicia*.

---

[25] Recientemente, observé que, al inicio de 2006, "los Estados Partes a la Convención Americana y sometidos a la jurisdicción de la Corte Interamericana han logrado alcanzar una impresionante cifra de 29,76% de casos contenciosos ante la Corte en que ha habido reconocimiento de responsabilidad internacional, de los cuales 85% corresponden a aceptación total de responsabilidad y 11,90% de aceptación parcial de responsabilidad. Este porcentage no encuentra paralelo en la práctica de ningún otro tribunal internacional contemporáneo". A.A. Cançado Trindade, "Responsabilidad, Perdón y Justicia...", *op. cit. supra* n. (22), pp. 21-22.

[26] Cf., recientemente, *ibid.*, pp. 15-36. – Al final del año de 2006, el total de casos contenciosos en que ha habido reconocimiento – parcial o total – de responsabilidad internacional ante la Corte, se había elevado a la cifra de 35,03% de casos contenciosos. De todos modos, hay que ser prudente con cifras, pues las motivaciones de los Estados varían, algunos reconocimientos han sido tan sólo parciales, y otros no han sido aceptados por las víctimas. En cuanto a los pedidos de perdón, sin duda significativos, importa que sean efectivamente aceptados por las víctimas. Al fin y al cabo, lo que más importa es precisamente lo que buscan las víctimas, o sea, la efectiva y plena realización de la justicia.

Anexo Documental I

TESTEMUNHO HISTÓRICO APRESENTADO PELO DR. ANTÔNIO AUGUSTO CANÇADO TRINDADE, EM SESSÃO EM SUA HOMENAGEM, PELA ELEIÇÃO PARA A CORTE INTERNACIONAL DE JUSTIÇA NA HAIA, EM AUDIÊNCIA PÚBLICA NA COMISSÃO DE RELAÇÕES EXTERIORES DO SENADO FEDERAL[1], EM BRASÍLIA, AOS 18 DE DEZEMBRO DE 2008[2]

ATAS DA SESSÃO

Sr. Senador Eduardo SUPLICY, Presidente (PT-SP): – Havendo número regimental, declaro aberta a 37ª Reunião Ordinária da Comissão de Relações Exteriores e Defesa Nacional, da 2ª Sessão Legislativa Ordinária, da 53ª Legislatura. Submeto à Comissão a dispensa da leitura e aprovação da Ata da reunião anterior. As Srªs. Senadoras e os Srs. Senadores que aprovam, permaneçam como se encontram. Aprovada.

Passamos agora à apreciação da pauta. Audiência Pública para exposição, aos membros da Comissão, sobre a eleição para Juiz do Tribunal Internacional de Justiça da Haia, conhecido por Corte da Haia, organismo judiciário da Organização das Nações Unidas, e também

---

1 37ª Reunião Ordinária da Comissão de Relações Exteriores e Defesa Nacional, da 2ª Sessão Legislativa Ordinária da 53ª Legislatura (Senado Federal, Brasília, Plenário n. 07, aos 18 de dezembro de 2008, às 11:36h).

2 Reproduzido *in*: Senado Federal, documento FP/MPS-2008, pp. 1-42 [versão revista e final].

sobre sua experiência acadêmica e como Juiz da Corte Interamericana de Direitos Humanos, em decorrência da aprovação do Requerimento nº. 64/08, de autoria do Senador Eduardo Suplicy e de inúmeros outros Senadores, [entre os quais o] Senador José Nery, Senador Cristovam Buarque, Senador Arthur Virgílio, e (...) inclusive do Senador Heráclito Fortes, Presidente, aprovado no dia 2 de novembro de 2008.

Convido para compor a Mesa o Dr. Antônio Augusto Cançado Trindade, Juiz eleito para o Tribunal da Haia, e convido aos seus amigos e familiares que estão aqui presentes para também tomarem assento. Quero agradecer as presenças de inúmeros representantes do Itamaraty e de alguns Embaixadores e membros do Corpo Diplomático que estão presentes. Solicitei à Assessoria obter os nomes de todos, e logo irei registrá-los. Então, em primeiro lugar, concedo a palavra ao Dr. Antônio Augusto Cançado Trindade, Juiz eleito para o Tribunal Internacional da Haia, para fazer a sua exposição.

E pedimos que possa nos contar da sua extraordinária trajetória, da sua experiência e, sobretudo, também, que possa nos explicar a história da Corte da Haia, o que significa o fato de um brasileiro – não é o primeiro – ter sido indicado, mas o primeiro a ser aprovado [na ONU] por extraordinária maioria, para compor o Tribunal Internacional da Haia. E, em seguida, abriremos um espaço para que os Srs. Senadores possam formular perguntas ao Dr. Antônio Augusto Cançado Trindade. Tem a palavra.

Dr. Antônio Augusto CANÇADO TRINDADE: – Muito obrigado Sr. Senador Eduardo Matarazzo Suplicy, Presidente da Comissão. Srs. Senadores da República, Srs. Embaixadores, Senhoras e Senhores Professores, Senhoras e Senhores Magistrados e Procuradores, Senhoras e Senhores. Permitam-me, de início, estender à Comissão de Relações Exteriores e Defesa Nacional do Senado Federal meus mais sinceros agradecimentos pelo convite para, nos termos da iniciativa do Senador Eduardo Matarazzo Suplicy, a quem muito agradeço, fazer uma exposição, nesta Audiência Pública, sobre minha experiência acumulada, na magistratura internacional, como Juiz Titular e Presidente da Corte Interamericana de Direitos Humanos, e minhas expectativas, ao assumir as funções de Juiz Titular da Corte Internacional de Justiça da Haia. Estendo, ademais, meus agradecimentos iniciais, também aos Senadores

Arthur Virgílio, Marco Maciel, e José Nery, pelas expressões do apoio que me brindaram, em momentos distintos de minha eleição pela Organização das Nações Unidas à Corte da Haia.

Sempre mantive, como jusinternacionalista, um constante e frutuoso diálogo com o Congresso Nacional de nosso país. Tenho sempre atendido os honrosos convites com que me distinguiram os Senhores Parlamentares em distintos momentos no caminho de minha vida. Três destes momentos, Sr. Presidente, têm resistido, para mim, à erosão do tempo, e permanecido vivos em minha memória. Primeiro, a exposição que fiz à Assembléia Nacional Constituinte, na Audiência Pública de 24 de abril de 1987, em que apresentei uma proposta como, então, Consultor Jurídico do Itamaraty, que resultou no Artigo 5º, § 2º, da Constituição Federal de 1988[3].

Segundo, o longo memorial que apresentei como, então, Vice-Presidente da Corte Interamericana de Direitos Humanos, no painel inaugural da III Conferência Nacional dos Direitos Humanos, realizada no Espaço Cultural da Câmara dos Deputados, aos 13 de maio de 1998, que fundamentou a decisão de nosso país de aceitar a competência obrigatória da Corte Interamericana de Direitos Humanos, em matéria contenciosa[4].

E terceiro, a exposição a que procedi, em 25 de março de 2008, no ato público convocado pela Comissão de Direitos Humanos e minorias da Câmara dos Deputados, que resultou no firme respaldo da postulação de minha pessoa, pelo Grupo Nacional Brasileiro da Corte Permanente de Arbitragem (a CPA), co-patrocinada por trinta e um outros grupos nacionais da CPA, o mais alto total registrado, para a eleição para a Corte Internacional de Justiça. Quero crer que, a esses três momentos inesquecíveis, há de somar-se o da presente Audiência Pública, que ora se realiza graças à iniciativa do Senador Eduardo

---

3 Reproduzida *in*: *Assembléia Nacional Constituinte – Atas das Comissões*, vol. I, n. 66 (supl.), Brasília, 27.05.1987, pp. 108-116; e *in*: A.A. Cançado Trindade, *A Proteção Internacional dos Direitos Humanos e o Brasil*, 2ª. ed., Brasília, Editora Universidade de Brasília (Série "Humanidades"), 2000, Anexo I, pp. 169-182.

4 A.A. Cançado Trindade, "Memorial em Prol de uma Nova Mentalidade quanto à Proteção dos Direitos Humanos nos Planos Internacional e Nacional", *in Relatório da III Conferência Nacional dos Direitos Humanos*, Brasília, Câmara dos Deputados/Comissão de Direitos Humanos, 1998, pp. 40-76 e 102-110.

Suplicy, cuja recordação pretendo igualmente trazer comigo à Haia, dentro de algumas semanas.

Antes de passar à minha exposição de hoje, ao reconhecer neste auditório dedicados integrantes do Serviço Exterior brasileiro, deixo consignados meus sinceros agradecimentos ao Ministério das Relações Exteriores, na pessoa do Chanceler Celso Amorim, pelo respaldo à postulação dos trinta e dois grupos nacionais da CPA, e pela campanha desenvolvida em todos os continentes, que obteve resultado sem precedentes, em toda a história das eleições à Corte da Haia, em que fui honrado no último dia 6 de novembro de 2008, nas Nações Unidas, com os votos de 163 países na Assembléia Geral, e 14 dos 15 votos, no Conselho de Segurança.

Ao regressar, há pouco, de um evento [por ocasião do 60º aniversário da Declaração Universal de Direitos Humanos de 1948] no Conselho da Europa, na França, pude sentir que esse resultado histórico [de minha recente eleição à CIJ, em primeiro lugar,] vem sendo comemorado por toda a comunidade jurídica internacional que, igualmente, me respaldou com firmeza, durante todo o longo processo eleitoral, e que deixou registrada sua posição, na moção de apoio avançada em nosso país pelo Tribunal de Justiça do Estado de Mato Grosso, organizada pela Desembargadora Shelma Lombardi de Kato, aqui presente, ao lado da comunidade jurídica nacional, e de numerosas entidades de nossa sociedade civil, perfazendo um total de quase três mil signatários.

Ao reiterar a todos os meus sinceros agradecimentos, passo à minha exposição, nesta Audiência Pública de hoje, que desenvolverei em três partes, a saber: Primeira, os fragmentos de memórias e as lições que me permitem extrair, de minha longa experiência, de 1991 a 2008, no exercício da função judicial internacional, particularmente, na meia década, de 1999 a 2004, em que tive a honra de presidir a Corte Interamericana de Direitos Humanos[5]. Segunda, minhas expec-

[5] Cf., recentemente, A.A. Cançado Trindade, "Fragmentos de Primeras Memorias de la Corte Interamericana de Derechos Humanos", *in Jornadas de Derecho Internacional* (Buenos Aires, noviembre de 2007), Washington D.C., OEA/Secretaría General, 2007, pp. 3-45; A.A. Cançado Trindade, "Fragmentos Ampliados de Memorias de la Corte Interamericana de Derechos Humanos", *in Arquivos de Derechos Humanos*, vol. 8 (eds. A.C. Alves Pereira e R. Lobo Torres), Rio de Janeiro, Edit. Renovar, 2006, pp. 81-154.

tativas quanto ao continuado exercício da função judicial internacional, a partir do início de 2009, na Corte Internacional de Justiça, na Haia. E terceira, minha visão do atual processo de jurisdicionalização do Direito Internacional contemporâneo e do papel reservado aos Tribunais Internacionais coexistentes em nossos dias.

Quanto à primeira parte de minha exposição, são densas e extensas as recordações que trago de minha experiência na Corte Interamericana de Direitos Humanos. Por considerá-las de utilidade às novas gerações de estudiosos da matéria, e de usuários e beneficiários do sistema interamericano de proteção dos direitos humanos, nos dois últimos anos passei a transformar meus arquivos pessoais em três tomos distintos de memórias, que venho redigindo em três idiomas, o primeiro dos quais foi publicado há pouco [mais de uma semana], no dia 10 de dezembro passado[6]. Poderia discorrer aqui, por horas, sobre os mais de 150 casos contenciosos que adjudiquei. As históricas Opiniões Consultivas [Pareceres] e as dezenas de Medidas Provisórias de Proteção que elaborei com meus pares, vieram a amparar milhares de pessoas em nosso continente, que já haviam perdido a fé na justiça humana, mas a recuperaram graças à existência e à operação da jurisdição internacional.

Sob a pressão sempre impiedosa do tempo, buscarei ser seletivo e me concentrarei, – terei que me concentrar, – em algumas questões de transcendental importância, e em alguns casos paradigmáticos, sob os aspectos tanto jurisdicional como de direito material. Quando ingressei na Corte Interamericana de Direitos Humanos, no início da década de 90, chamou-me a atenção a disparidade processual entre as partes: os indivíduos demandantes por um lado, e os Estados demandados, por outro. As origens desta disparidade processual encontram-se na elaboração das duas Convenções regionais, a Européia e a Americana, seguidas da Carta Africana [de Direitos Humanos e dos Povos], que tomaram como modelo para os Tribunais Internacionais de Direitos Humanos [respectivos] o Estatuto da Corte Internacional de Justiça, que, [por sua vez,] havia sido elaborado tendo em mente controvérsias entre Estados, em um contexto totalmente diferente.

---

6 A.A. Cançado Trindade, *Évolution du Droit international au droit des gens – L'accès des individus à la Justice internationale: Le regard d'un juge*, Paris, Pédone, 2008, pp. 7-188.

Então, a cláusula facultativa da jurisdição obrigatória, que foi inserida no Estatuto da Corte Internacional de Justiça, – no Artigo 36, § 2º, por sugestão de um distinguido jurista brasileiro, Raul Fernandes, – que integrou o grupo de juristas que elaborou, em 1920, o Estatuto da antiga Corte Permanente de Justiça Internacional, – esta foi transposta para o novo contexto de adjudicação internacional dos dois Tribunais Regionais de Direitos Humanos, atuantes no âmbito da universalidade de direitos humanos, a Corte Européia e a Corte Interamericana. Nos primeiros casos que adjudiquei, Sr. Presidente Senador E. Suplicy, chamou-me a atenção a ausência, no procedimento contencioso, das vítimas, que só podiam se expressar através da Comissão Interamericana de Direitos Humanos.

Isto me pareceu indevido, porque feria o princípio da igualdade das armas. Então, em meados da década de 90, permiti-me tomar a iniciativa de promover uma reforma, com o respaldo dos meus pares, no Regulamento da Corte Interamericana, para conceder maior presença aos indivíduos demandantes, para que pudessem estar em igualdade processual com os Estados demandados, como é da essência da proteção internacional de direitos humanos. Encontrei um terreno fértil de atuação e boa acolhida por parte de meus pares, e fui relator do terceiro Regulamento da história da Corte Interamericana, em 1996, e propus o acesso direto dos indivíduos à justiça internacional, em todas as etapas do procedimento contencioso perante a Corte.

Minha proposta foi acolhida, em parte, por ser considerada muito avançada, e foi retida, na etapa de reparações, a recomendação de reconhecer-se aos indivíduos demandantes o *locus standi in judicio,* – o que foi incorporado ao artigo 23 do Regulamento da Corte. E tão logo este entrou em vigor, em 1996, tive a enorme satisfação de poder ver [nas audiências públicas diante da Corte], juntamente com a Comissão e a delegação do Estado demandado, também os indivíduos demandantes. A partir desse momento, eu estava convencido de que seria uma questão de tempo, assegurar a presença dos indivíduos demandantes, em todas as etapas do procedimento perante a Corte, – o que, efetivamente, ocorreu com as históricas reformas.

[Ocorreu com o] quarto, e atual Regulamento da Corte, que concedeu o *locus standi* aos indivíduos demandantes, em todas as etapas do procedimento contencioso perante a Corte Interamericana. O novo

Artigo 23, estendendo, assim, o *locus standi in judicio* aos indivíduos demandantes em todas as etapas do procedimento, entrou em vigor em meados de 2001, e permanece em vigência até o presente. Considero esta modificação, historicamente, a mais importante, a mais relevante na proteção internacional dos direitos humanos em nosso continente, Sr. Senador, desde a adoção da Convenção Americana em 1969.

Graças a esta modificação histórica, os indivíduos passaram a ter acesso direto à jurisdição internacional. E passaram a argumentar em causa própria, passaram a instruir o processo, passaram a desfrutar da igualdade das armas com o Estado demandado e, – muito importante, – este último, o Estado demandado, se acostumou com essa reforma, e hoje considera perfeitamente justo ou normal que os indivíduos demandantes possam apresentar seus próprios argumentos, quanto aos fatos, e quanto ao direito, diante de um Tribunal Internacional.

Para mim, essa histórica reforma constitui a concretização do legado jurídico mais precioso de meados do século XX até a atualidade, que é o do reconhecimento e da cristalização, não só da personalidade, mas também da capacidade jurídica internacional da pessoa humana, para vindicar os seus direitos, que lhes são inerentes, que são, portanto, anteriores e superiores ao Estado, diante da jurisdição internacional. Eu me recordo, Srs. Senadores, Sr. Presidente, que, em muitos casos, sobretudo em casos em que os indivíduos estavam em posição de manifesta adversidade, pela primeira vez eles compareciam diante de um Tribunal, e [precisamente de] um Tribunal Internacional. Eles jamais tinham logrado, sequer, ter acesso a um tribunal [nacional, ainda menos um internacional], como no histórico caso dos "*Meninos de Rua*" [(*Villagrán Morales e Outros versus Guatemala*, de 1999-2001)].

Pouco depois, começamos a adjudicar casos relativos a coletividades humanas: menores sob detenção, e casos relativos a massacres, ocorridos em distintos países de nosso continente. Dei-me conta de que algo, realmente, havia mudado no mundo, nesse particular, pois seria impensável, e não seria de se antecipar, [há alguns anos,] que casos dessa natureza pudessem ser levados a um Tribunal Internacional. E no início deste século, começamos a adjudicar casos relativos a violações *graves* dos direitos humanos, que, se não fosse pela existência, e pela operação, nos termos que estou descrevendo, da jurisdição internacional, seriam legados ao esquecimento, à injustiça do esquecimento humano.

E graças à existência de Tribunais Internacionais, hoje, são objetos de conhecimento e de decisão, por parte desses últimos, para buscar reparar o dano causado a pessoas, no mais das vezes, humildes e sem condições de defender a si mesmas. Considero que esta reforma ainda é um processo, ela não está concluída, ela constitui um avanço considerável e ela está consignada no Regulamento da Corte; mas necessitamos dar um passo adiante, no sentido de consagrá-la em um instrumento juridicamente vinculante para os Estados, que seria, no meu entender, um Protocolo de Emendas à Convenção Americana sobre Direitos Humanos.

E, neste propósito, como Presidente da Corte Interamericana de Direitos Humanos, apresentei à Organização dos Estados Americanos (OEA), em maio de 2001, por designação de meus pares, um Projeto de Protocolo à Convenção Americana sobre Direitos Humanos, para fortalecer o seu mecanismo de proteção[7]. Este Projeto de Protocolo tem sido objeto de sucessivas resoluções da Assembléia Geral da OEA, de 2001 até a atualidade. Ele se ergue sobre dois pilares básicos: Primeiro pilar, o *acesso direto* da pessoa humana à justiça internacional. Segundo pilar, o *automatismo da jurisdição obrigatória* da Corte Internacional, no caso, da Corte Interamericana de Direitos Humanos, e o fim da cláusula facultativa, mediante uma emenda ao Artigo 62 [da Convenção Americana].

Sobre esse segundo aspecto, gostaria de [passar a] expor aos Srs. Senadores, algumas reflexões que desenvolvi a respeito, mas não sem antes indicar a V.Ex^{a}s. que o Projeto de Protocolo ainda não viu a luz do dia, mas já faz parte da história da proteção internacional dos direitos humanos em nosso continente. Ele consta dos documentos oficiais da OEA, ele jamais poderá ser ignorado. Faz parte da nossa história. E algum dia, quando se der a conjunção dos astros, poderemos, talvez, dar outro salto qualitativo, e proceder do *locus standi* ao *jus standi*, possibilitando às presumidas vítimas de direitos humanos levar, elas

---

7 A.A. Cançado Trindade (*rapporteur*), *Bases para un Proyecto de Protocolo a la Convención Americana sobre Derechos Humanos para Fortalecer su Mecanismo de Protección*, vol. II, San José de Costa Rica, Corte Interamericana de Derechos Humanos, 2001, pp. 1-669.

próprias, sem intermediação da Comissão Interamericana, o seu caso, à Corte Interamericana de Direitos Humanos.

O segundo aspecto das bases desse Protocolo é a posição, que tenho sempre defendido, da necessidade premente do automatismo da jurisdição obrigatória dos Tribunais Internacionais. Eu me permitiria, nesta Audiência Pública, recordar que, quando o Comitê de Juristas, convocado pela Liga ou Sociedade das Nações, se reuniu na Haia, em junho e julho de 1920, para elaborar o Estatuto da então Corte Permanente de Justiça Internacional, hoje a Corte Internacional de Justiça [com o Estatuto levemente revisto em 1945], houve, entre os dez juristas que compuseram o Comitê de Juristas da Liga [ou Sociedade] das Nações, dois que favoreceram a jurisdição internacional obrigatória.

Foi uma posição minoritária, mas já, naquela época, se ouviam vozes em favor da obrigatoriedade da jurisdição internacional em matéria contenciosa, mesmo no contexto das controvérsias inter-estatais, e isso é muito importante para o que exporei, mais adiante, sobre a Corte Internacional de Justiça. No entanto, em razão das resistências, sobretudo dos países poderosos, a matéria não chegou a florescer, quando da adoção do Estatuto da Corte Permanente de Justiça Internacional. E, como uma solução de *compromis,* o jurista brasileiro Raul Fernandes propôs a cláusula facultativa da jurisdição obrigatória. Ou seja, [sob] o Estatuto da antiga Corte Permanente de Justiça Internacional, [seguido pelo Estatuto] da atual Corte Internacional de Justiça que forma parte integrante da Carta das Nações Unidas, (...) para que um Estado se submeta à competência da Corte Internacional, em matéria contenciosa, se faculta a este Estado reconhecer, a qualquer momento, como obrigatória, em relação a si, a jurisdição da Corte da Haia.

O propósito de Raul Fernandes, – e eu li atentamente as suas memórias, – foi o de obter, gradualmente, o maior número possível de aceitações pelos Estados da jurisdição contenciosa da Corte, até que esta se transformasse em uma jurisdição verdadeiramente universal. Este foi o propósito do jurista brasileiro. No entanto, este ideal foi perseguido apenas até o final dos anos 30, quando se alcançou a quase totalidade dos Estados da época, em termos de aceitação da competência da antiga Corte Permanente de Justiça Internacional. A partir de então, e sem singularizar Estado algum, começou-se a adotar uma prática que desvirtuou o ideal original da cláusula facultativa da jurisdição obrigatória, mediante a qual os Estados, ao aceitar a competência da Corte, acrescentavam restrições, que tornavam a sua aceitação quase letra morta, e reservavam para si a última palavra, sobre o alcance de suas obrigações ao momento de aceitar tal competência.

Para o meu espanto, – e já li toda a documentação a respeito, nos idiomas acessíveis, – não houve reação por parte de outros Estados, e tampouco, por parte da Corte da Haia. E se começou a desenvolver, sobretudo, na era da atual Corte Internacional de Justiça, esta prática que, hoje, gera enormes dificuldades, e que eu, certamente, confrontarei, em termos de jurisdição internacional. Voltarei a este ponto, na segunda parte da minha exposição. Durante o meu período, Sr. Senador E. Suplicy, na Presidência da Corte Interamericana de Direitos Humanos [1999-2002 e 2002-2004], ao mesmo tempo em que defendi ferrenhamente o acesso [direto] dos indivíduos à Corte, combati, de modo igualmente ferrenho, a tentativa de se interpretar a aceitação da cláusula facultativa da jurisdição obrigatória da Corte Interamericana de Direitos Humanos em termos permissivos, tal como vem sendo feito desde o final dos anos 30, em relação à Corte da Haia.

E de que maneira eu combati? Sobretudo em duas ocasiões em que os Estados demandados interpuseram restrições não previstas na cláusula facultativa da jurisdição obrigatória. A cláusula facultativa na Convenção Americana, o Artigo 62, prevê apenas quatro possibilidades aos Estados: aceitação incondicional; aceitação da competência a partir de determinado momento (geralmente do depósito do instrumento de aceitação); aceitação com base na reciprocidade, que só é adequada em termos do contencioso inter-estatal; e aceitação para um caso concreto.

Avancei a tese, na Corte Interamericana, que foi aceita em meus dias, de que a formulação da cláusula facultativa, na Convenção Americana, era taxativa, *numerus clausus*. Era somente isso e nada mais. Porque se os Estados começassem a interpor outras restrições, eles seriam os árbitros finais do alcance das obrigações por eles contraídas. O que colocaria a Corte à mercê de atuações que não eram de si mesma. E em duas decisões históricas, tomadas em setembro de

1999 [casos do *Tribunal Constitucional* e de *Ivcher Bronstein*], pela Corte, sob minha Presidência, desestimamos a tentativa, por parte de um Estado demandado, de retirar, unilateralmente, o instrumento de aceitação da cláusula facultativa da jurisdição obrigatória. Estou convencido, Srs. Senadores, de que se tivéssemos procedido de outra maneira, hoje a Corte Interamericana não desfrutaria da alta credibilidade de que desfruta.

Foi a maior crise que eu encontrei de um Tribunal Internacional, justamente no início do período de minha Presidência. A decisão foi aclamada nos círculos jurídicos, tanto nacionais, como internacionais, como uma nova leitura da cláusula facultativa da jurisdição obrigatória, inteiramente distinta da leitura voluntarista, dada à cláusula facultativa, pelos Estados litigantes, perante a Corte Internacional de Justiça. A segunda ocasião em que enfrentei esta dificuldade, foi em três casos relativos a um Estado demandado [casos *Hilaire*, *Benjamin* e *Constantine*, 2001], que reproduziu, em uma exceção preliminar, uma restrição que havia interposto, [no instrumento da] aceitação da competência contenciosa da Corte, que implicaria em subordinar, à aplicação da Constituição nacional, o cumprimento das sentenças internacionais proferidas pela Corte [Interamericana].

Novamente voltamos a rechaçar essa possibilidade, dizendo que era inadmissível, pois implicaria em admitir a subordinação de um tratado internacional à Constituição nacional. E isso levaria a um relativismo total e impossibilitaria o Tribunal Internacional de cumprir o seu dever de proteger os direitos consagrados no tratado em questão. Depois dessas cinco decisões, – esses três casos, que acabo de mencionar e os dois anteriores, relativos à tentativa de retirada do instrumento de aceitação, – pensei, Sr. Senador E. Suplicy, que já havíamos formado uma *jurisprudence constante* [definitiva e irreversível].

Mas depois me dei conta, quando passaram meus dias [na Presidência daquela] Corte, de que não podemos, jamais, pressupor um progresso linear. As instituições são formadas de pessoas, as instituições são as pessoas que nelas operam. E ainda tive que me confrontar com o retrocesso, em um caso relativo a uma guerra civil, em um Estado centro-americano [caso das *Irmãs Serrano Cruz*, 2004-2005], em que crianças foram seqüestradas e vendidas em adoções ilegais. E no intuito de preservar [tais crimes fora] da jurisdição da Corte e não reabrir feridas antigas, o Estado demandado formulou uma restrição [temporal]. E a maioria dos meus colegas aceitou essa restrição.

Imediatamente apresentei um longo Voto Dissidente, recordando as cinco sentenças anteriores, em que havíamos procedido a uma leitura inteiramente distinta da cláusula facultativa da jurisdição obrigatória. E fiz um chamado à Corte para que fosse fiel à sua [própria] jurisprudência, até então construída no sentido do primado da consciência sobre a vontade, do primado das obrigações internacionais sobre as vicissitudes da vontade estatal, movida por interesses de ordem interna, que não poderiam, de forma alguma, restringir a atuação do Tribunal Internacional. Estamos, agora, em um momento de expectativa, até que surja uma nova grande controvérsia a respeito, em que veremos se retomaremos a linha da jurisprudência libertária, da jurisprudência emancipadora da pessoa humana, que foi a dos casos [supracitados] do *Tribunal Constitucional* (1999), e de *Ivcher Bronstein (1999)*, e dos casos de *Hilaire, Benjamin* e *Constantine* (2001), ou se se continuará na posição de capitulação do caso das irmãs *Serrano Cruz* (2004-2005).

Então, ficou claríssimo para mim que o mundo do direito não é o mundo do ser. O mundo do direito é o mundo do dever ser. Sou um anti-realista. O mundo do direito é o mundo da tensão entre o ser e o dever ser, mas a partir da perspectiva do dever ser. Esta é a função do jurista, [atuar neste mundo]. E este é um grande desafio com que eu me defrontarei, dentro de algumas semanas, Sr. Presidente, ao passar a integrar o Tribunal Internacional de Justiça das Nações Unidas [na Haia], onde a leitura da cláusula facultativa não é a mesma que a leitura que eu dei à cláusula, no Tribunal Interamericano de Direitos Humanos.

Essas são algumas reflexões que considero de suma transcendência, no que diz respeito aos aspectos jurisdicionais. E poderia agregar algumas outras, antes de passar à parte seguinte de minhas reflexões. Serei sintético em razão do tempo disponível. Sempre defendi a "competência da competência", *la compétence de la compétence* de um Tribunal Internacional. Em caso de dúvida, quem decide não é a parte litigante, é o próprio Tribunal. O Tribunal Internacional é mestre de sua própria jurisdição. É ele que determina, e que tem a última palavra sobre quaisquer questões jurisdicionais, e não as partes litigantes.

Em várias ocasiões, ao defendermos essa tese, demos saltos qualitativos importantes que levaram, por exemplo, à libertação de prisioneiros políticos em alguns países na América Latina, ao fim da instituição dos juízes "sem rosto" em outros países e, muitas vezes, à reforma do direito interno, inclusive, de normas constitucionais, para compatibilizá-las com a normativa da Convenção Americana. Tivemos um caso, [o da *"Última Tentação de Cristo"*, 2001], que hoje faz parte da história em nosso continente, em que um Estado demandado, de forma exemplar, emendou uma disposição de sua própria Constituição, dando assim, fiel cumprimento aos termos de nossa Sentença, em um caso relativo à liberdade de expressão.

Tenho uma enorme satisfação de ter colaborado de forma decisiva à jurisprudência da Corte, colocando um fim às leis de auto-anistia. Refiro-me a três casos paradigmáticos, que são os casos de *Bairros Altos* (2001) e *La Cantuta* (2006), e o caso de *Almonacid* (2006). Não tecerei detalhes nesta exposição porque eles já se encontram desenvolvidos em meus Votos apresentados naqueles três casos[8]. Quanto à instrução do processo, Sr. Presidente, sempre defendi a mais ampla participação pública nas audiências diante da Corte. Tanto em matéria consultiva, quanto em matéria contenciosa. Não era esta uma posição unânime. Mas sempre defendi a necessidade de ouvirmos peritos, psicólogos, sociólogos, antropólogos, para casos relativos a comunidades indígenas, para casos de massacres, para avaliar, por exemplo, o dano moral em casos de massacres, [ocorridos] em países com uma forte densidade cultural. E nunca me esquecerei dos testemunhos prestados por esses peritos, que foram momentos luminares nas audiências públicas da Corte [Interamericana].

Sempre defendi, em matéria probatória, a realização de Audiências Públicas para melhor instruir os procedimentos internacionais. Nunca me satisfez receber matéria probatória através de *affidavits*, documen-

[8] Meus Votos na Corte Interamericana de Direitos Humanos encontram-se reproduzidos *in*: A.A. Cançado Trindade, *Derecho Internacional de los Derechos Humanos – Esencia y Trascendencia* (Votos en la Corte Interamericana de Derechos Humanos, 1991-2006), México, Edit. Porrúa/Universidad Iberoamericana, 2007, pp. 1-1055; A.A. Cançado Trindade, *El Derecho de Acceso a la Justicia en Su Amplia Dimensión* [Votos en la Corte Interamericana de Derechos Humanos, 2006-2007], Santiago de Chile, Librotecnia, 2008, pp. 61-407; A.A. Cançado Trindade, *Évolution du Droit international au droit des gens – L'accès des individus à la Justice internationale: Le regard d'un juge*, Paris, Pédone, 2008, pp. 7-188.

tos escritos tão somente. Sempre pensei que esses documentos devem ser complementados com Audiências Públicas, com a mais ampla participação, não apenas de peritos e testemunhas, mas, em alguns casos, das próprias vítimas sobreviventes.

Tive a satisfação, em dois casos [diante da Corte Interamericana de Direitos Humanos], os dois primeiros casos [em que isto ocorreu], de contar com a declaração das próprias vítimas [caso *Loayza Tamayo* (1997-1998) e caso *Suarez Rosero* (1997-1999)], – declaração que nos levou a elaborar uma jurisprudência, hoje internacionalmente reconhecida, sobre o dano ao projeto de vida. (...) Desenvolvemos uma variedade de formas de reparação, que não se restringem apenas à indenização, mas [compreendem] também a satisfação às vítimas, honrar a memória das vítimas, fechar o ciclo cultural entre as vítimas diretas e as vítimas indiretas (os seus ascendentes ou descendentes).

Para mim, os testemunhos de psicólogos em casos de tortura, demonstraram, de forma contundente, a irreparabilidade dos danos sofridos por violações *graves* dos direitos humanos. E a partir daí, passei a defender uma convergência entre o Direito [Internacional] Humanitário e o Direito Internacional dos Direitos Humanos, assim como o Direito Internacional dos Refugiados, opondo-me firmemente a algumas tentativas recentes, em outras latitudes, de dissociar a normativa do Direito Internacional Humanitário da normativa do Direito Internacional dos Direitos Humanos.

Para mim, em casos de massacres, em casos de violações *graves* de direitos humanos, essas normativas são complementares. Ainda que a Corte só possa pronunciar-se sobre uma violação da Convenção [Americana] e de outros tratados, que a ela atribuem jurisdição, ela pode, perfeitamente, – e deve, – tomar em conta a normativa do Direito Internacional Humanitário como elemento hermenêutico, de interpretação, para a avaliação da gravidade do dano. Os fatos são sempre mais ricos do que as normas. Já diziam os juristas do entre-guerras: "*La révolte des faits contre le code*". Já diziam que as normas terão sempre que buscar satisfazer às necessidades e aspirações dos seres humanos ante a realidade dos fatos, que é sempre cambiante.

E, nesta última geração de casos, no início do século XXI, Sr. Presidente, casos de massacres, – me refiro a seis casos impressionantes [adjudicados pela Corte Interamericana], – nós nos deparamos com uma dificuldade que parecia intransponível. Como as vítimas eram, na sua maioria, pessoas humildes, cujos registros civis, certidões de nascimento, já estavam desaparecidos, ou nem sequer existiam, tornava-se muito difícil identificá-las todas, para os propósitos da outorga de reparações de distintas formas. Então, tomamos uma decisão sem precedentes, na história dos Tribunais Internacionais, ao determinar que as vítimas eram todas as pessoas, tidas como tais na demanda, mas também aquelas que se acreditassem como tais, posteriormente à Sentença, perante os tribunais nacionais, [como disposto nas sentenças internacionais respectivas].

E este é um ponto que será desenvolvido [jurisprudencialmente] nos próximos anos. É uma decisão importantíssima que mostra o potencial de proteção que pode outorgar uma jurisdição internacional, quando está bem orientada (...) para a realização do objeto e propósito do tratado. Em muitas ocasiões, Srs. Senadores, tive a gratíssima satisfação de receber visitas [quase sempre na sede da Corte] das vítimas, depois de encerrados os casos, naturalmente.

Por exemplo, no caso já mencionado, do seqüestro de [mais de 900] pessoas [crianças e adolescentes] no conflito armado interno salvadorenho [caso das *Irmãs Serrano Cruz*, 2004-2005], quando visitei, [depois de notificada a Sentença], a Universidade Centro-Americana em San Salvador, um grupo de jovens se aproximou de mim, e me deu uma pintura, – que era a pintura de Monsenhor Romero, que havia sido assassinado durante o conflito interno [no país], – e eles se identificaram como algumas das [mais de 900] crianças que haviam sido raptadas durante o conflito interno! Então pensei: – "Se não existisse a justiça internacional, nada disso seria possível".

Na verdade, toda essa área do Direito Internacional está orientada para as vítimas. E quando trabalhamos com a consciência desta orientação do Direito Internacional dos Direitos Humanos, o que podemos fazer em favor dos oprimidos e dos esquecidos, estamos fazendo em nosso próprio benefício. Porque sentimos que a vida tem sentido. É um benefício espiritual. E, neste ponto, eu me nutro daquilo que posso obter de outras áreas do conhecimento humano, não apenas do Direito. Como não sou positivista, – sou um anti-positivista, sou parte de uma minoria em extinção, e com muito orgulho, – creio que o Direito tem muito a aprender com outras áreas do conhecimento humano, como a psicologia, como a antropologia, como as ciências humanas, as humanidades em geral.

E ele, [o Direito,] não é auto-suficiente, não se esgota em si mesmo, nem pode esgotar-se. E todos aqueles que tiveram a fortuna de ter tido a experiência que eu tive, de poder servir a um Tribunal dessa maneira, tiveram uma oportunidade única, de chegar à conclusão de que, de certa maneira, ao desempenhar essa função judicial internacional, os nossos protegidos terminam sendo nossos protetores, no sentido de que eles nos ajudam a dar um sentido para a nossa própria existência. Então, Srs. Senadores, quando eu olho para trás, para esses 16 anos de serviços prestados a esse Tribunal Internacional de Direitos Humanos, eu agradeço à Providência.

Nenhum outro brasileiro, vivo, ou já falecido, teve esse privilégio que eu tenho, de ter exercido, por tantos anos, a função judicial internacional. E de ter podido não só acompanhar, mas também dar ímpeto aos avanços do Direito Internacional nesta área. Em matéria de prevenção [de danos], por exemplo, o que podemos construir é algo que pertence, hoje, ao patrimônio jurídico de todos os nossos povos. Quando ingressei na Corte [Interamericana], as medidas que nós chamamos aqui de cautelares, mas que chamamos, no plano internacional, de medidas provisórias de proteção, e que hoje, entre nós, também são identificadas como a antecipação da tutela, eram vistas ainda sob o mesmo prisma, como são vistas no contencioso da Corte Internacional de Justiça, como buscando preservar o *status quo* entre as partes litigantes, para não afetar a relação jurídica pendente diante do Tribunal Internacional.

É claro que as origens de tudo isso se encontram na doutrina italiana do Direito Processual Civil, mas não vou, aqui, entrar em detalhes por falta de tempo. Quando o sistema de medidas cautelares foi transposto do plano do processo civil interno ao Direito Internacional, através da atuação da Corte da Haia, essas medidas não chegaram a alterar-se, em sua substância. Passaram a significar o mesmo que já significavam a preservação do equilíbrio das partes, sem prejuízo da decisão quanto ao mérito do caso. Mas eu me dei conta de que, no contencioso [internacional] dos direitos humanos, já não poderia ser assim. E avancei uma nova tese [no sentido] de que, mais do que cautelares, são *tutelares*. Porque se não outorgamos medidas provisórias de proteção no momento certo, pessoas vão ser assassinadas, pessoas vão ser agredidas em sua integridade pessoal, ou vão sofrer um dano irreparável.

Então, avancei a tese de que neste âmbito do Direito Internacional da proteção da pessoa humana, as medidas provisórias de proteção são verdadeiras garantias judiciais de caráter preventivo. Elas protegem direitos fundamentais. E fui mais além: no caso *Eloisa Barrios e Outros* (2005), avancei a tese de responsabilidade internacional *autônoma*, em caso de descumprimento de medidas provisórias de proteção, que se somaria à [responsabilidade pela] violação originária, que deu origem ao caso diante do Tribunal Internacional. E avancei essa tese, em razão de que a base normativa das medidas provisórias de proteção se encontra na própria Convenção [Americana].

A nossa jurisprudência a respeito, Srs. Senadores, inspirou recentemente a jurisprudência da Corte Internacional de Justiça, da Corte da Haia, que, a partir do caso *La Grand* inspirado na prática recente nossa, da Corte Interamericana de Direitos Humanos, passou a considerar como mandatórias as medidas provisórias de proteção, nos casos de pessoas condenadas à morte, ou seja, [quanto à] suspensão de execução da sentença. Esta foi outra das grandes conquistas da Corte Interamericana de Direitos Humanos, no período em que pude a ela servir.

Em matéria consultiva, é tanto o que eu poderia dizer, mas terei novamente que ser extremamente seletivo e concentrar-me nos aspectos mais transcendentais nesta Audiência Pública. Tenho a honra de ter presidido a Corte [Interamericana] nas duas Opiniões Consultivas [Pareceres ns. 16 (1999) e 18 (2003)] que hoje fazem parte da história do Direito Internacional, no que diz respeito à proteção dos migrantes indocumentados. Para parafrasear um dos grandes pensadores do século XX, Isaiah Berlin, conseguimos "nadar contra a maré", e com enorme satisfação. O trabalho em direitos humanos não é senão isto, "nadar contra a maré".

Em primeiro lugar, dissemos, na Opinião Consultiva nº. 16 [de 1999, sobre o *Direito à Informação sobre a Assistência Consular no Âmbito das Garantias do Devido Processo Legal*], – que teve grande participação pública, e teve seis Estados intervenientes, – que uma pessoa, privada de sua liberdade, em país estrangeiro, tem o direito de ser informada sobre a assistência consular. E é o titular desse direito. Procedemos a uma releitura da Convenção de Viena sobre Relações

Consulares, de 1963, que havia sido adotada sob um prisma essencialmente inter-estatal, e dissemos: – Não, o Artigo 36 (1)(b) da [referida] Convenção de Viena, é uma exceção à dimensão inter-estatal. Porque o titular do direito à informação é a pessoa humana. Sobretudo se ela é detida, e começa a ser questionada, em um idioma que ela não conhece, e posteriormente é condenada, inclusive, à morte, em um idioma que ela sequer comanda.

A outra Opinião Consultiva, a nº. 18 [de 2003, sobre a *Condição Jurídica e Direitos dos Migrantes Indocumentados*], foi ainda mais transcendental ao afirmar que os direitos laborais e o direito de acesso à justiça independem do estatuto migratório de uma pessoa, esteja ela onde estiver. Esta Opinião Consultiva causou um *frisson* nos círculos jurídicos internacionais, foi amplamente comentada, – mais na Europa do que em nosso continente, onde a sociedade civil é extremamente atenta, – no sentido de revelar que as atuais restrições a migrantes indocumentados constituem uma violação do Direito Internacional. Eu me permiti resgatar os ensinamentos dos fundadores do Direito Internacional (Francisco de Vitoria, Francisco Suarez, Hugo Grotius, Wolff, Bynkershoek, Pufendorf) que enfatizavam o *jus comunicationis*, o direito de ir e vir, de transcender as fronteiras.

As fronteiras foram abatidas para os capitais, mas não para as pessoas, e isso é uma tragédia contemporânea. Mostramos que o ideal da *civitas maxima gentium* foi construído, precisamente, ao reconhecer, a todos os indivíduos, o direito de transitar livremente no mundo. E nos opusemos à criminalização da imigração indocumentada. Ser um migrante indocumentado não é um crime, como, erradamente, sustentam vários países do hemisfério norte. É uma falta administrativa que pode e deve ser remediada. Não se pode criminalizar a imigração indocumentada.

E este Parecer já faz parte da história, é um Parecer que resistirá à erosão do tempo e que sobreviverá a todos os deslizes normativos e legislativos ocorridos no hemisfério norte, nos últimos meses e nos últimos anos. No procedimento consultivo, Sr. Senador, tivemos, na audiência reservada aos Estados, 12 Estados intervenientes, o que é o recorde na história do nosso Tribunal Interamericano. Ao terminar a audiência dos Estados, – o Brasil esteve presente, – consultei meus pares se não seria adequado proceder a uma Audiência Pública também para as organizações não-governamentais, e também para a Academia.

Porque o tema é convergente. Era um tema que dizia respeito a todas as pessoas. Não apenas aos governos, mas também à sociedade civil.

E assim procedemos: realizamos uma audiência histórica na cidade de Santiago do Chile, antes de uma Assembléia Geral da OEA [em 2003], em que participaram membros da Academia, de diversas Universidades latino-americanas, advogados de migrantes indocumentados e, também, organizações não-governamentais e entidades da sociedade civil organizada. Ou seja, cumpri o meu propósito de instruir um procedimento consultivo, com a mais ampla participação pública. E apraz-me comunicar a todos os presentes que, em breve, terei a satisfação de contar com essa mesma experiência, em outra jurisdição internacional, porquanto já são mais de 25 os intervenientes inscritos, para participar no procedimento consultivo sobre a questão da proclamação da independência do Kossovo, solicitada pela Assembléia Geral [das Nações Unidas] à Corte Internacional de Justiça da Haia.

Passo aos próximos pontos de minha experiência acumulada na função judicial internacional: [passo à] dimensão temporal. Cedo me dei conta de que, na resolução de determinados casos, de forte densidade cultural, não poderíamos nos ater ao aqui e ao agora. Teríamos que ter a dimensão temporal presente, em nossas mentes. E pude desenvolver todo um pensamento, através dos Votos que sempre emiti, para fundamentar minhas posições, sobre a aplicação do direito no tempo, – o princípio do direito intertemporal, – nos casos sucessivos de desaparecimento forçado de pessoas, [à luz da relação íntima], em certas culturas, como a dos maias, entre os vivos e seus mortos.

Em uma série de Votos, me permiti destacar a importância crucial do recebimento dos restos mortais que viessem a ser encontrados, de pessoas desaparecidas, para que os seus familiares sobreviventes pudessem dar a eles uma sepultura digna, para que eles pudessem ser bem recebidos pelos seus antepassados, – como ensinado na história oral, de geração a geração, nessas culturas, sobretudo, na cultura maia. Sobre esta dimensão temporal, também a projetamos na parte das Sentenças relativa a reparações, ao ordenar apologias[9], ao ordenar

[9] Cf. A.A. Cançado Trindade, “Responsabilidad, Perdón y Justicia como Manifestaciones de la Conciencia Jurídica Universal”, 8 *Revista de Estudios Sócio-Jurídicos* – Universidad del Rosario/Bogotá (2006) n. 1, pp. 15-36.

medidas de reparação constantes da realização de atos públicos [em honra à memória das vítimas].

Posso aqui mencionar um exemplo impressionante. Em um dos casos de massacres [levados ao conhecimento da Corte Interamericana], no caso do *Massacre de Plan de Sánchez* (2004), ocorrido durante o conflito armado interno guatemalteco, (...) ordenamos ao Estado [demandado], como uma das formas de reparação, a realização de um ato público, para preservar a verdade do ocorrido e a memória. Honrar a memória das vítimas nas pessoas de seus familiares. E esta medida de reparação foi cumprida de maneira exemplar pelo Estado.

Tenho, em meus arquivos pessoais, que já são volumosos, um vídeo da cerimônia em que isto ocorreu. O Vice-Presidente da República [da Guatemala], com ampla experiência na vida da Organização dos Estados Americanos (OEA), se trasladou à Comunidade de Plan de Sánchez, pediu perdão em nome do Estado aos familiares sobreviventes dos massacrados, e, então, algo extraordinário ocorreu, quando as novas gerações realizaram um psico-drama semelhante àquilo, Senador E. Suplicy, que ontem comentávamos, na sessão especial, presidida pelo Senador José Nery, em comemoração aos 60 anos da Declaração Universal [de Direitos Humanos de 1948, realizada no plenário do Senado Federal][10]. A Comissão do Esclarecimento Histórico, de Reconciliação e da Verdade da África do Sul, por sua vez, realizou uma série de atos, em forma teatral, por sugestão do Arcebispo Desmond Tutu, para promover a catarse, e o reencontro de uma sociedade com o seu passado, sem o qual a sociedade não pode seguir vivendo.

Algo semelhante, Senador E. Suplicy, ocorreu na Guatemala. Fiquei impressionado em ver, – e tenho nos meus arquivos o vídeo, – quando os adolescentes dessa Comunidade, toda massacrada (segundo a política da *tierra arrasada*, [na execução da qual] foram queimadas todas as suas terras, para que não sobrasse nada, sequer, da sua cultura), voltaram, tiveram o seu retorno, o direito de retorno voluntário assegurado, e, depois de muito treinamento com psicólogos, organizaram, em uma peça teatral, uma reprodução do massacre, tal como ele oco-

[10] Cf. A.A. Cançado Trindade, "A Declaração Universal dos Direitos Humanos ao Longo das Seis Últimas Décadas", *in Diário do Senado Federal* (Plenário do Senado Federal, 17.12.2008), Brasília, 2008, pp. 53303-53307.

rreu, segundo a história oral (segundo os sobreviventes espalhados por todo o país lhes contaram). Uma coisa impressionante. E isso, [o psico-drama,] foi transmitido ao vivo [por televisão] para todo o país.

Estou convencido de que essas reparações não pecuniárias se revestem de uma importância muito maior do que podemos pressupor. A nossa jurisprudência sobre a reparação por dano ao projeto de vida, muitas vezes foi objeto de questões levantadas pelas partes, que queriam quantificá-la. (...) Sempre me opus à quantificação desta forma de satisfação. [Determinei:] – "Na minha Presidência [da Corte], as reparações não se transformarão em uma indústria de indenizações. As indenizações têm que coexistir com outras formas de reparação".

E eu me recordo, [nas audiências públicas do caso já mencionado dos "*Meninos de Rua*" (1999-2001),] das mães dos meninos [abandonados] assassinados que diziam: – "Para nós, nenhuma indenização será suficiente. Porque quando ocultaram os cadáveres de nossos meninos durante 15 dias, e *los trataran como perros*, – disseram as mães dos "meninos de rua" [chacinados], isso (...) nos feriu mais do que qualquer outra coisa". Então, me dei conta de que, muito mais importante do que a indenização, era a reparação não-pecuniária, e ordenamos que o nome alusivo aos cinco "meninos de rua" assassinados fosse dado a uma escola pública, o que foi feito pelo Estado demandado.

[Passo à questão do] cumprimento de Sentenças. Eu gostaria de deixar registro, nesta Audiência Pública, de algo que considero importantíssimo para o futuro da justiça internacional. O cumprimento de sentenças internacionais tem duas dimensões: a dimensão nacional e a dimensão internacional. Durante os meus anos de Presidência da Corte Interamericana, eu compareci a audiências públicas no Congresso de meu país, o Brasil, e também nos Congressos [nacionais] de outros países irmãos, de nosso continente. E expliquei a necessidade de se estabelecer um procedimento permanente, em nível nacional, para o cumprimento das sentenças internacionais. Não se trata de homologação; homologação é outra coisa, é para sentenças estrangeiras. Um Tribunal Internacional não é um Tribunal "estrangeiro", é um Tribunal Internacional. E os países devem, preferentemente, necessariamente, contar com um procedimento para a execução, em base permanente, das sentenças internacionais, para se fazer justiça àqueles que não encontraram [a justiça] no plano do direito interno.

Mas, além disso, Sr. Presidente, Srs. Senadores, há também o plano internacional. Deve haver uma supervisão ou monitoramento, no plano internacional, porque nem todos os Estados cumprem com as Sentenças. Eu estou voltando agora do Conselho da Europa [em Estrasburgo], onde eu intervinha há uma semana atrás, e me dei conta de que eles têm alguns casos [a respeito], – não vou singularizar países aqui, – que estão diante do Comitê de Ministros. É [este] o órgão encarregado, no sistema europeu, de supervisionar o cumprimento da execução de sentenças [da Corte Européia de Direitos Humanos].

No que diz respeito à Corte Internacional de Justiça na Haia, assisti, nos dois últimos anos, à apresentação do *Relatório Anual* da atual Presidência da Corte, em que esta também notifica aos órgãos políticos principais da ONU [Assembléia Geral e Conselho de Segurança] o estado do cumprimento das sentenças. A única sanção de que dispomos no nosso sistema [interamericano] é a do Artigo 65 [da Convenção Americana sobre Direitos Humanos, no sentido de] informar aos órgãos principais, no caso da OEA (Assembléia Geral e Conselho Permanente), em caso de manifesto descumprimento, para que eles tomem as providências cabíveis. E foi exatamente o que eu fiz, durante o meu período como Presidente da Corte Interamericana [em 1999-2000 e 2002-2003]. Em momentos dramáticos, – quando o Chanceler do Estado demandado estava na mesma distância em que, nesta sessão, está o Senador Cristovam Buarque de mim, – em uma Assembléia Geral da OEA. E cumpri o Artigo 65 da Convenção Americana, informando à Assembléia Geral que o Estado demandado havia, inclusive, declarado que não cumpriria as Sentenças.

O que foi feito? O Secretário-Geral da OEA, imediatamente, designou uma missão de observação *in loco,* que se deslocou à capital do país em questão, e obteve deste uma série de 27 compromissos, que resultaram no fiel cumprimento das Sentenças em questão. Eram duas Sentenças na época [casos do *Tribunal Constitucional*, e de *Ivcher Bronstein*]. E isto ocorreu na Assembléia Geral da OEA do ano 2000, [realizada] em Windsor, no Canadá. Posteriormente, dois anos depois, apliquei a mesma sanção em relação à comutação de penas de morte para outras formas de pena, o que foi cumprido pelo Estado [demandado], a despeito de sua denúncia da Convenção Americana.

No meu entender, – e isto é algo importantíssimo, que eu gostaria de deixar aqui registrado, – a posição de um Tribunal Internacional em matéria de cumprimentos de Sentença deve ser *principista* e não pragmática. E é por isso que discordo dos novos rumos que essa matéria vem tomando em nosso sistema [interamericano]. Porque nos últimos três anos, uma posição pragmática vem sendo adotada, no sentido de "estimular" os Estados demandados a cumprir com as Sentenças, por meio da adoção de resoluções, tomando nota do cumprimento parcial de sentenças.

Então, se se lê hoje um *Relatório Anual* de um Tribunal Internacional como a Corte Interamericana, se verá uma série de resoluções sobre cumprimento parcial que, ao leitor desavisado, transmitirá a impressão de que tudo vai bem, de que os Estados estão cumprindo perfeitamente com todas as Sentenças internacionais, o que não é o caso. Na verdade, esses dados de "cumprimento parcial" de Sentença ocultam mais do que revelam a realidade dos fatos. Creio que as medidas de execução previstas nos tratados internacionais estão para ser cumpridas, e que a função de um Tribunal Internacional é assegurar, na medida das suas atribuições, o cumprimento de suas Sentenças, e não "estimular" os Estados Partes a que o façam, porque não se trata de órgãos de conciliação, e sim de Tribunais Internacionais.

Poderia me estender tanto, por tantas outras dimensões da minha experiência, mas passarei de imediato, à [questão] seguinte, que é mais breve, das minhas expectativas. E resumirei as minhas expectativas quanto à Corte Internacional de Justiça na Haia, que eu conheço de perto, e passarei à última [questão] sobre a atual situação da coexistência dos Tribunais Internacionais. Em poucos minutos concluirei essa exposição, com muito pesar, porque eu gostaria de continuar por horas e horas.

Sobre a Corte Internacional de Justiça, – em que tenho tido a experiência de ser Juiz em um dos seus casos [sobre *Direitos de Navegação e Conexos*, Costa Rica *versus* Nicarágua], nos dois últimos anos, – é ela dotada de funções tanto consultiva quanto contenciosa. Ela vive um momento único em sua história, um momento em que casos, os mais diversos, são levados ao seu conhecimento, e que passarão à nova composição que tenho a honra de já integrar.

[São] casos que, pela primeira vez, dizem respeito ao Direito Internacional Humanitário, ao Direito Internacional dos Direitos Humanos, à regulamentação do uso da força, e a outros aspectos que jamais foram levados ao seu conhecimento até o presente. São 15 casos [contenciosos] pendentes, somados a uma solicitação recentemente aprovada pela Assembléia Geral, de Opinião Consultiva, sobre a questão da legalidade [ou conformidade com o Direito Internacional] da proclamação de independência do Kossovo. Estou bastante animado em passar a integrar a Corte Internacional de Justiça, neste momento, em que casos [desta natureza], pela primeira vez em sua história, são levados ao conhecimento daquele Tribunal. A hora é agora.

Animo-me [ademais] pelas circunstâncias [históricas] da minha eleição, já assinaladas pelo Senador E. Suplicy. A natureza dos [novos] casos me permitirá dar uma contribuição, com a experiência de magistrado de um Tribunal Internacional de outra natureza, mas cujo trabalho é complementar ao da Corte Internacional de Justiça. A Corte mundial que eu acalento é a Corte que avançou o Direito Internacional. É a Corte que reconheceu a expansão da personalidade jurídica internacional, com seu Parecer sobre as *Reparações de Danos* (1949), por exemplo. É a Corte que contribuiu (...) também com [outros] Pareceres históricos, como o da *Namíbia* (1971). É a Corte que citou, pela primeira vez, a Declaração Universal dos Direitos Humanos, como o fêz no caso dos *Reféns em Teerã* (1980), [e que reiterou o princípio da proibição do uso ou ameaça da força no caso *Nicarágua versus Estados Unidos* (1986)].

A meu modo de ver, a expansão da personalidade jurídica internacional, a que já fiz referência, reconhecida judicialmente pela própria Corte da Haia, terá que ser, em meu entender, de alguma maneira, refletida em seu *modus operandi*, na aplicação do seu *Règlement*, e no exercício de suas funções, tanto em matéria consultiva, como contenciosa. É certo que o contencioso é reservado às controvérsias entre Estados, mas a maneira de operar da Corte poderá ser enriquecida, inclusive no contencioso entre Estados, dependendo do tipo de orientação que se der ao procedimento contencioso.

Não poderia, de forma alguma, deixar de registrar, nesta Audiência Pública [no Senado Federal] em nosso país, Sr. Senador E. Suplicy, algo que me parece uma lição impressionante de minha recente eleição. Creio ser a primeira vez que ocorre. Como Juiz de um Tribunal Internacional de Direitos Humanos, durante anos, condenei muitos Estados, inclusive o meu próprio, no exercício fiel da função judicial internacional. Não obstante isto, *todos* os Estados de nossa região, – somados aos da Europa, de toda a África, da Ásia, – todos os da nossa região (América Latina e Caribe) me apoiaram e me honraram com o seu voto, apesar das minhas condenações como membro de um Tribunal Internacional de Direitos Humanos.

Isso seria impensável há alguns anos atrás. Mas isso revela que houve uma mudança de mentalidade. E que os Estados, hoje, já compreendem o que é e o que deve ser um Tribunal Internacional. Tiveram a maturidade de tomar conhecimento das condenações de que fui autor, somadas aos Votos que dei, e de concluir que eu exerci a minha função com consciência e de assim me dar o seu voto [para a Corte da Haia], não obstante as contundentes condenações. E estou profundamente honrado com os votos com que me [distinguiram] os países cujos Estados eu condenei. Isso é algo histórico, algo de que jamais me esquecerei, e algo que, certamente, constará de minhas memórias, se a Providência assim me permitir concluí-las.

Por último, e deixando outros comentários para o nosso diálogo, sempre defendi a coexistência harmônica entre os Tribunais Internacionais contemporâneos. Agora que ingresso na Corte Internacional de Justiça, – meus colegas na Haia já sabem disso, – defenderei, por parte da Corte da Haia, um diálogo respeitoso com os demais Tribunais Internacionais. Nada de protagonismo. É certo que a Corte da Haia é o Tribunal principal, o órgão judicial supremo das Nações Unidas. Mas todos os Tribunais Internacionais são importantes. E esta é outra lição que extraio da minha experiência.

Para os Estados litigantes o Tribunal mais importante é a Corte da Haia. Para as vítimas de violações de direitos humanos, os Tribunais mais importantes [são a] Corte Interamericana de Direitos Humanos, a Corte Européia de Direitos Humanos, e a Corte Africana de Direitos Humanos e dos Povos (recém-estabelecida em 2006). Para os tripulantes de navios apreendidos, o Tribunal mais importante é o Tribunal Internacional para o Direito do Mar, em Hamburgo. Para aqueles que buscam a justiça por atos de genocídio, crimes de guerra, ou crimes contra a humanidade, os Tribunais mais importantes são o Tribunal Penal Internacional (TPI), os Tribunais *ad hoc* para a ex-Iugoslávia e para Ruanda, somados à nova geração dos Tribunais Internacionais especializados, e internacionalizados ou mistos, para Serra Leoa, Camboja, Kossovo e Timor-Leste.

Do ponto de vista que deve interessar a um Juiz de um Tribunal Internacional, ou seja, do ponto de vista dos justiciáveis, todos os Tribunais Internacionais são importantes e devem trabalhar em harmonia e em diálogo respeitoso, e sem buscar protagonismo um sobre os outros. É assim que evoluiu a justiça internacional em nossos dias[11]. A justiça internacional nos anos 20 era um ideal distante, como nos escritos dos gregos Nicolas Politis e J. Spiropoulos, no pensamento de Raul Fernandes e de Alejandro Álvarez, e subseqüentemente de Georges Scelle e Hersch Lauterpacht. São grandes juristas, de distintos continentes, que sonharam com a justiça internacional.

Temos o privilégio de vivê-la e de contribuir para o seu desenvolvimento. Então, nós nos opomos ao ponto de vista daqueles que utilizam a expressão pejorativa de "proliferação" de Tribunais Internacionais: é uma expressão pejorativa que tem florescido no hemisfério norte. E que faz pouco caso da atuação de tribunais especializados. Temos que respeitar todos os Tribunais Internacionais e de manter o diálogo entre eles. Tive o privilégio de participar pessoalmente das duas primeiras reuniões de Tribunais Internacionais, realizadas em nossa época: a de 2002, em Luxemburgo, por ocasião do cinqüentenário da Corte de Justiça das Comunidades Européias, hoje União Européia, e a de 2007, ano passado, em Manágua, em que se comemorou o centenário da criação do primeiro Tribunal da era moderna, a Corte Centro-Americana de Justiça.

Em ambas as ocasiões, expressei esta tese, que aqui deixo consignada, nesta Audiência Pública. Com isso, Sr. Senador E. Suplicy, concluo a minha exposição, colocando-me à disposição de todos os presentes, recordando as minhas posições básicas quanto ao acesso à justiça da pessoa humana, que é, a meu modo de ver, a destinatária última de todas as normas internacionais. (...) Todas as coletividades, todo Estado e todas as formas de organização política, na verdade, têm como destinatário último a pessoa humana.

---

[11] Cf., recentemente, A.A. Cançado Trindade, *A Expansão da Jurisdição Internacional*, Belo Horizonte, Edit. Del Rey, 2010, pp. 1-63.

[Ademais,] o automatismo da jurisdição internacional obrigatória, (...) não é mais uma mera abstração, é um ideal a realizar-se. Hoje, já é uma realidade no Tribunal da União Européia, é uma realidade no TPI, é uma realidade na Corte Européia de Direitos Humanos, e uma realidade que se forma na Corte Interamericana de Direitos Humanos, – a participação mais ampla possível [dos indivíduos] na instrução dos processos, com estrita e rigorosa observância da igualdade processual entre as partes, [somada] ao diálogo dos Tribunais Internacionais, para fortalecer a realização do ideal da justiça internacional, que é o ideal que nós, que estamos ainda vivos, temos o privilégio de testemunhar na atualidade. Muito obrigado. [Palmas].

Sr. Senador Eduardo SUPLICY, Presidente (PT-SP): – Muito obrigado, Dr. Antônio Augusto Cançado Trindade, por sua brilhante exposição, uma aula formidável que tivemos a oportunidade de assistir, sobre a sua experiência, a sua vida e as perspectivas do Direito Internacional, e a sua extraordinária participação em decisões tão significativas. Eu gostaria de (...) explicar a V.Exª. que tivemos um dia de extraordinário trabalho simultâneo: o Presidente Marco Maciel, da Comissão de Constituição e Justiça, a Senadora Serys Slhessarenko, o Senador Pedro Simon e outros, estão simultaneamente (...) na Audiência Pública sobre a questão das quotas. Temos o Senador Heráclito Fortes, (...) argüindo na Comissão de Infra-Estrutura, da qual é membro também titular. Na Comissão de Assuntos Econômicos outros estão, [como] o Senador Aloízio Mercadante e outros membros desta Comissão, (...) argüindo inclusive o Presidente do Banco Central. E nós temos aqui inscritos, agora, três Senadores.

Quero antes assinalar que estão presentes, assistindo esta Audiência Pública, o Embaixador Dusan Gajic, Embaixador da Sérvia; (...) o Dr. Roberto Caldas, Juiz *ad hoc* da Corte Interamericana dos Direitos Humanos (...) a Irmã Rosita Milesi, Diretora do Instituto de Migrações e Direitos Humanos, (...) estudiosa das questões relatadas aqui pelo Dr. Antônio Augusto Cançado Trindade. A Senhora nos honra com sua presença; a Irmã Rosita Milesi representa diversas entidades, como a Cáritas e outras, no CONARE, a Comissão Nacional para os Refugiados.

Quero também agradecer as presenças da Desembargadora Shelma Lombardi de Kato, – seja muito bem vinda, – e do Presidente do

Instituto MOSAP (Movimento Nacional de Servidores Aposentados e Pensionistas), Dr. Edson Guilherme Robert, seja muito bem vindo. [Também presentes] o Diretor do Departamento das Comunidades Brasileiras no Exterior [do Itamaraty], Embaixador Eduardo Gladilone, (...) e o Professor Nilson de Paula Pires, Chefe de Gabinete do Reitor da Universidade de Brasília, muito obrigado pelas suas presenças; igualmente, muito obrigado [pelas presenças do] Professor Christian Caubert, Assessor do Reitor da Universidade de Brasília, e do Dr. Luiz Afonso Costa de Medeiros, Presidente do Fórum Brasileiro de Direitos Humanos. (...)

[Ademais presentes] o Presidente da Associação de Fiscais Federais Agropecuários do Distrito Federal, o Diretor de Administração do Movimento Servidores Públicos Aposentados e Pensionistas (Sr. João Bosco Siqueira da Silva), – sejam bem-vindos, – assim como a Sra. Assunta de Bergamasco, Presidente da ANFIP, o advogado Antônio Roberto Barbosa, a Assessora [do Senado Federal] Sra. Adriana Romero Mourão, (e sua) equipe e seus assessores que colaboraram para este evento. E estão inscritos os Senadores José Nery, Flávio Arns, e Cristovam Buarque, (...) para formular suas considerações (...), e em seguida o Dr. Antônio Augusto [Cançado Trindade, para suas observações a respeito]. Então, o Senador José Nery é o primeiro, por favor.

Sr. Senador José NERY (PSOL-PA): – Sr. Presidente, Senador Eduardo Suplicy, Excelentíssimo Dr. Antônio Augusto Cançado Trindade, saúdo os Senadores Cristovam Buarque e Flávio Arns, saúdo as presenças de todos e todas que nos dão a honra das presenças nesta Audiência Pública, fruto da iniciativa do Senador E. Suplicy e de vários Srs. Senadores. Diria quão oportuna é esta Audiência [Pública,] realizada nesta Comissão de Relações Exteriores, quando celebramos o período em que a Declaração Universal de Direitos Humanos completou 60 anos; diria que a brilhante exposição feita pelo ilustre Dr. Antônio Augusto Cançado Trindade, que aqui nos brindou, – como esteve lembrando o Senador Suplicy, – é como uma verdadeira aula quanto aos mecanismos do Direito Internacional e da justiça em âmbito internacional.

E, sobretudo, [quanto à] possibilidade de tornar efetivo o respeito aos direitos humanos em escala internacional, entre os povos, entre as pessoas, e, sobretudo, porque a longa trajetória do Dr. Cançado Trindade, que, ao exercer a importante missão de Juiz da Corte Interamericana de Direitos Humanos, com as reflexões que nos brindou nesta manhã, com a experiência do trabalho realizado, a atuação exemplar e, principalmente, pela formulação de novos conceitos e pela busca de adoção de novos procedimentos que fortaleçam os princípios do Direito Internacional e essa visão ampla da magnitude dos direitos da pessoa humana, superiores a todo e qualquer direito de que, eventualmente, os Estados e as instituições possam se considerar portadoras.

Em primeiro lugar, e acho que essa é uma grande e importante contribuição, a afirmação de que, sobretudo prevalecem o Direito e a dignidade da pessoa humana. Podemos observar que a contribuição de V.Exª. nessa área, contribui para estabelecer novo e brilhante e inovador paradigma para o Direito Internacional. Portanto, quando esta Comissão aqui ouviu, em absoluto silêncio, cada palavra, cada conceito, cada fato relatado da atuação de V.Exª. frente à Corte Interamericana, cada nova normatização atualizando, não só os procedimentos, mas os códigos, normas internas, da própria Corte, para aproximar os cidadãos da justiça, do acesso à justiça internacional, – acho que aqui, nós, como brasileiros e seus compatriotas, só podemos dizer e assinalar aqui, do nosso orgulho, da nossa satisfação de, no encerramento das nossas atividades parlamentares, no ano de 2008, ter a alegria de vê-lo... E de perceber, de ser compartilhada com cada um de nós, e através desta Audiência com o Senado Federal e com o país, a brilhante trajetória, bem como as novas formulações e concepções que a contribuição de V.Exª. propicia.

Queria, então, fazer aqui, (...) mais do que perguntas, – eu diria, Senador Suplicy, que o Senhor nos oportuniza, à Comissão e ao Senado Brasileiro, – prestar uma justa homenagem ao trabalho do Dr. Cançado Trindade. Gostaria de ouvir a opinião do Dr. Cançado Trindade sobre alguns temas (...) que dizem respeito mais diretamente ao nosso país, [como] (...) o alcance da Lei de Anistia, (...) se ela teria alcançado os agentes do Estado Brasileiro que se envolveram em crimes de tortura, de perseguição, de cerceamento da liberdade durante o estado de exceção que nós vivemos durante mais de 20 anos. Como o Senhor avalia aquilo que, para mim, é fundamental, dentro do trabalho que realizam, inclusive, o Governo Brasileiro e várias entidades de direitos humanos, na busca do respeito à memória, e na busca da verdade no período que tão tristemente vivenciamos, quando da ditadura instalada em nosso país. Como o Senhor avalia (...) o alcance da Lei de Anistia em relação aos agentes repressores do Estado.

Segundo, como o Senhor avalia os mecanismos de sanção, hoje existentes, para punir os países, os Estados que têm abusado. Eu diria, um verdadeiro ataque à soberania de Estados que seriam independentes. A invasão promovida por Estados a outros Estados, em que os direitos fundamentais da pessoa humana são violentamente desrespeitados, [com] prisões arbitrárias, suspensão dos direitos e garantias individuais. Inclusive, muitas dessas invasões justificadas, às vezes, sob o preceito de resguardar direitos, na verdade escondem os interesses econômicos de um país em relação a outras nações, afirmando aí e, de certa forma, violentando a mais fundamental relação, que deveria presidir a autonomia, a independência e a soberania dos países. (...) Por último, o Senhor podia compartilhar conosco, na sua visão, quais seriam os fatos mais relevantes, os contenciosos internacionais, que o Senhor consideraria como fundamental a Corte Internacional de Justiça avaliar, e sobre eles se pronunciar na atualidade.

E, ademais, [quero] dizer que fiquei aqui tão impressionado com os conceitos e os fatos que o Senhor relatou, da sua atuação junto à Corte Interamericana de Direitos Humanos, que me arrisco a dizer que, diante das constantes violações que nós presenciamos no nosso país, motivadas pela desigualdade social, pelo Estado que ainda precisa avançar muito na democratização das suas relações para com a sociedade, – eu diria que a experiência [que] o Senhor compartilhou conosco nesta manhã, e a história que conhecemos da atuação de V.Exª., são um alento para nos motivar, não só os agentes públicos do Estado Brasileiro, o Parlamento, o Judiciário e o Poder Executivo, mas são um estímulo para todos os membros da sociedade ao engajamento na busca desse princípio fundamental. Todo respeito ao direito da pessoa como algo insubstituível e supremo nas relações da sociedade. Portanto, queria parabenizar V.Exª. e dizer que, mais do que aqui saber da atuação de V.Exª., esta sessão é uma justa homenagem a essa brilhante trajetória. Muito obrigado.

Sr. Senador Eduardo SUPLICY, Presidente (PT-SP): – Muito obrigado, Senador José Nery. (...) Queria também assinalar, e agradecer a presença, da Dra. Herilda Balduíno de Sousa, Presidente da Associação Brasileira de Mulheres da Carreira Jurídica e Defensora dos Direitos Humanos. (...) O Senador Flávio Arns tem a palavra.

Sr. Senador Flávio ARNS (PT-PR): – Quero, em primeiro lugar, cumprimentar as autoridades componentes da Mesa, todos os convidados a esta Audiência Pública, de uma maneira particular o nosso Presidente desta Audiência Pública, Senador Eduardo Suplicy. E, de uma maneira muito especial, quero cumprimentar o Dr. Antônio Augusto Cançado Trindade, e quero destacar, em primeiro lugar, a importância do trabalho, sem dúvida alguma, como já foi destacado na Audiência pelo Senador José Nery, do trabalho do Tribunal Internacional da Haia, e da Corte Interamericana [de Direitos Humanos], mas [sobretudo] da satisfação, da importância, da alegria de termos também o Senhor, V.Exª., participando deste Tribunal.

Isto para o Brasil é uma honra, é motivo de orgulho, deve, na verdade, inclusive, animar muitas pessoas, muitos estudiosos, muitos acadêmicos pelo Brasil, que militam nesta área do Direito Internacional. E quero destacar, também, que a formação de V.Exª. é uma formação também invejável. Seja na graduação, no mestrado, no doutorado, e em um trabalho acadêmico, também, dos mais intensos, desde o período de formação. Com artigos, com livros, com publicações, assim, de uma maneira, até eu diria, muito intensa, bastante intensa, com muitas publicações, e isto também é motivo de orgulho para todos nós.

Porque atividade acadêmica com toda a experiência que V.Exª. tem nesta área, e com toda a experiência que ainda vai ter, [importa] realmente documentar, registrar, seja através do material escrito ou através do material que V.Exª. mencionou que dispõe também, inclusive, de vídeos. Acho que esse material até deveria ser organizado, se já não estiver organizado, de uma maneira adequada, para que a sociedade toda possa, em termos assim, de uma biblioteca, de material de referência, de estudo, de pesquisa, também buscar a orientação necessária.

Apreciei muito também, vamos dizer, a exposição que o Senhor fez nesta Comissão. Lamento, inclusive, como o Senador Eduardo Suplicy já colocou, que outros Senadores que também poderiam [normalmente] estar aqui presentes, [não o puderam,] diante de todas as

Audiências Públicas [concomitantes] já mencionadas, – Infra-Estrutura, Assuntos Econômicos, Comissão de Constituição e Justiça, – e, mesmo, pelo fato de estarmos nos aproximando do final do período legislativo, – isso dificulta um pouco a presença das demais pessoas. Mas que esta Audiência, além da beleza, em si, dela própria, possa abrir caminhos, perspectivas, ou, – [invocando] a palavra que foi usada, – [gerar] expectativas para o futuro, em termos do entrosamento que pode acontecer, da sociedade brasileira, do Executivo e particularmente do Congresso Nacional.

Eu queria, assim, colocar quatro preocupações, mais na área das expectativas que (...) o Senhor mencionou durante a exposição. A primeira delas, (...) a primeira expectativa, como enfrentar um desafio, como abrir caminhos, como trabalhar, procurar alternativas para que o ser humano seja valorizado? A primeira delas é em relação ao trabalho que a gente observa no plano internacional, – sempre nos parece de muito atraso em relação às medidas sendo tomadas em países envolvidos com guerras, com massacres, com invasões, tudo aquilo que o Senador José Nery colocou, e a demora (...) da intervenção de organismos internacionais organizados para esta finalidade, e com o sofrimento e inclusive (...) a morte de milhares de pessoas.

Então, como o Senhor vê (...) esse lapso de tempo entre o fato e a resposta, e, no meio tempo, sofrimento, morte, desestruturação, violência... O Senhor pode me corrigir, e, certamente, muita coisa está sendo feita que a gente até desconhece, mas como seria a expectativa? O segundo aspecto é em relação a algo que o Senhor mencionou que acontece na Europa, (...) o envolvimento da sociedade, a atenção que a sociedade tem para essas situações. E que me parece ainda que, no Brasil, (...) a gente sabe que a sociedade se organiza (...), mas existe (...) um grande caminho a ser perseguido. Penso, sem dúvida alguma, que a sociedade organizada é um instrumento, pelo menos, um dos instrumentos mais fortes, mais importantes. A consciência, a discussão, o debate para que as mudanças aconteçam. Como o Senhor vê assim esta expectativa?

O Senhor mencionou como uma das coisas principais o acesso à justiça. (...) A gente observa no Brasil que este é um desafio, apesar de avanços, mas um desafio muito grande em nosso país. Seja através de defensorias públicas... Eu acho que o Ministério Público evoluiu muito, inclusive, em uma atitude que reforça o seu argumento. (..) O Senhor mencionou a [multiplicação] de tribunais especializados, (...) em contraste com a especialização que a justiça tem que ter, e que está prevista na nossa Constituição, e que é algo, eu diria, fundamental: atender o idoso, a criança, o meio ambiente, as necessidades da sociedade de uma maneira geral. Mas esse acesso à justiça ainda é uma dificuldade grande, particularmente, na área do Direito Internacional. Vejo uma dificuldade muito grande, – posso estar equivocado, – até de acharmos pessoas, profissionais qualificados na área do Direito Internacional. Parece-me muito difícil, não sei se na formação acadêmica, se no debate nas Universidades, deveria haver algum tipo de recomendação nessa direção.

E, o último aspecto, que o Senhor pudesse assim abordar um pouco, como é que [a] pessoa que deve ter acesso à justiça no Brasil, e que, em certas circunstâncias, deve ter acesso à justiça se se tratar de uma circunstância que exija o envolvimento do Tribunal Internacional, [como se comportar], (..) parece que ninguém sabe direito como (...), qual é o fluxo? (...) Depois de uma explicação tão clara e tão bonita, quero dizer que também os princípios, para serem transformados em realidade, essa tarefa nem sempre é fácil, e depende de todos nós.

Mas quero parabenizar V.Exª. pelo trabalho, pela formação, pela contribuição que vem prestando ao Brasil e ao mundo, e gostaria, inclusive, de dizer, como membro da Comissão de Direitos Humanos e Legislação Participativa, que, sem dúvida alguma, vou sugerir ao nosso Presidente atual, que é o Senador Paulo Paim, e aos demais membros da Comissão, – o Senador José Nery e Senador Eduardo Suplicy são membros, – para observarmos como é que esse debate pode ser feito através da própria Comissão de Direitos Humanos, com a participação da TV Senado, Rádio Senado, para (...) de uma certa forma popularizarmos o conceito de que nós temos uma estrutura mundial, lutando a favor, e à disposição, do ser humano. Acho que isto faria muito bem para o Brasil. Obrigado e parabéns. [Palmas].

Sr. Senador Eduardo SUPLICY, Presidente (PT-SP): – Muito obrigado, Senador Flávio Arns. Passo agora a palavra ao Senador Cristovam Buarque. (...)

Sr. Senador Cristovam BUARQUE (PDT-DF): – (...) Eu não poderia deixar de estar aqui, meu caro colega, Professor [Cançado Trindade] da UnB, porque uma das preocupações que há anos venho tendo é como dar um salto adiante na conceituação dos direitos humanos. Creio que, quando a gente olha a Declaração [Universal] dos Direitos Humanos, cujos 60 anos comemoramos ontem, percebemos, apesar da beleza do texto, algumas lacunas. Por exemplo, meio ambiente. (...) O segundo [ponto] é o direito à educação igual para toda criança ao nascer. (...) Uma criança fora da escola, mesmo que não haja nenhuma violência física sobre ela, é uma criança que está sendo roubada do seu futuro. E o futuro é a vida. (...) Quando é que a omissão de não oferecer escola a uma criança passaria a ser um crime, com a mesma dimensão, (...) comparo, superlativamente, do genocídio? (...)

E finalmente, um outro item, (...) é o acesso ao avanço tecnológico a serviço da saúde. (...) Quando é que a gente vai considerar que é um crime contra a humanidade, o fato de que hoje, ao nascer uma criança, ela sabe se vai viver mais anos, ou menos anos, de acordo com o dinheiro que o pai tem para comprar os serviços médicos? (...) Essas são as questões que eu gostaria de saber, se são ou não preocupação nas tão importantes Cortes pelas quais o Senhor passou e vai passar agora.

Sr. Senador Eduardo SUPLICY, Presidente (PT-SP): – Muito obrigado, Senador Cristovam Buarque. Meus três colegas tocaram nas perguntas que eu ia formular, então eu me sinto bastante contemplado. Só gostaria de enfatizar, porque gostaria de ouvir a sua opinião sobre essa questão dos imigrantes e dos direitos, inclusive, trabalhistas dos migrantes que, às vezes, não têm os seus papéis regularizados. (...) O Dr. Antônio Augusto Cançado Trindade (...) tem a palavra para as suas respostas e palavras conclusivas. E quero ainda agradecer as presenças do Vice-Diretor da Faculdade de Direito da Universidade de Brasília, Professor George Galindo (...); do [representante do] Centro Acadêmico de Direito da UnB, por sua Diretoria, Sr. João Telésforo Nóbrega de Medeiros Filho, e de outros colegas dele; e do Professor Renato Zerbini, [do UniCEUB]. (...) Obrigado pelas presenças. [Passo a palavra ao] Dr. Antônio Augusto Cançado Trindade.

Dr. Antônio Augusto CANÇADO TRINDADE: Muito obrigado Sr. Presidente. Gostaria inicialmente de agradecer a V.Ex^{a}s., Senador

José Nery, Senador Flávio Arns, Senador Cristovam Buarque, Sr. Presidente Senador Eduardo Suplicy, pelas reflexões e pelas perguntas tão relevantes, que me proporcionam uma oportunidade de compartilhar, com todos os presentes, algumas idéias que tenho a respeito. E espero dispor dos minutos necessários para poder responder a todas, uma por uma.

Em primeiro lugar, o ponto inicial levantado pelo Senador José Nery, a questão dos novos conceitos e procedimentos. Há diferentes concepções da função judicial internacional. Há aqueles que pensam que ela se limita a aplicar o direito. Eu não compartilho esta tese. Precisamente, por não compartilhá-la, tenho buscado, mais do que aplicar o direito, também dizer qual é o Direito. Ou seja, a fazer avançar o Direito.

Esta é minha concepção. E é por isso que consegui, ao longo de muitos anos na Corte Interamericana, avançar, como o Senhor muito bem assinalou, novos conceitos e procedimentos. Com base na lógica e na experiência, como dizem, sobretudo, os processualistas italianos: uma mistura de lógica e experiência. Mas, sobretudo, na concepção da função judicial, no sentido criativo de dizer qual é o Direito. Jurisdição é *juris dictio*, dizer o Direito. E não apenas aplicar mecanicamente o Direito.

O segundo ponto (...) é uma pergunta que foi levantada, tanto pelo Senador José Nery, como pelo Senador Flávio Arns, pela qual eu muito agradeço: [trata-se da] questão do acesso à justiça. Vou responder em relação, primeiramente, aos indivíduos, pessoas físicas, e depois, em segundo lugar, aos Estados, diante da Corte Internacional de Justiça. Porque foram as duas dimensões que V.Exªs. apresentaram a mim. Em primeiro lugar, a concepção do acesso à justiça que avançamos na Corte Interamericana nunca se limitou ao aspecto do acesso à justiça formal. O direito a um Tribunal é o acesso à justiça formal.

Mas o acesso à justiça *lato sensu* é que deve prevalecer, porque senão não há justiça. Quer dizer, não é simplesmente acudir a um Tribunal, ou acudir a um Juiz. Ele abarca também o direito de acesso à justiça, como o direito à prestação jurisdicional, [à realização da justiça;] e vou mais além, [de modo a também abarcar] a fiel execução da sentença. Se não houver execução da sentença, não há o acesso à justiça material. Ou seja, para mim, o conceito de acesso à justiça é amplo, ele abarca o acesso formal, a observância das garantias do devido processo legal durante o procedimento, o direito à prestação jurisdicional, à sentença, e o direito a ter a sentença executada, à execução da sentença. É essa a melhor jurisprudência internacional que, felizmente, consegui, com o apoio dos meus pares, construir na Corte Interamericana, e que também orienta, a partir do caso *Hornsby* relativo à Grécia, o sistema europeu.

No que diz respeito aos Tribunais Internacionais de Direitos Humanos, a Corte Africana de Direitos Humanos e dos Povos, com a qual acabo de me reunir, – com os três tribunais internacionais de direitos humanos, [em sua primeira reunião conjunta, na sede da Corte Européia,] em Estrasburgo[12], – começa a se orientar também nesse sentido. O outro ponto da questão (...) foi oportunamente identificado e levantado pelo Senador Flávio Arns. E no que diz respeito aos Estados? Como é o acesso a um Tribunal, (...) dotado de jurisdição em matéria contenciosa, para o contencioso inter-estatal, como a Corte Internacional de Justiça da Haia? Bem, há três possibilidades.

A primeira possibilidade [de exercício] é através daquilo que eu já examinei na minha exposição nesta Audiência Pública, a da aceitação da cláusula facultativa da jurisdição obrigatória. Mas, em razão dos problemas que identifiquei ao longo da minha exposição, apenas 66 dos 192 Estados membros das Nações Unidas aceitaram, até o presente, a cláusula facultativa da jurisdição obrigatória. O Brasil aceitou, na época em que Raul Fernandes se tornou Chanceler, não mais. Daí o problema, muito bem identificado, pelo Senador Flávio Arns, da falta de conhecimento em nosso país, em relação a essa questão.

No entanto, essa não é a única maneira de ter acesso à justiça diante de um Tribunal de contencioso inter-estatal como a Corte da Haia. Há uma segunda maneira, que é através das cláusulas compromissórias. Ou seja, aquelas cláusulas finais, contidas em tratados bilaterais ou multilaterais, – geralmente multilaterais, – prevendo, em caso de surgimento de uma questão de interpretação, ou aplicação da convenção [em questão], automaticamente o recurso à Corte Internacional de Justiça. A maioria dos casos pendentes na Corte, que eu passarei a

---

12 A.A. Cançado Trindade, "Quelques Réflexions à l'Occasion de la Première Réunion des Trois Cours Régionales des Droits de l'Homme", 9 *Revista do Instituto Brasileiro de Direitos Humanos* (2010) pp. 231-242.

adjudicar dentro de algumas semanas na Haia, tem sido levada, no momento, ao conhecimento da Corte Internacional de Justiça, com base nessas cláusulas compromissórias, e não na cláusula facultativa da jurisdição obrigatória.

E a terceira possibilidade é através dos acordos especiais, os *special agreements*, quando dois Estados acordam levar uma questão concreta à Corte Internacional de Justiça. Nos dois últimos *Relatórios Anuais* apresentados pela Presidência da Corte Internacional de Justiça na Haia à Assembléia Geral das Nações Unidas, que eu acompanhei pessoalmente [na sede da ONU em Nova York], escutei, sem surpresa alguma de minha parte, um certo pessimismo em relação ao futuro do acesso à justiça com base na cláusula facultativa, pelos problemas que já identifiquei aqui na minha exposição, e sobre os quais tenho escrito ao longo dos anos.

Ou seja, as restrições adicionais impostas pelos Estados no momento de aceitar a cláusula facultativa. Nunca se deveria haver desenvolvido a prática permissiva que se desenvolveu, e que distorceu completamente o ideal de Raul Fernandes. Hoje, a Corte Internacional de Justiça na Haia, quando chega um caso baseado na cláusula facultativa, fica semanas, às vezes meses, discutindo se tem ou não jurisdição sobre um determinado caso, e não deveria ser assim. [Mas] se um caso chega com base em uma cláusula compromissória, há menos controvérsia, porque já consta do tratado (em questão), e a jurisdição da CIJ é estabelecida com base em um tratado que contém a cláusula compromissória.

Por exemplo, os casos que estão pendentes na CIJ no momento, Senador E. Suplicy, – serão os casos que nós conheceremos a partir de fevereiro do ano que vem (2009), – são casos quase todos baseados em cláusulas compromissórias. E acabo de tomar conhecimento, que um Estado centro-americano e outro, acabam de celebrar um acordo especial que será submetido a referendo popular, para decidir se submetem [o caso], ou não, ao conhecimento da Corte, com base nesse acordo especial, uma controvérsia sobre delimitação marítima, um novo caso.

Então, o entendimento prevalecente hoje na Corte da Haia, pelo que tenho conversado com meus futuros colegas, – alguns dos quais já conheço há muitos anos, – é no sentido de que, para [nós], é melhor um caso baseado em uma cláusula compromissória, ou em um acordo especial, do que na cláusula facultativa da jurisdição obrigatória. Então, vejam V. Exªs. que existe o problema do acesso à justiça, também, em relação aos Estados, nas suas controvérsias com outros Estados.

Só para concluir este ponto e passar à próxima pergunta, durante os meus anos – não posso deixar de dizer isso – como Presidente da Corte Interamericana de Direitos Humanos, toda vez que eu ia apresentar o *Relatório Anual* [da Corte] diante do Conselho Permanente e da Assembléia Geral da Organização dos Estados Americanos (OEA), eu conclamava os Estados membros da OEA a estabelecer um fundo de assistência judiciária gratuita para os peticionários que não têm meios de ter acesso à justiça, – [que não têm] recursos materiais, nem sequer, de contratar um advogado.

Durante cinco anos eu repeti essa sugestão, pedi que se criasse uma "Comissão nuclear" dentro da Comissão de Assuntos Jurídicos e Políticos (CAJP), que é um órgão subsidiário do Conselho Permanente da OEA, e todos me escutaram com a maior atenção, mas nada se fez. Ou seja, ainda não se despertou a consciência para a necessidade de estabelecer um fundo de assistência judiciária gratuita, lamentavelmente. Mas tenho minha consciência tranqüila, [pois] as minhas propostas nesse sentido fazem parte dos *Officials Records* das reuniões das Assembléias Gerais e do Conselho Permanente da OEA. Aí [consta] a minha solicitação, reiterada durante meia década (1999-2004)[13].

No momento, há uma série de debates quanto ao acesso à justiça, também nesses termos, à Corte Internacional de Justiça da Haia, e há uma proposta da criação de um fundo de assistência judiciária para os países mais pobres, que não dispõem de recursos para contratar uma série de advogados especializados em procedimento judicial internacional, para poder defender os seus interesses no procedimento contencioso diante da Corte Internacional de Justiça, que é caríssimo, como todos sabemos. Então, esse é realmente um problema pendente, mas é um problema que temos bastante presente, e seguiremos insistindo nessa concepção *lato sensu* do acesso à justiça, abarcando não só a dimensão formal como também a dimensão material.

---

13 Cf., a respeito, A.A. Cançado Trindade, *El Derecho Internacional de los Derechos Humanos en el Siglo XXI*, 2ª. ed., Santiago de Chile, Editorial Jurídica de Chile, 2006, pp. 431-532.

Lembro que o Artigo 8º da Declaração Universal de Direitos Humanos, sobre o acesso à justiça, [resultou de] uma concepção latino-americana. Uma concepção latino-americana [resultou em] um dos artigos mais importantes da Declaração Universal. A origem [da proposta] foi do Grupo Latino-Americano, que invocou a experiência do recurso de *amparo* no México e em outros países da América hispânica, e o mandado de segurança aqui no Brasil, para fundamentar a transposição, ao plano internacional, do acesso à justiça, observadas as garantias do devido processo legal[14].

Passo, em seguida, à questão importantíssima levantada pelo Senador José Nery; não me eximirei de respondê-la. Sempre fui um livre pensador. A questão da anistia. Em uma entrevista longa que tive ocasião de dar, ao *Jornal do Brasil*, no dia 20 de dezembro de 1998, intitulada "*Não Há Anistia para Tortura*", expus o meu pensamento a respeito. Não houve maior repercussão porque eu nunca exerci cargo político algum em minha vida. Sou um simples Professor, um simples acadêmico, sou uma pessoa privada e ninguém deu maior importância ao que eu disse. Mas essa é minha posição. Não existe anistia para a tortura. Nenhum tipo de anistia, – seja ampla, geral ou irrestrita, ou seja uma auto-anistia, – pode abarcar [ou encobrir] os crimes contra a humanidade, [os crimes imprescritíveis]. A prática da tortura é um crime contra a humanidade, de acordo com a evolução do Direito Internacional e do Direito Penal Internacional.

Isso eu afirmo com a maior tranqüilidade, porque já consta de meus Votos na Corte Interamericana em três casos. No meu Voto, no caso [paradigmático] de *Bairros Altos* (2001), e, depois dessa Sentença [histórica, em meus Votos nos casos de *Almonacid* (2006) e do outro massacre de *La Cantuta* (2006), dos estudantes universitários]. Eu me recordo dos momentos dramáticos dessa Sentença de *Barrios Altos*: [no momento de nossa deliberação na Corte Interamericana,] houve um "apagão", *un apagón*: apagaram-se as luzes em São José da Costa Rica, e nós tivemos que nos trasladar [da sede principal da Corte] para

---

14 A.A. Cançado Trindade, "Comentário ao Artigo 8 [da Declaração Universal dos Direitos Humanos]", *in 50 Anos da Declaração Universal dos Direitos Humanos 1948-1998: Conquistas e Desafios,* Brasília, Ordem dos Advogados do Brasil (OAB)/Conselho Federal, 1998, pp. 103-110.

a da Biblioteca da Corte Interamericana [que eu tinha inaugurado há pouco, e] que tinha um gerador [de energia] próprio. Convoquei uma Sessão Extraordinária, porque tinha [ocorrido] uma mudança interna no regime político no Estado demandado, e convoquei, de imediato, uma audiência pública para resolver esse caso de *Bairros Altos*, do massacre de *Bairros Altos*.

[Em plena audiência,] o agente do Estado demandado pediu à Corte que nos pronunciássemos sobre a Lei de Anistia. Então, [solicitei] a ele, como Presidente da Corte: – "O Senhor pode repetir essa pergunta?" Ele repetiu: – "Poderia a Corte pronunciar-se sobre a Lei de Anistia?" [Determinei]: – "Está suspensa a sessão!". [Era tudo o que necessitávamos, uma oportunidade histórica que não poderíamos perder]. Imediatamente, nos recolhemos e emitimos uma Sentença que, hoje, está em todos os livros de Direito Internacional [dos Direitos Humanos] e de Direito Penal Internacional, que está aclamada no mundo inteiro como um marco na história do Direito Internacional contemporâneo. Espero que algum dia a importância dessa Sentença seja avaliada, também, [aqui] no meu [próprio] país.

Leiam os livros, [por exemplo,] do Antonio Cassese, leiam os livros dos grandes autores do Direito Penal Internacional. Todos dizem: – "A sentença de *Bairros Altos* abriu um novo capítulo no Direito Internacional Contemporâneo". O crime de tortura é imprescritível. (...) No caso de *Almonacid* (2006), as Audiências Públicas, para minha grande satisfação, se realizaram em meu país, no auditório do Superior Tribunal de Justiça, [aqui em Brasília]. Espero que, a partir de agora, as pessoas passem a dar mais atenção ao que eu já escrevi a respeito, e ao que estou dizendo, desde 1998; sinceramente, não entendo esse *imbroglio* que se tem criado aqui em nosso país a respeito. Para mim, a situação [está claramente] decidida, já no plano internacional, e é cristalina. Nesses Votos meus [nos casos de *Barrios Altos*, *La Cantuta* e *Almonacid*], me permiti, Senador E. Suplicy, recordar uns ensinamentos de Jacques Maritain, da escola personalista francesa. Como sou da geração de 68, em Belo Horizonte, minha cidade natal, eu freqüentava muito os cursos de filosofia, e sempre me recordava de que o propósito da criação do Estado foi servir ao ser humano. O Estado existe para o ser humano, e não *vice-versa*.

Quer dizer, a evolução do Direito Internacional e do Direito Penal Internacional, – evolução essa, já recepcionada pelo Brasil, – tem que ser levada em conta, não pode ser ignorada. Nós não podemos nos perder em debates autistas, que terminam no horizonte da ponta de nosso nariz. A proibição da tortura, ao contrário do que se diz no hemisfério norte, é uma proibição absoluta, é de *jus cogens*. Foi a posição que defendi nos meus Votos. Não existe "interrogatório intensivo", como o praticado [nos centros de detenção] em Abu Ghraib, ou em Guantánamo. Isso não existe. Isso é uma violação de um direito cogente.

Não existem *statutes of limitations* para crimes internacionais como a tortura, atos de genocídio e crimes contra a humanidade. São crimes imprescritíveis. Não podem ser alcançados por qualquer tipo de anistia. Já li tudo o que se escreveu a respeito, em idiomas acessíveis. Já li, e.g., todos os relatórios de Jouannet, na antiga Subcomissão [de Prevenção de Discriminação e Proteção de Minorias, da extinta Comissão de Direitos Humanos] das Nações Unidas. Ajudei a construir uma jurisprudência internacional a respeito, e, simplesmente, não entendo esse *imbroglio* que se criou em nosso país. Para mim, a situação é claríssima a respeito.

A questão seguinte [versa] sobre as invasões de Estados em outros. Sobre isso, também, já me pronunciei (...) publicamente. E, pouco antes da invasão [do Iraque] de 2003[15], estávamos reunidos na sala de audiências do plenário da Corte Interamericana de Direitos Humanos [em San José da Costa Rica, para dar seguimento ao] procedimento consultivo quanto à [*Condição Jurídica e Direitos dos*] *Migrantes* [*Indocumentados*]. Aproveitei a ocasião e organizei um ato público (...) [na sede da Corte]. [Estes episódios ainda] não são conhecidos aqui no Brasil, mas são muito conhecidos na América Latina; aqui no Brasil, não, porque as coisas demoram a chegar aqui. [Realizei] um ato público na sala de audiências da Corte, – aproveitando a presença de 12 países [intervenientes no procedimento consultivo sobre a *Condição Jurídica e os Direitos dos Migrantes Indocumentados*, –] um ato público, de repúdio à iminência da invasão de um Estado [por

---

[15] Cf., às vésperas da invasão do Iraque, A.A. Cançado Trindade, "A Guerra como Crime", *in Correio Braziliense*, Brasília, 20.03.2003, p. 5.

outros], fora do âmbito da Carta das Nações Unidas[16]. E disse que, enquanto em outras latitudes se cogitava dessa invasão, aqui na América Latina, lá na América Central, – disse eu, – 12 Estados se reuníam para professar a sua fé no [primado do] Direito Internacional.

Compareci [também] a um [outro] evento histórico, convocado aqui em Brasília, pelo Comitê Internacional da Cruz Vermelha (CICV) e pelo Alto Comissariado das Nações Unidas sobre os Refugiados (ACNUR), sobre essa matéria, [e realizado] no auditório do Instituto Rio Branco, que estava repleto... A Irmã Rosita [Milesi, aqui presente,] estava lá. E rechacei, expressamente, [esse uso indevido da força, fora do âmbito da Carta das Nações Unidas,] e volto a fazê-lo aqui, com a maior tranqüilidade, porque, inclusive, isso já está publicado, no meu *Curso Geral [de Direito Internacional Público]* ministrado na Academia de Direito Internacional da Haia (em 2005)[17]. Todos os Estados que votaram em mim na Assembléia Geral das Nações Unidas, [para Juiz da Corte da Haia, sabiam e] sabem que essa é minha posição.

Rechacei a doutrina da "legítima defesa preventiva", que não tem base no Direito Internacional; da "ação preemptiva", que não tem base no Direito Internacional; da "autorização implícita para uso da força", que não tem base no Direito Internacional; e da "autorização *ex post facto* para o uso da força", que não tem base no Direito Internacional. Não tenho dificuldade alguma em repetir isso aqui, e fui eleito para a Corte Internacional de Justiça por 163 países das Nações Unidas que sabem, perfeitamente, minha posição a respeito. E alguns me disseram que, no meu caso, os meus escritos haviam chegado a eles junto, e muito *antes*, das gestões do Governo brasileiro, e que eles já estavam inteirados do que eu penso a respeito, *antes* das gestões do Brasil. Eu me sinto profundamente honrado com isso.

---

16 Atas reproduzidas *in*: A.A. Cançado Trindade e F. Vidal Ramírez, *Doctrina Latinoamericana del Derecho Internacional*, vol. II, San José de Costa Rica, Corte Interamericana de Derechos Humanos, 2003, pp. 5-66.

17 A.A. Cançado Trindade, "International Law for Humankind: Towards a New *Jus Gentium* – General Course on Public International Law – Part I", 316 *Recueil des Cours de l'Académie de Droit International de la Haye* (2005) pp. 31-439; A.A. Cançado Trindade, "International Law for Humankind: Towards a New *Jus Gentium* -General Course on Public International Law – Part II", 317 *Recueil des Cours de l'Académie de Droit International de la Haye* (2005) pp. 19-312.

Por que a "legítima defesa preventiva" não existe, e é uma violação do Direito Internacional? Porque todo e qualquer uso da força, de acordo com a melhor e mais lúcida doutrina latino-americana do Direito Internacional, tem que respeitar os princípios da necessidade e da proporcionalidade. Esses são princípios fundamentais do próprio Direito Internacional Humanitário. Como se vai respeitar os princípios da proporcionalidade e da necessidade preventivamente? Isto nos leva a um absurdo jurídico. Isto é um jogo de palavras. É o uso de neologismos nefastos, que sempre serviram para acobertar atrocidades. Hoje, são mais de 33 mil crianças e mulheres e outras vítimas inocentes, mortas [no Iraque]. Quem se lembra deles? Ninguém. Estão fadados ao esquecimento.

A "autorização implícita" é outra expressão abominável. A interpretação do uso da força tem que ser restritiva, com base em toda a experiência da humanidade no decorrer do século XX, o mais sangrento da história da humanidade. Como se pode querer reescrever o Direito Internacional *a posteriori*? Como se pode [reescrevê-lo buscando justificar violações *a posteriori*?] Há várias pessoas no hemisfério norte, acadêmicos ou pretensamente acadêmicos [cooptados pelo poder], tentando avançar a idéia dos "limites" do Direito Internacional; não é o Direito Internacional que tem limites, o que tem limites é o uso da força.

Não podem querer construir uma nova ordem, com base em violações do Direito Internacional. De acordo com a Carta das Nações Unidas, que foi adotada para evitar o flagelo da guerra, – está em seu preâmbulo, – de acordo com a Carta das Nações Unidas, o uso da força tem que ser autorizado *previamente* e expressamente, e regulamentado pelo Conselho de Segurança. Não existe "autorização implícita". A "autorização *a posteriori*", o que é isso? Autorização tem que ser prévia, de acordo com a Carta das Nações Unidas. Rechaço, portanto, todos esses neologismos nefastos, que, lamentavelmente, têm se contaminado em nosso país, entre os autores menos avisados, e desconhecedores da melhor doutrina do Direito Internacional.

Por último, e com isso eu concluo as minhas respostas às excelentes perguntas do Senador José Nery, os fatos da atualidade, que poderão ser levados ao conhecimento da Corte Internacional de Justiça da Haia, são aqueles que [já] constam dos 15 casos pendentes no momento: conflitos armados internacionais, e, para a satisfação do Senador Cristovam Buarque, a proteção do meio-ambiente; está lá como um dos casos pendentes da maior importância. [Há que agregar,] finalmente, a regulamentação do uso da força, a observância do Direito Internacional Humanitário, a questão da livre navegação e os direitos navegacionais [e conexos] em rios contíguos, e também a utilização de recursos naturais. São os fatos da atualidade e, primeira vez, – essa variedade de fatos, provenientes de países (...) de distintos continentes, – (...) chegam ao conhecimento da Corte Internacional de Justiça.

Passo, agora, às igualmente excelentes perguntas do Senador Flávio Arns, uma das quais eu já respondi: a questão do acesso à justiça. Então me aterei às demais. Em primeiro lugar, a questão da intensidade das publicações: essa realmente é a única maneira que encontrei, Sr. Senador, de sobreviver: escrevo, penso para sobreviver... Essa intensidade das publicações, é a maneira que encontrei para exercer a minha liberdade pessoal como um ser pensante. E é precisamente por isso que abomino quaisquer "marcos teóricos". Estou muito contente em contar, aqui, com a presença de alguns dos meus distinguidos colegas da Universidade de Brasília. Sou um livre pensador, sou contrário a "marcos teóricos".

A necessidade de escrever é a maneira que encontrei na minha vida para exercer a minha liberdade pessoal. Como enfrentar as demoras nas iniciativas internacionais para fazer face às crises internacionais contemporâneas? Esta é uma das grandes preocupações das Nações Unidas neste momento. Ainda não se formou um consenso nas Nações Unidas quanto a isto. No momento, os grandes debates que levaram à reforma setorial das Nações Unidas em (...) dezembro de 2005, – reformas não satisfatórias, resultantes de algumas propostas nem sempre felizes, avançadas em painéis das Nações Unidas, – terminaram por deslocar a ênfase para o conceito de "responsabilidade de proteger". Uma iniciativa canadense. Os debates estão agora se aprofundando. A questão da "responsabilidade de proteger" tem [ultimamente] sido incluída na agenda da Assembléia Geral, todos os anos.

E creio, e assim o afirmei, em uma reunião do *Institut de Droit International*, – somos apenas dois brasileiros vivos, membros do *Institut de Droit International*, eu sou um deles, – tive ocasião de afirmar na reunião [de Bruges, Bélgica, de cinco anos atrás], o meu entendimento no sentido de que a ênfase deve estar nas necessidades de assistência e proteção das populações, que delas necessitam, e não na capacidade de proteger do agente interventor[18]. Ou seja, o meu enfoque é o enfoque humanista da questão dos assim-chamados "gerenciamentos" de crises internacionais, a serviço (...) dos direitos das populações a serem assistidas, e não [do prisma] da capacidade de ação dos agentes interventores. É essa a essência da questão, no que diz respeito à atuação dos órgãos políticos internacionais.

Agora, no que diz respeito à atuação dos órgãos judiciais internacionais, farei tudo que eu puder para buscar maior eficiência da Corte Internacional de Justiça, e digo aqui, com a maior tranqüilidade, que já comentei a esse respeito com meus futuros colegas. Eles já sabem qual é a minha posição, para que não se passe meses e meses discutindo questões jurisdicionais, para que se possa dar mais tempo às questões de mérito, [de substância,] sobre os casos [contenciosos]. Para, [ademais,] que se intensifique e se aperfeiçoe o regime das medidas provisórias de proteção, – com este cunho que eu expus, durante a minha apresentação de alguns minutos atrás, – das medidas provisórias de proteção, não só como medidas cautelares, mas também *tutelares*, e mesmo no contencioso inter-estatal, porque, por detrás do véu do Estado estão as pessoas, – como destinatários últimos da concessão [e reconhecimento] de direitos, mesmo no contencioso inter-estatal, – estão os seres humanos.

Teremos, então, que avançar, sofisticar, polir, fortalecer o regime das medidas provisórias de proteção, também no contencioso inter-estatal. Sobretudo nesses casos que agora estão pendentes na Corte da Haia, que são casos relativos a conflitos armados internos. Creio que esse seria o caminho para poder superar os atrasos que V.Exª., muito bem identificou, na justiça internacional, com relação às crises humanitárias contemporâneas.

A penúltima questão [versa] sobre a organização da sociedade civil; coincido inteiramente com V.Exª., e tem sido a minha posição também, [no sentido de] que o Direito, sim, ele pode muito assistir àqueles que dele necessitam para a proteção de seus direitos, mas a educação é de fundamental importância. A capacitação no Direito. A pessoa saber que tem direito aos direitos, e que ela tem *direito ao*

[18] Cf. A.A. Cançado Trindade, "Reply [Assistance Humanitaire]", *in* 70 *Annuaire de l'Institut de Droit International* – Session de Bruges (2002-2003) n. 1, pp. 536-540.

Direito. E então, isso só através da educação formal e não-formal. Ou seja, da organização da sociedade civil nacional e internacional. Tive a grata satisfação de participar do ciclo das Conferências Mundiais das Nações Unidas, da década de 90, e me recordo que aí começou a grande coordenação das organizações não-governamentais no plano internacional. E hoje já é uma prática bem estabelecida.

O direito brota das bases das sociedades nacionais e das entidades da sociedade civil, tanto nacional, como internacional. Por último, e com isso eu concluiria as perguntas do Senador Flávio Arns, com as minhas respostas, a importância dos princípios. Coincido em que são de suma relevância, e iria mais além. A posição que defendi no Curso Geral [de Direito Internacional Público] que ministrei na Academia de Direito Internacional da Haia, e que está publicado nos tomos 316 e 317 do *Recueil des Cours*[19], é [no sentido de] que os *prima principia* são aqueles que dão origem às normas. Sou um não-positivista. São aqueles princípios que dão origem às regras.

Os positivistas jamais poderão ter uma visão universalista da ordem jurídica internacional, porque se atêm àquilo que está posto pelo legislador. Eles têm uma visão fragmentada da ordem jurídica internacional. Então, pra mim, sem os *prima principia*, sem os princípios, não há sistema jurídico. O alicerce de todo e qualquer sistema jurídico, seja nacional ou internacional, se encontra nos princípios. Se um Estado viola um determinado princípio do Direito Internacional ao invadir outro Estado, sem nenhuma autorização prévia e sem regulamentação com base na Carta das Nações Unidas, esse princípio não deixa de existir. Nem a ordem jurídica internacional. Esse Estado incorreu em uma violação do Direito Internacional.

Muitas vezes as violações levaram tempos para serem sancionadas. É só atentarmos para a evolução do Direito Internacional ao longo do século XX. Somente agora o ideal da justiça penal internacional floresce, depois de décadas dos primeiros escritos dos grandes autores dos anos 20, que sonhavam com uma justiça penal internacional. Então, apesar de toda essa crise, – que é uma crise de valores, que vivemos em nossos dias, – apesar de toda essa crise, tem-se logrado avanços no Direito Internacional.

---

[19] *Cit*. nota (17), *supra*.

Tribunais Internacionais novos foram criados, os dois Tribunais *ad hoc* para a ex-Iugoslávia e para Ruanda, deixarão de existir em 2010, [ou talvez pouco depois]. Foram estabelecidos [em 1993-1994], e seguidos pelo TPI, (...) o Tribunal Penal Internacional [permanente], criado em 1998, e que já está em operação, muito preocupado em estabelecer os parâmetros para as reparações coletivas, para as vítimas de crimes de guerra, crimes contra a humanidade ou atos de genocídio. Quem poderia antever isto há 15 anos atrás? Então, penso que é nos momentos de crise que se dão os grandes saltos qualitativos, assim como é da pedra que se extrai o ouro, e tem sido sempre assim.

O pós-guerra também foi um momento de iluminismo raro na evolução do Direito Internacional. Então, se uma violação do Direito Internacional não é imediatamente sancionada, nem por isso devemos perder a fé no Direito Internacional. A minha mensagem às novas gerações, no Curso Geral [que ministrei] na Academia da Haia [em 2005], – e fui o primeiro brasileiro a fazê-lo, com muita honra, – foi no sentido de não abdicarem de sua confiança no futuro do Direito Internacional. Algumas das atrocidades que ocorreram na II guerra mundial, somente agora passam a ser reparadas, através, inclusive, da criação de tribunais especiais, inclusive para os *dormant claims* das vítimas do holocausto. Ou para as *comfort women* no Oriente. Somente agora despertou a consciência humana para a necessidade de prover reparações às vítimas e a seus familiares.

Os homicídios que são perpetrados diariamente em qualquer país não fazem com que, com isso, deixe de existir o Direito Penal. A dissolução de lares não acarreta o fim do Direito Civil. O Direito, insisto, pertence ao mundo do dever ser, e não do ser. E se um país, por mais poderoso que seja, viola um determinado princípio do Direito Internacional, nem por isso um novo Direito Internacional está surgindo. Ele é um violador do ordenamento jurídico internacional. Se o ordenamento jurídico internacional tem carências institucionais para a punição dessas violações, devemos trabalhar, – e eu o tenho feito nos últimos anos, – de maneira intensa, para a evolução do Direito Internacional, no sentido de provê-lo de meios para sancionar essas violações, porque as *mesmas* normas e os mesmos princípios devem ser válidos para todos os Estados, independentemente de desigualdades factuais de poder.

[Passo,] por último, às perguntas do Senador Cristovam Buarque, pelas quais também muito agradeço. Em relação à questão ambiental, tive a ocasião de desenvolver vários estudos a respeito, e de identificar, nas reivindicações de direitos relativos à proteção ambiental [no plano internacional], uma pluralidade de sujeitos ativos e uma unidade de sujeito passivo, [o Estado]. Esta é uma das grandes dificuldades na reivindicação dos direitos à proteção ambiental. Embora não conste na Declaração Universal [de 1948,] que, como todo e qualquer instrumento internacional, é um produto de sua época, ele já foi incorporado em numerosos instrumentos internacionais, tanto declarações como convenções internacionais. Inclusive, no nosso sistema [interamericano], no Protocolo ao Pacto de São José da Costa, [figura no] primeiro Protocolo à Convenção [Americana sobre Direitos Humanos], que é o Protocolo de San Salvador, de 1988, – que consagra o direito à proteção ambiental.

Na Convenção Européia de Direitos Humanos, esse direito tem sido objeto de muitas reclamações, com base no Artigo 8º (sobre o direito à privacidade), [vindicado] como o direito de viver em condições dignas ambientais. Tem este sido protegido com base no Artigo 8º (direito à privacidade) [da Convenção Européia], através de uma construção jurisprudencial, porque todo esse desenvolvimento do direito ambiental foi subseqüente à adoção da Convenção Européia em 1950. E agora, há um caso pendente, – exatamente sobre a questão levantada por V.Exª., – na Corte da Haia, que terei o privilégio de conhecer dentro de algumas semanas.

Sobre a questão do direito à educação e à cultura, atribuo a maior importância a esse direito; há um mecanismo de 1978, – que V.Exª. certamente conhece, – o mecanismo da UNESCO sobre reclamações individuais para suprir essa lacuna, que foi adotado por inspiração de Karel Vasak, um grande jurista que hoje vive em Estrasburgo. E a questão do direito à diversidade cultural é a questão central de duas Sentenças da Corte Interamericana, com Votos que emiti, a respeito das *Comunidades Indígenas de Yakye Axa* (2005-2006) e de *Sawhoyamaxa* (2006), relativas ao nosso país vizinho, o Paraguai. Nesses dois casos, os membros das Comunidades haviam sido deslocados forçadamente, [de suas terras ancestrais] para as margens de uma estrada pública. Eles tiveram as suas terras ancestrais vendidas, comercializadas. Nós afirmamos que o direito à identidade cultural estava ameaçado nesses dois casos, e que é um componente do direito à vida, entendido este como o direito a viver com dignidade.

Portanto, já existe uma jurisprudência internacional sobre o direito à vida, abarcando a diversidade cultural. Quanto ao direito [aos benefícios decorrentes] do avanço tecnológico, para a vindicação do direito à saúde, lamento, profundamente, que em tantos países, como no nosso, a saúde tenha deixado de ser um bem público e passado a ser uma *commodity,* uma mercadoria, lamentavelmente. Esse é um retrocesso, assim como [ocorre com] o direito à educação. E eram tidos como *bens públicos*, na minha época de universitário, e hoje, com muita tristeza, vejo que, lamentavelmente, têm sido relegados a um plano distinto do que eram antes.

Atribuo a mesma importância que V.Exª. dá, à vindicação desses direitos; e em algumas Sentenças [da Corte Interamericana], como no caso de *Cantoral Benavides* (2000-2001), uma das formas de reparação ordenadas ao Estado demandado, foi prover educação gratuita à vítima de tortura. Ou seja, uma combinação, uma fusão, tanto dos direitos individuais, como dos direitos sociais, a meu modo de ver. E, respondendo de forma global a todas as perguntas de V.Exª., para mim todos os direitos são exigíveis, – seja os de dimensão individual, seja os de dimensão social, e não há como separar uns dos outros.

Sr. Senador Cristovam BUARQUE (PDT-DF): – Me permite? (...)

Sr. Senador Eduardo SUPLICY, Presidente (PT-SP): – Mas a sessão está concluindo.

Sr. Senador Cristovam BUARQUE (PDT-DF): – (...) Por que o analfabetismo não é visto como um crime de tortura, quando o analfabeto é analfabeto por falta de acesso e não porque ele não quis?

Dr. Antônio Augusto CANÇADO TRINDADE: – Se é visto, não é por mim, é por outrem. Porque, para mim, o crime da tortura tem um conteúdo material próprio. Se outras pessoas o caracterizam como tortura, é uma maneira de caracterizar. Para mim, a falta de acesso à educação afeta o próprio direito à vida. (...)

Sr. Senador Cristovam BUARQUE (PDT-DF): – E por que não se pune os responsáveis por isso?

Dr. Antônio Augusto CANÇADO TRINDADE: – Sobre o direito à educação, nas Sentenças [da Corte Interamericana de Direitos Humanos nos] nos casos dos "*Meninos de Rua*" (1999-2001) e do *Instituto de Reabilitação de Menores* [2004], dissemos que a falta de acesso à educação afeta não só o direito à educação, mas também o direito à vida. Agora, por que não se pune [os responsáveis]? Lamentavelmente, a jurisdição internacional hoje tem evoluído de maneira compartimentalizada. Alguns tribunais têm a faculdade de punir aqueles responsáveis pela violação de determinados direitos: são os tribunais penais. Outros se atêm à responsabilidade estatal: são os Tribunais Internacionais de Direitos Humanos. Meu ponto de vista, Sr. Senador, é no sentido de que não se pode continuar avançando dessa maneira compartimentalizada. A responsabilidade penal individual [internacional] não exclui a responsabilidade internacional do Estado. Para mim, as duas responsabilidades são complementares e são indivisíveis.

Sr. Presidente Senador Eduardo SUPLICY (PT-SP): – Muito bem. O Senador José Nery pede a última palavra, rápida.

Sr. Senador José NERY (PSOL-PA): – Primeiro, quero parabenizar ao Senador Eduardo Suplicy pela brilhante iniciativa [desta Audiência Pública]. E aproveitar para sugerir a V.Exª. que, em virtude da justificada ausência de vários Senadores, que gostariam com estar aqui, – tenho certeza, – sugerir que a Comissão de Relações Exteriores [enviasse] a cada um dos Srs. Senadores todo o conteúdo dessa Audiência Pública.

E segundo, tomar emprestado ao Dr. Grijalbo Coutinho, digno Juiz do Trabalho, [sua manifestação] para me referir à importância da eleição do Dr. Antônio A. Cançado Trindade para a Corte da Haia, resumindo tudo que escutamos aqui, e presenciamos; para resumir, em uma palavra, um artigo Dr. Grijalbo Coutinho, o sentimento e a nossa interpretação de tudo que vivemos e ouvimos aqui, o Dr. Cançado Trindade no Tribunal da Haia é o humanista social no lugar certo. Muito obrigado. [Palmas].

Sr. Senador Eduardo SUPLICY, Presidente (PT-SP): – Vou aproveitar a sugestão do Senador José Nery, e sugerir ao Presidente Heráclito Fortes que possamos fazer, desta sua magnífica aula, uma publicação do Senado Federal pela Comissão de Relações Exteriores, porque assim tantas mais pessoas poderão aprender com a sua excelente Audiência, sua aula e apresentação. Meus parabéns! [Palmas].

Dr. Antônio Augusto CANÇADO TRINDADE: – Eu, de minha parte, Senador Eduardo Suplicy, guardarei este fascículo comigo na Haia para matar as saudades de nosso querido país. Muito obrigado ao Senhor e a todos. [Palmas].

Sr. Senador Eduardo SUPLICY, Presidente (PT-SP): – Muito obrigado a todos os presentes. Está encerrada a presente sessão[20].

[Sessão encerrada às 14h33m].

[20] Depois de registradas em Ata oficial as presenças do Senador Eduardo Suplicy (no exercício da Presidência da Comissão de Relações Exteriores e Defesa Nacional do Senado Federal), e dos Srs. Senadores Marcelo Crivella, João Ribeiro, Heráclito Fortes, Virgínio de Carvalho, João Tenório, Cristovam Buarque, Flavio Arns, Marco Maciel, Augusto Botelho, Serys Slhessarenko, Valdir Raupp, José Nery, César Borges e Flexa Ribeiro, [justificou-se o Senador Arthur Virgílio,] foi decidido, por moção do Senador José Nery, que o "conteúdo" desta Audiência Pública, dados seus altos interesse e relevância, seria transmitido a todos os Senadores que não estavam presentes (por estarem participando nos trabalhos concomitantes de fim de ano de outras Comissões). O Senador Eduardo Suplicy, Presidente em exercício, recomendou a publicação das atas com as transcrições desta sessão, que estavam sendo prontamente enviadas para divulgação no *Diário do Senado Federal*.

Anexo II

RESPONSABILIDAD, PERDÓN Y JUSTICIA COMO MANIFESTACIONES DE LA CONCIENCIA JURÍDICA UNIVERSAL[1]

Antônio Augusto CANÇADO TRINDADE[2]

Constituye para mí motivo de gran honor poder comparecer a esta ceremonia de incorporación, como Profesor Visitante, del Colegio Mayor de Nuestra Señora del Rosario, por decisión de su ilustre Claustro. Ésto me proporciona la oportunidad de volver a Colombia, país al cual me siento ligado por profundos lazos de afecto, y aquí ver de nuevo viejos amigos del mundo académico, y encontrarme con altas autoridades de la República aquí presentes. Me propicia, además, la ocasión de compartir algunas reflexiones con los Profesores y estudiantes de la Universidad del Rosario, así como los integrantes del Diplomado en los Sistemas Internacional y de Derecho Interno de Protección de Derechos Humanos copatrocinado por el Ministerio de Relaciones Exteriores de Colombia y la Universidad Nacional de Colombia, así como estudiantes de postgrado de la Pontificia Universidad Javeriana, de la Universidad Externado de Colombia, de la

[1] Discurso del Autor en la ceremonia de otorga del título de Profesor Visitante *Honoris Causa*, en el Colegio Mayor de Nuestra Señora del Rosario, en Bogotá, Colombia, el 26 de enero de 2006.

[2] Juez y Ex-Presidente de la Corte Interamericana de Derechos Humanos; Profesor Titular de Derecho Internacional y Derechos Humanos de la Universidad de Brasília; Miembro Titular del *Institut de Droit International*, y del *Curatorium* de la Academia de Derecho Internacional de La Haya.

Universidad Autónoma de Colombia, y de la Universidad de la Sabana, todos aquí reunidos en una demostración del noble espíritu de cooperación inter-institucional, de la verdadera *Universitas*.

Extiendo al Claustro de la Universidad del Rosario, una de las más prestigiosas Universidades de Colombia y de América Latina, que está completando 353 años de existencia y densa trayectoria cultural e intelectual, mis más sinceros agradecimientos por la alta distinción que me concede, en esta bella Aula Máxima, repleta de historia y pensamiento, – distinción esta que para mí se reviste de gran significación no sólo profesional sino también personal. Extiendo mi reconocimiento a todo el Cuerpo Docente de la Universidad del Rosario, en las personas, aquí presentes, de su Rector Hans Peter Knudsen Quevedo, su Vicerrector José Manuel Restrepo Abondano, su Canciller Jeannette Vélez, su Decano de la Facultad de Jurisprudencia Alejandro Venegas Franco, y su Secretario-General Luiz Enrique Nieto Arango. Quisiera empezar evocando algunas muy breves reminiscencias, para en seguida pasar al tema de mi intervención en esta solemnidad, que me permito denominar "*Responsabilidad, Perdón y Justicia como Manifestaciones de la Conciencia Jurídica Universal*".

I. ALGUNAS REMINISCENCIAS

Cuando, en 1989, ministré un Curso de Derecho Internacional Público en este distinguido Colegio Mayor de Nuestra Señora del Rosario, en el marco de la XX Sesión del Programa Exterior de la Academia de Derecho Internacional de La Haya, no podría imaginar que se iniciaba un ciclo académico que culminaría, 17 años después, con esta ceremonia del día de hoy, 26 de enero de 2006, motivo de gran honor para mí. En 1989 aquí comparecí en compañia del distinguido Profesor Don Diego Uribe Vargas, Ex-Canciller de la República de Colombia y artífice de la construcción del derecho a la paz, – presente igualmente a la ceremonia de hoy para mi particular satisfacción, – y, al final de la referida Sesión de estudios de la Academia de La Haya, asistimos juntos al acto académico, realizado en esta misma Universidad del Rosario, de otorga de este mismo título de Profesor Visitante al Profesor Daniel Bardonnet, un *grand seigneur* y nuestro amigo común, de la Universidad de Paris-II, recientemente fallecido.

El Profesor D. Bardonnet, además de exímio exponente de la mejor tradición de la escuela francesa del Derecho Internacional, era un cultor de las raíces culturales de los países de América Latina, dónde dejó muchos amigos, entre los cuales Don Diego Uribe Vargas e yo. Por estas y otras razones, profesionales y personales, el gesto con que hoy me honra, transcurridos 17 años, el Claustro de esta tan respetada Universidad, el Colegio Mayor de Nuestra Señora del Rosario, de otorgarme la misma titulación, me conmueve profundamente, al revivir en mi mente memorias tan gratas de personas queridas en un país hermano, con amplia y reconocida tradición jurídica, al cual me siento ligado por lazos de profundo afecto. Al rendir tributo a la memoria del gran jurista Profesor Daniel Bardonnet, estoy seguro que doy expresión igualmente a los sentimientos de mi amigo Don Diego Uribe Vargas, aquí presente.

Desde el mencionado Curso impartido en la Universidad del Rosario en 1989, aquí en Bogotá, hasta la fecha, he tenido el privilegio de participar de todas las Sesiones del Programa Exterior de la Academia de La Haya desde entonces realizadas en América Latina (a saber, Santiago de Chile, 1991; San José de Costa Rica, 1995; Montevideo, 1998; Ciudad de México, 2002; y Lima, 2005), y hoy día, en compañía de Don Diego Uribe Vargas, tenemos el honor de representar América Latina en el Curatorium, órgano máximo de la Academia de la Haya. Para mí, el punto de partida de esta trayectoria, fue dado aquí, en la Sesión Exterior de Bogotá, realizado en la Universidad del Rosario, en seguimiento al Curso temático que ministré en la sede de la Academia de La Haya, en la capital holandesa, en 1987[3].

II. DOCTRINA LATINOAMERICANA DEL DERECHO INTERNACIONAL

[3] A.A. Cançado Trindade, "Co-Existence and Co-Ordination of Mechanisms of International Protection of Human Rights (At Global and Regional Levels)", 202 *Recueil des Cours de l'Académie de Droit International de La Haye* (1987) pp. 1-435.

La respectable y reconocida tradición jurídica colombiana encuéntrase, – a pesar de tantos conflictos que hace tanto tiempo flagelan el país[4], – profundamente arraigada en su historia: hay una corriente que, a partir de las *Cartas* de Santander, evoca la concepción de una sociedad regida por las leyes, en búsqueda de la realización del Estado de Derecho[5]. Muy pronto en la vida pública colombiana, se sembró y diseminó, en el idioma de Castilla, gracias a la iniciativa y determinación de Antonio Nariño, la concepción escolástica de la persona humana, y la doctrina enmanada de la Declaración (francesa) de los Derechos del Hombre y del Ciudadano[6]. Este ideario nunca dejó de ser cultivado en Colombia, país de tan rica tradición jurídica, que, no sorprendentemente, vino a ser la cuna del sistema interamericano de derechos humanos. En esta misma ciudad de Bogotá se adoptó, en 1948, la Declaración Americana, que precedió en algunos meses la Declaración Universal de Derechos Humanos de diciembre del mismo año.

Un ilustre rosarista, Don Alberto LLeras Carmago, Ex-Presidente de Colombia (1945-1946 y 1958-1962), hoy reconocido como uno de los más distinguidos Secretários-Generales que la Organización de los Estados Americanos (OEA) ha tenido en toda su historia, retomó el principio del Estado de Derecho, en discurso de 14 de abril de 1958, y sostuvo el primado de los principios del Derecho Internacional sobre el uso de la força[7], – principios estos que, en sus propias palabras, "forman parte principalísima de la tradición de la Cancillería colombiana"[8]. Para A. Lleras, el respecto de todos los derechos de la persona humana es una senãl de los nuevos tiempos, a la luz y con la observancia de los principios de derecho internacional, para que no

---

4 Cf. nota n. (14), *infra*.

5 Cf. *Cartas Santander-Bolívar* (1813-1820), tomo I, Bogotá, Biblioteca de la Presidencia de la República, 1988, pp. XIX y XXI-XXIII.

6 Cf. Varios Autores, *Manual de Historia de Colombia*, 2a. ed., tomo II, Bogotá, Procultura/Instituto Colombiano de Cultura, 1982, pp. 22-25, 55, 58, 70, 72, 99-101, 104-105, 116, 118, 120, 131 y 590; tomo III, 1982, pp. 303-304.

7 Cf. A. Lleras, *El Primer Gobierno del Frente Nacional*, tomo I (mayo de 1958/agosto de 1959), Bogotá, [Biblioteca de la Presidencia de la República], 1958-1959, pp. 309-310, y cf. p. 476 para su defensa del multilateralismo.

8 *Ibid.*, p. 477.

haga a uno a "retroceder em las extraordinarias conquistas adquiridas en más de medio siglo de experiencias afortunadas"[9].

Me complace reconocer en este auditorio, como representante del Embajador Julio A. Riaño, Embajador de Colombia en San José de Costa Rica y Decano del Cuerpo Diplomático en la capital de aquel país-sede de la Corte Interamericana de Derechos Humanos, su distinguida esposa. No podría eximirme de observar, en esta ocasión, por una cuestión de justicia, que, durante la media-década de mi Presidencia de la Corte Interamericana (1999-2004), y hasta la fecha, el Embajador Julio Riaño ha sabido mantener con nuestro Tribunal un diálogo siempre fluido y constructivo, abierto y cordial, en medio al trámite de casos complejos relativos a Colombia, sometidos al conocimiento de la Corte.

Ésto revela un admirable espíritu público de su parte, – ejemplo para las nuevas generaciones de diplomáticos de su país, – en la búsqueda común de soluciones satisfactorias para dichos casos, teniendo presente el fin último del Estado (la realización del bien común), dentro de la más fina tradición de actuación de la Cancillería de San Carlos. Siempre me recordaré de la presencia atenta y serena del Embajador Julio Riaño en episodios notables en la historia de la Corte, como, entre otros, en la ceremonia oficial de la lectura pública de la histórica y pionera Opinión Consultiva n. 16 de la Corte, sobre *El Derecho a la Información sobre la Asistencia Consular en el Marco de las Garantías del Debido Proceso Legal* (del 01 de octubre de 1999), que ha servido de inspiración a la jurisprudencia internacional *in statu nascendi* sobre la materia. Fue una mañana de sábado inolvidable, en la antigua sala de audiencias de la Corte, digna de la más lúcida tradición del pensamiento jusinternacionalista latinoamericano.

Esto gesto se repitió casi cuatro años después, en un acto público que convoqué para la noche del 25 de febrero de 2003, en la misma

---

9 *Ibid.*, p. 311. – Aunque sus *Memorias* hagan incursiones en los rasgos sociales de su época, así como en la emergencia de las libertades públicas y de los derechos humanos entonces consagrados, y por él prontamente sostenidos, – y además se refieran a su passaje por la Universidad del Rosario, – sus *Memorias*, como él propio indica, son fragmentos de una autobiografía mucho más amplia que hubiera escrito sí el tiempo existencial le hubiera alcanzado para hacerlo. Cf. A. Lleras, *Memorias* (Prólogo de G. García Márquez), Bogotá, Banco de la República/El Áncora Ed., 1997, pp. 223, 163-164 y 169-171.

sala de audiencias dónde se había realizado, un día antes, una histórica audiencia pública ante la Corte Interamericana. En medio a noticias de la inminencia de nueva guerra, – movida por una autodenominada "coalición de Estados", al margen de la Carta de las Naciones Unidas y en flagrante violación del Derecho Internacional, – las Delegaciones de doce paises latinoamericanos comparecían ante la Corte Interamericana, como intervenientes o como observadores, en el ya célebre procedimiento consultivo que condujo a la Opinión Consultiva n. 18 de la Corte, sobre la *Condición Jurídica y Derechos de los Migrantes Indocumentados* (2003), hoy considerada por la doctrina contemporánea como una de las más bellas páginas de la histórica de la protección internacional de los derechos humanos en América Latina.

Mientras en otras latitudes se hablaba del uso de la fuerza, en la sede de la Corte Interamericana (en un país que ha optado por ni siquiera tener ejército) nuestros países latinoamericanos, fieles a nuestra mejor tradición jurídica, renovábamos de ese modo nuestra fe en el primado del Derecho. Trátase de una renovada profesión de fe en el Derecho como instrumental de realización de la justicia, – y con mayor razón en los momentos particularmente turbulentos que vivimos. Tenemos, como latinoamericanos, que enorgullecernos de nuestra tradición jusinternacionalista.

Recuérdese, como ejemplos históricos concretos, la adopción de la Declaración Americana sobre Derechos y Deberes del Hombre, aquí en la ciudad de Bogotá, la cual precedió en siete meses la Declaración Universal de los Derechos Humanos de diciembre de 1948. En esta última se insertó el *derecho a la justicia* (artículo 8), gracias a una iniciativa latinoamericana. El principio básico de la prohibición del uso de la fuerza ya era propugnado por los latinoamericanos más de cuatro décadas antes de la adopción de la Carta de las Naciones Unidas en 1945, o sea, en la II Conferencia de Paz de la Haya de 1907. En Centroamérica se estableció el primer tribunal internacional permanente de la era moderna, a Corte Centroamericana de Justicia (1907-1917), que precedió la Corte Permanente de Justicia Internacional (antecesora de la Corte Internacional de Justicia).

En Latinoamérica se impulsaron con entusiasmo, a lo largo de la primera mitad del siglo XX, algunos de los primeros esfuerzos de codificación de derecho internacional, con miras a buscar asegurar la eficacia de sus normas. Latinoamérica estableció la primera de las cuatro zonas desnuclearizadas hoy existentes en el mundo y ha insistido siempre en la proscripción de todas las armas de destrucción masiva, inclusive las nucleares. Y las pocas referencias expresas a la justicia y al Derecho Internacional que hoy se encuentran en la Carta de las Naciones Unidas se debieron en gran parte a la iniciativa y el firme respaldo, en ese sentido, de las Delegaciones de los países latinoamericanos.

Nuestros paises han actuado a la altura de los desafios de nuestros tiempos, demostrando que es posible, en medio a dificultades crónicas de orden material, lograr notables avances en el derecho de gentes, como manifestaciones de la *conciencia jurídica universal*, fuente material última de todo el Derecho. En materia de cultura jurídica, ya la tenemos muy sedimentada, y nada tenemos que aprender de los países materialmente poderosos del llamado "primer mundo". Todo lo contrario. Durante el período de mi Presidencia de la Corte Interamericana (1999-2004) busqué prestar un justo tributo al mejor pensamiento jurídico latinoamericano. Con ese propósito, realizé tres actos públicos en la sede de la Corte, sobre la doctrina latinoamericana del derecho internacional.

El acto a que me referí anteriormente fue dedicado a la obra del jurista peruano J.L. Bustamante y Rivero, precedido de otro en tributo al jurista salvadoreño J. Gustavo Guerrero; las actas de ambos eventos fueron publicadas por la Corte[10], y a ellos se siguió un tercer acto público, dedicado a la contribución del jurista brasileño Raul Fernandes, que no llegó a ser publicado. Era mi intención realizar cuatro actos públicos congéneres más, – en tributo a los juristas José María Yepes, colombiano; Alejandro Álvarez, chileno; Luís María Drago, argentino; y E. Jiménez de Aréchaga, uruguayo, – y ya había yo iniciado gestiones en ese sentido, – pero el tiempo no alcanzó, al que se sumó la carencia de recursos del Tribunal. Nuestra labor sigue siendo un apostolado.

Quisiera, en esta ocasión que me proporciona la Universidad del Rosario, señalar que fue el jurista colombiano J.-M. Yepes quien pri-

---

10 A.A. Cançado Trindade y A. Martínez Moreno, *Doctrina Latinoamericana del Derecho Internacional*, vol. I , San José de Costa Rica, Corte Interamericana de Derechos Humanos, 2003, pp. 5-64; A.A. Cançado Trindade y F. Vidal Ramírez, *Doctrina Latinoamericana del Derecho Internacional*, vol. II, San José de Costa Rica, Corte Interamericana de Derechos Humanos, 2003, pp. 5-66.

mero utilizó, en 1950, la noción de "community interest", que, años después, pasó a ser utilizada en los *travaux préparatoires* de la Comisión de Derecho Internacional de Naciones Unidas sobre derecho de los tratados[11]. La contribución de J.-M. Yepes, – siempre atento al aporte de América Latina al desarrollo del Derecho Internacional Público y Privado[12], – ha sido acompañada o seguida por las de otros distinguidos jusinternacionalistas colombianos a lo largo del siglo XX, – como F. Urrutia, J.J. Caicedo Castilla, D. Uribe Vargas, A. Vázquez Carrizosa, y Germán Cavelier, – consolidando la notable y respectable tradición jurídica del país en el dominio del Derecho Internacional, – como no dejé de reconocer en mi Voto Razonado en el reciente caso de la *Masacre de Mapiripán versus Colombia* (2005) ante la Corte Interamericana (párrafo 16).

La contribución de la tradición jurídica colombiana se ha extendido a distintos capítulos del Derecho Internacional, y, en relación con el de la solución pacífica de controversias, por ejemplo, se ha manifestado dentro así como fuera del ámbito operativo de la Organización de los Estados Americanos (OEA). Así, me complace reconocer en este auditorio al distinguido Profesor Don Augusto Ramírez Ocampo, otro Ex-Canciller de la República de Colombia, de quien guardo grato recuerdo de la experiencia exitosa del Grupo de Contadora, y, en particular, de la reunión inicial, de 23-25 de agosto de 1985, bajo su coordinación, del Grupo de Contadora y del Grupo de Apoyo a Contadora (embrión del futuro Grupo de Rio), en que nos encontramos personalmente en la Casa de Huéspedes de Cartagena de Índias, dónde se realizó la histórica reunión[13].

En la misma línea de lúcido pensamiento jurídico me acuerdo, además, del emblemático gesto de pedido de perdón a las víctimas, de

11 Cf. S. Rosenne, "Bilateralism and Community Interest in the Codified Law of Treaties", *in Transnational Law in a Changing Society – Essays in Honour of Ph. C. Jessup* (ed. W. Friedmann, L. Henkin, y O. Lissitzyn), N.Y./London, Columbia University Press, 1972, p. 207 y 212-219.

12 Cf. J.M. Yepes, «La contribution de l'Amérique Latine au développement du Droit international public et privé», 32 *Recueil des Cours de l'Académie de Droit International de La Haye* (1930) pp. 691-799.

13 Y cuyos resultados inmediatos examino en obra reciente: A.A. Cançado Trindade, *Direito das Organizações Internacionais*, 3a. ed., Belo Horizonte/Brasil, Edit. Del Rey, 2003, pp. 703-704, y cf. pp. 701-718.

parte de los agentes del Estado, entre los cuales el Embajador Julio Riaño, en la reciente audiencia pública del 10 de marzo de 2005 en el caso *Gutiérrez Soler* (2005) ante la Corte Interamericana de Derechos Humanos. Con todos los graves problemas que tiene[14], Colombia se ha mantenido hasta la fecha fiel al sistema interamericano de protección que ayudó a construir, y, en las audiencias públicas ante la Corte, ha dado muestras de una postura constructiva hasta el presente. Tengo confianza en que seguirá siempre fiel a su valiosa tradición jurídica, dando fiel cumplimiento a las Sentencias de la Corte, para lo que cuenta con la solidariedad de los latinoamericanos, sobre todo ante la tragedia humana que vive.

III. LA TRÍADA RESPONSABILIDAD/PERDÓN/JUSTICIA COMO MANIFESTACIÓN DE LA CONCIENCIA JURÍDICA UNIVERSAL

A propósito de lo ocurrido en la referida audiencia pública del 10 de marzo de 2005, quisiera, ahora que diviso en el horizonte cercano el crepúsculo de la era de mi actuación como Juez titular de la Corte Interamericana, – la labor más gratificante de toda mi vida profesional, – trazar una breve línea de reflexiones sobre el despertar de la conciencia humana para los imperativos de protección de la persona humana y de reparación de los agravios contra esta perpetrados. Quisiera, en la noche de hoy en este acto académico en la Universidad del Rosario en Bogotá, referirme a la tríada *responsabilidad/perdón/*

14 Particularmente el de la violencia crónica, arraigado en su historia reciente; cf. G. Guzmán Campos, O. Fals Borda y E. Umaña Luna, *La Violencia en Colombia – Estudio de un Proceso Social*, 8a. ed., tomo I, Bogotá, Ed. Punta de Lanza, 1977, pp. 252, 294-297 y 416-418. Sobre los desplazamientos internos forzados, cf., v.g., ACNUR, *Balance de la Política Pública de Prevención, Protección y Atención al Desplazamiento Interno Forzado en Colombia* (2002-2004), Bogotá, ACNUR, 2004, pp. 15-361; y cf. M. Gómez Giraldo, *Desterrados – las Cicatrices de la Guerra en Colombia*, Bogotá, Intermedio, 2001, pp. 47-63 y 125-137. Sobre el proceso de desmovilización, cf., *inter alia*, J.A. Cárdenas Sarrias, *Los Parias de la Guerra – Análisis del Proceso de Desmovilización Individual*, Bogotá, Ed. Aurora, 2005, pp. 9-270; N. Springer, *Desactivar la Guerra – Alternativas Audaces para Consolidar la Paz*, Bogotá, Aguilar, 2005, pp. 21-355.

justicia como manifestación de la conciencia jurídica universal, – esta última como fuente *material* de todo el Derecho.

1. Responsabilidad

Todavía me acuerdo del primer caso de reconocimiento de responsabilidad internacional del Estado en audiencia pública ante la Corte Interamericana, en el caso *Aloeboetoe y Otros versus Suriname* (fondo, 1991), así como de las reuniones informales que lo precedieron, de las cuales participé, realizadas en el Hotel Aurola en San José de Costa Rica. Ya se pasaron 15 años, el caso ya fue archivado por la Corte después que Suriname, – país económicamente pequeño pero de respectable cultura, dió un bello ejemplo a los países grandes mediante el cabal cumplimiento de la Sentencia. Ya se pasaron 15 años desde aquel reconocimiento pionero y pleno, que fue, en aquel entonces, un evento ejemplarizante, con amplia repercusión en los círculos jusinternacionalistas latinoamericanos y caribeños.

Hoy día, de un total de 84 casos contenciosos tramitados ante la Corte Interamericana, se han resuelto 68, y, de este total, ya son 20 los casos de allanamiento bajo la Convención Americana, – de los cuales 15 casos de aceptación total de responsabilidad[15] y 5 de aceptación parcial de responsabilidad[16]. Además, de los casos todavía en trámite ante la Corte, en 5 otros de ellos ha habido aceptación parcial de responsabilidad[17]. Esto significa que, en este inicio del año 2006, los Estados Partes en la Convención Americana y sometidos a la jurisdicción de la Corte Interamericana han logrado alcanzar una

15 Casos *Aloeboetoe y Otros versus Suriname*, *Barrios Altos versus Perú*, *Benavides Cevallos versus Ecuador*, *Blanco Romero versus Venezuela*, *Bulacio versus Argentina*, *Caracazo versus Venezuela*, *Carpio Nicolle y Otros versus Guatemala*, *El Amparo versus Venezuela*, *Garrido y Baigorria versus Argentina*, *Gutiérrez Soler versus Colombia*, *Huilca Tecse versus Perú*, *Masacre de Plan de Sánchez versus Guatemala*, *Molina Theissen versus Guatemala*, *Myrna Mack Chang versus Guatemala*, y *Trujillo Oroza versus Bolivia*.

16 Casos *Blake versus Guatemala*, *García Asto y Ramírez Rojas versus Perú*, *Gómez Palomino versus Perú*, *Maritza Urrutia versus Guatemala*, y *Masacre de Mapiripán versus Colombia*.

17 Casos *Baldeón García versus Perú*, *Goiburú y Otros versus Paraguay*, *Ituango versus Colombia*, *Servellón García versus Honduras*, y *Vargas Areco versus Paraguay*.

impresionante cifra de 29,76% de casos contenciosos ante la Corte en que ha habido reconocimiento de responsabilidad internacional, de los cuales 85% corresponden a aceptación total de responsabilidad y 11,90% de aceptación parcial de responsabilidad.

Este porcentaje no encuentra paralelo en la práctica de ningún otro tribunal internacional contemporáneo. No me conste que estos dados encontren paralelo o precedente en otros sistemas de protección internacional de los derechos humanos. Aquí, una vez más, los países latinoamericanos han dado muestras inequívocas y marcantes de su rica cultura jurídica, que no queda a deber nada a la europea y aún menos a la norteamericana. Todo lo contrario, constituyen hoy un ejemplo para otros países, en el presente dominio del Derecho Internacional, en beneficio de las personas protegidas. En varias de sus Sentencias en aquellos casos, la Corte Interamericana ha valorado positivamente dichas aceptaciones de responsabilidad internacional.

Me siento verdaderamente privilegiado en haber podido participar en la adjudicación de *todos* estos casos de reconocimiento de responsabilidad hasta la fecha, – desde el primero de ellos, la Sentencia del 04.12.1991 en el caso *Aloeboetoe versus Suriname*, – y acompañar así de muy cerca ese proceso alentador de concientización por parte de los Estados Partes en la Convención Americana de sus deberes de protección hacia todos los individuos que se encuentren bajo sus respectivas jurisdicciones. Este ha sido uno de los aspectos más gratificantes de mi labor de más de una década como magistrado de la Corte Interamericana, que identifico como manifestaciones de la propia conciencia humana, que, en última instancia, es la que hace avanzar el Derecho.

2. Perdón

Además, se multiplican significativamente los casos em que los Estados de nuestra región han pedido perdón a las víctimas, sea después de las respectivas Sentencias de la Corte, sea incluso antes de ellas, como, por ejemplo, lo hizo Colombia, de modo ejemplar, en el mencionado caso *Gutiérrez Soler*. Los países de nuestra región han, así, dado expresión al despertar de su conciencia, y han dado una muestra del renovado vigor de la respectable cultura jurídica latinoamericana y caribeña, – como bueno ejemplo a otros países, como los de América del Norte, que hasta el presente ni siquiera ratificaron la Convención Americana sobre Derechos Humanos.

Como apreciar tales pedidos de perdón en el marco del Derecho Internacional de los Derechos Humanos? Se enmarcan ellos, a mi modo de ver, ineluctablemente, a lo que me permito denominar la trilogía indisociable de *responsabilidad/perdón/justicia*, como manifestaciones de la conciencia jurídica universal, fuente *material* última del Derecho Internacional así como de todo el Derecho. En mi Voto Razonado en el caso *Gutiérrez Soler versus Colombia* (2005), me permití señalar (párrafos 19-28) la relevancia de la concientización, en nuestros días, de la importancia de la búsqueda del perdón por la perpetración de las graves violaciones de los derechos humanos. En una obra reciente, P. Ricoeur señala oportunamente que "c'est dans notre capacité à maîtriser le cours du temps que paraît pouvoir être puisé le courage de demander pardon"[18]; y evoca la reflexión de K. Jaspers, para quien "l'instance compétente, c'est la conscience individuelle"[19]. En efecto, si miramos con atención al mundo que nos circunda, en él encontraremos manifestaciones de la conciencia humana universal en reconocimiento inequívoco de la relevancia de la búsqueda del perdón, en distintos continentes.

En el *continente americano*, tal como fue señalado por la Corte Interamericana en la presente Sentencia sobre el caso *Gutiérrez Soler*, en la audiencia pública del 10 de marzo de 2005, los integrantes de la delegación del Estado demandado, reiteraron su reconocimiento de responsabilidad internacional en el *cas d'espèce*[20], y pidieron perdón en nombre del Estado a la víctima y sus familiares en el *cas d'espèce*, a modo de contribuir, como fue expresado por la representación del Estado, a la "dignificación" de éstos últimos[21].

Otro ejemplo significativo encuéntrase en la presentación de los resultados de la labor de la Comisión de la Verdad y Reconciliación de Chile. Al dar al público el *Informe* final de la Comisión, en marzo

---

18 P. Ricoeur, *La mémoire, l'histoire, l'oubli*, Paris, Éd. du Seuil, 2000, p. 630.

19 Cf. *ibid.*, p. 616.

20 Formulado anteriormente en su escrito del 09 de marzo de 2005.

21 Párrafos 104 y 59, y cf. párr. 92(a) de la referida Sentencia.

de 1991 (el cual planteó la necesidad de rehabilitación del honor de las víctimas), el entonces Presidente de Chile (Sr. Patricio Aylwin) observó, en su discurso, que era "la hora del perdón y la reconciliación", para mirar "hacia el futuro que nos une, más que al pasado que nos separa", y agregó:

> "(...) Hay que empezar por precisar quiénes son los ofendidos llamados a perdonar y quiénes son los ofensores que han de ser perdonados. Yo no puedo perdonar por otros; el perdón no se impone por decreto. El perdón requiere arrepentimiento de una parte y de la otra generosidad. Cuando fueron agentes del Estado los que ocasionaron tanto sufrimiento, y los órganos competentes no pudieron o no supieron evitar o sancionarlos y tampoco hubo necesaria reacción social para impedirlo, son el Estado y la sociedad entera los responsables, bien sea por acción o por omisión. Es la sociedad chilena la que está en deuda con las víctimas de las violaciones de los derechos humanos. (...) Por eso yo me atrevo, en calidad de Presidente de la República, a asumir la representación de la nación entera para, en su nombre, pedir perdón a los familiares de las víctimas. Por eso también pido solemnemente a las fuerzas armadas y de orden y a todos los que hayan tenido participación en los excesos cometidos que hagan gestos de reconocimiento del dolor causado y colaboren para aminorarlo"[22].

En el *continente asiático*, recientemente, en la Cumbre de Países de África y Asia realizada en abril de 2005 en Jakarta, Indonesia, el Primer Ministro del Japón (Sr. J. Koizumi) pidió perdón a los victimados (sobre todo asiáticos) por los excesos perpetrados por los militares de su país en la II guerra mundial. En su discurso del 22.04.2005 en la referida Cumbre, expresó, en nombre del Estado japonés, sus sentimientos de "deep remorse" y "heartfelt apology always engraved in mind"[23]. Este no fue el primer gesto del género, por cuanto solicitudes

---

[22] P. Aylwin Azocar, "La Comisión de la Verdad y Reconciliación de Chile", *in Estudios Básicos de Derechos Humanos – II* (eds. A.A. Cançado Trindade y L. González Volio), San José de Costa Rica, IIDH, 1995, pp. 115-116, y cf. p. 113.

[23] Discurso reproducido *in*: www.infojapan.org/region/asia-paci/meet0504, el 22.04.2005, pp. 1-3.

similares de perdón fueron formuladas por los gobernantes de aquel país en ocasiones anteriores[24].

A partir de diciembre de 1991, Japón emprendió una operación de *fact-finding*, cuyos resultados fueron anunciados en julio de 1992 y agosto de 1993, sobre el tema denominado de "wartime comfort women"; al anunciarlos, las autoridades japonesas expresaron sus "sincere apologies and remorse" por la "grave afrenta al honor y a la dignidad" de las mujeres victimadas durante la guerra. Aceptando su "responsabilidad moral", Japón tomó una serie de iniciativas (a partir de julio de 1995), como el desarrollo de proyectos y fondos de asistencia a las víctimas (y familiares) en las Filipinas, República de Corea, Taiwan, Indonesia y Holanda, a fin de "ensure that such an issue may never be repeated"[25].

En el *continente europeo*, en el año 2000, el Papa Juan Pablo II, en un documento histórico (titulado *Memoria e Riconciliazione – La Chiesa e le Colpe del Passato*), pidió perdón por las culpas de la Iglesia en el pasado. Explicó que

> "Purificare la memoria significa eliminare dalla coscienza personale e collettiva tutte le forme di risentimento o di violenza che l'eredità del passato vi avesse lasciato (...)"[26].

Este proceso de purificación de la memoria se rige, en su formulación, por tres principios, a saber, el "principio de conciencia" (como un "juicio o imperativo moral") el "principio de historicidad", y el "principio de cambio de `paradigma'"[27]. Entre los ejemplos históricos

---

24 A saber, los días 29.09.1972, 24 y 26.08.1982, 06 y 07.09.1984, 18.04.1990, 24 y 25.05.1990, 16 y 17.01.1992, 06.07.1992, 04 y 11.08.1993, 23.08.1993, 29.09.1993, 31.08.1994, 15.08.1995, 23.06.1996, 08.10.1996, 28.08.1997, 06.09.1997, 13 y 16.01.1998, 15.07.1998, 08.10.1998, 26.11.1998, 10 y 17.08.2000, 30.08.2000, 03.04.2001, 08.09.2001, 15.10.2001, 17.09.2002, 15.08.2003, 13.04.2005, y, en fin, 22.04.2005.

25 Datos constantes de un *dossier* (de marzo de 2003, pp. 1-6) que recebí del Ministerio de Relaciones Exteriores del Japón, en Tokyo, durante mi visita académica a aquel país, como invitado oficial, en diciembre de 2004.

26 [Commissione Teologica Internazionale/Vaticano,] *Memoria e Riconciliazione – La Chiesa e le Colpe del Passato: Il Papa Chiede Perdono – Purificare la Memoria*, Roma, Ed. Piemme, 2000, p. 98.

27 *Ibid.*, pp. 98-99.

citados figuran los de las cruzadas (la "tragedia dell'uso delle armi per proteggere la fede"), de los indígenas, de la Inquisición, además de casos individuales como los de Giordano Bruno y Galileo[28].

En el *continente africano*, al recibir el *Informe* de la Comisión de la Verdad y Reconciliación de Sudáfrica, el Presidente de aquel país (Sr. Nelson Mandela), en discurso pronunciado en Pretoria el 29.10.1998, advirtió:

> "It will be difficult for the victims of gross violations of human rights to accept the philosophical account of the trade-off between punitive justice and a peaceful transition. It may be difficult for many to accept the finding that the apartheid State was the primary perpetrator of gross human rights violations. Yet if we are true to our founding pact, we cannot equivocate about a system which exacted such inhumanity. There can be no dissonance with regard to the clarion call: never again!"[29].

Poco después, en su evaluación de la labor de la Comisión de la Verdad y Reconciliación sudafricana, publicada en enero de 1999, el Arzobispo Desmond Tutu concentró sus reflexiones en el tema del arrepentimiento y la búsqueda del perdón. Ponderó él que

> "Forgiveness and reconciliation are not the normal terms of political discourse. They are playing on home ground in the religious area (...) to bear on the delicate business of healing a traumatised and deeply wounded people. (...) Forgiveness in an important way is making it possible for the wrongdoer to make a new beginning and not to be imprisoned in a paralysing past. (...) But the only way forgiveness can be appropriated is by the perpetrator confessing because he is penitent. Something similar is true for communities and people"[30].

---

28 Cf. *ibid.*, pp. 131-180. Y cf. también John Paul II, *Crossing the Threshold of Hope*, N.Y., Knopf, 2004, pp. 63-66; Dalai Lama y V. Chan, *The Wisdom of Forgiveness*, N.Y. Riverhead Books, 2004, pp. 234-236.

29 South African Government, www.info.gov.za/index, Statement of 29 October 1998, p. 2.

30 D. Tutu, "Seeking Reconciliation in South Africa", in *Franciscan* magazine, European Province of the Society of Saint Francis (January 1999 issue), reproducido *in*: www.franciscans.org.uk/1999jan-tutu, pp. 1 y 3.

En seguida, el Arzobispo D. Tutu se refirió a la tragedia de Ruanda:

> "I visited Rwanda soon after the genocide there. I said that if retributive justice was to be the last word in dealing with that awful happening, then Rwanda had had it, for her history has been one of reprisal followed by counter-reprisal, as first Tutsi and then Hutu took the opportunity for revenge, as each in turn toppled the previous top dogs. Their hope lay in something which went beyond retributive justice, and that something was forgiveness. (...) And so we see that without forgiveness there can be no future"[31].

En su decisión emitida en Arusha, el 02.10.1998, en el caso *Prosecutor versus Akayesu*[32] el Tribunal Penal Internacional *ad hoc* para Ruanda (*Trial Chamber*) señaló que el acusado (Sr. J.-P. Akayesu), condenado a prisión por el Tribunal (párrafo 3), a pesar de haber aceptado responsabilidad por los hechos tan sólo por omisión (por falta del cumplimiento del deber de proteger la población de Taba), sin embargo insistió en "publicamente expresar pesar por todas las víctimas de los trágicos eventos que ocurrieron en Ruanda, sea tutsis, hutus, o twas. Pidió el perdón del pueblo de Ruanda en general y específicamente del pueblo de la comuna de Taba (...)" (párrafo 2).

3. Justicia

El perdón, de suma importancia como otra de las manifestaciones de la conciencia humana, sin embargo no puede ser apreciado de modo aislado: encuéntrase ineluctablemente vinculado a la responsabilidad – a la cual ya me referí, – así como a la justicia, tercer dato de la tríada que me propongo aquí desarrollar. Así como el pasar del tiempo es, de cierto modo, una *medicina doloris*, el perdón es un acto de redención y de liberación (de la punición de la vida interior), de parte tanto de las víctimas como de sus victimarios arrependidos, es un intento de superación de la miseria de la condición humana[33].

---

31 *Ibid.*, p. 3.

32 Caso n. ICTR/96-4-T.

33 V. Jankélévitch, *Forgiveness*, Chicago, University of Chicago Press, 2005, pp. 10, 39, 41 y 144.

El perdón es pedido por los victimarios arrependidos, pero puede ser aceptado o no por las víctimas. Estas esperan tener sus sufrimientos reivindicados, de conformidad con las lesiones sufridas; para algunas, el pedido de perdón puede ser considerado como un acto satisfactorio de justicia. Pero, para otras, víctimas de violaciones particularmente graves, el perdón debe ser acompañado de otros actos de justicia que reivindiquen y reconozcan debidamente sus sufrimientos, y pongan fin a la impunidad.

En un libro magistral, – de aquéllos que ya no se escriben más en nuestra nueva era de la informática, – titulado *Le problème du mal – l'histoire* (1948), su lúcido autor, R.P. Sertillanges, observó con acierto que el pensamiento positivista, insensible a los valores, se tornó simplemente *inconsciente del problema del mal*[34]. El despertar de la conciencia jurídica universal viene, a mi modo de ver, a sepultar en definitiva la indiferencia de la miopía del positivismo jurídico, – siempre connivente con el poder, y sumiso al mismo, inclusive cuando es ejercido en grave violación de los derechos básicos inherentes a la persona humana.

Todo el capítulo de las reparaciones de violaciones de los derechos humanos requiere un mayor desarrollo conceptual y jurisprudencial, a partir del reconocimiento de la estrecha relación entre los derechos a la verdad, a la reparación y a la justicia. Tal desarrollo se impone particularmente ante violaciones graves y sistemáticas de los derechos humanos, que requieren reparaciones de cuño disuasivo, precisamente para garantizar la no-repetición de las graves violaciones de los derechos humanos.

La jurisprudencia de la Corte Interamericana en materia de reparaciones es particularmente rica, y, en los últimos años, ésto ha sido objeto de reconocimiento internacional por parte de la doctrina especializada. Sin embargo, aún resta un largo camino que recorrer. Por ejemplo, todo este capítulo fue erigido, en otras areas del Derecho, a partir de la óptica de reparación de *daños*, – con base en una analogía inadecuada con soluciones propias del Derecho Civil, – y no de reparación del *sufrimiento* humano.

---

34 R.P. Sertillanges, *Le problème du mal – l'histoire*, Paris, Aubier, 1948, p. 292, y, para la importancia de los valores, cf. pp. 395-397.

La determinación de los hechos se reviste de fundamental importancia para los victimados y sus familiares.En los últimos años, la Corte Interamericana ha advertido para la importancia del derecho a la verdad, en sus dimensiones tanto individual[35] (como medio de reparación para la víctima y sus familiares) como social (que atañe a todo el tejido social). A partir de la Sentencia sobre reparaciones en el memorable caso *Bámaca Velásquez versus Guatemala* (del 22.02.2002), – célebre caso de tanta densidad cultural, – la Corte pasó a señalar también la dimensión social (a la par de la individual) del derecho a la verdad, al ponderar que

> "La sociedad tiene el derecho a conocer la verdad en cuanto a tales crímenes con el propósito de que tenga la capacidad de prevenirlos en el futuro" (párr. 77).

Desde entonces la Corte ha reiterado dicha dimensión social en sucesivas Sentencias[36]. El derecho a la verdad se vincula al deber ineludible del Estado de realizar una investigación seria y efectiva de los hechos que generaron las violaciones de los derechos humanos e identificar, juzgar y sancionar a los responsables, para evitar la inde-

---

35 La dimensión individual ha sido señalada por la Corte desde sus Sentencias en los casos *Castillo Páez versus Perú* (del 03.11.1997, párr. 90), *Bámaca Velásquez versus Guatemala* (del 25.11.2000, fondo, párr. 201), *Barrios Altos* referente al Perú (del 14.03.2001, párrs. 47-48), *Paniagua Morales y Otros versus Guatemala* (del 25.05.2001, reparaciones, párr. 200), *Villagrán Morales y Otros ("Niños de la Calle") versus Guatemala* (del 26.05.2001, reparaciones, párr. 100), *Cantoral Benavides versus Perú* (del 03.12.2001, reparaciones, párr. 69), *Bulacio versus Argentina* (del 18.09.2003, párr. 114), *Molina Theissen versus Guatemala* (del 03.07.2004, reparaciones, párrs. 80-81), y *Hermanos Gómez Paquiyauri versus Perú* (del 08.07.2004, párrs. 229-230).

36 En los casos *Trujillo Oroza versus Bolivia* (del 27.02.2002, reparaciones, párr. 114), *Myrna Mack Chang versus Guatemala* (del 25.11.2003, párr. 274), *19 Comerciantes versus Colombia* (del 05.07.2004, párr. 259), *Masacre de Plan de Sánchez* relativo a Guatemala (del 19.11.2004, reparaciones, párr. 98), *Carpio Nicolle y Otros versus Guatemala* (del 22.11.2004, párr. 128), *Hermanas Serrano Cruz versus El Salvador* (del 01.03.2005, párrs. 62 y 169), *Huilca Tecse versus Perú* (del 03.03.2005, párr. 107), *Comunidad Moiwana versus Suriname* (del 15.06.2005, párr. 204), *Gutiérrez Soler versus Colombia* (del 12.09.2005, párr. 96), *Masacre de Mapiripán* referente a Colombia (del 15.09.2005, párr. 298), y *Blanco Romero y Otros versus Venezuela* (del 28.11.2005, párr. 93).

fensión de las víctimas y de sus familiares, y garantizar la no-repetición crónica de las violaciones de sus derechos.

En cuanto a las reparaciones, quisiera aqui rescatar algunas de las reflexiones que me permití desarrollar en mi Voto Razonado en el caso de los "*Niños de la Calle*" (*Villagrán Morales y Otros versus Guatemala*, reparaciones, 2001). Al destacar la relevancia de la *satisfacción*, como forma de reparación no-pecuniaria a los familiares inmediatos de las víctimas asesinadas (párr. 27), agregué:

> "Cuál es el precio de una vida humana? Cuál es el precio de la integridad de la persona humana? Cuál es el precio de la libertad de conciencia, o de la protección de la honra y de la dignidad? Cuál es el precio del dolor o sufrimiento humano? Si se pagan las indemnizaciones, el 'problema' estaría 'resuelto'? Lo cierto es que todos los derechos protegidos bajo la Convención Americana sobre Derechos Humanos tienen un valor autónomo y un contenido jurídico propio, y además, encuéntranse todos relacionados *inter se*, indivisibles que son. (...)
>
> El día en que la labor de determinar las reparaciones debidas a las víctimas de violaciones de derechos humanos fundamentales *se reduciese* exclusivamente a una simple fijación de compensaciones en la forma de indemnizaciones, (...) la propia labor de un tribunal internacional de derechos humanos estaría irremediablemente desprovista de todo sentido. (...)
>
> (...) La vida y la integridad de cada ser humano efectivamente no tienen precio. Tampoco tienen precio la libertad de conciencia, la protección de la honra y de la dignidad de la persona humana. Y tampoco tiene precio el dolor o sufrimiento humano. El mal perpetrado en las personas de las víctimas (directas e indirectas) no es removido por las reparaciones: *las víctimas siguen siendo víctimas, antes y después de las reparaciones*, – por lo que se impone mayor importancia a ser atribuída a las medidas en pro de su *rehabilitación.*
>
> En cuanto, particularmente, a los familiares inmediatos de víctimas directas de violaciones de derechos humanos, temo que sólo a través del intenso sufrimiento *asumido* (que me parece tener un efecto sobre todo *autodidáctico*) podrán, como víctimas indirectas, frente a la pérdida de un ser querido, agravada por la extrema violencia, reconstruir su *vida interior*, – la cual es el único lugar seguro donde cada uno puede refugiarse de las injusticias y los

insultos de ese mundo. Pero el mal cometido no desaparece por el otorgamiento de reparaciones, y sigue afectando a los familiares inmediatos de la persona torturada y asesinada en sus relaciones entre sí, y con otras personas, y con el mundo exterior. Las víctimas directas han sufrido un daño irreparable, al haber sido privadas de su vida arbitrariamente (en los términos del artículo 4(1) de la Convención Americana sobre Derechos Humanos).

Pero también las víctimas indirectas (padres, hijos, cónyuges, y, en determinadas circunstancias, hermanos) han sufrido una pérdida irreparable, pues sus vidas nunca más serán las mismas. (...) La realización de la justicia contribuye al menos a estructurar su psiquismo, redespertar su fe y esperanza, y ordenar las relaciones humanas con sus próximos. Todo verdadero jurista tiene, así, el deber ineluctable de dar su contribución a la realización de la justicia, desde la perspectiva de la integralidad de la personalidad de las víctimas.

Mi conclusión es en el sentido de que, en circunstancias como las del presente caso de los *Niños de la Calle*, no hay, *stricto sensu*, reparación verdadera o plena posible, en el sentido literal del término (del latín *reparatio*, derivado de *reparare*, 'preparar o disponer de nuevo'), lo que revela los límites del Derecho (a ejemplo de los límites de otras ramas del conocimiento humano). (...)

La imposibilidad de una plena reparación – la *restitutio in integrum* – se verifica, en mi entendimiento, no sólo en cuanto a las víctimas directas y al derecho fundamental a la vida, como comúnmente se supone, sino también en cuanto a las víctimas indirectas (sobrevivientes) y a otros derechos (como el de no ser sometido a tortura, ni a tratos crueles, inhumanos o degradantes). Jurídicamente, sobre todo en circunstancias como las del presente caso de los *Niños de la Calle*, las reparaciones – de las *consecuencias* de la medida o situación lesiva de los derechos humanos protegidos (en los términos del artículo 63(1) de la Convención Americana), – en lugar de verdaderamente *reparar*, más bien *alivían* el sufrimiento humano de los familiares sobrevivientes, buscando rehabilitarlos para la vida, – y *por eso* tórnanse absolutamente necesarias.

Es éste, en mi entender, el verdadero sentido, con las inevitables limitaciones de su real alcance, de que se reviste el concepto jurídico de *reparaciones*, en el marco del Derecho Internacional de los Derechos Humanos. El mal cometido, como ya señalé, no desaparece: es tan sólo combatido, y mitigado. Las reparaciones otorgadas tornan la vida de los familiares sobrevivientes quizás soportable, por el hecho de que, en el caso concreto, el silencio y la indiferencia y el olvido no han logrado sobreponerse a las atrocidades, y de que el mal perpetrado no ha prevalecido sobre la perenne búsqueda de la justicia (propia del espíritu). En otras palabras, las reparaciones otorgadas significan que, en el caso concreto, la *conciencia humana* ha prevalecido sobre el impulso de destrucción. En *este sentido*, las reparaciones, aunque no plenas, se revisten de innegable importancia en la labor de la salvaguardia de los derechos inherentes al ser humano" (párrs. 36-43).

IV. LA EMANCIPACIÓN DEL INDIVIDUO *VIS-À-VIS* SU PROPIO ESTADO: EL ACCESO DIRECTO DE LA PERSONA HUMANA A LA JUSTICIA INTERNACIONAL

Todo el desarrollo jurisprudencial y conceptual en ese sentido – y es ésta mi última reflexión – ha sido impulsado por la propia persona victimada, emancipándose de ese modo de su propio Estado, como verdadero sujeto del derecho tanto interno como internacional. Esa gran conquista del espíritu humano se ha reflejado en el actual Reglamento de la Corte (del 24.11.2000, en vigor desde el 01.06.2001), con el otorgamiento del *locus standi in judicio* a los peticionarios, en todas las etapas del procedimiento ante la Corte, quizás el avance jurídico-procesal más importante en pro del perfeccionamiento del mecanismo de protección de la Convención Americana desde su entrada en vigor hace más de un cuarto de siglo.

Dicho avance se consolidará el día en que sea plasmado en definitivo en un Protocolo de enmiendas a la Convención Americana sobre Derechos Humanos reconociendo el *jus standi* de los individuos, su acceso directo a la Corte, – como vengo sosteniendo por tanto tiempo[37]. Aquí, una vez más, los avances ya logrados hasta la fecha son manifestaciones de la conciencia humana, para atender a una real necesidad de protección de los seres humanos.

---

[37] A.A. Cançado Trindade, *Bases para un Proyecto de Protocolo a la Convención Americana sobre Derechos Humanos, para Fortalecer Su Mecanismo de Protección*, vol. II, 2a. ed., San José de Costa Rica, Corte Interamericana de Derechos Humanos, 2003, pp. 1-1015, esp. pp. 3-64.

Estos avances, a mi juicio, forman parte de un proceso más amplio, de *humanización* del Derecho Internacional, de reconstrucción de un nuevo *jus gentium*, en la línea de un jusnaturalismo renovado, en este inicio del siglo XXI, como sostuve el año pasado en la Academia de Derecho Internacional de la Haya, en mi *Curso General de Derecho Internacional Público* (del 25 de julio al 12 de agosto de 2005), que tuvo por subtítulo "*El Derecho Internacional para la Humanidad – Rumo a un Nuevo Jus Gentium*"[38]. Es esta una tarea que me parece crucial en nuestros días, en un mundo dilacerado por conflictos y disparidades, de modo a tornar el Derecho Internacional capaz de responder a las necesidades y aspiraciones de la humanidad en la actualidad.

No podría concluir mis palabras sin reiterar mis más sinceros agradecimentos a la Universidad del Rosario por el alto honor que me concede en este acto académico. Tampoco podría concluir mis palabras sin referirme a una rosarista, quien me acompañó en la Sesión Externa de la Academia de Derecho Internacional de La Haya aquí realizada en 1989 y quien vuelve a acompañarme en la ceremonia de hoy. Hace casi dos décadas ingresó en mi vida, para no más de ella salir, para mi fortuna. Se transformó en una paloma que me sobrevuela de muy cerca, alertándome para los riesgos del entorno, y apuntándome el camino de la paz y la felicidad compartida. Sin ella, no soy yo. Gracias, Carmela, por ser quien eres, por tu sensibilidad y tu bondad, y por todo.

Y gracias a todos por la fina atención con que me han distinguido.

Bogotá,
26 de enero de 2006.

A.A.C.T.

[38] A.A. Cançado Trindade, "General Course on Public International Law – International Law for Humankind: Towards a New *Jus Gentium*", *in Recueil des Cours de l'Académie de Droit International* (2005), capítulos I-XXVII, 997 pp. (en prensa).

Anexo III

HACIA EL NUEVO DERECHO INTERNACIONAL PARA LA PERSONA HUMANA: MANIFESTACIONES DE LA HUMANIZACIÓN DEL DERECHO INTERNACIONAL[1]

Antônio Augusto CANÇADO TRINDADE[2]

– I –

Es con especial satisfacción y no sin emoción que comparezco a la ceremonia del día de hoy, 07 de abril de 2006, para recibir el más alto reconocimiento a que puede aspirar un Profesor Universitario: la otorga del título de Doctor *Honoris Causa*, por una Universidad tan prestigiosa como la Universidad Nacional de La Plata, aquí en la República Argentina. Lo hago, profundamente honrado, en el momento en que completo 29 años consecutivos de docencia universitaria y 12 años de magistratura internacional, – aún más al enterarme que hace doce años la Facultad de Ciencias Jurídicas y Sociales de la Universidad Nacional de La Plata concedió su último doctorado al erudito escritor argentino y universal Don Ernesto Sábato, que tanto luchó por la prevalencia de los derechos humanos en su país, y al darme cuenta que la propuesta de mi nombre fue aprobada por unanimidad.

---

1 Discurso del Autor en la sesión solemne de otorga del grado de Doctor *Honoris Causa*, en la Universidad de La Plata, La Plata, Argentina, el 07 de abril de 2006.

2 Juez y Ex-Presidente de la Corte Interamericana de Derechos Humanos; Profesor Titular de Derecho Internacional y Derechos Humanos de la Universidad de Brasília; Miembro Titular del *Institut de Droit International*, y del *Curatorium* de la Academia de Derecho Internacional de La Haya.

Que sean, pues, mis primeras palabras, de reconocimiento y agradecimiento al Consejo Superior y a la Facultad de Ciencias Jurídicas y Sociales de la Universidad Nacional de La Plata, en las personas de los ilustres académicos que los integran.

Quisiera, además, agradecer muy particularmente al Dr. Fabián Salvioli, Profesor Titular y Director del Instituto de Derechos Humanos de la Facultad de Ciencias Jurídicas y Sociales, por sus cálidas y tan amables palabras de acogida en este acto público académico. Sus palabras mucho me sensibilizan, pues están erigidas en una sólida relación profesional y personal sedimentada a lo largo de los años, desde que nos encontramos en la II Conferencia Mundial de Derechos Humanos en Viena en 1993. Luego tuve la ventura de ser Profesor de Fabián Salvioli en el Instituto Internacional de Derechos Humanos en Estrasburgo, – dónde en 1974 recebí el Diploma de las manos de René Cassin, Premio Nobel de la Paz, – y de, desde entonces, acompañar de cerca su notable trayectoria académica como jurista de la nueva generación.

En efecto, desde 1995 y hasta la fecha, por más de una década, hemos compartido, de forma enteramente armónica, la cátedra del Sistema Interamericano de Derechos Humanos en el Instituto René Cassin, cuyo Consejo Director tengo el honor de integrar. Estamos nuevamente programados a hacerlo el próximo mes de julio, siempre orientados a la defensa y promoción de la más amplia protección a las víctimas. En nuestro continente, el Profesor Fabián Salvioli pasó a actuar como consultor externo del Instituto Interamericano de Derechos Humanos desde el bienio en que dirigí el Instituto en 1994-1996 hasta la fecha.

Los lazos que me unen al Profesor Fabián Salvioli no se agotan en lo anteriormente recordado. En 1997, tuve el gusto de prologar su libro *Postulados Emergentes de la Jurisprudencia de la Corte Interamericana de Derechos Humanos en Relación al Derecho Internacional Público*, unos de los primeros sobre la materia en la región y hoy día agotado, derivado de su tesis aprobada en esta Universidad con la máxima calificación, punto de partida para su creciente y apreciada contribución a la bibliografía especializada sobre la temática. En fin, no podría dejar de referirme a las circunstancias de la creación de la Maestría en Derechos Humanos de la Universidad Nacional de La Plata; como bien se acuerda el Profesor Fabián Salvioli, – que hoy dirige con brillo el Instituto y dicha Maestría en Derechos Humanos, con el apoyo de su dedicado y valioso equipo, – la idea de la creación de dicha Maestría en Derechos Humanos emergió de las largas conversaciones bilaterales que sostuvimos en la silenciosa cafeteria del *Palais des Droits de l'Homme* del Consejo de Europa en Estrasburgo, sede de la Corte Europea de Derechos Humanos, en julio de 2003.

Desde aquel entonces acepté integrar el Consejo Científico de la Maestría, y hoy, es con particular alegría que, trascurridos tres años, puedo constatar que se ha transformado en uno de los centros de excelencia en la enseñanza de los derechos humanos en América Latina, con un cuerpo docente privilegiado y estudiantes provenientes de distintos países. En lugar de emigrar para el hemisferio norte, como tantos colegas nuestros hicieron, el Profesor Fabián Salvioli e yo hemos optado por seguir luchando por los derechos humanos en nuestras trincheras, seguir trabajando en las bases de las sociedades de nuestros países vecinos y hermanos; con este fín, montamos un programa común a la Universidad Nacional de La Plata y a la Universidad de Brasília (UnB) de capacitación en Derecho Internacional Humanitario, ministrado por el Dr. Christophe Swinarski, ex-Consultor Jurídico del Comité Internacional de la Cruz Roja (CICR) e editor de las *Mélanges* en honor a Jean Pictet, y uno de los más eruditos intelectuales que ya ha servido al CICR.

Quisiera, en fin, en estas palabras preliminares, expresar mi gran satisfacción en reconocer en este auditorio las presencias del Vice-Presidente en ejercicio de la Presidencia de la Universidad Nacional de la Plata, Profesor Raúl Permomo, y del Decano de su Facultad de Ciencias Jurídicas y Sociales, Profesor Carlos Botassi; del Representante de la Corte Suprema de Justicia de la Provincia de Buenos Aires, Presidente y Magistrado Héctor Negri, y del Magistrado y Profesor Juan Carlos Hitters; de los representantes de la Corte Interamericana de Derechos Humanos, mi distinguido colega y amigo de tantos años el Juez Manuel E. Ventura Robles, el Secretario Pablo Saavedra Alessandri, y el Director de la Administración Arturo Herrera; los representantes del Ministerio de Relaciones Exteriores de la Argentina, Consejeros Federico Villegas y María José Guember; los representantes del Ministerio de Relaciones Exteriores del Brasil, Embajador Mauro Vieira, Embajador del Brasil en Buenos Aires, y Secretarios Jean Marcel Fernandes y Aurélio

Viotti; el dedicado representante del Comité Internacional de la Cruz Roja en el Cono Sur, Dr. Gabriel Valladarares; además de Magistrados, Procuradores, Profesores Universitarios, Participantes de la Maestría en Derechos Humanos provenientes de numerosos países de América Latina, y representantes de organizaciones non-gubernamentales y entidades de la sociedad civil. Muchas gracias a todos por sus presencias, que mucho me distinguen.

– II –

Me complace poder dirigir mi mensaje esta noche a todos los aquí presentes, en este auditorio repleto y en esta ceremonia tan significativa para mí, en un país de tan rica y respectable tradición jurídica, reconocida internacionalmente, como la Argentina. Es para mi un honor poder hacerlo en el corazón de la patria de juristas tan vinculados a la evolución del Derecho Internacional a lo largo del último siglo, como Luis María Drago, Carlos Calvo, L.A. Podestá Costa, José María Ruda, Julio Barberis, Hugo Caminos, Julio Barboza, que han dejado huella en el plano internacional, seguidos de tantos otros que prosiguen en su labor académica en la actualidad.

Para brevemente evocar dos ejemplos de su aporte a la disciplina, que forman hoy parte de la propia historia del Derecho Internacional, me permito recordar, v.g., que, en un libro publicado en Paris en 1892, Carlos Calvo, – autor de la doctrina y la cláusula que vendrían a portar su nombre hasta nuestros días, – al sostener la necesidad de la consagración de la igualdad jurídica de los Estados, criticó las rivalidades de la época y ponderó que

> "il faut bien reconnaître que les développements de la civilisation, (...) les progrès du droit des gens ont considérablement diminué la portée de ces rivalités personnelles et de ces vaines prétentions auxquelles de nos jours il ne serait plus permis de sacrifier les intérêts supérieurs de l'humanité"[3].

[3] C. Calvo, *Manuel de Droit international public et privé*, 3a. ed. rev., Paris, LNDJ/A. Rousseau Éd., 1892, p. 118, y cf. pp. 83 (sobre el *consensus gentium*) y 215 (sobre las consideraciones de humanidad).

Una década después, la célebre nota del 29.12.1902 del Canciller argentino Luis María Drago, de oposición a las medidas de fuerza adoptadas por Alemania, Gran Bretaña e Italia contra Venezuela, sirvió de base para la tesis – denegatoria del cobro compulsivo de las deudas públicas – que sostuvo exitosamente en la II Conferencia de Paz de La Haya de 1907, la cual completará su centenario el próximo año. La tesis de L.M. Drago fue endosada, *mutatis mutandis*, por la referida Conferencia de La Haya tornándose el embrión del *principio de no-intervención* en las relaciones interestatales, tal como hoy lo conocemos, después de haber repercutido en la Conferencia Extraordinaria Interamericana de Buenos Aires de 1936[4] y, en fin, haberse plasmado, en la actualidad, en las Cartas de Naciones Unidas y de la Organización de los Estados Americanos (OEA).

Hace más de un siglo, Luis María Drago concluía su libro *La República Argentina y el Caso de Venezuela* (Buenos Aires, 1903), que contiene su doctrina célebre de la prohibición del cobro de deudas públicas del Estado por el uso de la fuerza, – embrión del principio de la prohibición del uso de la fuerza en las relaciones interestatales, – con la siguiente ponderación: América del Sur, – decía él, – "comienza a salir" del "período indiferenciado de la infancia en que sólo preocupan los problemas que reclaman soluciones inmediatas". América del Sur es, "en sí misma, un grande experimento", y dentro de los lineamientos que inicia el siglo XX, "ha de ser, con seguridad", más fácil el éxito de las instituciones públicas republicanas "en esta parte del mundo" si todos nuestros pueblos, que "luchan por los mismos ideales", se presten los unos a los otros el "apoyo moral" y el respeto para "llegar al alto rango que les corresponde en la comunidad de naciones". En fín, – agregó L.M. Drago, "todas las fuerzas y todas las tendencias de la civilización concurren" a aproximar a los seres humanos, "cualquiera que sea la agrupación a que pertenezcan, y los vincula en el trabajo por el bien común"[5]. Trascurrido más de un siglo, sus palabras se revisten de particular actualidad, sobre todo en un mo-

4 Cf. L.A. Podestá Costa y J.M. Ruda, *Derecho Internacional Público*, vol. II, Buenos Aires, Tip. Ed. Argentina, 1985, pp. 221-224.

5 L.M. Drago, *La República Argentina y el Caso de Venezuela*, Buenos Aires, Edit. de Coni Hermanos, 1903, p. 326.

mento como el presente en que se proyecta concretar una verdadera Comunidad Suramericana de Naciones.

C. Calvo y L.M. Drago supieron, como pocos, impulsar positivamente el derecho de gentes, en una época en que prevalecía la dimensión estrictamente interestatal de la disciplina. Hoy día, transcurrido un siglo desde la II Conferencia de Paz de La Haya, el panorama internacional es, no sorprendentemente, bien distinto. Movido por el mismo espíritu de construcción del Derecho internacional para los nuevos tiempos, permítome ponderar que los propios Estados han reconocido sus insuficiencias para abordar individualmente, con eficacia, los problemas y desafíos que hoy día enfrentan, muchos de los cuales de interés de la comunidad internacional como un todo. El punto de partida de mis reflexiones reside en esta constatación de la superación de la dimensión puramente interestatal del Derecho Internacional contemporáneo.

– III –

Con ésto, llego al punto central de mi mensaje de esta noche: quisiera, en esta ocasión, centrar mi ponencia en un tema que considero de transcendental importancia, que ha permeado mis reflexiones en los últimos años, y que inclusive ha formado el *Leitmotiv* del "*Curso General de Derecho Internacional Público*" que tuve el honor de ministrar en la Academia de Derecho Internacional de La Haya en julio-agosto del año pasado[6]. Me refiero a lo que me permito denominar el *nuevo Derecho Internacional para la persona humana*, en última instancia para la humanidad como un todo, tal como revelado por las *manifestaciones de la humanización del Derecho Internacional*[7].

De inicio, cabe rescatar la transcendental importancia de los principios generales del derecho (que parecen un tanto negligenciados por la doctrina jusinternacionalista contemporánea), los cuales, a mi juicio, se identifican con los propios *fundamentos* del Derecho

---

6 A.A. Cançado Trindade, "General Course on Public International Law – International Law for Humankind: Towards a New *Jus Gentium*", *in Recueil des Cours de l'Académie de Droit International de la Haye* (2005 – en prensa).

7 Para una visión general, A.A. Cançado Trindade, *A Humanização do Direito Internacional*, Belo Horizonte/Brasil, Edit. Del Rey, 2006, pp. 1-423.

Internacional Público[8], y son una manifestación de la *conciencia jurídica universal*, la cual, en mi entender, tal como lo he manifestado en numerosos Votos en el seno de la Corte Interamericana de Derechos Humanos, es la fuente *material* última de todo el Derecho, responsable por el proceso histórico corriente de *humanización* del Derecho Internacional[9].

En efecto, el proceso de formación del Derecho, inclusive del Derecho Internacional, transciende las fuentes "formales", y el recurso recurrente a estas últimas nada más es que el ejercicio de un positivismo analítico anacrónico, que siempre se ha eximido de explicar la validad de las normas del derecho internacional. Las llamadas fuentes "formales" nada más son que los modos o medios mediante los cuales el Derecho Internacional es formado. El proceso de formulación de las normas es hoy día sumamente complejo, transcendiendo las fuentes "formales", y buscando la legitimidad (*opinio juris communis*) en la identificación del interés público y la realización del bien común.

Es el nuevo *jus gentium* de nuestros días que se configura, superando el positivismo jurídico desacreditado, y reconociendo que, por encima de la voluntad (de los Estados como sujetos de derechos y portadores de obligaciones) encuéntrase la conciencia humana[10]. La *recta ratio* se encuentra, en efecto, profundamente arraigada en la historia del pensamiento jurídico, y manifestaciones de la conciencia jurídica universal, como fuente *material* última de todo el derecho, encuéntranse, para la identificación de la *opinio juris communis*, en el propio derecho de los tratados, en la projección histórica de la cláusu-

---

8 Cf. A.A. Cançado Trindade, "Foundations of International Law: The Role and Importance of Its Basic Principles", *in XXX Curso de Derecho Internacional Organizado por el Comité Jurídico Interamericano* – OEA (2003) pp. 359-415.

9 Cf., v.g., mi Voto Concurrente en la pionera Opinión Consultiva n. 16, sobre el *Derecho a la Información sobre la Asistencia Consular en el Marco de las Garantías del Debido Proceso Legal* (1999), párrs. 3-4, 12 y 14; Voto Concurrente en las Medidas Provisionales de Protección en el caso de los *Haitianos y Dominicanos de Origen Haitiano en República Dominicana* (2000), párr. 12; Voto Razonado en el caso *Bámaca Velásquez versus Guatemala* (fondo, 2000), párrs. 28 y 16; Voto Concurrente en la Opinión Consultiva n. 18, sobre la *Condición Jurídica y Derechos de Migrantes Indocumentados* (2003), párrs. 23-25 y 28-30, esp. par. 29; entre otros.

10 A.A. Cançado Trindade, *A Humanização do Direito Internacional*, *op. cit. supra* n. (7), pp. 3-106.

la Martens, en la jurisprudencia internacional, en las resoluciones de las Naciones Unidas.

– IV –

El proceso histórico corriente de *humanización* del Derecho Internacional encuentra expresión igualmente en construcciones conceptuales contemporáneas. Dichas construcciones, tal como las que desarrollé en mi "*Curso General de Derecho Internacional Público*" de 2005 en la Academia de Derecho Internacional de La Haya, son las que resumo a continuación. En primer lugar, el concepto de *jus cogens* internacional, en evolución y expansión material, que ha contado con el aporte sobre todo del Tribunal Penal Internacional *ad hoc* para la Ex-Yugoslavia (caso *Tadic*, 1997, prohibición absoluta de la tortura)[11] y de la Corte Interamericana de Derechos Humanos (Opinión Consultiva n. 18 sobre la *Condición Jurídica y Derechos de Migrantes Indocumentados*, 2003, principio de la igualdad y la no-discriminación, – además de la prohibición absoluta de la tortura). Entiendo que ya es tiempo de que la Corte Interamericana amplíe aún más el contenido material del *jus cogens*, tal como lo vengo de sostener en mis recientes Votos Razonados de este año, en los casos de la *Masacre de Pueblo Bello versus Colombia* (2006, párrs. 1-65 del Voto) y *López Álvarez versus Honduras* (2006, párrs. 1-55 del Voto).

En segundo lugar, las obligaciones *erga omnes* de protección de la persona humana, en cuyo desarrollo conceptual he estado empeñado hace varios años (1998-2006) en el seno de la Corte Interamericana[12],

[11] Entendimiento compartido por la Corte Interamericana en sus Sentencias en los casos *Cantoral Benavides versus Perú* (18.08.2000), *Maritza Urrutia versus Guatemala* (27.11.2003), *Hermanos Gómez Paquiyauri versus Perú* (08.07.2004), y *Tibi versus Ecuador* (07.09.2004), en que también sostiene que la tortura, los tratos inhumanos y las ejecuciones extrajudiciales son violatorias del *jus cogens*.

[12] V.g., en mis Votos Razonados en las Sentencias sobre el fondo, del 24.01.1998, párr. 28, y sobre reparaciones, del 22.01.1999, párr. 40 del Voto, en el caso *Blake versus Guatemala*; en mi Voto Razonado en el caso *Las Palmeras* referente a Colombia, Sentencia sobre excepciones preliminares, del 04.02.2000, párrs. 2, 6-7, 11-12 y 14 del Voto; asimismo, en mi Voto Concurrente en la Opinión Consultiva n. 18 de la Corte Interamericana sobre *La Condición Jurídica y los Derechos de los Migrantes Indocumentados* (del 17.09.2003, párrs. 76-78 del Voto); y también, v.g., en mis Votos Concurrentes en las Resoluciones de Medidas Provisionales de Pro-

distinguindo dos dimensiones en dichas obligaciones: una *horizontal* (obligaciones debidas a todos los Estados Partes, y, en última instancia, a la comunidad internacional como un todo), y *otra vertical* (obligaciones oponibles a todos, tanto los agentes del poder público, como los simples particulares). De ahí su carácter *erga omnes*, abarcando todas las relaciones humanas, tanto *vis-à-vis* el poder público como en el plano inter-individual, y maximizando así la protección debida a la persona humana[13]. De ese modo, se impone el reconocimiento de los efectos de la normativa internacional de protección de los derechos humanos *vis-à-vis* terceros (el *Drittwirkung*), sin el cual las obligaciones convencionales de protección, consagradas en los tratados de derechos humanos, se reducirían a poco más que letra muerta.

En tercer lugar los conceptos de *patrimonio común de la humanidad* y de *interés común de la humanidad*, hoy día plasmados en instrumentos internacionales del derecho del espacio exterior, del derecho internacional del mar, del derecho internacional de la bioética, y del derecho ambiental internacional, así como de Convenciones de la UNESCO (sobre bienes culturales, propriedad inmaterial, diversidad cultural)[14]. En cuarto lugar, la construcción conceptual, en el ámbito de las Naciones Unidas, del derecho al desarrollo y del derecho a la paz. Y, en quinto lugar, el principio de la jurisdicción universal, y la complementariedad entre la responsabilidad internacional del Estado (por el crímen del Estado) y la responsabilidad penal internacional del individuo, – complementariedad ésta que he sostenido en mis recientes Votos Razonado en el caso *Myrna Mack Chang* (2003, párr. 55

tección adoptadas por la Corte en los casos de la *Comunidad de Paz de San José de Apartadó* (del 18.06.2002 y 15.03.2005), de las *Comunidades del Jiguamiandó y del Curbaradó* (del 06.03.2003 y 15.03.2005), y del *Pueblo Indígena Kankuamo* (del 05.07.2004), relativos a Colombia; del *Pueblo Indígena de Sarayaku* (del 06.07.2004 y del 17.06.2005), atinente al Ecuador; del *Cárcel de Urso Branco* (del 07.07.2004), referente al Brasil; de las *Penitenciarías de Mendoza* (del 18.06.2005), relativo a la Argentina; y de los *Niños y Adolescentes Privados de Libertad en el `Complejo del Tatuapé' de FEBEM* (del 17 y 29.11.2005), atinente al Brasil.

13 Cf. A.A. Cançado Trindade, "Reply [- Obligations and Rights *Erga Omnes* in International Law]", *in* 71 *Annuaire de l'Institut de Droit International* – Session de Cracovie (2005) n. 1, pp. 153-156 y 208-211.

14 A.A. Cançado Trindade, "General Course on Public International Law...", *op. cit. supra* n. (6), capítulo XIII (en prensa).

del Voto) y en el caso de la *Masacre de Plan de Sánchez* (2004, párrs. 1-43 del Voto), ambos atinentes a Guatemala[15].

– V –

Además de dichas construcciones conceptuales, la humanización del Derecho Internacional contemporáneo es revelada por *consideraciones básicas de humanidad* que hoy día permean todos los capítulos del Derecho Internacional Público, inclusive los clásicos. Algunos ejemplos pueden aquí ser recordados. En el dominio del *derecho de los tratados*, v.g., se plantea hoy día la revisión del sistema de reservas a los tratados de carácter humanitario; se ha desarrollado una amplia jurisprudencia de interpretación de los tratados de carácter humanitario, con énfasis en la realización del objeto y fin de dichos tratados; y la preservación de los tratados de carácter humanitario, exceptuados de las reglas sobre extinción o suspensión de la ejecución de tratados em general.

En el dominio de la *responsabilidad internacional de los Estados*, se ha efectuado la expansión del contenido material del *jus cogens*, y se ha reconocido la emergencia de la comunidad internacional como un todo. En el campo de la *sucesión de Estados* en materia de tratados, multiplícanse hoy día los casos de la continuidad de las obligaciones convencionales de derechos humanos. En el capítulo tradicional del *territorio*, hay ejemplos recientes de su administración en nombre de la comunidad internacional como un todo (v.g., Timor Oriental, Kosovo).

El proceso de humanización del *derecho diplomático y consular* se desencadenó sobre todo a partir de la Opinión Consultiva n. 16, verdaderamente pionera, de la Corte Interamericana de Derechos Humanos. Y en el dominio de la *solución pacífica de controversias internacionales*, mayor atención pasa a ser dada al principio del deber de solución pacífica, en relación con la facultad de libre elección de los medios, a partir del reconocimiento de que las controversias interna-

15 Para un estudio reciente al respecto, cf. A.A. Cançado Trindade, "Complementarity between State Responsibility and Individual Responsibility for Grave Violations of Human Rights: The Crime of State Revisited", *in International Responsibility Today – Essays in Memory of O. Schachter* (ed. M. Ragazzi), Leiden, M. Nijhoff, 2005, pp. 253-269.

cionales pueden poner en riesgo los intereses superiores de la propia comunidad internacional.

En el presente dominio, tal como he sostenido hace tiempo, se impone la jurisdicción obligatoria de los tribunales internacionales contemporáneos[16]. En fin, en lo que concierne a los regímenes de protección internacional de la persona humana, se han intensificado, en los últimos años, las convergencias entre el Derecho Internacional de los Derechos Humanos, el Derecho Internacional Humanitario, y el Derecho Internacional de los Refugiados, en los planos normativo, hermenéutico y operativo[17].

– VI –

La evolución del *jus gentium* en nuestros tiempos ha sido marcada por el fenómeno de la expansión de la personalidad jurídica internacional, reflejando, a su vez el actual proceso de humanización del Derecho Internacional. Los propios Estados se dieron cuenta de que no podrían, sólos, enfrentar los retos del mundo contemporáneo, para lo que pasaron a contar con la contribución de las organizaciones internacionales, también como sujetos del Derecho Internacional. Estas últimas, al asumir su propia actuación autónoma, pusieron fín al antiguo monopolio estatal de personalidad jurídica internacional, de privilegios e imunidades, de capacidad de celebrar tratados, – cambiando la estructura del Derecho Internacional, que sería hoy inconcebible sin su concurso.

Gradualmente estimularon la participación de entidades de la sociedad civil internacional, para la formación de la *communis opinio*

16 A.A. Cançado Trindade, "The Relevance of International Adjudication Revisited: Reflections on the Need and Quest for International Compulsory Jurisdiction", *in Towards World Constitutionalism – Issues in the Legal Ordering of the World Community* (eds. R.St.J. Macdonald y D.M. Johnston), Leiden, Nijhoff, 2005, pp. 515-542.

17 A.A. Cançado Trindade, "Aproximaciones y Convergencias Revisitadas: Diez Años de Interacción entre el Derecho Internacional de los Derechos Humanos, el Derecho Internacional de los Refugiados, y el Derecho Internacional Humanitario (De Cartagena/1984 a San José/1994 y México/2004)", *in Memoria del Vigésimo Aniversario de la Declaración de Cartagena sobre los Refugiados (1984-2004)*, 1a. ed., San José de Costa Rica/México, ACNUR, 2005, pp. 139-191.

juris, y para abordar adecuadamente cuestiones que conciernen a la humanidad como un todo. En esta nueva atmósfera, el rescate de la condición de la persona humana como sujeto del Derecho Internacional se tornó – como vengo sosteniendo en mis escritos en los últimos años – el legado más precioso del pensamiento jusinternacionalista de la segunda mitad del siglo XX. Constituye hoy uno de los trazos más marcantes del Derecho Internacional contemporáneo. Los individuos son sujetos (*titulaires*) de derechos y portadores de obligaciones que emanan directamente del Derecho Internacional. El amplio reconocimiento de la personalidad jurídica internacional – activa y pasiva – del individuo vino a atender una verdadera necesidad de la comunidad internacional como un todo.

Cuando ingresé como Juez titular de la Corte Interamericana de Derechos Humanos en 1995, me chocaba el hecho de que las víctimas no tenían participación autónoma en el procedimiento contencioso ante la Corte. Muy pronto me insurgí contra este estado de cosas en una audiencia pública en 1996 en el caso *El Amparo versus Venezuela* (al dirigir mis preguntas al representante de las víctimas), y dejé constancia de mi protesta en mis Votos Razonados en las Sentencias de esta Corte sobre excepciones preliminares (de los días 30 y 31.01.1996), en los casos *Castillo Páez* y *Loayza Tamayo*, respectivamente, atinentes al Perú. Ahí, en ambos Votos (párrs. 14-17), avanzé la tesis de la apremiante necesidad de reconocimiento del *locus standi in judicio* a los peticionarios en todas las etapas del procedimiento contencioso ante la Corte, a ser seguido de su *jus standi* ante la Corte.

En el mismo año de 1996 se otorgó dicho *locus standi* en la etapa de reparaciones, por el tercer Reglamento de la Corte, del cual fui relator, y, cuatro años después, el cuarto Reglamento (2000), adoptado bajo mi Presidencia del Tribunal, extendió tal *locus standi* a todas las etapas del procedimiento ante la Corte. En efecto, a la personalidad jurídica internacional de la persona humana corresponde necesariamente su capacidad jurídica de actuar, de vindicar sus derechos, en el plano internacional. Ésto se materializa a través de su acceso directo – entendido *lato sensu* – a la justicia internacional, implicando un verdadero derecho al Derecho (*droit au Droit*). La consolidación de su capacidad jurídica internacional marca la emancipación del individuo de su propio Estado, ilustrada por su *jus standi* ante los tribunales internacionales de derechos humanos (lo que ya es una realidad ante la Corte Europea). El derecho de acceso (*lato sensu*) a la justicia internacional se ha enfin cristalizado como el derecho a la realización de la justicia en el plano internacional.

Ya en la vigencia del tercer Reglamento de la Corte (de 1996), en la Sentencia de la Corte (sobre excepciones preliminares) en el caso *Castillo Petruzzi y Otros versus Perú* (del 04.09.1998), en extenso Voto Concurrente me permití destacar el carácter *fundamental* del derecho de petición individual (artículo 44 de la Convención Americana) como "piedra angular del acceso de los individuos a todo el mecanismo de protección de la Convención Americana" (párrs. 3 y 36-38). Mediante tal derecho de petición, – "conquista definitiva del Derecho Internacional de los Derechos Humanos", – se operó el "*rescate histórico* de la posición del ser humano como sujeto del Derecho Internacional de los Derechos Humanos, dotado de plena capacidad procesal internacional" (párrs. 5 y 12).

Después de recorrer la *historia juris* de dicho derecho de petición (párrs. 9-15), me referí a la expansión de la noción de "víctima" en la jurisprudencia internacional bajo los tratados de derechos humanos (párrs. 16-19), así como a la *autonomía* del derecho de petición individual *vis-à-vis* el derecho interno de los Estados (párrs. 21, 27 y 29), y agregué:

> "La desnacionalización de la protección y de los requisitos de la acción internacional de salvaguardia de los derechos humanos, además de ampliar sensiblemente el círculo de personas protegidas, posibilitó a los individuos ejercer derechos emanados directamente del derecho internacional (derecho *de gentes*), implementados a la luz de la referida noción de garantía colectiva, y no más simplemente 'concedidos' por el Estado. Con el acceso de los individuos a la justicia a nivel internacional, mediante el ejercicio del derecho de petición individual, se dió finalmente expresión concreta al reconocimiento de que los derechos humanos a ser protegidos son inherentes a la persona humana y no derivan del Estado. Por consiguiente, la acción de su protección no se agota – no puede agotarse – en la acción del Estado.
>
> (...) Si no fuese por el acceso a la instancia internacional, jamás se hubiera hecho justicia en sus casos concretos. (...) Sin el derecho de petición individual, y el consecuente acceso a la justicia a nivel internacional, los derechos consagrados en la Convención Ameri-

> cana se reducirían a poco más que letra muerta. Es por el libre y pleno ejercicio del derecho de petición individual que los derechos consagrados en la Convención se tornan *efectivos*. El derecho de petición individual abriga, en efecto, la última esperanza de los que no encontraron justicia a nivel nacional. (...) El derecho de petición individual es indudablemente la estrella más luminosa en el firmamento de los derechos humanos" (párrs. 33 y 35).

Siendo la vía jurisdiccional la modalidad "más perfeccionada y evolucionada" de protección internacional de los derechos humanos, sostuve en aquel Voto Concurrente que los individuos debían tener "el derecho de acceso directo [a la Corte] independientemente de la aceptación de una cláusula facultativa", como la del artículo 62 de la Convención Americana sobre Derechos Humanos, por sus respectivos Estados (párr. 40). O sea, a mi juicio tanto el derecho de petición individual como la jurisdicción de la Corte Interamericana deberían ser *automáticamente mandatorios* para todos los Estados Partes en la Convención Americana (párr. 41). Y ponderé, en seguida, que

> "Trátase de buscar asegurar, ya no sólo la representación directa de las víctimas o de sus familiares (*locus standi*) en el procedimiento ante la Corte Interamericana en casos ya enviados a ésta por la Comisión (en todas las etapas del proceso y no apenas en la de reparaciones), sino más bien el derecho de acceso directo de los individuos ante la propia Corte (*jus standi*), para traer un caso directamente ante élla, como futuro órgano jurisdiccional único para la solución de casos concretos bajo la Convención Americana. Para ésto, prescindirían los individuos de la Comisión Interamericana, la cual, sin embargo, retendría funciones otras que la contenciosa[18], prerrogativa de la futura Corte Interamericana permanente[19].
>
> (...) Más que todo, este salto cualitativo atendería, a mi modo de ver, a un imperativo de justicia. El *jus standi* – no más apenas *locus standi in judicio*, – irrestricto, de los individuos, ante la propia Corte Interamericana, representa, – como he señalado en mis

18 A ejemplo de la realización de misiones de observación *in loco* y la elaboración de informes.

19 Ampliada, funcionando en cámaras, y con recursos humanos y materiales considerablemente mayores.

Votos en otros casos ante la Corte[20], – la consecuencia lógica de la concepción y formulación de derechos a ser protegidos bajo la Convención Americana en el plano internacional, a las cuales debe necesariamente corresponder la capacidad jurídica plena de los individuos peticionarios de vindicarlos.

La jurisdiccionalización del mecanismo de protección se impone a partir del reconocimiento de los roles esencialmente distintos de los individuos peticionarios – la verdadera parte demandante – y de la Comisión (órgano de supervisión de la Convención que presta asistencia a la Corte). Bajo la Convención Americana, los individuos marcan presencia tanto en el *inicio* del proceso, al ejercer el derecho de petición en razón de los daños alegados, como al *final* del mismo, como beneficiarios de las reparaciones, en casos de violaciones comprobadas de sus derechos; no hace sentido negarles presencia *durante* el proceso. El derecho de acceso a la justicia a nivel internacional debe efectivamente hacerse acompañar de la garantía de la igualdad procesal (*equality of arms/égalité des armes*) en el procedimiento ante el órgano judicial, elemento esencial a cualquier mecanismo jurisdiccional de protección de los derechos humanos, sin el cual estará el mecanismo en cuestión irremediablemente mitigado.

(...) El *jus standi* de los individuos ante la Corte es una medida benéfica no sólo para los peticionarios sino también para éllos propios (los Estados que vengan a ser demandados), así como para el mecanismo de protección como un todo. Ésto en razón de la jurisdiccionalización, garantía adicional de la prevalencia del *rule of law* en todo el contencioso de los derechos humanos bajo la Convención Americana.

Si deseamos realmente actuar en la altura de los desafíos de nuestro tiempo, es a la consagración de dicho *jus standi* que debemos prontamente dedicarnos, con la misma clarividencia y osadía lúcida con que los redactores de la Convención Americana divisaron originalmente el derecho de petición individual. Con la base convencional que nos fué legada por el artículo 44 de la Convención Americana, no necesitamos esperar medio siglo para dar expresión concreta al referido *jus standi*. Con la consolidación de este último, es la protección internacional que, en última instancia, en el ámbito de nuestro sistema regional de protección, tendrá alcanzado con eso su madurez" (párrs. 42-46).

20 Cf., en ese sentido, mis Votos Razonados en los casos *Castillo Páez* (Excepciones Preliminares, Sentencia del 30.01.1996), párrs. 14-17, y *Loayza Tamayo* (Excepciones Preliminares, Sentencia del 31.01.1996), párrs. 14-17, respectivamente.

En el año de 2001, presenté, como Presidente y relator de la Corte, a la Organización de los Estados Americanos (OEA), como próximo paso a ser dado en esta dirección (y tal como vengo insistiendo hace tiempo), una propuesta de consagración del *jus standi* de los individuos, para presentar sus demandas *directamente* ante la Corte, en forma de bases para un *Proyecto de Protocolo a la Convención Americana sobre Derechos Humanos*, para fortalecer su mecanismo de protección[21]. Considero esencial que los avances reglamentarios se plasmen en dicho Protocolo, para evitar retrocesos en el futuro, y asegurar el real compromiso de los Estados Partes, dotado de base convencional, con la causa de los derechos humanos internacionalmente protegidos[22].

Como me permití ponderar en mi intervención del día 10 de junio de 2003 ante el plenario de la Asamblea General de la OEA en Santiago de Chile, la Corte Interamericana, en la evolución de sus procedimientos y de su jurisprudencia, ha dado una relevante contribución a "la consolidación del nuevo paradigma del Derecho Internacional, el nuevo *jus gentium* del siglo XXI, que consagra el ser humano como sujeto de derechos"[23]. El Proyecto de Protocolo que redacté y presenté a la OEA ha constado invariablemente en la agenda de la Asamblea General de la OEA (como lo ilustran las Asambleas de San José de Costa Rica en 2001, de Bridgetown/Barbados en 2002, de Santiago

21 A.A. Cançado Trindade, *Bases para un Proyecto de Protocolo a la Convención Americana sobre Derechos Humanos, para Fortalecer Su Mecanismo de Protección*, vol. II, San José de Costa Rica, Corte Interamericana de Derechos Humanos, 2001, pp. 1-669.

22 Cf. A.A. Cançado Trindade, *El Acceso Directo del Individuo a los Tribunales Internacionales de Derechos Humanos*, Bilbao, Universidad de Deusto, 2001, pp. 9-104; A.A. Cançado Trindade, *El Derecho Internacional de los Derechos Humanos en el Siglo XXI*, Santiago, Editorial Jurídica de Chile, 2001, pp. 15-455. Y cf. A.A. Cançado Trindade, "El Nuevo Reglamento de la Corte Interamericana de Derechos Humanos (2000) y Su Proyección Hacia el Futuro: La Emancipación del Ser Humano como Sujeto del Derecho Internacional", *in XXVIII Curso de Derecho Internacional Organizado por el Comité Jurídico Interamericano* – OEA (2001) pp. 33-92.

23 Cf. "Discurso [del Presidente de la Corte Interamericana de Derechos Humanos, Juez Antônio Augusto Cançado Trindade, en el Plenario de la Asamblea General de la OEA]", *in*: OEA, *Asamblea General, XXXIII Período Ordinario de Sesiones (Santiago de Chile, Junio de 2003) – Actas y Documentos*, vol. II, Washington D.C., Secretaría General de la OEA, pp. 168-171.

de Chile en 2003, y de Quito en 2004), y permanece presente en los documentos pertinentes de la OEA del bienio 2005-2006[24]. Espero que en el futuro próximo genere frutos concretos.

En mi Voto Concurrente en el primer caso contencioso tramitado enteramente bajo el nuevo y cuarto Reglamento de la Corte, el de los *Cinco Pensionistas versus Perú* (Sentencia del 28.02.2003), me permití ponderar, en la misma línea de pensamiento, que

> "En efecto, la afirmación de dichas personalidad y capacidad jurídicas constituye el legado verdaderamente revolucionario de la evolución de la doctrina jurídica internacional en la segunda mitad el siglo XX. Ha llegado el momento de superar las limitaciones clásicas de la *legitimatio ad causam* en el Derecho Internacional, que tanto han frenado su desarrollo progresivo hacia la construcción de un nuevo *jus gentium*. (...)" (par. 24)[25].

Manifestaciones en este sentido encuéntranse en la jurisprudencia reciente de esta Corte en materia no sólo *contenciosa*, sino también *consultiva*, a ejemplo de su Opinión Consultiva n. 17, sobre la *Condición Jurídica y Derechos Humanos del Niño* (del 28.08.2002), la cual se situó en la misma línea de afirmación de la emancipación jurídica del ser humano, al enfatizar la consolidación de la personalidad jurídica de los niños, como verdaderos sujetos de derecho y no simples objeto de protección; fue éste el *Leitmotiv* que permeó toda la Opinión Consultiva n. 17 de la Corte[26].

Anteriormente, el contencioso del *leading case* de los *"Niños de la Calle"* (caso *Villagrán Morales y Otros versus Guatemala*, 1999-2001), que hoy día forma parte de la historia de los derechos humanos en América Latina[27], reveló la importancia del acceso directo de los

---

24 OEA, documento AG/RES.2129 (XXXV-0/050), del 07.06.2005, pp. 1-3; OEA, documento CP/CAJP-2311/05/Rev.2, del 27.02.2006, pp. 1-3.

25 Más recientement recordé esta ponderación en mi Voto Concurrente (párr. 7) en las Medidas Provisionales de Protección en el caso de dos *Niños y Adolescentes Privados de Libertad en el Complejo del Tatuapé de FEBEM versus Brasil* (Resolución del 30.11.2005).

26 Y afirmado de modo elocuente en los párrafos 41 y 28 de la misma.

27 Cf., específicamente sobre el referido caso de los *"Niños de la Calle"*, referente a Guatemala, v.g., los libros: CEJIL, *Crianças e Adolescentes – Jurisprudência da Corte Interamericana de Direitos Humanos*, Rio de Janeiro, CEJIL/Brasil, 2003,

individuos a la jurisdicción internacional, posibilitándoles vindicar sus derechos contra las manifestaciones del poder arbitrario, y dando un contenido ético a las normas tanto del derecho público interno como del derecho internacional. Su relevancia fue claramente demostrada ante la Corte en el procedimiento de aquel caso histórico, en el cual las madres de los niños asesinados, tan pobres y abandonadas como los hijos, tuvieran acceso a la jurisdicción internacional, comparecieron a juicio[28], y, gracias a las Sentencias en cuanto al fondo y reparaciones de esta Corte[29], que las ampararon, pudieron por lo menos recuperar la fe en la Justicia humana[30].

Trascurridos cuatro años, el caso del *Instituto de Reeducación del Menor versus Paraguay* vino una vez más demostrar, como señalé en mi Voto Razonado (párrs. 3-4), que el ser humano, aún en las condiciones más adversas, irrumpe como sujeto del Derecho Internacional de los Derechos Humanos, dotado de plena capacidad jurídico-procesal internacional. La Sentencia de la Corte en este último caso reconoció debidamente la alta relevancia de las históricas reformas introducidas por la Corte en su actual Reglamento (párrs. 107, 120-121 y 126), vigente a partir de 2001[31], en pro de la *titularidad*, de los individuos, de los derechos protegidos, otorgándoles *locus standi in judicio* en *todas* las etapas del procedimiento contencioso ante la Corte. Los referidos casos de los *"Niños de la Calle"* y del *Instituto de Reeducación del*

---

pp. 7-237; Casa Alianza, *Los Pequeños Mártires...*, San José de Costa Rica, Casa Alianza/A.L., 2004, pp. 13-196; entre varias otras publicaciones sobre el caso en cuestión.

28 Audiencias públicas de los días 28-29.01.1999 y 12.03.2001 ante esta Corte.

29 De 19.11.1999 y de 26.05.2001, respectivamente.

30 En mi extenso Voto Razonado (párrs. 1-43) en aquel caso (Sentencia de reparaciones, del 26.05.2001), resalté precisamente este ponto, además de otro virtualmente inexplorado en la doctrina y jurisprudencia internacionales hasta la fecha, a saber, la tríada de la victimización, del sufrimiento humano y de la rehabilitación de las víctimas.

31 Cf., al respecto, A.A. Cançado Trindade, «Le nouveau Règlement de la Cour Interaméricaine des Droits de l'Homme: quelques réflexions sur la condition de l'individu comme sujet du Droit international», *in Libertés, justice, tolérance – Mélanges en hommage au Doyen G. Cohen-Jonathan*, tomo I, Bruxelles, Bruylant, 2004, pp. 351-365.

Menor son testimónios elocuentes de tal titularidad, afirmada y ejercida ante esta Corte, aún en situaciones da la más extrema adversidad[32].

En mi Voto Concurrente en otro caso contencioso resuelto por esta Corte, el de los *Cinco Pensionistas versus Peru* (Sentencia de 28.02.2003), – el primer caso tramitado enteramente bajo el cuarto y actual Reglamento de la Corte, – ponderé, en la misma línea de pensamiento, que

> "En efecto, la afirmación de dichas personalidad y capacidad jurídicas constituye el legado verdaderamente revolucionario de la evolución de la doctrina jurídica internacional en la segunda mitad el siglo XX. Ha llegado el momento de superar las limitaciones clásicas de la *legitimatio ad causam* en el Derecho Internacional, que tanto han frenado su desarrollo progresivo hacia la construcción de un nuevo *jus gentium*. (...)" (párr. 24)[33].

Manifestaciones en este sentido por parte de la Corte encuéntranse igualmente en el ejercicio de su función consultiva. a ejemplo de su Opinión Consultiva n. 17, sobre la *Condición Jurídica y Derechos Humanos del Niño* (del 28.08.2002), la cual se situó en la misma línea de afirmación de la emancipación jurídica del ser humano, al enfatizar la consolidación de la personalidad jurídica de los niños, como verdaderos sujetos de derecho y no como simple objeto de protección. Fue éste el *Leitmotiv* que permeó toda la Opinión Consultiva n. 17 de la Corte[34].

En los cinco últimos años, los individuos peticionarios han pasado a participar activamente en todas las etapas del procedimiento contencioso ante la Corte Interamericana, con resultados muy positivos en los tres últimos años. Además, pasaron igualmente a tener participación de las más

---

32 Como, en el caso del *Instituto de Reeducación del Menor*, las que padecieron los internos en el Instituto "Panchito López", inclusive en medio a tres incendios (con internos muertos quemados, o heridos), y aún ante las limitaciones de su capacidad jurídica en razón de su condición existencial de niños (menores de edad); aún así, su *titularidad* de derechos enmanados directamente del derecho internacional ha subsistido intacta, y su causa alcanzó un tribunal internacional de derechos humanos.

33 Más recientemente recordé esta ponderación en mi Voto Concurrente (párr. 7) en las Medidas Provisionales de Protección en el caso de dos *Niños y Adolescentes Privados de Libertad en el Complejo del Tatuapé de FEBEM versus Brasil* (Resolución del 30.11.2005).

34 Y afirmado de modo elocuente en los párrafos 41 y 28.

activas también en el procedimiento consultivo, como ilustrado por lo ocurrido en relación con las históricas Opiniones Consultivas n. 16, sobre *El Derecho a la Información sobre la Asistencia Consular en el Marco de las Garantías del Debido Proceso Legal* (del 01 de octubre de 1999), y n. 18, sobre *La Condición Jurídica y los Derechos de los Migrantes Indocumentados* (del 17 de septiembre de 2003).

La participación directa de los individuos, en los últimos años, en todo el procedimiento ante la Corte, no se ha limitado a los casos contenciosos y opiniones consultivas. Se ha extendido igualmente a las medidas provisionales de protección, en casos ya bajo el conocimiento de la Corte, a partir de los casos del *Tribunal Constitucional* (2000), y de *Loayza Tamayo* (2000), ambos relativos al Perú. Ésto demuestra no sólo la viabilidad, sino también la importancia, del *acceso directo* del individuo, sin intermediarios, a la Corte Interamericana de Derechos Humanos, aún más en una situación de extrema gravedad y urgencia. Estamos, en efecto, en medio de un proceso histórico, y jurídicamente revolucionario, de construcción del nuevo paradigma propio del *jus gentium* de este inicio del siglo XXI.

Y permítome ir más allá, ingresando en el campo de la deontología jurídica. Tal como sostuve en mi "*Curso General de Derecho Internacional Público*" del año pasado en la Academia de Derecho Internacional de La Haya, la humanidad como tal ha emergido como sujeto de Derecho Internacional, como se puede desprender del contenido de algunos instrumentos internacionales, sobre todo en el dominio del derecho ambiental internacional, del derecho del espacio exterior y del derecho internacional del mar, así como de la jurisprudencia de los Tribunales Penales Internacionales *ad hoc* para la Ex-Yugoslavia y para Ruanda. La humanidad puede lamentablemente ser victimada, y por eso ha últimamente marcado presencia en la doctrina jusinternacionalista más lúcida. Y aquí, el gran reto de los juristas de las nuevas generaciones, reside, a mi juicio, en concebir y formular la construcción conceptual de la representación legal de la humanidad como un todo (abarcando las generaciones presentes y futuras), conllevando a la consolidación de su capacidad jurídica internacional, en el marco del nuevo *jus gentium* de nuestros tiempos[35].

---

35 A.A. Cançado Trindade, "General Course on Public International Law – International Law for Humankind: Towards a New *Jus Gentium*", *in Recueil des Cours de l'Académie de Droit International de la Haye* (2005), cap. XI (en prensa).

– VII –

No podría concluir mi mensaje de esta noche, aquí en la Universidad Nacional de La Plata, sin un voto de confianza en el futuro del Derecho Internacional. En efecto, a lo largo del siglo pasado, de trágicas contradicciones, del divorcio entre la sabiduría y el conocimiento especializado, de la antinomía entre el dominio de las ciencias y el descontrol de los impulsos humanos, de las oscilaciones entre avances y retrocesos, gradualmente se transformó la función del Derecho Internacional, como instrumental jurídico ya no sólo de reglamentación como sobre todo de libertación. El derecho internacional tradicional, vigente en el inicio del siglo pasado, caracterizábase por el voluntarismo estatal ilimitado, que se reflejaba en la permisividad del recurso a la guerra, de la celebración de tratados desiguales, de la diplomacia secreta, del mantenimiento de colonias y protectorados y de zonas de influencia. Contra este órden oligárquico e injusto se insurgieron principios como los de la prohibición del uso y amenaza de la fuerza y de la guerra de agresión (y del no-reconocimiento de situaciones por estas generadas), de la igualdade jurídica de los Estados, de la solución pacífica de las controversias internacionales. Se dió inicio, además, al combate a las desigualdades (con la abolición de las capitulaciones, el establecimiento del sistema de protección de minorías bajo la Sociedad de Naciones, y las primeras convenciones internacionales del trabajo de la OIT).

A mediados del siglo pasado se reconoció la necesidad de la reconstrucción del derecho internacional con atención a los derechos del ser humano, de lo que dió elocuente testimonio la adopción de la Declaración Universal de 1948, seguida, a lo largo de cinco décadas, por más de 70 tratados de protección hoy vigentes en los planos global y regional. En la era de las Naciones Unidas se consolidó, paralelamente, el sistema de seguridad colectiva, que, sin embargo, dejó de operar satisfactoriamente en razón de los enfrentamientos generados por la guerra fría. El derecho internacional pasó a experimentar, en la segunda mitad de este siglo, una extraordinaria expansión, fomentada en gran parte por la actuación de las Naciones Unidas y agencias especializadas, además de las organizaciones regionales. La emergencia de los nuevos Estados, en medio al proceso histórico de descolonización, vino marcar profundamente su evolución en las décadas de cincuenta y sesenta, con el considerable impacto en el seno de Naciones Unidas del derecho emergente de autodeterminación de los pueblos. Se desencadenó el proceso de *democratización* del Derecho Internacional.

Las Naciones Unidas gradualmente volvieron su atención también al dominio económico y social, a la par del comercio internacional, sin perjuicio de su preocupación inicial y continuada con la preservación de la paz y seguridad internacionales. Al trascender los antiguos parámetros del derecho clásico de la paz y de la guerra, se equipó el Derecho Internacional para responder a las nuevas demandas y desafíos de la vida internacional, con mayor énfasis en la cooperación internacional. En las décadas de sesenta a ochenta, las instancias multilaterales se dedicaron a un intenso proceso de elaboración y adopción de sucesivos tratados y resoluciones de reglamentación de los espacios, en areas distintas como las del espacio exterior y del derecho del mar.

Los años noventa, a su vez, se caracterizaron como un momento en la historia marcado por una profunda reflexión, en escala universal, sobre las propias bases da sociedad internacional e la formación gradual de la agenda internacional del siglo XXI, desencadenada a partir de las notables transformaciones en el cenario mundial contemporáneo a partir de 1989, con el fin de la guerra fría y la irrupción de numerosos conflictos internos. El ciclo de las Conferencias Mundiales de Naciones Unidas del final del siglo XX e inicio del siglo XXI[36] ha procedido a una revaluación global de muchos conceptos a la luz de la consideración de temas que afectan la humanidad como un todo. Su denominador común ha sido la atención especial a las *condiciones de vida* de la población (particularmente de los grupos vulnerables, en necesidad especial de protección), de ahí resultando el reconocimiento universal de la necesidad de situar los seres humanos de modo definitivo en el centro de todo proceso de desarrollo.

[36] Conferencia de Naciones Unidas sobre Medio-Ambiente y Desarrollo, Río de Janeiro, 1992; II Conferencia Mundial sobre Derechos Humanos, Viena, 1993; Conferencia Internacional sobre Población y Desarrollo, Cairo, 1994; Cumbre Mundial para el Desarrollo Social, Copenhague, 1995; IV Conferencia Mundial sobre la Mujer, Beijing, 1995; II Conferencia de Naciones Unidas sobre Asentamientos Humanos, Habitat-II, Istambul, 1996; Conferencia sobre el Estatuto del Tribunal Internacional, Roma, 1998; Conferencia Mundial contra el Racismo, la Discriminación Racial, la Xenofobia y Otras Formas de Intolerancia, Durban, 2001.

Este proceso universal de reflexión prosigue, hoy día, con las atenciones dirigidas a la reforma de Naciones Unidas, con las decisiones tomadas al final de 2005, y los debates que continúan – no sin dificultades – sobre la materia en este primer trimestre de 2006, de modo a equipar la Organización mundial estructuralmente para poner en práctica los resultados, plasmados en sus respectivos documentos finales, de las referidas Conferencias Mundiales. En efecto, los grandes desafíos de nuestros tiempos – la protección del ser humano y del medio-ambiente, el desarme, la erradicación de la pobreza crónica y el desarrollo humano, el control y la prohibición del uso indiscriminado de la fuerza, y la superación de las disparidades alarmantes entre los países y dentro de ellos, – han incitado a la revitalización de los propios fundamentos y principios del Derecho Internacional contemporáneo, tendiendo a hacer abstracción de soluciones jurisdiccionales y espaciales (territoriales) clásicas y desplazando el énfasis para la noción de solidariedad.

El ordenamiento internacional tradicional, marcado por el predominio de las soberanías estatales y la exclusión de los individuos, no fue capaz de evitar la intensificación de la producción y uso de armamentos de destrucción en masa, y tampoco las violaciones masivas de los derechos humanos en todas las regiones del mundo, y las sucesivas atrocidades de nuestro siglo, inclusive las contemporáneas[37]. Tales atrocidades han despertado la conciencia jurídica universal para la necesidad de reconceptualizar las propias bases del ordenamiento internacional, y de expandir la personalidad jurídica internacional de modo a abarcar – como ya señalé – las organizaciones internacionales, los pueblos, y los individuos, titulares de derechos que les son inherentes, enmanados directamente del *jus gentium*. En nuestros días, el modelo westphaliano del ordenamiento internacional muéstrase agotado y superado.

En esta línea de evolución también se inserta la tendencia actual de "criminalización" de violaciones graves de los derechos de la persona humana, paralelamente a la consagración del principio de la jurisdicción universal. En el actual proceso de *humanización* del Derecho In-

[37] Como, v.g., el holocausto, el *gulag*, seguidos de nuevos actos de genocidio, e.g., en el sudeste asiático, en la Europa Central (ex-Yugoslavia) e en África (Ruanda).

ternacional, que pasa a ocuparse más directamente de la realización de metas comunes superiores, el reconocimiento de la centralidad de los derechos humanos corresponde a un nuevo *ethos* de nuestros tiempos.

La titularidad jurídica internacional de la persona humana, tal como la sostenían los llamados fundadores del derecho *de gentes*, es hoy día una realidad. En la construcción del ordenamiento jurídico internacional del nuevo siglo, testimoniamos, con la gradual erosión de la reciprocidad, la emergencia *pari passu* de consideraciones superiores de *ordre public*, reflejadas en las concepciones de las normas imperativas del Derecho Internacional general (el *jus cogens*), de los derechos fundamentales inderrogables, de las obligaciones *erga omnes* de protección. Todo ésto revela la superación definitiva de un estándar de conducta erigido sobre la pretensa autonomía de la "voluntad" del Estado, de la cual el propio Derecho Internacional buscó gradualmente libertarse a través de las anteriormente mencionadas construcciones conceptuales y las consideraciones básicas de humanidad que hoy permean todo su vasto *corpus juris*. Hay que dar seguimiento a esta alentadora evolución, – en medio a tantas amenazas que confrontan la humanidad como un todo, – buscando asegurar su plena aplicación práctica, en beneficio de todos los seres humanos. Estas nuevas concepciones se imponen en nuestros días, y de su fiel observancia dependerá en gran parte la evolución futura del Derecho Internacional. Es éste, en mi entender, el camino a seguir recorriendo, para que no más tengamos que continuar a convivir con las contradicciones trágicas que marcaron el siglo pasado. Muchas gracias a todos por la fina atención con que me han distinguido.

La Plata, Argentina,
07 de abril de 2006.

A.A.C.T.

Anexo IV

REMINISCENCIAS DE LA CORTE INTERAMERICANA DE DERECHOS HUMANOS EN CUANTO A SU JURISPRUDENCIA EN MATERIA DE REPARACIONES[1]

Antônio Augusto CANÇADO TRINDADE[2]

Sumario: I. Introducción. II. Formas de Reparación. III. Investigación y Sanción. IV. Derecho a la Verdad. V. Masacres e Identificación de las Víctimas. VI. Rehabilitación de las Víctimas. V. Dimensión Temporal. VI. Dimensión Intergeneracional. VII. Conclusión.

I. INTRODUCCIÓN

1. Es con particular satisfacción que comparezco, por gentil invitación del Tribunal Penal Internacional (TPI), al Seminario Internacio-

---

1 Conferencia proferida por el Autor en la sesión inaugural del Seminario Internacional realizado por el Tribunal Penal Internacional (TPI), en su sede en La Haya, Holanda, el 10 de noviembre de 2009, – y presentada por el Autor como comunicación escrita al Simposio en el Instituto Max-Planck (Heidelberg, 18-19 de noviembre de 2009).

2 Ph.D. (Cambridge – Premio Yorke) en Derecho Internacional; Ex-Presidente de la Corte Interamericana de Derechos Humanos; Juez de la Corte Internacional de Justicia (La Haya); Profesor Titular de la Universidad de Brasília; Miembro del *Institut de Droit International,* del *Curatorium* de la Academia de Derecho Internacional de La Haya, y de la Academia Brasileña de Letras Jurídicas.

nal que se inaugura en su sede aquí en la ciudad de La Haya. Guardo un grato recuerdo de la hospitalidad que me brindaron las Juezas y los Jueces del TPI, con ocasión de la conferencia que en esta sede del TPI proferí, hace más de cuatro años, el día 03 de agosto de 2005, en la misma época en que dictaba mi *Curso General de Derecho Internacional Público* en la Academia de Derecho Internacional de La Haya[3]. En aquel entonces, era yo Juez de la Corte Interamericana de Derechos Humanos; hoy vuelvo a aquí comparecer, para ministrar otra conferencia en el TPI, ahora como Juez de la Corte Internacional de Justicia (CIJ). Sigo, sin embargo, siendo naturalmente la misma persona, un fiel defensor y practicante del diálogo respetuoso y fructífero entre los tribunales internacionales contemporáneos, copartícipes que somos de una misma causa común: la de la realización de la justicia en los planos internacional y nacional.

2. Al saludar al espíritu de apertura del TPI para este diálogo, al invitarme para dirigirme a sus Juezas y Jueces y a todos los presentes en la sesión inaugural de este evento académico, quisiera una vez más agradecer al TPI, en la persona de la Jueza Elisabeth Odio Benito, su Ex-Vicepresidenta, por la gentileza de la invitación, en las dos ocasiones. Independientemente del tribunal internacional al cual tengo el honor de servir, reconozco la importancia del diálogo sostenido y permanente entre todos los tribunales internacionales contemporáneos, y he dado muestras de mi posición en este sentido en distintas ocasiones en más de una década[4].

3. Tengo plena conciencia del interés que genera entre mis colegas, los distinguidos magistrados del TPI, la experiencia acumulada por la Corte Interamericana, durante los anõs en que a esta última serví, en materia de reparaciones a los miembros de colectividades humanas, en casos de violaciones graves de los derechos humanos. De mi parte, mucho aprecio, como Juez de la CIJ y ex-Juez de la Corte Interamericana, los esfuerzos de las Juezas y los Jueces del TPI, en relación con

---

3 Cf. A.A. Cançado Trindade, "International Law for Humankind: Towards a New *Jus Gentium* – General Course on Public International Law – Part I", 316 *Recueil des Cours de l'Académie de Droit International de la Haye* (2005) pp. 31-439; A.A. Cançado Trindade, " International Law for Humankind: Towards a New *Jus Gentium* -General Course on Public International Law – Part II", 317 *Recueil des Cours de l'Académie de Droit International de la Haye* (2005) pp. 19-312.

4 Para un relato, cf. A.A. Cançado Trindade, *Direito das Organizações Internacionais,* 4a. ed., Belo Horizonte/Brasil, Edit. Del Rey, 2009, pp. 575-607.

aspectos innovadores de su labor, tales como el de la participación de las víctimas en los procedimientos bajo el Estatuto de Roma de 1998[5], y el del Fondo Fiduciario en beneficio de las Víctimas.

4. A lo largo de los años vengo señalando, en mis libros y otros escritos[6], como magistrado y como académico, el fenómeno contemporáneo de la expansión de la personalidad y capacidad jurídicas internacionales, acompañada de la expansión de la responsabilidad internacional, e igualmente de la jurisdicción internacional contemporánea. Así, siéntome muy gratificado en poder participar del evento académico de hoy, para pasar en revista aspectos de la temática que me es tan cara. Concentraré mi intervención del día de hoy, 10 de noviembre de 2009, en el tema que me fue confiado, a saber, el de la contribución de la jurisprudencia de la Corte Interamericana en materia de reparaciones.

5. Ésto me proporciona la oportunidad de compartir con todos los presentes mis reflexiones y recuerdos de la actuación de la Corte Interamericana en este dominio, durante el largo período de dos mandatos que he cumplido como su Juez Titular. Lo hago con un sentimiento de deber cumplido y, ciertamente, con una cierta nostalgia. No pretendo ser exhaustivo, sino más bien destacar algunos aspectos que puedan ser de interés del TPI para su labor presente y futura, a saber: a) formas de reparación; b) investigación y sanción; c) derecho a la verdad; d) masacres e identificación de las víctimas; e) rehabilitación de las

---

5 En particular bajo los artículos 15(3), 19(3), 68 y 75 (este último sobre reparación a las víctimas) del Estatuto de Roma.

6 Cf., v.g., inter alia, A.A. Cançado Trindade, *Évolution du Droit international au droit des gens – L'accès des particuliers à la justice internationale: le regard d'un juge*, Paris, Pédone, 2008, pp. 1-188; A.A. Cançado Trindade, *El Acceso Directo del Individuo a los Tribunales Internacionales de Derechos Humanos*, Bilbao, Universidad de Deusto, 2001, pp. 9-104; A.A. Cançado Trindade, «Le nouveau Règlement de la Cour Interaméricaine des Droits de l'Homme: quelques réflexions sur la condition de l'individu comme sujet du Droit international», *in Libertés, justice, tolérance – Mélanges en hommage au Doyen G. Cohen-Jonathan*, tomo I, Bruxelles, Bruylant, 2004, pp. 351-365; A.A. Cançado Trindade, *Tratado de Direito Internacional dos Direitos Humanos,* tomo III, Porto Alegre/Brasil, S.A. Fabris Ed., 2003, pp. 1-663; A.A. Cançado Trindade *(rapporteur)*, *Bases para un Proyecto de Protocolo a la Convención Americana sobre Derechos Humanos, para Fortalecer Su Mecanismo de Protección*, 2a. ed., San José de Costa Rica, Corte Interamericana de Derechos Humanos, 2003, pp. 1-1015.

víctimas; f) dimensión temporal; g) dimensión intergeneracional. El campo estará entonces abierto para una breve reflexión final, a título de conclusión. A continuación, paso a examinar cada uno de estos puntos del tema que me ha sido confiado.

II. FORMAS DE REPARACIÓN

6. Durante mis años de actuación como Juez Titular de la Corte Interamericana, ha ésta logrado construir una jurisprudencia verdaderamente ejemplar en materia de reparaciones (además de medidas provisionales de protección, y también de opiniones consultivas), que disfruta hoy de reconocimiento internacional por su pionerismo y creatividad[7]. La Corte ha partido de la propia base convencional del artículo 63(1) de la Convención Americana sobre Derechos Humanos, que dispone:

> – "Cuando decida que hubo violación de un derecho o libertad protegidos en esta Convención, la Corte dispondrá que se garantice al lesionado en el goce de su derecho o libertad conculcados. Dispondrá, asímismo, si ello fuera procedente, que se reparen las consecuencias de la medida o situación que ha configurado la vulneración de esos derechos y el pago de una justa indemnización a la parte lesionada".

7. Queda, pues, muy claro que las reparaciones, bajo la Convención Americana sobre Derechos Humanos, no se limitan a las pecuniarias, y abarcan otras formas de reparaciones (no-pecuniarias, y obligaciones de hacer). Es este el correcto entendimiento que ha guiado la Corte Interamericana en su construcción jurisprudencial sobre la materia. Con base en lo dispuesto en el artículo 63(1) de la Convención Americana, la Corte Interamericana ha desarrollado su notable jurisprudencia sobre las distintas *formas* de reparación (*restitutio in integrum*, compensación – por daño material así como moral o inmaterial, – satisfacción, rehabilitación de las víctimas, garantía de no-re-

7 Cf., v.g., *inter alia*, Ph. Weckel, «La justice internationale en le soixantième anniversaire de la Déclaration Universelle des Droits de l'Homme», 113 *Revue générale de Droit international public* (2009) pp. 14-17.

petición de los hechos lesivos). Las reparaciones han sido, pues, tanto no-pecuniarias como pecuniarias, y frecuentemente han consistido en obligaciones de hacer.

8. Así, por ejemplo, en el caso *Aloeboetoe versus Suriname* (reparaciones, 10.07.1993), la Corte Interamericana, ante el reconocimiento de la responsabilidad internacional por parte de Suriname (en 1991), fijó el monto de reparación a ser pagado por el Estado a los familiares de las víctimas o a sus herederos, y ordenó el establecimiento de dos fideicomisos y la creación de una fundación, así como la reapertura de la escuela de Gujaba y la puesta en operación de un dispensario existente en este lugar. La contribución de esta sentencia, así, consistió en haber situado las reparaciones por las violaciones de los derechos protegidos en el contexto social en el cual éstos se aplican, tomando en cuenta con sensibilidad las prácticas culturales en la comunidad de los cimarrones (*maroons*) saramacas en Suriname. Posteriormente, la Corte hizo lo mismo en su Sentencia (de fondo y reparaciones, del 31.08.2001) en el caso de la *Comunidad Mayagna (Sumo) Awas Tingni versus Nicarágua* (cf. *infra*).

9. En otra ocasión, en su Sentencia de fondo y reparaciones (del 18.09.2003) en el caso *Bulacio versus Argentina*, relativo a la detención por la policía, seguida de la muerte, de un adolescente, la Corte ordenó, además de las indemnizaciones correspondientes, la continuación de la investigación del caso, y la adopción de medidas legislativas y otras para asegurar la no-repetición de los hechos. En mi Voto Razonado (párrs. 1-40), al concentrarme en el sentido de la *reparatio*, señalé los efectos devastadores que la impunidad tuvo sobre los familiares, conllevando a una trágica destrucción del propio nucleo familiar, y la importancia de la realización de la justicia (también como una forma de satisfacción a los familiares de la víctima, dada la irreparabilidad del daño causado)[8].

10. En un ejemplo de *restitutio*, en su Sentencia de fondo y reparaciones (del 02.02.2001) en el caso *Baena Ricardo y Otros (270 Trabajadores) versus Panamá*, la Corte Interamericana no se limitó

---

8 A.A. Cançado Trindade, "The Inter-American System of Protection of Human Rights (1948-2009): Evolution, Present State and Perspectives", *in Dossier Documentaire/ Documentary File – XL Session d'Enseignement (2009)*, tomo II, Strasbourg, IIDH, 2009, p. 102.

a ordenar el pago de montos indemnizatorios (los montos correspondientes a los salarios caídos y demás derechos laborales desde el momento de ser despedidos – punto resolutivo n. 6). Determinó, además, que el Estado demandado debía "reintegrar en sus cargos a los 270 trabajadores", y, si esto no fuera posible, "brindarles alternativas de empleo que respeten las condiciones, salarios y remuneraciones que tenían al momento de ser despedidos". En caso de no ser esto último tampoco posible, debía el Estado "proceder al pago de la indemnización" que correspondía "a la terminación de relaciones de trabajo, de conformidad con el derecho laboral interno" (punto resolutivo n. 7)[9].

11. En su Sentencia de reparaciones (del 26.05.2001) en el caso *Villagrán Morales y Otros* (caso de los "*Niños de la Calle*"), la Corte ordenó, como medidas de reparación, además de las indemnizaciones por daños material y moral (puntos resolutivos 1-4) y del reintegro de los gastos y costas (punto resolutivo n. 9), la adecuación del ordenamiento jurídico interno al artículo 19 de la Convención Americana (punto resolutivo n. 5), el traslado de los restos mortales de uno de los niños asesinados y su posterior inhumación en el lugar escogido por sus familiares (punto resolutivo n. 6), la designación de un centro educativo con un nombre alusivo a los jóvenes victimizados y con una placa con los nombres de las cinco víctimas (punto resolutivo n. 7), y la investigación de los hechos y sanción de los responsables (punto resolutivo n. 8).

12. Tal como me permití señalar en mi Voto Razonado en este caso paradigmático de los "*Niños de la Calle*" (reparaciones, 2001)[10],

> "Hay, a mi juicio, que enfocar toda la temática de las reparaciones de violaciones de los derechos humanos a partir de la integralidad de la personalidad de las víctimas, desestimando cualquier inten-

[9] Posteriormente, en su Sentencia sobre competencia (del 28.11.2003), en el mismo caso *Baena Ricardo y Otros*, la Corte afirmó su competencia para supervisar el cumplimiento de la anterior Sentencia de fondo y reparaciones (mediante el examen de los informes a ser sometidos por el Estado demandado, sobre las medidas tomadas para ejecutar la Sentencia). La Corte, por unanimidad, rechazó el desafío del Estado demandado y decidió continuar a supervisar el cumplimiento por el Estado de su Sentencia del 02.02.2001) en el caso *Baena Ricardo y Otros (270 Trabajadores) versus Panamá.*

[10] Cf. mi Voto Razonado en el caso de los *"Niños de la Calle"*, referente a Guatemala (Reparaciones, Sentencia del 26.05.2001).

to de mercantilización – y consecuente trivialización – de dichas reparaciones. No se trata de negar importancia de las indemnizaciones, sino más bien de advertir para los riesgos de *reducir* la amplia gama de las reparaciones a simples indemnizaciones. No es mera casualidad que la doctrina jurídica contemporánea viene intentando divisar distintas *formas* de reparación – *inter alia, restitutio in integrum*, satisfacción, indemnizaciones, garantías de no-repetición de los hechos lesivos – *desde la perspectiva de las víctimas*, de modo a atender sus necesidades y reivindicaciones, y buscar su plena rehabilitación.

(...) En nada me convence la `lógica' – o más bien, la falta de lógica – del *homo oeconomicus* de nuestros días, para quien, en medio a la nueva idolatría del dios-mercado, todo se reduce a la fijación de compensación en forma de montos de indemnizaciones, dado que en su óptica las propias relaciones humanas se han – lamentablemente – mercantilizado. En definitiva, a la integralidad de la personalidad de la víctima corresponde una reparación *integral* por los perjuicios sufridos, la cual no se reduce en absoluto a las reparaciones por daño material y moral (indemnizaciones). (...) El artículo 63(1) de la Convención Americana, por el contrario, posibilita, y requiere, que se amplíen, y no se reduzcan, las reparaciones, en su multiplicidad de formas. La fijación de las reparaciones debe basarse en la consideración de la víctima como ser humano integral, y no en la perspectiva degradada del *homo oeconomicus* de nuestros días. (...)[11]".

13. Todavía en el año de 2001, en mi subsiguiente Voto Razonado (párrs. 1-13) en la Sentencia de reparaciones en el caso *Cantoral Benavides versus Perú* (del 03.12.2001), me permití destacar la significación de lo determinado por la Corte, mediante lo cual el Estado se vió ante la obligación de "dejar sin efecto alguno" la sentencia condenatoria de la Corte Suprema de Justicia del Perú contra Luis Alberto Cantoral Benavides (punto resolutivo n. 4), dada su incompatibilidad con la normativa de protección de la Convención Americana.

14. En su Sentencia de fondo y reparaciones (del 12.11.1997) en el caso *Suárez Rosero versus Ecuador*, la Corte declaró que el artículo 114 *bis* del Código Penal ecuatoriano, que privava todas las personas en detención bajo la ley anti-drogas de determinadas garantías judiciales (en cuanto a la extensión de la detención), violava *per se* el artículo 2 de la

---

11 Cf. *ibid.*, párrafos 28, 35 y 37.

Convención Americana, *independientemente de haber sido aplicada o no esta norma del Código Penal en el presente caso*. Fue ésta la primera vez que la Corte estableció una violación del artículo 2 de la Convención por la existencia *per se* de una disposición de derecho interno[12].

15. La referida Sentencia de la Corte en el caso *Suárez Rosero* dedicó significativamente una sección entera (n. XIV) al establecimiento de la violación del artículo 2 de la Convención (la obligación general de harmonizar la legislación nacional con las normas de la Convención Americana)[13]. Poco después (el 24.12.1997), la Corte Suprema del Ecuador decidió eliminar la disposición en cuestión de la ley ecuatoriana anti-drogas, declarándola inconstitutional; fue esta también la primera vez que una disposición de derecho interno (de excepción) fue prontamente modificada en consecuencia de una decisión de la Corte Interamericana.

16. En Sentencia de fondo y reparaciones (del 21.06.2002), en el caso *Hilaire, Constantive y Benjamin y Otros versus Trinidad y Tobago*, la Corte Interamericana ordenó, como medida de reparación, que el Estado demandado dejara de aplicar la llamada "pena de morte mandatoria". Determinó la Corte al Estado que se abstuviera, por consiguiente, de aplicar su "Ley de Delitos contra la Persona" (de 1925), y que la modificara, adecuándola a la normativa internacional de protección de los derechos humanos (punto resolutivo n. 8). Determinó, asímismo, que el Estado debería volver a tramitar, aplicando la legislación penal así reformada, los procedimientos penales correspondientes a los delitos imputados a los peticionarios (punto resolutivo n. 9), revisando los casos contra los mismos (punto resolutivo n. 10), y absteniéndose de aplicar la pena de muerte (punto resolutivo n. 11).

17. En otra Sentencia notable, de fondo y reparaciones de 05.02.2001, relativa a la prohibición en Chile, mediante censura previa de producción cinematográfica (basada en disposición constitucional), de exhi-

---

12 Como Ecuador, en su entendimiento, por la propia existencia del artículo 114 *bis* de su Código Penal, no había tomado medidas adecuadas de derecho interno, a fin de tornar efectivo el derecho consagrado en el artículo 7(5) de la Convención.

13 A.A. Cançado Trindade, "The International Standards of Protection of the Human Person in the Developing Case-Law of the Inter-American Court of Human Rights (1982-2004)", 104 *Journal of International Law and Diplomacy* – Japanese Society of International Law/Tokyo (2006) n. 4, p. 18.

bición en sala pública de la película "*La Última Tentación de Cristo*" de M. Scorcese, la Corte Interamericana estableció una violación del derecho a la libertad de pensamiento y de expresión (artículo 13 de la Convención Americana). Al sostener la responsabilidad internacional objetiva del Estado demandado, por cualquier acto u omisión de parte de cualquier de sus poderes u órganos, independientemente de su jerarquía (párrs. 72-73), la Corte situó el orígen de la violación en el artículo 19(12) de la Constitución de Chile de 1980, que establecera la censura previa de producción cinematográfica. En extenso Voto Concurrente, me permití abordar los fundamentos del respaldo de la Corte a la tesis de la responsabilidad internacional objectiva del Estado (párrs. 1-40).

18. La Corte determinó *inter alia* que el Estado demandado debería, dentro de un plazo razonable, modificar su ordenamiento jurídico interno de modo a poner fin a la censura previa y permitir la exhibición pública de la película "*La Última Tentación de Cristo*" (punto resolutivo n. 4). En seguida, en sucesivos informes enviados a la Corte[14], el Estado demandado la informó sobre el proceso en curso de reforma constitucional destinado a consagrar el derecho a la libre expresión artística y eliminar la censura cinematográfica, – hasta su conclusión exitosa (el 04.01.2003)[15]. Como los peticionarios se mostraron satisfechos con la mencionada reforma constitucional[16], siendo así, en resolución del 28.11.2003, la Corte Interamericana declaró que el Estado de Chile dió pleno cumplimiento a su Sentencia del 05.02.2001, dando así por

14 Informes del 07.08.2001, 14.11.2001, 20.08.2002, y 19.03.2003.

15 En nuevo informe sometido a la Corte (el 07.04.2003), el Estado la informó que la película "La Última Tentación de Cristo" de M. Scorcese pasó a ser exhibida, a partir del 11.03.2003, en la sala del Cine Arte Alameda en Santiago (para todo público mayor de 18 anos). El 09.06.2003, con ocasión de la realización en Santiago de Chile de histórica sesión externa de la Corte Interamericana, que coincidió con la realización de la Asamblea General de la OEA en la capital chilena, el Presidente de la República (Dr. Ricardo Lagos), al recebirme en audiencia en el Palacio de La Moneda, me externó y a toda la Corte Interamericana el firme compromiso de su País con las obligaciones convencionales del sistema interamericano de protección de los derechos humanos.

16 En escritos enviados a la Corte, tanto los individuos demandantes (el 21.10.2003) como la Comisión Interamericana de Derechos Humanos (el 27.10.2003) comunicaron al Tribunal que se encontraban satisfechos y que consideraban que el Estado chileno había dado efectivo cumplimiento a la Sentencia del 05.02.2001 de la Corte Interamericana (supra) en el *cas d'espèce*.

terminado el caso de la película "*La Última Tentación de Cristo*", con el arquivo del expediente respectivo.

19. La referida Sentencia de la Corte se reviste, así, de real significación histórica, en más de un sentido: constituye un valioso e inédito precedente, por el cumplimiento, pleno y ejemplar, que le fue dado por el Estado demandado, que modificó su propia Constitución nacional para dar fiel cumplimiento a la Sentencia de un tribunal internacional de derechos humanos. El histórico episodio revela que, en el presente dominio de protección, el primado del derecho internacional sobre el derecho interno pasa a constituir, más que una construcción académica, una realidad del Derecho en nuestros días, movido este último por la conciencia humana.

III. INVESTIGACIÓN Y SANCIÓN

20. En sucesivas sentencias de fondo y de reparaciones, la Corte Interamericana ha afirmado el deber del Estado de investigar los hechos lesivos de los derechos protegidos por la Convención Americana[17], inclusive como forma de reparación (obligación de hacer). En sus Sentencias (de fondo y reparaciones) en el caso *Gutiérrez Soler* (12.09.2005) y en el caso de la *Masacre de Mapiripán* (15.09.2005), ambos relativos a Colombia, la Corte determinó que el Estado debía investigar los hechos y prontamente identificar, juzgar y sancionar los responsables, y divulgar los resultados de los procesos, "de manera que la sociedad colombiana pueda conocer la verdad acerca de los hechos" de dichos casos (párrs. 96 y 298, respectivamente). Lo volvió a determinar lo mismo en el caso *Maritza Urrutia versus Guatemala* (Sentencia de fondo y reparaciones, del 27.11.2003, punto resolutivo n. 5).

---

17 Cf. A.A. Cançado Trindade, "The Inter-American Court of Human Rights at a Crossroads: Current Challenges and Its Emerging Case-Law on the Eve of the New Century", *in Protection des droits de l'homme: la perspective européenne – Mélanges à la mémoire de Rolv Ryssdal* (eds. P. Mahoney, F. Matscher, H. Petzold y L. Wildhaber), Köln/Berlin, C. Heymanns Verlag, 2000, pp. 167-191; A.A. Cançado Trindade, "El Sistema Interamericano de Protección de los Derechos Humanos (1948-2002)", *in La Protección Internacional de los Derechos Humanos en los Albores del Siglo XXI* (eds. F. Gómez Isa y J.M. Pureza), Bilbao, Universidad de Deusto, 2003, pp. 567-568.

21. En otro caso de masacre, anterior al de *Mapiripán* (*supra*), el de la *Comunidad Moiwana versus Suriname* (fondo y reparaciones, Sentencia del 15.06.2005), la Corte sostuvo que "los familiares de las víctimas y la sociedad como un todo deben ser informados" de lo ocurrido (párr. 204). Como medidas de reparación, la Corte ordenó, – además de las indemnizaciones por daños material e inmaterial (puntos resolutivos ns. 8-9), y los gastos (punto resolutivo n. 10), – la investigación de los hechos y sanción de los responsables, la recuperación de los restos mortales de los miembros masacrados de la Comunidad Moiwana y su entrega a los miembros de la Comunidad sobrevivientes, la delimitación y demarcación y titulación de los territorios tradicionales de los miembros de la Comunidad, la garantía de seguridad de los miembros que decidan regresar a la aldea de Moiwana, la implementación de un fondo de desarrollo comunitario, la realización de un acto de disculpa pública y reconocimiento de responsabilidad internacional, y la construcción de un monumento público y su ubicación en un lugar público apropiado (puntos resolutivos 1-7).

22. En mi Voto Razonado (párrs. 1-93) en dicho caso de la *Comunidad Moiwana*, concentré mis reflexiones en los siguientes puntos: a) la subjectividad legal de los pueblos en el derecho internacional; b) el desarraigo como un problema de derechos humanos confrontando la conciencia jurídica universal; c) la proyección del sufrimiento humano en el tiempo; d) la ilusión de los "pós-modernos" y la incorporación de la muerte en la vida; e) la mortalidad y su inescapable relevancia para los vivos; f) los deberes de los vivos en relación a sus muertos; g) los deberes en relación a los muertos en los orígines y en el desarrollo del Derecho; h) del derecho a un proyecto de vida al derecho a un proyecto de pós-vida; i) más allá del daño moral: la configuración del daño espiritual; y j) un alegato contra el olvido[18].

23. Retomé mi concepción del proyecto de pós-vida y del daño espiritual en mi posterior Voto Razonado (párrs. 8-10) en la Sentencia

[18] Voto reproducido in: A.A. Cançado Trindade, *Derecho Internacional de los Derechos Humanos – Esencia y Trascendencia (Votos en la Corte Interamericana de Derechos Humanos, 1991-2006)*, México, Edit. Porrúa/Universidad Iberoamericana, 2007, pp. 539-567.

de fondo y reparaciones en el caso *Gutiérrez Soler versus Colombia* (del 12.09.2005). En este último Voto, me permití insistir en los puntos centrales al respecto, desarrollados en mi anterior Voto en el caso de la *Comunidad Moiwana*, en los siguientes términos:

> "Como el tiempo nos consome a todos y sigue fluyendo, la construcción de un proyecto de vida puede parecer insuficiente a muchos, que, conscientes de su propia vulnerabilidad existencial, buscan construir además lo que yo me permito denominar de *proyecto de post-vida.* Este punto lo he desarrollado en mi Voto Razonado[19] en el reciente caso de la *Comunidad Moiwana versus Suriname* (Sentencia del 15.06.2005), en el cual este punto ocupó, a mi modo de ver, una posición central. En el presente caso *Gutiérrez Soler versus Colombia,* me limito a rescatar las partes aquí relevantes de mi razonamiento.
>
> Así, como ponderé en el referido Voto Razonado, no me parece haber razón alguna, ante el pasar del tiempo, para limitarse uno, en la búsqueda de sentido para su vida, a la vida que uno conoce, al mundo de los que siguen vivos; en realidad, a mi juicio, tanto el proyecto de vida como el proyecto de post-vida encierran valores fundamentales (párr. 69). Un daño a este último constituye, – según lo que me permití proponer en mi citado Voto en el caso de la *Comunidad Moiwana,* – un *daño espiritual,* que atañe a lo que hay de más íntimo en el ser humano, es decir, su vida interior, sus creencias en el destino humano, sus relaciones con sus muertos (párr. 71). Dicho daño incorpora el principio de humanidad en una dimensión temporal (párr. 72).
>
> Distintamente del daño moral, a mi juicio los daños al proyecto de vida y al proyecto de post-vida no se cuantifican, no son susceptibles de "cuantificaciones", por cuanto buscan la reparación mediante obligaciones de hacer que conlleven a medidas de satisfacción (v.g., honrar los muertos en las personas de los vivos) (párr. 77). La "cuantificación" del daño moral, a su vez, se da en beneficio esencialmente de los que siguen vivos (víctimas directas o indirectas) (párr. 74)".

24. En otra ocasión, en el caso del asesinato premeditado (por agentes del poder público) en el caso de *Myrna Mack Chang versus Guatemala* (fondo y reparaciones, Sentencia del 25.11.2003), la Corte señaló que "los familiares de las víctimas y la sociedad como un todo

19 Original en inglés.

deben ser informados de todo lo sucedido con relación a dichas violaciones", de modo a satisfacerlos (párr. 274). La Corte hizo el mismo señalamiento en sus Sentencias en los casos *Hermanas Serrano Cruz versus El Salvador* (fondo y reparaciones, Sentencia del 01.03.2005, párr. 62), *Trujillo Oroza versus Bolivia* (reparaciones, Sentencia del 27.02.2002, párr. 114), *Huilca Tecse versus Perú* (fondo y reparaciones, Sentencia del 03.03.2005, párr. 107), *Carpio Nicolle y Otros versus Guatemala* (del 22.11.2004, párr. 128).

25. En su Sentencia de reparaciones (del 19.11.2004) en el caso de la *Masacre de Plan de Sánchez*, la Corte determinó *inter alia* que "el resultado del proceso deberá ser públicamente divulgado para que la sociedad guatemalteca conozca la verdad" (párr. 98). En el caso de la masacre de *19 Comerciantes versus Colombia* (fondo y reparaciones, Sentencia del 05.07.2004), la Corte reiteró la ponderación que había hecho en la anterior Sentencia de reparaciones (del 22.02.2002) en el caso de *Bámaca Velásquez versus Guatemala*, en el sentido de que dicha medida beneficia no sólo a los familiares de las víctimas sino también a la sociedad como un todo, con el propósito de que, al "conocer la verdad" en cuanto a tales crímenes, "tenga la capacidad de prevenirlos en el futuro" (párrs. 259 y 77, respectivamente).

IV. DERECHO A LA VERDAD

26. El deber de investigatión de los hechos, y juicio y sanción de los responsables, como forma de reparación (*supra*), asume particular importancia en los casos de masacres llevados al conocimiento de la Corte Interamericana (cf. *infra*). En uno de estos casos, en su Sentencia del 14.03.2001, en el célebre caso de la masacre de *Barrios Altos*, atinente al Perú, – el primer caso en que un tribunal internacional contemporáneo fulminó una ley de "auto-amnistía", – la Corte Interamericana ponderó que "el derecho a la verdad se encuentra subsumido en el derecho de la víctima o sus familiares a obtener de los órganos competentes del Estado el esclarecimiento de los hechos violatorios y las responsabilidades correspondientes, a través de la investigación y el juzgamiento que previenen los artículos 8 y 25 de la Convención" Americana (párr. 48).

27. En el caso *Bámaca Velásquez versus Guatemala* (fondo, Sentencia del 25.11.200), – enmarcado en un patrón de desapariciones forzadas de personas, – la Corte ponderó que "el derecho a la verdad se encuentra subsumido en el derecho de la víctima o sus familiares a obtener de los órganos competentes del Estado el esclarecimiento de los hechos violatorios y las responsabilidades correspondientes, a través de la investigación y el juzgamiento que previenen los artículos 8 y 25 de la Convención" Americana (párr. 201). En su Sentencia sobre reparaciones (del 22.02.2002) en el mismo caso *Bámaca Velásquez*, la Corte ordenó al Estado demandado – como primer punto resolutivo – "localizar los restos mortales de Efraín Bámaca Velásquez, exhumarlos en presencia de su viuda y familiares, así como entregarlos a éstos".

28. En seguida, la Corte ordenó, aún en el mismo caso *Bámaca Velásquez*, la investigación de los hechos y la sanción de los responsables, la publicación en la prensa nacional de partes de su Sentencia, la adecuación del ordenamiento jurídico interno a la normativa internacional de derechos humanos y de derecho humanitario, las indemnizaciones por daños inmaterial y material, y el pago de costas y gastos (puntos resolutivos 2-7). En mi Voto Razonado, me permití destacar la importancia de que el *primer* punto resolutivo de la presente Sentencia haya consistido precisamente en determinar que el Estado demandado localizase los restos mortales de Efraín Bámaca Velásquez, los exhumase en presencia de su viuda y familiares, y los entregase a éstos, – algo de suma importancia en la cultura maya. En seguida desarrollé mis reflexiones (párrs. 2-26) sobre cuatro aspectos específicos relativos a este punto resolutivo de la Sentencia, que me permití así denominar: a) el tiempo, el derecho vivo, y los muertos; b) la proyección del sufrimiento humano en el tiempo; c) el pasar del tiempo, y la repercusión de la solidaridad entre los vivos y los muertos en el Derecho; y d) la precariedad de la condición humana y los derechos humanos universales.

V. MASACRES E IDENTIFICACIÓN DE LAS VÍCTIMAS

29. Ha habido casos, llevados ante la Corte Interamericana, que han revelado, en mi entendimiento, verdaderos *crímenes de Estado*, – aun-

que la Comisión de Derecho Internacional de Naciones Unidas haya desafortunadamente asumido una posición evasiva al respecto[20]. En estos casos, las violaciones graves de los derechos humanos fueron planificadas al más alto nivel del poder público, y ejecutadas en medio a genuinas e indiscutibles políticas estatales de exterminio sistemático de seres humanos. Se puede mencionar, como ilustraciones inequívocas al respecto, las Sentencias de la Corte en los casos de las masacres de *Barrios Altos versus Perú* (delf 14.03.2001), de *Caracazo versus Venezuela* (reparaciones, del 29.08.2002), de *Plan de Sánchez versus Guatemala* (del 29.04.2004), de los *19 Comerciantes versus Colombia* (del 05.07.2004), de *Mapiripán versus Colombia* (del 17.09.2005), de la *Comunidad Moiwana versus Suriname* (del 15.06.2005), de *Pueblo Bello versus Colombia* (del 31.01.2006), de *Ituango versus Colombia* (del 01.07.2006), de *Montero Aranguren y Otros (Retén de Catia) versus Venezuela* (del 05.07.2006), de la *Prisión de Castro Castro versus Perú* (del 25.11.2006), y de *La Cantuta versus Perú* (del 29.11.2006), – así como en casos de asesinatos planificados al más alto nivel del poder estatal y ejecutados por orden de este último (tal como el del caso de *Myrna Mack Chang versus Guatemala*, Sentencia del 25.11.2003).

30. En estos casos de masacres, llevados en los últimos años al conocimiento de la Corte Interamericana, se han presentado problemas en la propia identificación de las víctimas (y sus familiares), con repercusión para la determinación de los beneficiarios de reparaciones. Los criterios adoptados por la Corte para aquella identificación en dichos casos han revelado la conciencia de que la Convención Americana, como todos los demás tratados de derechos humanos, son esencialmente *orientados hacia las víctimas*. Este nuevo desarrollo jurisprudencial, en cuanto a la determinación de la condición de víctima, ha sido impulsado por los esfuerzos de la Corte para enfrentar y superar las dificultades en la identificación de las víctimas en estos casos de masacres.

---

20 Cf. A.A. Cançado Trindade, "International Law for Humankind: Towards a New *Jus Gentium* – General Course on Public International Law – Part I", 316 *Recueil des Cours de l'Académie de Droit International de la Haye* (2005) pp. 420-432; A.A. Cançado Trindade, "Complementarity between State Responsibility and Individual Responsibility for Grave Violations of Human Rights: The Crime of State Revisited", in *International Responsibility Today – Essays in Memory of O. Schachter* (ed. M. Ragazzi), Leiden, M. Nijhoff, 2005, pp. 253-269.

31. Siendo así, la Corte ha, de inicio, considerado como presuntas víctimas, en tales casos, además de las personas *identificadas* por la Comisión Interamericana de Derechos Humanos en la petición presentada a la Corte, *las personas que pueden ser identificadas posteriormente*, dado que las dificultades encontradas en su individualización llevan a presumir que todavía hay víctimas pendientes de determinación (Sentencias de la Corte en los casos de las *Masacres de Plan de Sánchez*, *Mapiripán* y *Ituango*)[21]. Para superar dichas dificultades, la Corte ha considerado como presuntas víctimas algunas personas cuyos nombres derivan de documentos[22] otros que la petición a ella presentada por la Comisión Interamericana[23]. La Corte ha, en más de un ocasión, solicitado a la Comisión la corrección de tales defectos por la provisión de listas de presuntas víctimas *identificadas posteriormente* a la presentación de la petición[24].

32. La Corte Interamericana ha, además, ordenado el Estado demandado a *individualizar e identificar* a las víctimas y sus familiares para el propósito de las reparaciones[25]. La Corte ha tomado estas medidas a la luz del derecho aplicable (la Convención Americana y su Reglamento), teniendo presentes las complejidades de cada caso, y asegurando que el derecho de defensa de las partes haya sido respetado (en el momento procesal correspondiente), y que las presuntas víctimas posteriormente identificadas guarden relación con los hechos descritos en la petición o demanda y las pruebas presentadas ante la Corte (Sentencias de la Corte en los casos de *Goiburú y Otros*, y de la *Masacres de Ituango*)[26]. En el

---

21 CtIADH, Sentencias en los casos de la *Masacre of Plan de Sánchez* (2004), párr. 48; de la Masacre de Mapiripán (2005), párrs. 183 y 305; y de las *Masacres de Ituango* (2006), párr. 92.

22 Incorporados en los dossiers de los casos.

23 CtIADH, Sentencia en el caso de las *Masacres of Ituango* (2006), párr. 94.

24 CtIADH, Sentencias en los casos de *Aloeboetoe y Otros versus Suriname* (reparaciones, 1991), párrs. 39, 64, 66 y 69; de *El Amparo versus Venezuela* (reparaciones, 1996), párrs. 39 y 42; de *Caballero Delgado y Santana versus Colombia* (reparaciones, 1997), párrs. 13 y 38; del *"Instituto de Rehabilitatión del Menor" versus Paraguay* (fondo y reparaciones, 2004), párrs. 107 y 111.

25 CtIADH, Sentencia en el caso de la *Masacre de Mapiripán* (2005), párrs. 305-306; y cf. Sentencia en el caso de los *"Niños de la Calle" (Villagrán Morales y Otros,* reparaciones, 2001), párr. 17.

26 CtIADH, Sentencias de fondo y reparaciones en los casos de *Goiburú y Otros versus Paraguay* ("Operación Condor", 2006), párr. 33; y de las *Masacres de Ituango*

ejercicio de su deber de protección, la Corte ha considerado apropiado proceder de ese modo, en casos revelando una pluralidad de presuntas víctimas, sobre todo en el recente ciclo de casos de masacres.

VI. REHABILITACIÓN DE LAS VÍCTIMAS

33. En casos de violaciones graves de derechos humanos, circundados de circunstancias claramente agravantes, la Corte ha constatado daños que se configuran irreparables. Las reparaciones son importantes para aliviar o mitigar el sufrimiento de los familiares sobrevivientes de las víctimas fatales. No me refiero solamente a la violación del derecho fundamental a la vida; un otro ejemplo se encuentra igualmente en la violación del derecho a la integridad personal, v.g., mediante la práctica de la tortura. He formado mi convicción de que la tortura, – absolutamente prohibida por el Derecho Internacional de los Derechos Humanos[27] y el Derecho Internacional Humanitario (una prohibición del *jus cogens*), – inflige un daño irreparable a las víctimas.

34. La práctica de la tortura[28], perversión máxima del uso del poder, es – como señalé en mi Voto Concurrente (párrs. 1-12) en el caso *Maritza Urrutia versus Guatemala* (Sentencia de fondo y reparaciones del 27.11.2003) – un infierno a amenazar la propia civilización. No se limita a los padecimientos físicos, busca la destrucción del ser humano en sua integridad. Causa un daño verdaderamente irreparable. Contra ella se insurge el principio básico de humanidad, arraigado en la consciencia humana. Uno de los criterios infalibles de la civilización reside efectivamente en el tratamiento dispensado por las autoridades públicas de cualquier país a las personas detenidas. Es lo que, ya en el siglo XIX, advertía F.M. Dostoievski, en sus "*Recuerdos de la Casa de los Muertos*" (1862): el grado de civilización alcanzado por cualquier sociedad se puede evaluar al entrarse en sus cárceles y centros de detención.

(2006), párr. 95.

[27] Tal como expresamente reconocido por la Sentencia de la Corte Interamericana, *inter alia,* en el caso de los *Hermanos Gómez Paquiyauri versus Perú* (del 08.07.2004 – párrs. 111-112).

[28] En sus distintas formas (tanto física como psicológica).

35. De ese modo, en nada sorprende que, en muchas de sus Sentencias, la Corte Interamericana haya ordenado la provisión de asistencia médica y psicológica a las víctimas, como forma de reparación, con miras a su *rehabilitación*. En su Sentencia de fondo y reparaciones (del 18.09.2003) en el caso *Bulacio versus Argentina*, la Corte ordenó al Estado demandado, *inter alia*, que *garantizara la no-repetición* de hechos como los del *cas d'espèce*, mediante la adopción de medidas legislativas y de cualquier otra índole para adecuar el ordenamiento jurídico interno a las normas de protección internacional de los derechos humanos, y darles "plena efectividad" (punto resolutivo n. 5). Un año después, en su Sentencia de fondo y reparaciones (del 07.09.2004) en el caso *Tibi versus Ecuador*, la Corte ordenó al Estado demandado, *inter alia*, que estableciera "un programa de formación y capacitación para el personal judicial, del ministerio público, policial y penitenciario, incluyendo al personal médico, psiquiátrico y psicológico, sobre los principios y normas de protección de los derechos humanos en el tratamiento de reclusos" (punto resolutivo n. 13).

36. En mi Voto Razonado (párrs. 1-36) en el caso *Tibi*, centré mis reflexiones en cuatro puntos básicos, a saber: a) el impacto de la detención arbitraria y la condición carcelaria en la conciencia humana; b) la autorehabilitación como defensa y *reparatio* de los insultos del mundo; c) la reacción del Derecho *ratione personae* (la posición central de los victimados en el orden jurídico); y d) la reacción del derecho *ratione materiae* (la prohibición absoluta de la tortura). Me permití, en aquel Voto, formular, entre otras, las siguientes ponderaciones:

> "[El] derecho [de petición individual internacional] ha efectivamente sido ejercido, bajo la Convención Americana, por personas que sobreviven en la más completa adversidad (pobres y marginados, 'niños de la calle', personas encarceladas, familiares de desaparecidos, entre otras). Es sobre todo en circunstancias como estas que el Derecho Internacional de los Derechos Humanos alcanza su plenitud y realiza su fin último. (...)
>
> La práctica de la tortura, en toda su perversión, no se limita a los padecimientos físicos infligidos a la víctima, busca el aniquilamiento de la víctima en su identidad e integridad. Causa disturbios psicológicos crónicos, que se prolongan indefinidamente en el tiempo, discapacitando la víctima a seguir viviendo normalmen-

te como antes. Agrava su vulnerabilidad, causa pesadillas, genera pérdida de confianza en los demás, hipertensión y depresión. Así han unánimemente manifestado varios peritajes al respecto, rendidos ante esta Corte en distintos casos a lo largo de los últimos años. Un torturado en la cárcel pierde la dimensión del espacio y del propio tiempo.

Aún más, la práctica de la tortura (sea para obtener confesión o información o para generar un temor social), genera una carga emocional disruptiva que se transmite a los familiares de la víctima, que, a su vez, la proyectan en las personas de su convivencia. La práctica generalizada de la tortura, aunque ocurrida dentro de las cárceles, termina por contaminar todo el tejido social. La práctica de la tortura deja secuelas no solamente en los victimados por ella, sino en amplios sectores del medio social afectado. Genera daños psicosociales y, en determinadas circunstancias, puede llevar a una verdadera descomposición social. (...)

La prohibición absoluta de la tortura como reacción del Derecho *ratione materiae*, de que aquí se trata, en las dimensiones tanto horizontal como vertical, tiene implicaciones para las reparaciones debidas a los victimados. En nada sorprende que las reparaciones en casos de tortura hayan revelado una dimensión a un tiempo individual y colectiva o social. La impunidad agrava el sufrimiento psíquico infligido tanto a la víctima directa como a sus familiares y personas de su convivencia. En realidad, causa nuevos daños psicosociales. El encubrimiento de lo ocurrido, o la indiferencia ante los hechos delictivos, implican una nueva agresión a la víctima y sus familiares, descalificando sus sufrimientos. La realización de la justicia es, pues, de suma importancia para la rehabilitación de las víctimas de tortura (como forma de reparación), al mitigar su dolor, y el de sus seres queridos, por reconocer los sufrimientos que han padecido.

Es esta una materia todavía en evolución, pero el derecho de aquellas víctimas a una reparación justa y adecuada es hoy abordado a partir del reconocimiento de la centralidad de la integridad de las referidas víctimas[29]. La presente Sentencia de la Corte Interamericana en el caso *Tibi versus Ecuador* es un ejemplo de la reacción del Derecho al mal anteriormente narrado. No es mucho lo que ha podido hacer el Derecho en el presente contexto, pero es algo, y

29 Cf. I. Bottigliero, *Redress for Victims of Crimes under International Law,* Leiden, Nijhoff, 2004, pp. 13-38, 111-191 y 249-253.

> sirve al menos para mantener viva la esperanza en un mínimo de justicia humana. La reacción del Derecho refleja el reconocimiento de que la rehabilitación de las víctimas de detención arbitraria y tortura no puede resumirse a contar tan sólo con los recursos psicológicos que puedan ellas tener para defenderse de ese mal, agravado por la indiferencia del mundo exterior.
>
> La realización de la justicia, con las debidas reparaciones, contribuye a reordenar las relaciones humanas, y reestructurar el psiquismo de todos los victimados. La realización de la justicia debe darse desde la perspectiva de la integralidad de la personalidad de las víctimas. Las reparaciones más bien *alivian* el sufrimiento de los victimados, al constatar la realización de la justicia. (...) Las reparaciones tienen, por consiguiente, una dimensión necesariamente tanto individual como social" (párrs. 19, 21-22 y 33-35)[30].

37. Otras decisiones de la Corte pueden aquí ser invocadas. En su Sentencia de fondo y reparaciones (del 04.07.2006) en el caso *Ximenes Lopes versus Brasil*, la Corte ordenó al Estado demandado, *inter alia*, que continuara desarrollando un programa de formación y capacitación para el personal médico, psiquiátrico, psicológico, de enfermería (y auxiliares), y para todas las personas vinculadas con la atención de salud mental, particularmente sobre "los principios que deben regir el trato de las personas que padecen discapacidades mentales, conforme a los estándares internationales en la materia" (punto resolutivo n. 8). En la subsiguiente Sentencia de fondo y reparaciones (del 25.11.2006) en el caso de la *Prisión de Castro Castro versus Perú*, la Corte ordenó al Estado demandado, *inter alia*, "el tratamiento médico y psicológico adecuado", tal como "requerido por las víctimas y los familiares" (puntos resolutivos 13-14).

38. En el caso de la *Masacre de Pueblo Bello versus Colombia* (Sentencia de fondo y reparaciones, del 31.01.2006), la Corte ordenó, *inter alia*, que el Estado demandado debía "proveer un tratamiento médico o psicológico, según sea el caso, a todos los familiares de las 37 personas desaparecidas y de las seis privadas de la vida que

---

30 Voto reproducido *in*: A.A. Cançado Trindade, *Derecho Internacional de los Derechos Humanos – Esencia y Trascendencia (Votos en la Corte Interamericana de Derechos Humanos, 1991-2006)*, México, Edit. Porrúa/Universidad Iberoamericana, 2007, pp. 444-456.

lo requieran" (punto resolutivo n. 11). Poco después, en el caso de las *Masacres de Ituango versus Colombia* (Sentencia de fondo y reparaciones, del O1.07.2006), la Corte determinó, *inter alia*, que el Estado demandado debía "brindar gratuitamente, y por medio de los servicios nacionales de salud, el tratamiento adecuado que requieran los familiares de las víctimas ejecutadas" (punto resolutivo n. 16). Determinó, asímismo, que el Estado demandado debía además "implementar un programa habitacional, mediante el cual se provea de vivienda adecuada a aquellas víctimas sobrevivientes que perdieran sus casas y que así lo requieran" (punto resolutivo n. 19).

VII. DIMENSIÓN TEMPORAL

39. Paso ahora al punto siguiente de mi exposición: la dimensión temporal. En numerosos Votos que presenté en la Corte Interamericana, me debruzé sobre un tema al cual he dedicado mis reflexiones a lo largo de las tres últimas décadas: el de las relaciones entre *el tiempo y el Derecho*. En relación con aspectos específicos de este tema amplio y desafiador, cabería aquí recordar algunas decisiones pertinentes de la Corte Interamericana, con incidencia en las reparaciones. Por ejemplo, en su Sentencia de reparaciones (del 27.11.1998) en el caso *Loayza Tamayo versus Perú*, la Corte Interamericana por primera vez aceptó el concepto de "*proyecto de vida*", ligado a la *satisfacción* como una de las formas de reparación, entre otras medidas de reparación.

40. Posteriormente, la Corte desarrolló este punto en sus sentencias de fondo y reparaciones en el caso *Villagrán Morales y Otros* (de los "*Niños de la Calle*", 19.11.1999 y 26.05.2001), relativo a Guatemala, y de reparaciones en el caso *Cantoral Benavides* (03.12.2001), referente al Perú, – en ambos casos con incidencia en las formas de reparación. El referido caso de los "*Niños de la Calle*" (*Villagrán Morales y Otros*), verdaderamente paradigmático, es uno de los más relevantes de toda la historia de la Corte, en razón de sus significativas consideraciones sobre el derecho fundamental a la vida (artículo 4 de la Convención), a abarcar también las condiciones de vida.

41. En su Sentencia de reparaciones en el mencionado caso *Cantoral Benavides*, la Corte decidió (punto resolutivo n. 6) que el Estado

debía proporcionar a la víctima los medios para realizar y concluir sus estudios de nivel universitario o superior en un centro de reconocida calidad académica. El reconocimiento por parte de la Corte, del daño al proyecto de vida de la víctima así como de la necesidad de repararlo, constituyó, en mi entender, una forma de *satisfacción*. La Corte afirmó el deber estatal de proporcionar a L.A. Cantoral Benavides los medios para realizar y concluir sus estudios universitarios en un centro de reconocida calidad académica.

42. Ha sido esta, en mi entender, una forma de reparar el daño a su proyecto de vida, conducente a la *rehabilitación* de la víctima. El énfasis dado por la Corte a su *formación*, a su *educación*, sitúa esta forma de reparación (del latín *reparatio*, derivado de *reparare*, "preparar o disponer de nuevo") en perspectiva adecuada, desde el prisma de la integralidad de la personalidad de la víctima, teniendo presente su realización como ser humano y la reconstrucción de su proyecto de vida.

43. La preocupación por la preeminencia de valores superiores debe, a mi juicio, primar sobre el mero reclamo de indemnizaciones, inclusive para atender a las necesidades personales – otras que las materiales – de una víctima de violaciones de derechos humanos. La reparación del daño al proyecto de vida no se redujo a una indemnización más: se efectuó, en el caso *Cantoral Benavides*, por la garantía de las condiciones extendidas a la víctima para su formación como ser humano y su educación de nivel superior. A la *satisfacción*, se sumó, así, esta forma de reparación conducente a la *rehabilitación* de la víctima. La Corte Interamericana, mediante la referida Sentencia, afirmó el valor superior de la *garantía de la educación* como forma de reparación del daño al proyecto de vida de una víctima de violación de los derechos humanos protegidos por la Convención Americana.

44. En casos de gran densidad cultural, la Corte Interamericana, al ordenar reparaciones, tomó en cuenta la importancia de la cultura para las víctimas o sus familiares: así ocurrió, v.g., en las Sentencias de reparaciones en los casos *Aloeboetoe* (1993), "*Niños de la Calle*" y *Bámaca Velásquez* (2001 y 2002, respectivamente) en cuanto a la entrega de los restos mortales de las víctimas, *Bulacio* (2003), *Comunidad Moiwana* (2005), entre otros. Las *apologías* como forma de reparación – *satisfacción* – han también revelado una dimensión

cultural, como en los casos, v.g., de la *Masacre de Plan de Sánchez* (2004), que contó inclusive con la realización de un psicodrama por los descendientes de las víctimas. Esto nos conlleva a un aspecto significativo de la materia, que ha pasado desapercibido de la bibliografia especializada, a saber, la dimensión verdaderamente *intergeneracional* de las reparaciones.

VI. DIMENSIÓN INTERGENERACIONAL

45. Dicha dimensión intergeneracional fue debidamente reconocida por la Corte en su Sentencia de reparaciones en el caso de los "*Niños de la Calle*" (2001). En mi Voto Razonado en aquel caso, me permití destacar la relevancia de la *satisfacción*, como forma de reparación no-pecuniaria a los familiares inmediatos de las víctimas asesinadas (párr. 27), en los siguientes términos:

> "(...) Mi conclusión es en el sentido de que, en circunstancias como las del presente caso de los *Niños de la Calle*, no hay, *stricto sensu*, reparación verdadera o plena posible, en el sentido literal del término (del latín *reparatio*, derivado de *reparare*, `preparar o disponer de nuevo'), lo que revela los límites del Derecho (a ejemplo de los límites de otras ramas del conocimiento humano). (...)
>
> La imposibilidad de una plena reparación – la *restitutio in integrum* – se verifica, en mi entendimiento, no sólo en cuanto a las víctimas directas y al derecho fundamental a la vida, como comúnmente se supone, sino también en cuanto a las víctimas indirectas (sobrevivientes) y a otros derechos (como el de no ser sometido a tortura, ni a tratos crueles, inhumanos o degradantes). Jurídicamente, sobre todo en circunstancias como las del presente caso de los *Niños de la Calle*, las reparaciones – de las *consecuencias* de la medida o situación lesiva de los derechos humanos protegidos (en los términos del artículo 63(1) de la Convención Americana), – en lugar de verdaderamente *reparar*, más bien *alivían* el sufrimiento humano de los familiares sobrevivientes, buscando rehabilitarlos para la vida, – y *por eso* tórnanse absolutamente necesarias.
>
> Es éste, en mi entender, el verdadero sentido, con las inevitables limitaciones de su real alcance, de que se reviste el concepto jurídico de *reparaciones*, en el marco del Derecho Internacional de los Derechos Humanos. El mal cometido, como ya señalé, no

desaparece: es tan sólo combatido, y mitigado. Las reparaciones otorgadas tornan la vida de los familiares sobrevivientes quizás soportable, por el hecho de que, en el caso concreto, el silencio y la indiferencia y el olvido no han logrado sobreponerse a las atrocidades, y de que el mal perpetrado no ha prevalecido sobre la perenne búsqueda de la justicia (propia del espíritu). En otras palabras, las reparaciones otorgadas significan que, en el caso concreto, la *conciencia humana* ha prevalecido sobre el impulso de destrucción. En *este sentido*, las reparaciones, aunque no plenas, se revisten de innegable importancia en la labor de la salvaguardia de los derechos inherentes al ser humano" (párrs. 36-43)[31].

46. Las reparaciones, en este sentido, tórnanse necesarias para que el mal perpetrado, que se extiende a todo el tejido social, no se transmita a los descendientes de los familiares de las víctimas fatales. La realización de la justicia contribuye a mitigar el sufrimiento que se transmite a todo el medio social, pasando de una generación a otra. La dimensión intergeneracional volvió a marcar presencia en la Sentencia de reparaciones de la Corte Interamericana, en el caso de la *Comunidad Mayagna (Sumo) Awas Tingni versus Nicarágua* (2001). En las audiencias ante la Corte (del 16-18.11.2000) los miembros de dicha comunidad indígena habían señalado la importancia vital que reviste la relación que mantienen con las tierras que ocupan, no sólo para su propia subsistencia, sino además para su desarrollo familiar, cultural y religioso[32], – siendo ésto transmitido de una generación a otra.

47. En su Sentencia de fondo y reparaciones del 31.08.2001, sin precedentes en este particular, en el caso de la *Comunidad Mayagna Awas Tingni*, la Corte extendió protección a toda la comunidad indígena, y su derecho a propriedad comunal de sus tierras (bajo el artículo 21 de la Convención Americana). Determinó la Corte que la delimitación, demarcación y titulación de las tierras de la referida comunidad indígena deberían efectuarse en conformidad con su derecho

---

31 Para un estudio general al respecto, cf. A.A. Cançado Trindade, "Responsabilidad, Perdón y Justicia como Manifestaciones de la Conciencia Jurídica Universal", 8 *Revista de Estudios Socio-Jurídicos* – Universidad del Rosario/Bogotá (2006) n. 1, pp. 15-36.

32 De ahí su caracterización del territorio como sagrado, por cobijar no sólo los miembros vivos de la Comunidad, sino también los restos mortales de sus antepasados, así como sus divinidades.

consuetudinario, sus usos y costumbres (párr. 164 y punto resolutivo n. 4). Un Voto Razonado Conjunto (de los Jueces A.A. Cançado Trindade, M. Pacheco Gómez y A. Abreu Burelli) destacó

> "la importancia del fortalecimiento de la relación espiritual y material de los miembros de la Comunidad con las tierras que han ocupado, no sólo para preservar el legado de las generaciones pasadas, sino también para asumir y desempeñar las responsabilidades que ellos asumen respecto de las generaciones por venir. De ahí, además, la necesaria prevalencia que atribuyen al elemento de la *conservación* sobre la simple explotación de los recursos naturales. Su forma comunal de propiedad, mucho más amplia que la concepción civilista (jusprivatista), debe, a nuestro juicio, ser apreciada desde este prisma, inclusive bajo el artículo 21 de la Convención Americana sobre Derechos Humanos, a la luz de los hechos del *cas d'espèce*.
>
> La preocupación por el elemento de la conservación refleja una manifestación cultural de la integración del ser humano con la naturaleza y el mundo en que vive. Esta integración, creemos, se proyecta tanto en el espacio como en el tiempo, por cuanto nos relacionamos, en el espacio, con el sistema natural de que somos parte y que debemos tratar con cuidado, y, en el tiempo, con otras generaciones (las pasadas y las futuras)[33], en relación con las cuales tenemos obligaciones.
>
> (...) Esta concepción comunal, además de los valores en ella subyacentes, tiene una cosmovisión propia, y una importante dimensión intertemporal, al poner de manifiesto los lazos de solidaridad humana que vinculan a los vivos con sus muertos y con los que están por venir" (párrs 9-10 y 15).

[33] Las generaciones futuras comienzan a atraer la atención de la doctrina contemporánea del derecho internacional: cf., v.g., A.-Ch. Kiss, "La notion de patrimoine commun de l'humanité", 175 *Recueil des Cours de l'Académie de Droit International de La Haye* (1982) pp. 109-253; E. Brown Weiss, *In Fairness to Future Generations: International Law, Common Patrimony and Intergenerational Equity,* Tokyo/ Dobbs Ferry N.Y., United Nations University/Transnational Publs., 1989, pp. 1-351; E. Agius y S. Busuttil et alii (eds.), *Future Generations and International Law,* London, Earthscan, 1998, pp. 3-197; J. Symonides (ed.), *Human Rights: New Dimensions and Challenges,* Paris/Aldershot, UNESCO/Dartmouth, 1998, pp. 1-153.

48. En fin, en el caso subsiguiente de *Gómez Palomino versus Perú*[34] (Sentencia de fondo y reparaciones, del 22.11.2005), después de ordenar una serie de medidas de reparación[35], la Corte volvió a situarlas – particularmente un programa de educación que ordenó – en el plano integeneracional. Ponderó la Corte que las violaciones graves de derechos humanos "impactan a las nuevas generaciones. Así, el dilema que viven las generaciones presentes, afectadas directamente por la violación de sus derechos humanos, transciende a las generaciones futuras de diversas maneras" (párr. 146). En mi Voto Razonado en el caso *Gómez Palomino*, ponderé que

> "Todo el capítulo de las reparaciones de violaciones de los derechos humanos requiere un mayor desarrollo conceptual y jurisprudencial, a partir del reconocimiento de la estrecha relación entre el derecho a la reparación y el derecho a la justicia. Tal desarrollo se impone particularmente ante violaciones graves y sistemáticas de los derechos humanos, – como la revelada en el presente caso *Gómez Palomino* (cf. *infra*), – que requieren reparaciones de cuño disuasivo, precisamente para garantizar la no-repetición de las graves violaciones de los derechos humanos. (...)
>
> En su presente Sentencia en el caso *Gómez Palomino*, la Corte Interamericana ha ordenado, como una de las medidas de reparación, como forma de *satisfacción*, que se otorguen `medidas de reparación educativa' a los hermanos de la víctima, o, si así lo prefieren, a sus hijos e hijas, incluyendo becas de estudio, de educación primaria, secundaria y superior[36]. (...)
>
> Las medidas educativas en derechos humanos tienen, de ese modo, una dimensión aún más amplia que la de reparaciones, pues son también medidas preventivas, contra la violencia y los abusos contra la persona humana. (...)" (párrs. 3, 11 y 13).

[34] Enmarcado, como señaló la Corte, en la "práctica sistemática y generalizada" de desaparición forzada de personas en el Perú, en el período 1988-1993, como "mecanismo de lucha antisubversiva" (párr. 54.1-4).

[35] Investigación de los hechos y sanción de los responsables, busca de los restos mortales de la víctima y su entrega a sus familiares, publicación de las partes pertinentes de la Sentencia, asistencia médica y psicológica a los familiares de la víctima, y programa de educación.

[36] Párrafos 145-146, y punto resolutivo 11 de la Sentencia.

VII. CONCLUSIÓN

49. He llegado al final de mi exposición, dentro del tiempo que me ha sido reservado en esta sesión inaugural de este Seminario. Espero que mis ponderaciones hayan sido de utilidad para las Juezas y los Jueces del TPI, y para sus asistentes del area legal. Hay otros aspectos que hubiera deseado agregar a mi exposición, pero la presión despiadada del tiempo no me lo ha permitido. Sin embargo, no podría yo concluir sin una breve reflexión final, como suele acontecer en eventos académicos como el presente.

50. Este acto académico es muy significativo para mí, pues en muchos de mis Votos presentados en el seno de la Corte Interamericana he sostenido la necesidad de mayor aproximación entre el Derecho Internacional de los Derechos Humanos y el Derecho Penal Internacional. Del mismo modo, hace años vengo sosteniendo las aproximaciones o convergencias entre el Derecho Internacional de los Derechos Humanos, el Derecho Internacional Humanitario, y el Derecho Internacional de los Refugiados, en los planos normativo, hermenéutico y operativo[37]. Todo esto, en una dimensión horizontal, en el marco del ordenamiento jurídico internacional.

51. Pero voy más allá. En mi concepción, el Derecho es uno, y esto se manifiesta también en una dimensión vertical, en las *interacciones* entre los ordenamientos jurídicos internacional y nacional en el presente dominio de protección de la persona humana. Esto no podría dejar

---

[37] Cf., e.g., *inter alia,* A.A. Cançado Trindade, "International Law for Humankind: Towards a New *Jus Gentium* - General Course on Public International Law – Part II", 317 *Recueil des Cours de l'Académie de Droit International de la Haye* (2005) pp. 150-171; A.A. Cançado Trindade, *A Humanização do Direito Internacional,* Belo Horizonte/Brasil, Edit. Del Rey, 2006, pp. 281-352; A.A. Cançado Trindade, "Aproximaciones y Convergencias Revisitadas: Diez Años de Interacción entre el Derecho Internacional de los Derechos Humanos, el Derecho Internacional de los Refugiados, y el Derecho Internacional Humanitario (De Cartagena/1984 a San José/1994 y México/2004)", *in Memoria del Vigésimo Aniversario de la Declaración de Cartagena sobre los Refugiados (1984-2004)*, 1a. ed., San José de Costa Rica/México, ACNUR, 2005, pp. 139-191; A.A. Cançado Trindade, *Derecho Internacional de los Derechos Humanos, Derecho Internacional de los Refugiados y Derecho Internacional Humanitario – Aproximaciones y Convergencias,* Ginebra, CICR, [2000], pp. 1-66.

de tener implicaciones para nuestro tema, el de las reparaciones (bajo la Convención Americana sobre Derechos Humanos). En efecto, el derecho de acceso a la justicia *lato sensu*, en los *planos nacional e internacional*, corresponde al *derecho a la realización de la justicia material*.

52. Como tal, abarca no sólo el acceso formal a un tribunal o juez (en los planos nacional e internacional), sino también el respeto a las garantías de debido proceso legal, el derecho a un juicio justo, y las debidas *reparaciones*, mediante la fiel y plena ejecución de las Sentencias[38]. Trátase, en suma, de un verdadero *derecho al Derecho*, abarcando todas las formas de reparación debidas a las víctimas. Agradezco a todos los presentes por la fina atención con que me han distinguido.

La Haya,
10 de noviembre de 2009.

A.A.C.T.

---

38 A.A. Cançado Trindade, *El Derecho de Acceso a la Justicia en Su Amplia Dimensión,* Santiago de Chile, CECOH/Librotecnia, 2008, pp. 61-407; A.A. Cançado Trindade, "The Right of Access to Justice in the Inter-American System of Human Rights Protection", 17 *Italian Yearbook of International Law* (2007) pp. 7-24.

FOTOS

1997

1997, sede da Corte Interamericana de Direitos Humanos, em San José da Costa Rica: o Juiz A. A. Cançado Trindade apresenta seu projeto, transformado dois anos mais tarde, em sua Presidência da Corte, em convênio de cooperação inter-institucional entre as Cortes Interamericana e Européia de Direitos Humanos; na foto (ao centro), ladeado por seu predecessor na Presidência da Corte, Juiz H. Fix-Zamudio (à esquerda), e pelo então Presidente da Corte Européia, Juiz R. Ryssdal.

1999

Início do 1º mandato (1999-2002) do Juiz A. A. Cançado Trindade (ao centro), como Presidente da Corte Interamericana de Direitos Humanos.

1999, San José da Costa Rica: atos de celebração, na sede da Corte em San José da Costa Rica, dos convênios de cooperação inter-institucional, entre a Corte Interamericana de Direitos Humanos, e o Alto-Comissariado das Nações Unidas para os Refugiados (ACNUR) e o Comitê Internacional da Cruz Vermelha (CICV), assinados pelo Presidente da Corte com os Consultores Jurídicos do ACNUR (Dr. Jaime Ruiz de Santiago, no alto, à direita) e do CICV (Dr. Christophe Swinarski, embaixo, à esquerda).

2000

2000, San José da Costa Rica (sede da Corte): ato de celebração do convênio de cooperação inter-institucional entre a Corte e o PNUD (Nações Unidas), firmado pelo Presidente da Corte Interamericana de Direitos Humanos (Juiz A. A. Cançado Trindade), acompanhado, à esquerda, pelo ex-Juiz Rodolfo Piza Escalante (1º Presidente da Corte Interamericana), e pela Dra. Elizabeth Odio Benito (ex-Juíza do Tribunal Internacional *ad hoc* para a Ex-Iugoslávia, e Juíza do Tribunal Penal Internacional – TPI).

2000, Roma: Conferência comemorativa do cinquentenário da Corte Européia de Direitos Humanos: o Presidente da Corte Interamericana de Direitos Humanos (Juiz A. A. Cançado Trindade) na companhia do Juiz Benedetto Conforti, da Corte Européia.

2000, Vaticano: o Papa João Paulo II recebe, em audiência especial, o Presidente da Corte Interamericana de Direitos Humanos (Juiz A. A. Cançado Trindade), na Sala Clementina, no Vaticano.

2000, Sevilha: em Seminário comemorativo do cinquentenário da Corte Européia de Direitos Humanos, na Universidade de Sevilha, Espanha, o Presidente da Corte Interamericana de Direitos Humanos (Juiz A. A. Cançado Trindade) com o ex-Juiz da Corte Européia de Direitos Humanos (Professor Juan Antonio Carrillo Salcedo).

2001

2001: o Presidente da Corte Interamericana de Direitos Humanos (Juiz A. A. Cançado Trindade) apresenta o Relatório Anual da Corte ao plenário da Assembléia Geral da Organização dos Estados Americanos (OEA), realizada em Bridgetown, Barbados.

O Presidente da Corte Interamericana de Direitos Humanos (Juiz A. A. Cançado Trindade) discursa na cerimônia de inauguração da Biblioteca conjunta da Corte Interamericana com o Instituto Interamericano de Direitos Humanos, em San José da Costa Rica.

Placa comemorativa da inauguração do Edifício anexo à sede da Corte Interamericana de Direitos Humanos, na gestão do Presidente A. A. Cançado Trindade, em San José da Costa Rica.

Em ato solene, realizado na sede da Corte Interamericana de Direitos Humanos, em San José da Costa Rica, o novo Presidente do Peru, Sr. Alejandro Toledo (à esquerda), regulariza as relações do Peru com a Corte Interamericana, na gestão do Presidente desta, Juiz A. A. Cançado Trindade, pouco após a histórica Sentença da Corte Interamericana no caso de *Barrios Altos*.

Na sede da Corte Interamericana de Direitos Humanos, em San José da Costa Rica, o Presidente da Corte (à direita), Juiz A. A. Cançado Trindade, recebe a visita do Juiz espanhol Baltazar Garzón, pouco após as históricas Sentenças da Corte Interamericana no caso *Blake versus Guatemala* (mérito e reparações).

2002

Início do 2º mandato (2002-2004) do Juiz A. A. Cançado Trindade (ao centro), como Presidente da Corte Interamericana de Direitos Humanos.

2002, Cidade do México: visita do Presidente da Corte Interamericana de Direitos Humanos (Juiz A. A. Cançado Trindade) (centro), ao Congresso nacional do México, na Cidade do México.

2003

2003: o Presidente da Corte Interamericana de Direitos Humanos (Juiz A. A. Cançado Trindade) apresenta o Relatório Anual da Corte ao plenário da Assembléia Geral da Organização dos Estados Americanos (OEA), realizada em Santiago do Chile.

Em visita oficial ao Peru, em Lima, após a queda de A. Fujimori, o Presidente da Corte Interamericana de Direitos Humanos (Juiz A. A. Cançado Trindade), recebe a visita da Sra. Maria Elena Loayza Tamayo, primeira prisioneira política a ser liberada por determinação de um tribunal internacional de direitos humanos, a Corte Interamericana.

2004

2004, Estrasburgo: o Presidente da Corte Interamericana de Direitos Humanos (Juiz A. A. Cançado Trindade) profere, no *Palais des Droits de l'Homme*, o discurso solene de abertura do ano judicial de 2004 da Corte Européia de Direitos Humanos, como convidado especial desta última, na companhia do Presidente da Corte Européia (Juiz L. Wildhaber).

2004, Estrasburgo: o Presidente da Corte Interamericana de Direitos Humanos (Juiz A. A. Cançado Trindade) profere, no *Palais des Droits de l'Homme*, o discurso solene de abertura do ano judicial de 2004 da Corte Européia de Direitos Humanos, como convidado especial desta última, na companhia do Presidente da Corte Européia (Juiz L. Wildhaber).

2004, Estrasburgo: o Presidente da Corte Interamericana de Direitos Humanos (Juiz A. A. Cançado Trindade) profere, no *Palais des Droits de l'Homme*, o discurso solene de abertura do ano judicial de 2004 da Corte Européia de Direitos Humanos, como convidado especial desta última, na companhia do Presidente da Corte Européia (Juiz L. Wildhaber).

2007

Na sede do Instituto Interamericano de Direitos Humanos, em San José da Costa Rica, o ex-Presidente da Corte Interamericana de Direitos Humanos (Juiz A. A. Cançado Trindade) recebe, em sessão solene de despedida, os agradecimentos da Corte e dos usuários do sistema interamericano de direitos humanos, ao final de seus dois mandatos (1995-2006) como Juiz da Corte Interamericana; na foto, ladeado (da esquerda à direita) pelo Juiz Manuel E. Ventura Robles, pelo Diretor Executivo do IIDH (Dr. Roberto Cuellar), e pelo Coordenador da Comissão Nacional (brasileira) de Refugiados (Dr. Renato Zerbini).

Índice Remisivo

Libros del Mismo Autor

(Relación actualizada hasta el 17 de septiembre de 2017)

- *Tratado de Direito Internacional dos Direitos Humanos*, tomo I, Porto Alegre, S.A. Fabris Ed., 1997, pp. 1-486 (1a. ed., agotada); tomo I, Porto Alegre, S.A. Fabris Ed., 2003, pp. 1-640 (2a. ed.);

- *Tratado de Direito Internacional dos Direitos Humanos*, tomo II, Porto Alegre, S.A. Fabris Ed., 1999, pp. 1-440 (agotado);

- *Tratado de Direito Internacional dos Direitos Humanos*, tomo III, Porto Alegre, S.A. Fabris Ed., 2003, pp. 1-663;

- *Developments in the Rule of Exhaustion of Local Remedies in International Law*, en 2 tomos, 15 capítulos, 1.728 páginas (circ. interna): Tesis premiada con el Yorke Prize, concedido por la Facultad de Derecho de la Universidad de Cambridge, Inglaterra, como la mejor de las teses de Ph.D. defendidas em aquella Universidad en el área del Derecho Internacional en el bienio 1977-1978;

- *The Application of the Rule of Exhaustion of Local Remedies in International Law*, Cambridge, Cambridge University Press (Serie "Cambridge Studies in International and Comparative Law"), 1983, pp. 1-445 (libro basado en la tesis de Ph.D. del Autor, agotado);

- *O Esgotamento de Recursos Internos no Direito Internacional*, 1a. ed., Brasília, Ed. Universidad de Brasília, 1984, pp. 1-285 (agotado); 2a. ed. rev., Brasília, Editora Universidad de Brasília, 1997, pp. 1-327;

- *Princípios do Direito Internacional Contemporâneo,* 1a. ed., Brasília, Ed. Universidade de Brasília, 1981, pp. 1-268 (agotado); 2ª ed., Brasília, FUNAG, 2017, pp. 1-454.

- *International Law for Humankind - Towards a New Jus Gentium*, 1a. ed., Leiden/The Hague, Nijhoff/The Hague Academy of International Law (Monograph Series n. 6), 2010, pp. 1-726; 2ª. ed. rev., 2013, pp. 1-726;

- *Co-Existence and Co-Ordination of Mechanisms of International Protection of Human Rights (At Global and Regional Levels)*, The Hague/Dordrecht, M.

Nijhoff, 1987, pp. 1-435 (vol. 202 do *Recueil des Cours de l'Académie de Droit International de La Haye*);

- *International Law for Humankind: Towards a New Jus Gentium - General Course on Public International Law* - Part I, 316 *Recueil des Cours de l'Académie de Droit International de La Haye* (2005) pp. 31-439;

- *International Law for Humankind: Towards a New Jus Gentium - General Course on Public International Law* - Part II, 317 *Recueil des Cours de l'Académie de Droit International de La Haye* (2005) pp. 19-312;

- *A Humanização do Direito Internacional*, 1ª. ed., Belo Horizonte, Edit. Del Rey, 2006, pp. 3-409 (agotado); 2ª. ed., Belo Horizonte, Edit. Del Rey, 2015, pp. 3-789;

- *Derecho Internacional de los Derechos Humanos - Esencia y Trascendencia (Votos en la Corte Interamericana de Derechos Humanos, 1991-2006)*, 1a. ed., México, Edit. Porrúa /Universidad Iberoamericana, 2007, pp. 1-1055 (1a. edição, esgotada);

- *Esencia y Transcendencia del Derecho Internacional de los Derechos Humanos (Votos en la Corte Interamericana de Derechos Humanos, 1991-2008)*, tomos I-III, 2ª. ed. rev., México D.F., Ed. Cámara de Diputados, 2015, tomo I, pp. 3-687; tomo II, pp. 3-439; tomo III, pp. 3-421;

- *Évolution du Droit international au droit des gens - L'accès des particuliers à la justice internationale: le regard d'un juge*, Paris, Pédone, 2008, pp. 1-187;

- *The Access of Individuals to International Justice* [2007 General Course at the Academy of European Law in Florence], Oxford, Oxford University Press, 2011, pp. 1-236;

- *El Ejercicio de la Función Judicial Internacional - Memorias de la Corte Interamericana de Derechos Humanos*, 4ª. ed., Belo Horizonte, Edit. Del Rey, 2017, pp. 1-441;

- *El Derecho de Acceso a la Justicia en Su Amplia Dimensión*, 2ª. ed., Santiago de Chile, Ed. Librotecnia, 2012, pp. 79-574;

- *Os Tribunais Internacionais e a Realização da Justiça*, 1ª. ed., Rio de Janeiro, Ed. Renovar, 2015, pp. 1-507 (agotado); 2ª. ed., Belo Horizonte, Edit. Del Rey, 2017, pp. 1-467;

- *O Regime Jurídico Autônomo das Medidas Provisórias de Proteção*, Haia/Fortaleza, IBDH/IIDH, 2017, pp. 13-348;

- *A Visão Humanista da Missão dos Tribunais Internacionais Contemporâneos*, Haia/Fortaleza, IBDH/IIDH, 2016, pp. 11-283;

- *A Obrigação Universal de Desarmamento Nuclear*, Brasília, MRE/FUNAG, 2017, pp. 41-224;

- *The Universal Obligation of Nuclear Disarmament*, Brasília, MRE/ FUNAG, 2017, pp. 41-224.

- *El Principio Básico de Igualdad y No-Discriminación: Construcción Jurisprudencial*, 1ª. ed., Santiago de Chile, Ed. Librotecnia, 2013, pp. 39-748;

- *Le Droit international pour la personne humaine*, Paris, Pédone, 2012, pp. 45-368;

- *La Humanización del Derecho Internacional Contemporáneo*, México, Edit. Porrúa, 2014, pp. XV-XVII e 1-324;

- *Conversación con Antônio Augusto Cançado Trindade - Reflexiones sobre la Justicia Internacional* (en forma de libro-entrevista con Emilia Bea), Valencia, Tirant lo Blanch, 2013, pp. 15-111;

- *Judge A.A. Cançado Trindade - The Construction of a Humanized International Law - A Collection of Individual Opinions (1991-2013)*, tomo I (Inter-American Court of Human Rights), Leiden, Brill/Nijhoff, 2014, pp. 9-852; tomo II (International Court of Justice), Leiden, Brill/ Nijhoff, 2014, pp. 853-1876; tomo III (International Court of Justice), Leiden, Brill/Nijhoff, 2017, pp. 9-764;

- *Direito das Organizações Internacionais*, 1ª. ed., Brasília, Escopo Ed., 1990, pp. 1-521 (agotado); 2a. ed., Belo Horizonte, Ed. Del Rey, 2002, pp. 1-795 (agotado); 3a. ed., BeloHorizonte, Ed. Del Rey, 2003, pp. 1-990 (agotado); 4a. ed., Belo Horizonte, Edit. Del Rey, 2009, pp. 1-814 (agotado); 5ª. ed., Belo Horizonte, Edit. Del Rey, 2012, pp. 1-838; 6ª. ed., Belo Horizonte, Edit. Del Rey, 2014, pp. 1-846;

- *O Direito Internacional em um Mundo em Transformação*, Rio de Janeiro, Ed. Renovar, 2002, pp. 1-1163;

- *El Derecho Internacional de los Derechos Humanos en el Siglo XXI*, 2ª. ed., Santiago, Editorial Jurídica de Chile, 2006, pp. 9-559;

- *Los Tribunales Internacionales Contemporáneos y la Humanización del Derecho Internacional*, Buenos Aires, Ed. Ad-Hoc, 2013, pp. 7-185;

- *Os Tribunais Internacionais Contemporâneos*, Brasília, FUNAG, 2013, pp. 7-132;

- *La Protección de la Persona Humana frente a los Crímenes Internacionales y la Invocación Indebida de Inmunidades Estatales*, Fortaleza, IBDH/ IIDH/SLADI, 2013, pp. 5-305;

- *A Proteção dos Vulneráveis como Legado da II Conferência Mundial de Direitos Humanos (1993-2013)*, Fortaleza/Brasil, IBDH/IIDH/SLADI, 2014, pp. 13-356;

- *A Responsabilidade do Estado sob a Convenção contra o Genocídio: Em Defesa da Dignidade Humana*, Fortaleza, IBDH/IIDH, 2015, pp. 9-265;

- *El Acceso Directo del Individuo a los Tribunales Internacionales de Derechos Humanos,* Bilbao, Universidad de Deusto, 2001, pp. 9-104;

- *Repertório da Prática Brasileira do Direito Internacional Público (Período 1961-1981)*, Brasília, Fundação Alexandre de Gusmão/Ministério das Relações Exteriores, 1984, pp. 1-353 (1a. ed., agotada); 2ª. ed., Brasília, Fundação Alexandre de Gusmão/Ministério das Relações Exteriores, 2012, pp. 1-424;

- *Repertório da Prática Brasileira do Direito Internacional Público (Período 1941-1960)*, Brasília, Fundação Alexandre de Gusmão/Ministério das Relações Exteriores, 1984, pp. 1-365 (1a. ed., agotada); 2ª. ed., Brasília, Fundação Alexandre de Gusmão/Ministério das Relações Exteriores, 2012, pp. 1-444;

- *Repertório da Prática Brasileira do Direito Internacional Público (Período 1919-1940)*, Brasília, Fundação Alexandre de Gusmão/Ministério das Relações Exteriores, 1984, pp. 1-278 (1a. ed., agotada); 2ª. ed., Brasília, Fundação Alexandre de Gusmão/Ministério das Relações Exteriores, 2012, pp. 1-388;

- *Repertório da Prática Brasileira do Direito Internacional Público (Período 1899-1918)*, Brasília, Fundação Alexandre de Gusmão/Ministério das Relações Exteriores, 1986, pp. 1-518 (1a. ed., agotada); 2ª. ed., Brasília, Fundação Alexandre de Gusmão/Ministério das Relações Exteriores, 2012, pp. 1-587;

- *Repertório da Prática Brasileira do Direito Internacional Público (Período 1889-1898)*, Brasília, Fundação Alexandre de Gusmão/Ministério das Relações Exteriores, 1988, pp. 1-271 (1a. ed., agotada); 2ª. ed., Brasília, Fundação Alexandre de Gusmão/Ministério das Relações Exteriores, 2012, pp. 1-302;

- *Repertório da Prática Brasileira do Direito Internacional Público (Índice Geral Analítico)*, Brasília, Fundação Alexandre de Gusmão/Ministério das Relações Exteriores, 1987, pp. 1-237 (1a. ed., agotada); 2ª. ed., Brasília, Fundação Alexandre de Gusmão/Ministério das Relações Exteriores, 2012, pp. 1-284;

- *O Direito Internacional e a Solução Pacífica das Controvérsias Internacionais*, Rio de Janeiro, Sindicato dos Bancos do Estado do Rio de Janeiro, 1988, pp. 3-135 (edición experimental, agotada);

- *A Proteção Internacional dos Direitos Humanos (Coletânea de Ensaios)*, Rio de Janeiro, Sindicato dos Bancos do Estado do Rio de Janeiro, 1988, pp. 7-280 (edición experimental, agotada);

- *A Proteção Internacional dos Direitos Humanos - Fundamentos Jurídicos e Instrumentos Básicos*, São Paulo, Editora Saraiva, 1991, pp. 1-742 (agotado);

- *A Proteção dos Direitos Humanos nos Planos Nacional e Internacional: Perspectivas Brasileiras* (ed.), San José de Costa Rica/Brasília, IIDH/ Fundação F. Naumann, 1992, pp. 1-358 (agotado);

- *Derechos Humanos, Desarrollo Sustentable y Medio Ambiente/Human Rights, Sustainable Development and the Environment/Direitos Humanos, Desenvolvimento Sustentável e Meio Ambiente* (ed.), San José de Costa Rica/ Brasília, IIDH/BID, 1992, pp. 1-356 (1a. ed., agotada); 2a. ed., San José de Costa Rica/Brasília, IIDH/BID, 1995, pp. 1-414 (2a. ed., agotada);

- *Direitos Humanos e Meio-Ambiente: Paralelo dos Sistemas de Proteção Internacional*, Porto Alegre, S.A. Fabris Ed., 1993, pp. 1-351 (agotado);

- *La Protección Internacional de los Derechos Humanos en América Latina y el Caribe (Reunión Regional de America Latina y el Caribe Preparatoria de la Conferencia Mundial de Derechos Humanos de Naciones Unidas)*, San José de Costa Rica, IIDH/CEE, 1993, pp. 1-137 (1a. ed., agotada); e *in*: ONU, doc. A/CONF.157/PC/63/Add.3, de 18.03.1993, pp. 9-137 (2a. ed., agotada);

- *A Incorporação das Normas Internacionais de Proteção dos Direitos Humanos no Direito Brasileiro* (ed.), San José de Costa Rica/Brasília, IIDH/ ACNUR/CICV/CUE, 1996, pp. 1-845 (1a. ed., agotada); 2a. ed., San José de Costa Rica / Brasília, IIDH/ACNUR/CICV/CUE/ASDI, 1996, pp. 1-845 (2a. ed., agotada);

- *As Três Vertentes da Proteção Internacional dos Direitos da Pessoa Humana* (en coautoría con G. Peytrignet y J. Ruiz de Santiago), Brasília/San José de Costa Rica, IIDH/ACNUR/CICV, 1996, pp. 1-289 (agotado);

- A *Proteção Internacional dos Direitos Humanos e o Brasil (1948-1997): As Primeiras Cinco Décadas*, 1a. ed., Brasília, Editora Universidad de Brasília (Edición Humanidades), 1998, pp. 1-208 (1a. ed., agotada); 2a. ed., Brasília, Editora Universidad de Brasília (Edición Humanidades), 2000, pp. 1-214;

- *A Sociedade Democrática no Final do Século* (en co-autoría con M. Faro de Castro), Brasília, Paralelo 15, 1997, pp. 7-255 (agotado);

- *La Nueva Dimensión de las Necesidades de Protección del Ser Humano en el Inicio del Siglo XXI* (en co-autoría con Jaime Ruiz de Santiago), San José de Costa Rica, ACNUR, 2001, pp. 09-421 (1a. ed., agotada; reimpresión, 2002); San José de Costa Rica, ACNUR, 2003, pp. 7-764 (2a. ed.); San José de Costa Rica, ACNUR, 2004, pp. 17-1212 (3a. ed.); San José de Costa Rica, ACNUR, 2006, pp. 21-1284 (4a. ed.);

- *Informe: Bases para un Proyecto de Protocolo a la Convención Americana sobre Derechos Humanos, para Fortalecer Su Mecanismo de Protección*

(Relator: A.A. Cançado Trindade), tomo II, San José de Costa Rica, Corte Interamericana de Derechos Humanos, 2001, pp. 1-669 (1a. ed.); San José de Costa Rica, Corte Interamericana de Derechos Humanos, 2003, pp. 1-1015 (2a. ed.);

- *Las Tres Vertientes de la Protección Internacional de los Derechos de la Persona Humana* (en co-autoría con G. Peytrignet y J. Ruiz de Santiago), México, Ed. Porrúa/Univ. Iberoamericana, 2003, pp. 1-169;

- *O Direito Internacional e o Primado da Justiça* (en co-autoría con A.C. Alves Pereira), Rio de Janeiro, Ed. Renovar, 2014, pp. 1-363;

- *Doctrina Latinoamericana del Derecho Internacional*, tomo I (en co-autoría con A. Martínez Moreno), San José de Costa Rica, Corte Interamericana de Derechos Humanos, 2003, pp. 5-64 (agotado);

- *Doctrina Latinoamericana del Derecho Internacional*, tomo II (en co-autoría con F. Vidal Ramírez), San José de Costa Rica, Corte Interamericana de Derechos Humanos, 2003, pp. 5-66 (agotado);

- *Pareceres dos Consultores Jurídicos do Itamaraty* (1985-1990 - Pareceres de A.A. Cançado Trindade), vol. VIII (org. A.P. Cachapuz de Medeiros), Brasília, Ministério das Relações Exteriores/Senado Federal, 2004, pp. 7-679 (agotado);

- *El Futuro de la Corte Interamericana de Derechos Humanos* (en co-autoría con M.E. Ventura Robles), 3a. ed. rev., San José de Costa Rica, Corte Interamericana de Derechos Humanos, 2005, pp. 7-629;

- *La Nueva Dimensión de las Necesidades de Protección del Ser Humano en el Inicio del Siglo XXI* (en co-autoría con J. Ruiz de Santiago), 3a. ed., San José de Costa Rica, ACNUR, 2004, pp. 23-1284;

- *Derecho Internacional y Derechos Humanos / Droit international et droits de l'homme* (en coordinación con D. Bardonnet y R. Cuéllar) (Libro Conmemorativo de la XXIV Sesión del Programa Exterior de la Academia de Derecho Internacional de la Haya), 2a. ed., San José C.R./La Haya, 2005, pp. V-VIII y 7-322.

- Y cerca de sietecientos y cuarenta (740) otros trabajos publicados, entre monografías, ensayos, contribuciones a libros y colecciones y *Mélanges/ Festschriften*, y artículos, publicados en numerosos países y en distintos idiomas.